“十二五”职业教育国家规划教材
经全国职业教育教材审定委员会审定

财务软件应用实训教程
(金蝶K/3系统)

CAIWU RUANJIAN YINGYONG SHIXUN JIAOCHENG

(第2版)

主　编　陈婕瑜
副主编　张　利　俞霏霏

中国财经出版传媒集团
中国财政经济出版社

图书在版编目（CIP）数据

财务软件应用实训教程：金蝶 K/3 系统 / 陈婕瑜主编. --2 版. --北京：中国财政经济出版社，2021.2（2024.12重印）
“十二五”职业教育国家规划教材
ISBN 978-7-5223-0266-9

Ⅰ.①财… Ⅱ.①陈… Ⅲ.①财务软件-高等职业教育-教材 Ⅳ.①F232

中国版本图书馆 CIP 数据核字（2020）第 262795 号

责任编辑：田明晖　　责任校对：张　凡
封面设计：陈宇琰　　责任印制：刘春年

中国财政经济出版社 出版
URL：http：//www.cfeph.cn
E-mail：cfeph@cfeph.cn

社址：北京市海淀区阜成路甲 28 号　邮政编码：100142
营销中心电话：010-88191522　编辑部门电话：010-88190670
天猫网店：中国财政经济出版社旗舰店
网址：https：//zgczjjcbs.tmall.com
中煤（北京）印务有限公司印刷　各地新华书店经销
成品尺寸：185mm×260mm　16 开　16.5 印张　385 000 字
2021 年 2 月第 2 版　2024 年12月北京第 2 次印刷
定价：42.00 元
ISBN 978-7-5223-0266-9
（图书出现印装问题，本社负责调换，电话：010-88190548）
本社质量投诉电话：010-88190744
打击盗版举报热线：010-88191661　QQ：2242791300

（第2版）前言

《财务软件应用实训教程》是省级精品资源共享课“财务软件应用”的配套教材，被评为“十二五”职业教育国家规划教材。本教材围绕“以技术应用能力为主线”的高职人才培养要求，在实训的设置中突出学生的职业和岗位技能训练。本教材主要有以下三个亮点：

1. 这是一部与企业、行业共同开发的教材

教材内容来源于企业真实案例，采用金蝶 K/3 软件最新版本 V12.0，本教材由金蝶公司提供金华电器有限公司案例，收集该企业某一个月份财务运作的数据进行教材的编写，内容设计基于会计工作过程，体现职业岗位或职业岗位群所要求的专业知识、操作技能和工作规范。实训教程设计根据会计工作岗位分设主管岗位、会计岗位、报表岗位、固定资产管理岗位、采购岗位、销售岗位、仓存管理岗位、成本核算岗位，实训中让学生适应不同的岗位工作，目的是强化实践教学环节，重视案例、实操和实训教学，使学生能全面掌握财务会计核算的全过程，提高财务会计账务处理的能力和会计管理的能力，以适应财务会计岗位工作的需要。

2. 教材基于会计岗位工作过程，采用项目导向和任务驱动设计实训内容

教材以工作过程导向重构教材结构，设计学习情境，通过任务驱动完成能力训练目标。在能力项目的设计上突出学生实操能力。在项目下设置多个任务，通过任务驱动完成能力训练目标。在内容的设计上针对高职学生的特点，开始逐步摆脱教材的束缚，慢慢围绕实践业务流程设计整个内容，以贯穿始末的“项目驱动”方法推动学生的实践教学，和企业真实案例相联系，形成了“理论内容实务化、实务内容实践化”的实训模式。

3. 课程建设与教材编写深度融合，编排方式灵活，配套资源丰富

在数字化资源建设方面，本教材有配套的电子课件、电子教案、配套习题及答案、实训项目电子资源等供读者使用；同时，积极建设本门课程的网络在线开放课程，服务于广大读者，适应专业建设、课程建设、教学模式与方法改革创新等方面的要求。

本书由广东机电职业技术学院陈婕瑜教授担任主编，负责总体组织策划，并编写第一、二、三单元，张利老师负责编写第六、七、八单元，俞霏霏老师负责编写第四、五单元，仿真实训案例由陈婕瑜和刘福生编写，最后由陈婕瑜和张利对教材进行统稿和审核。

在本书编写过程中得到金蝶软件（中国）有限公司的大力支持与参与，在此表示感谢。由于编者水平有限，编写时间仓促，本书难免存在疏漏与不足之处，敬请广大读者批评指正。

编者

2020年12月

目 录

绪论 实训总体介绍 …… 1

单元一 主管岗位 …… 5
项目一 建账 …… 6
项目二 基础资料初始化设置 …… 22
项目三 录入系统初始数据 …… 46

单元二 会计岗位 …… 57
项目一 录入凭证 …… 58
项目二 凭证处理 …… 67
项目三 账表查询 …… 79
项目四 总账期末处理 …… 94

单元三 报表岗位 …… 101
项目一 编制资产负债表 …… 102
项目二 编制利润表 …… 110
项目三 编制自定义报表 …… 111
项目四 以批量填充的方式制作自定义报表 …… 119
项目五 报表处理 …… 124

单元四 固定资产管理岗位 …… 131
项目一 基础资料设置 …… 132
项目二 初始数据录入 …… 145
项目三 日常业务处理 …… 152
项目四 期末处理 …… 162

单元五 采购岗位 …… 169
项目一 货到单未到 …… 170
项目二 暂估入库 …… 175
项目三 单货同到 …… 179
项目四 单先到货后到 …… 182
项目五 退货业务 …… 185
项目六 收到部分货物 …… 188

单元六 销售岗位 …… 191
项目一 开票与发货同时进行或先发货后开票 …… 192
项目二 先开票后发货 …… 197
项目三 销售退货 …… 200
项目四 现销 …… 204
项目五 销售分次发货 …… 207
项目六 分期收款销售业务 …… 210
项目七 受托代销业务 …… 214

单元七 仓存管理岗位 …… 221
项目一 生产领料 …… 222
项目二 生产退料 …… 224
项目三 产品入库 …… 226
项目四 委外加工出库 …… 227
项目五 委外加工入库 …… 228
项目六 调拨单 …… 230
项目七 其他出库单 …… 232
项目八 盘盈、盘亏单 …… 233

单元八 成本核算岗位 …… 237

仿真实训案例 …… 244
物料结构案例 …… 254

0 绪论 实训总体介绍

一、实训总体目标

通过实践性教学，使学生熟悉和掌握金蝶 K/3 系统的建账、系统初始化、能够熟练地运用财务软件进行凭证、账簿、报表、固定资产等企业日常业务的处理，熟悉业务流程，能进行供应链采购、销售、仓存管理、存货核算系统日常业务处理。

二、实训准备

1. 实训地点：会计电算化 ERP 实训室
2. 实训时间：18 学时

模块名称	学时
主管岗位	6
会计岗位	4
报表岗位	2
固定资产管理岗位	2
采购岗位	2
销售岗位	2
合计	18

三、实训任务

1. 在金蝶 K/3 中间层建立一个账套，并对其基础资料的维护及总账初始数据录入并结束初始化工作。
2. 能够熟练进行凭证、账簿、报表等企业日常业务的处理。
3. 能利用模板编制准确的资产负债表和利润表。
4. 能利用固定资产系统对资产变动，折旧计提进行核算处理。
5. 进行采购系统各种业务单据制作、审核，采购发票钩稽，并查看各种账表。
6. 进行销售系统各种业务单据制作、审核，销售发票钩稽，并查看各种账表。
7. 进行仓存系统各种出入库业务单据制作，对仓存进行期末库存盘点，并查看各种账表。
8. 进行存货系统各种出入库核算，制作各种业务的凭证模板，生成各种业务凭证，并进行期末结账，查看各种账表。

四、实训岗位

实训时对学生进行分组。每个小组按岗位责任制由 5 个学生组成，模拟一个会计机构，分别担任主管岗位、会计岗位、报表岗位、固定资产岗位、采购岗位、销售岗位等八个岗位，协同工作，相互合作完成一个企业一定时期内的总账系统及供应链核算过程。实训过程中应对各个会计岗位进行轮换，让学生轮流履行不同的会计职责，使学生熟悉各个岗位的会计工作。

五、实训操作步骤

（一）实训操作流程图

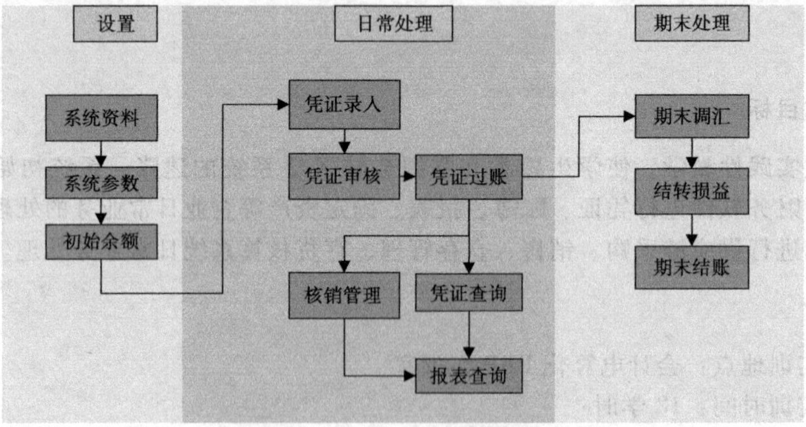

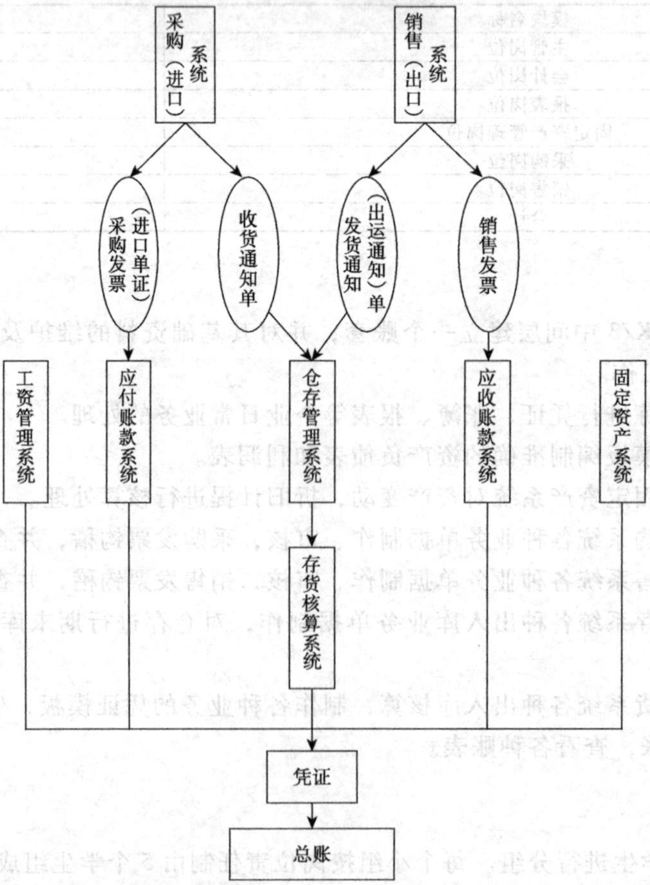

（二）实训操作步骤

1. 建账。在金蝶 K/3 中间层建立一个账套，并对其进行系统设置，启用账套。

2. 系统初始化，完成总账及供应链系统基础资料的维护及初始数据录入并结束初始化工作。

3. 利用企业的实例填制基本的原始凭证，并对填制好的原始凭证进行审核、记账及总账期末处理。

4. 固定资产系统核算，能够使用固定资产管理系统进行固定资产的初始化，能够进行固定资产的增加、减少、变动的日常操作及能行期末处理。

5. 采购管理系统核算。进行采购系统各种业务单据制作、审核，采购发票钩稽，并查看各种账表。

6. 销售管理系统核算。进行销售系统各种业务单据制作、审核，销售发票钩稽，并查看各种账表。

7. 仓存管理系统核算。进行仓存系统各种出入库业务单据制作，对仓存进行期末库存盘点，并查看各种账表。

8. 存货核算系统核算。进行存货系统各种出入库核算，制作各种业务的凭证模板，生成各种业务凭证，并进行期末结账，查看各种账表。

六、金蝶 K/3 ERP 管理系统

1. 什么是金蝶 K/3 系统

金蝶 K/3 系统是一个财务处理与业务处理相结合的一体化管理信息系统，采用的是纯组件式开发技术，各业务处理模块是可以独立运行。本教材我们所涉及的系统只是整个 K/3 系统的一部分。

2. 产品核心的设计思想

金蝶 K/3 系统以企业基础管理为核心设计思想，K/3 系统是采用先进的管理思想，以优化公司的操作环节，加快信息传递为目的而设计的。本系统采用三层技术结构，可以很好地解决网络高峰时的网络拥堵的问题，采用 SQLSERVER 大型数据库可以容纳海量数据，采用组件式开发可以使网络用户各司其职，各不相扰。

K/3 系统是将总账系统作为中心环节，以凭证将其他各业务系统与总账系统相连系以实现信息共享，在总账系统将各业务系统数据转化为财务数据后，进行综合分析，并由各报表系统对结果进行输出，分析系统对结果进行分析。用一句话说就是分散式数据收集、集中式数据处理、分散式数据分析。

3. 关于金蝶公司

亚太地区领先的企业管理软件及电子商务应用解决方案供应商，是全球软件市场中成长最快的独立软件厂商之一，是中国软件产业的领导厂商。

4. 了解技术组成和三层结构

数据库端、中间层、客户端三个层次。

➢数据库：管理对数据库数据的读写。（一般操作员不需掌握）

➢客户端：是用户与系统间交互信息的窗口，检查用户输入的数据，显示系统输出

的数据。(一般操作员必须掌握的内容)

➤中间层：它的主要任务是账套管理。（系统管理员需要在中间层确定以下事项：新建账套、用户授权、启用账套）

5. 系统整体功能结构

包括是多个系统大类，包括财务会计系统、供应链管理系统、生产制造管理系统、人力资源管理系统、客户关系管理系统等。每一类包含了多个子系统，涉及企业的方方面面。

6. 了解安装的要求和过程

首先准备中间层服务器的操作系统，一般为 Windows 2000 Server；

其次在安装 K/3 之前需要安装数据库服务器，即需要安装 Microsoft SQL Server 2000；

然后是安装 K/3 前的环境检测，即第三方组件的安装；

最后安装软件。

绪论　习题

1 单元一 主管岗位

学习目标

岗位能力目标：

（1）能够注册建立公司账套、能够备份与恢复账套、启用账套；
（2）能够添加账套的用户与用户组、并向用户和用户组授权；
（3）能够设置绿色原野有限公司部门、职员、客户及供应商档案；
（4）能够设置绿色原野有限公司会计科目、修改会计科目属性；
（5）能够录入绿色原野有限公司账套期初数据辅助核算期初数据。

岗位知识目标：

（1）清楚初始化的流程并了解每个步骤操作的项目；

（2）理解账套的概念、账套管理原理、理解用户管理的意义、用户组、用户权限的概念；

（3）掌握档案分类设计、编码方案设计、档案内容的输入方法、往来业务处理原则；

（4）掌握会计科目设置原则，会计科目编码设计意义、掌握新建会计科目的步骤和方法；

（5）会计科目辅助核算设置原则；
（6）期初数据输入方法；
（7）往来核算数据输入方法；
（8）试算平衡业务处理原则。

工作任务

应完成的工作任务：

（1）建立账套；
（2）设置基础资料；
（3）初始数据录入。

完成工作任务应提交的标志性成果：建立一个公司新账套并完成初始化设置。

导入案例

金华电器有限公司是一家电器生产企业，该公司以制造、销售影碟机和功放机为主，公司总资产逾 2 亿元人民币，2019 年销售额达 8 000 万元人民币，该公司 2019 年 12 月购买了金蝶 K/3 ERP 系统，计划 2020 年 1 月启用。

项目一 建　账

（一）新建公司机构及账套

（1）账套号：9 + 学生本人学号（如学生：李华；学号：01）

（2）账套名：金华电器

（3）账套类型：标准供应链解决方案

（4）数据实体：系统会自动给出，不需要客户命名

（5）数据库文台路径：D：\ 学生学号 + 姓名

（二）设置账套参数

（1）公司名称：金华电器有限公司

（2）记账本位币：人民币；货币代码：RMB

（3）账套启用期间：2020 年 1 月

（4）会计期间：自然年度会计期间

（三）添加用户

添加用户见表 1 - 1。

表 1 - 1

职位	用户名	认证方式	用户组	权限
主管岗位	张华	密码认证（不设密码）	Administrators（系统管理员组）	不需授权
会计岗位	学生姓名	密码认证（不设密码）	Users（财务组）	基础资料查询、总账、报表、固定资产
采购岗位	张浩		Users（一般用户组）	不需授权
销售岗位	李勇		Users（一般用户组）	不需授权
仓存岗位	王欣		Users（一般用户组）	不需授权
存货核算岗位	刘燕		Users（一般用户组）	不需授权

步骤一：建立账套

1. 登录账套管理

在金蝶 K/3 系统中，单击【开始】—【程序】—【金蝶 K/3】—【金蝶 K/3 服务器配置工具】—【账套管理】打开账套管理模块，然后进行账套建立操作，初次使用时，用户名为：Admin，无密码。如图 1 - 1 所示。

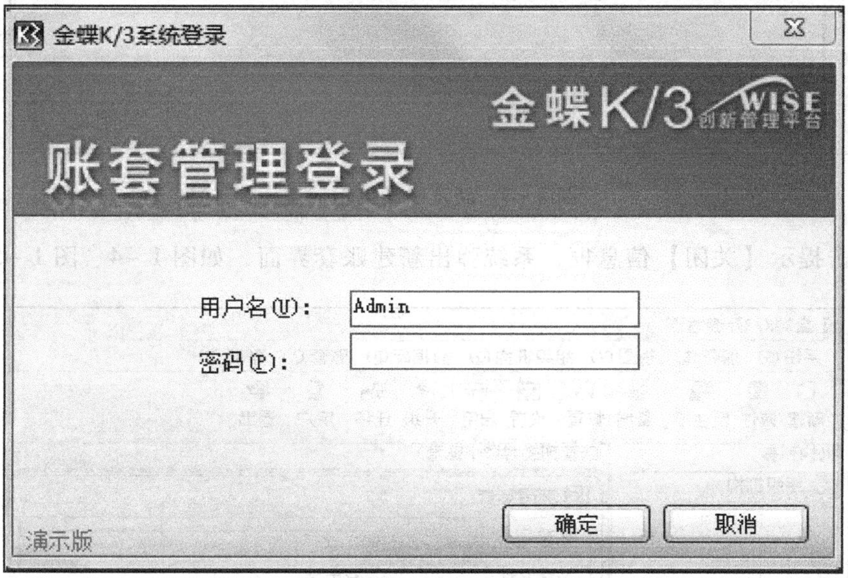

图 1 - 1 账套管理登录界面

单击【确定】进入账套管理界面如图 1 - 2 所示。

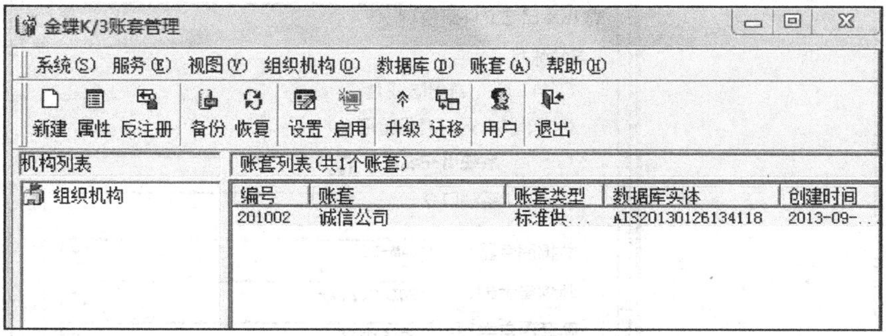

图 1 - 2 账套管理界面

2. 新建账套

点击【数据库】—【新建账套】，系统弹出提示框，如图 1 - 3 所示。

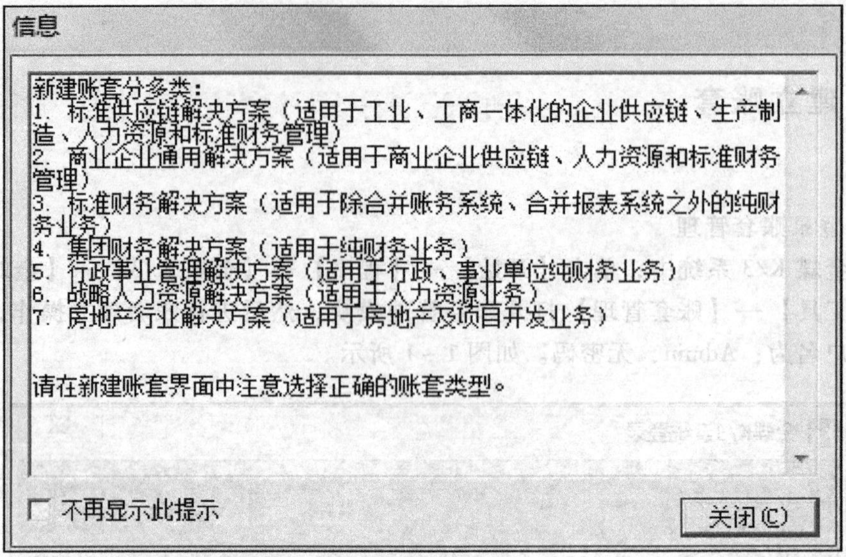

图 1－3　新建账套提示信息

单击提示【关闭】信息框，系统弹出新建账套界面，如图 1－4、图 1－5 所示。

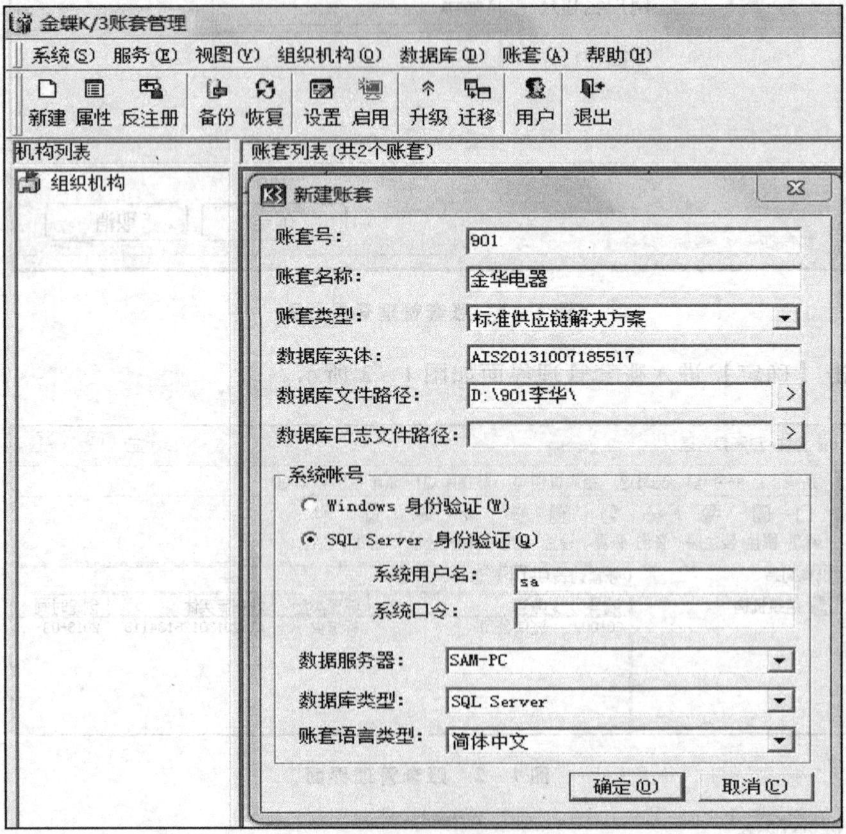

图 1－4　账套建立

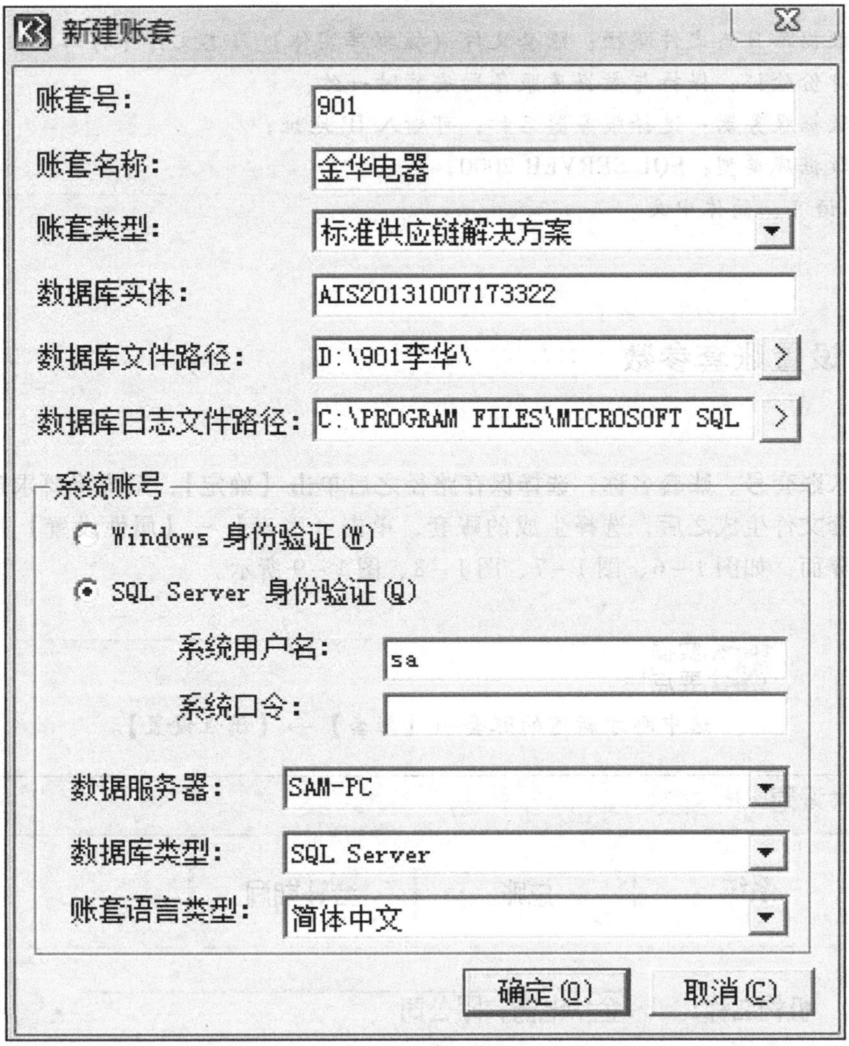

图 1－5　新建账套选项

温馨提示

账套建立时需要注意事项：

（1）账套号：不限制长度但不得重复，如在组织机构下建立账套则编号为：机构编码＋账套号，中间用“.”连接（在金蝶软件中上下级关系都用“.”连接），如无组织机构则直接输入账套号；

（2）账套名：一般使用单位名称，用来区分不同账套，名称不得重复；

（3）账套类型：要根据企业实际选择建立账套的类型，一般可选择标准供应链；

（4）数据实体：账套文件在数据库服务器中的实体名称，默认为系统时间标识，可更改；

（5）数据库文件路径：账套文件（数据库实体）保存路径；

（6）数据库日志文件路径：账套文件（数据库实体）日志文件保存路径；
（7）身份验证：保持与数据库服务器安装时一致；
（8）数据服务器：选择服务器名称，可输入 IP 地址；
（9）数据库类型：SQL SERVER 2000；
（10）语言：简体中文。

步骤二：设置账套参数

输入账套号、账套名称，选择保存路径之后单击【确定】，系统将要求建立账套文件。账套文件生成之后，选择生成的账套，单击【账套】—【属性设置】打开账套属性设置界面，如图 1－6、图 1－7、图 1－8、图 1－9 所示。

实操要点

选中刚才新建的账套→【账套】→【属性设置】。

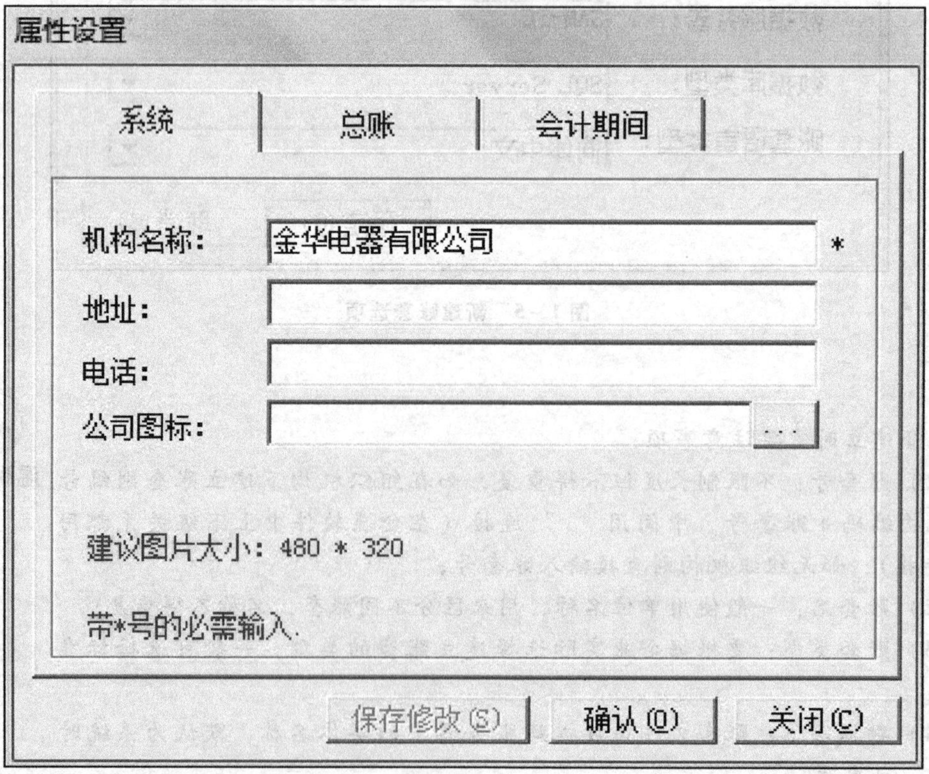

图 1－6 公司的基本信息

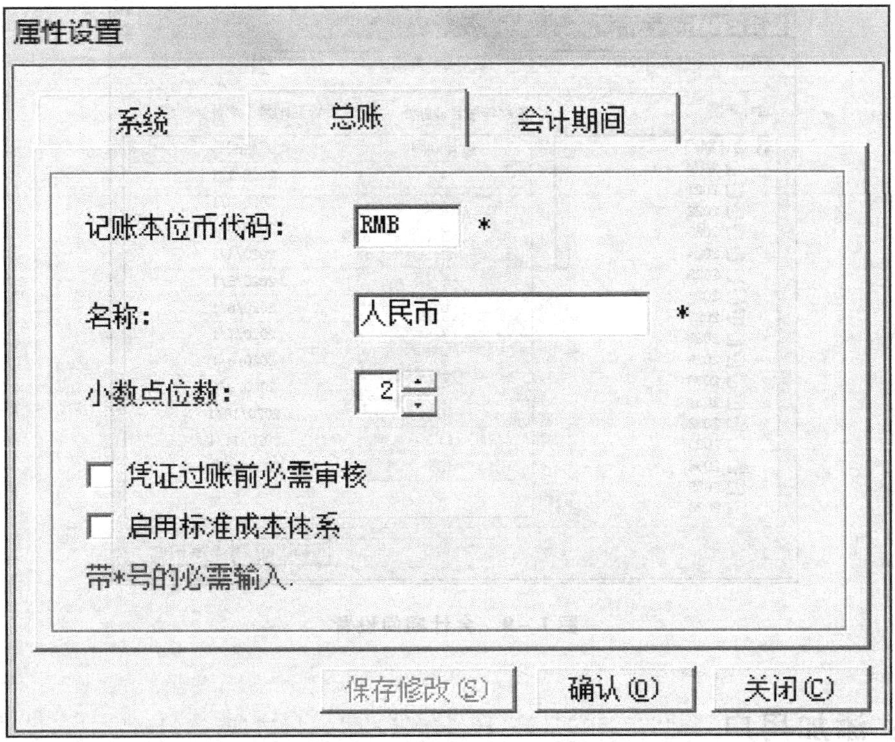

图 1-7 记账本位币设置

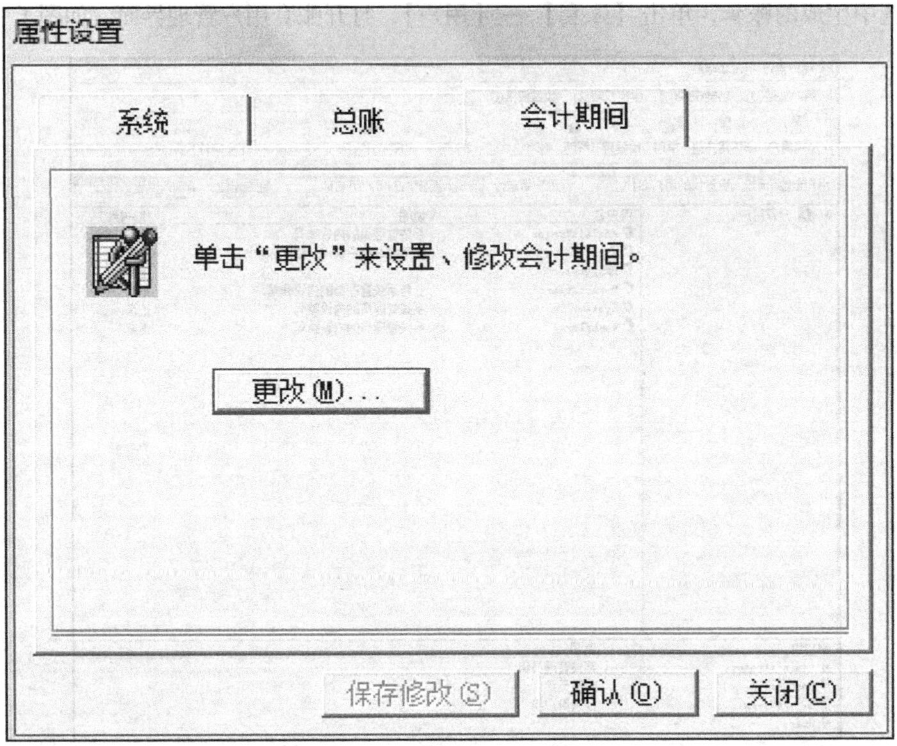

图 1-8 新建账套启用期间设置

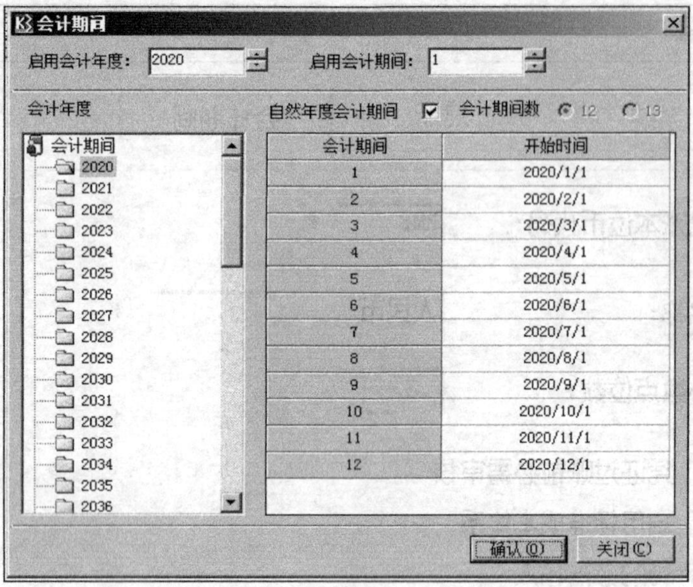

图 1－9　会计期间设置

步骤三：添加用户

选中生成的账套，单击【账套】—【用户】，打开账套用户管理界面，如图 1－10 所示。

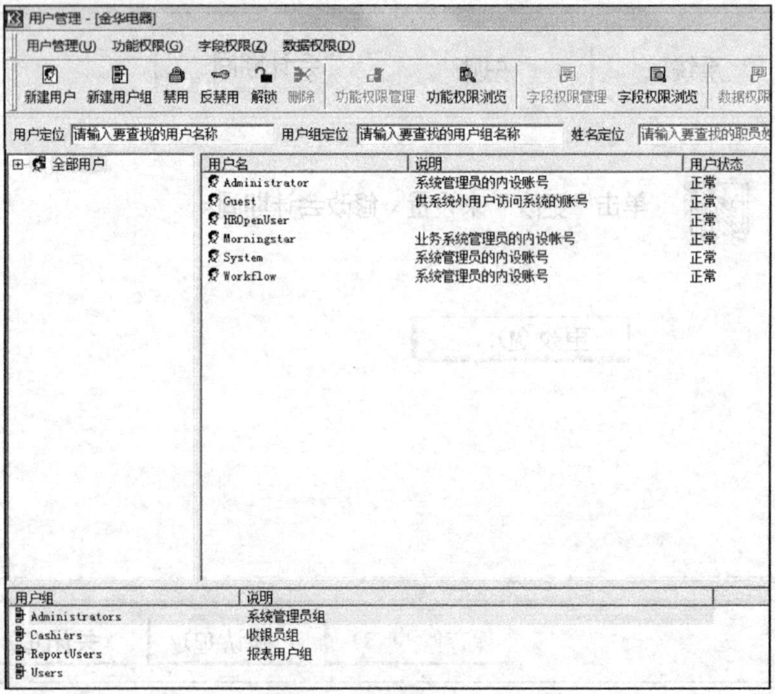

图 1－10　用户管理

1. 添加账套主管

添加账套主管时，可以在菜单【用户管理】中选择【新建用户】功能，增加即可。操作如图 1 - 11、图 1 - 12、图 1 - 13、图 1 - 14、图 1 - 15 所示。

图 1 - 11　添加账套主管

系统中预设了四个用户组：“Administrators”“Users”“Cashiers”“Report Users”，其中“Administrators”是系统管理员组，无须授权，拥有 K/3 系统所有权限，添加账套主管时，选择所属用户组。请选择该组；“Users”“Cashiers”“Report Users”为一般用户组，需要经过授权才能使用金蝶 K/3 系统。

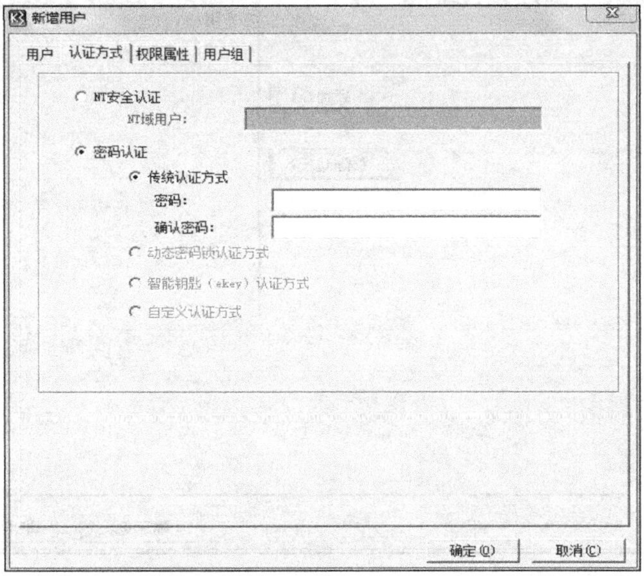

图 1 - 12　录入主管登录口径

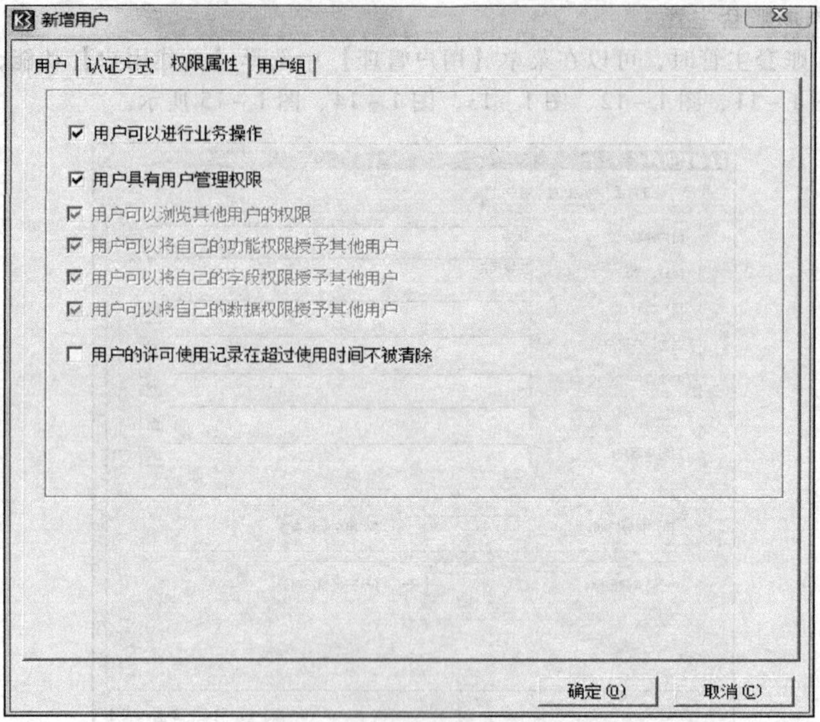

图 1-13　主管岗位权限管理

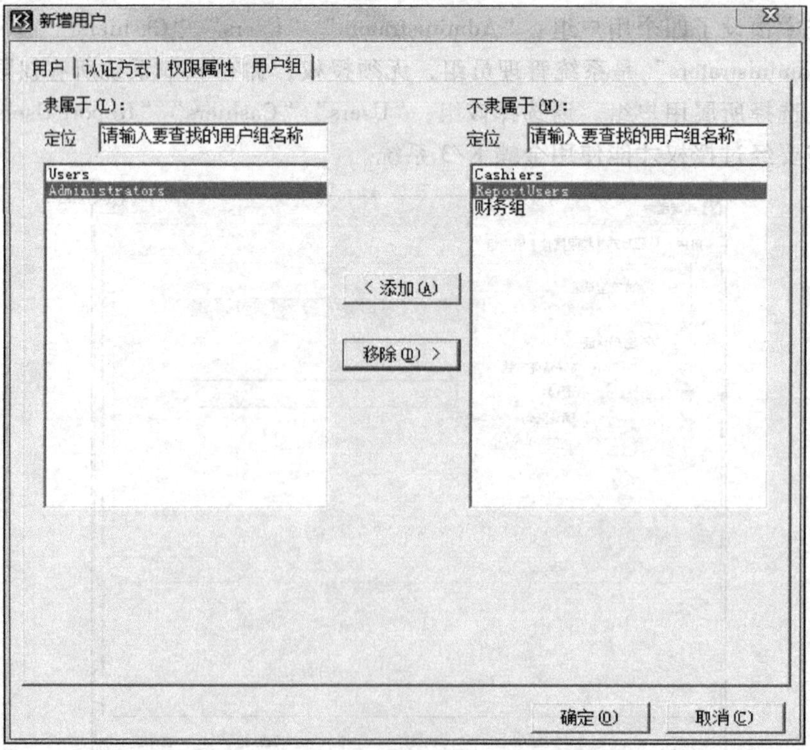

图 1-14　设置主管用户组

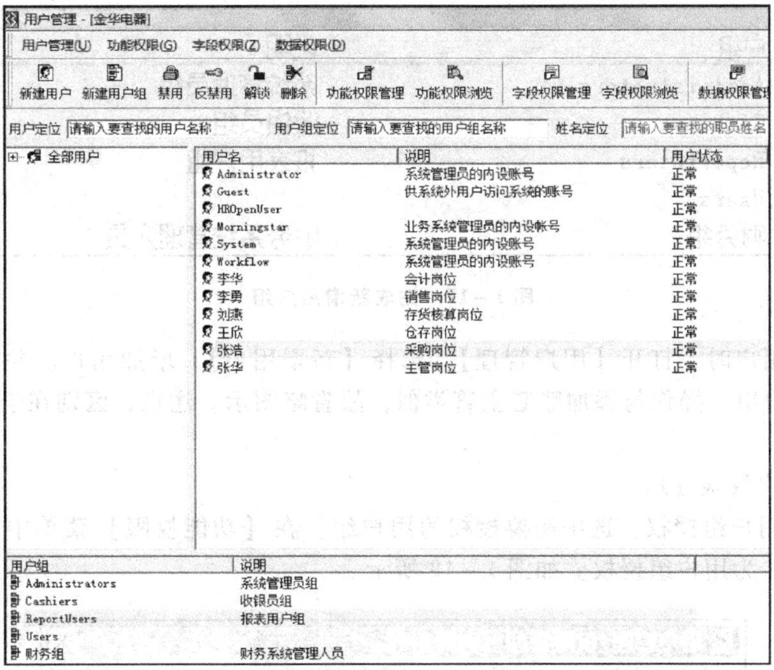

图 1－15　账套主管添加完成

2. 添加普通用户

如果要添加普通用户，可通过先新增用户组，再新增用户的方式进行。点击【用户】，弹出【用户管理】对话框，在【用户管理】菜单中，选择【新增用户组】，增加用户组，如图 1－16、图 1－17 所示。

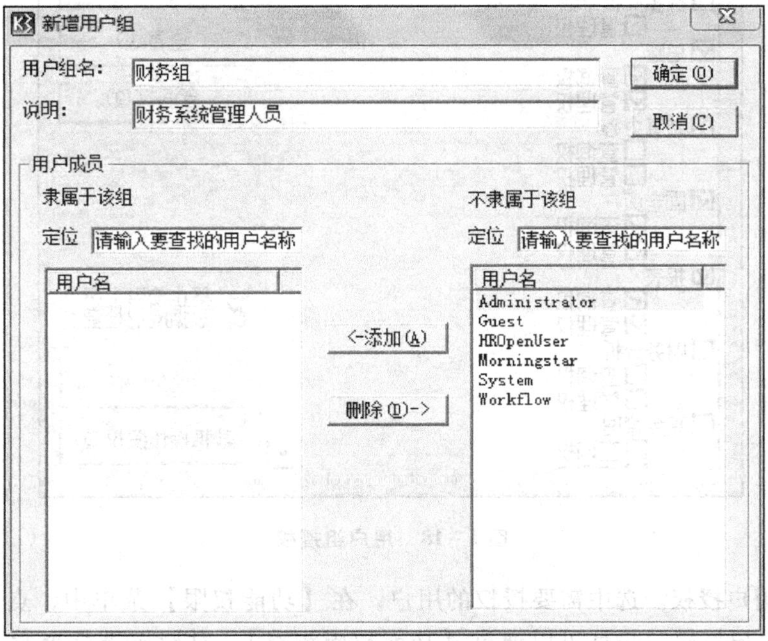

图 1－16　设置用户组内容

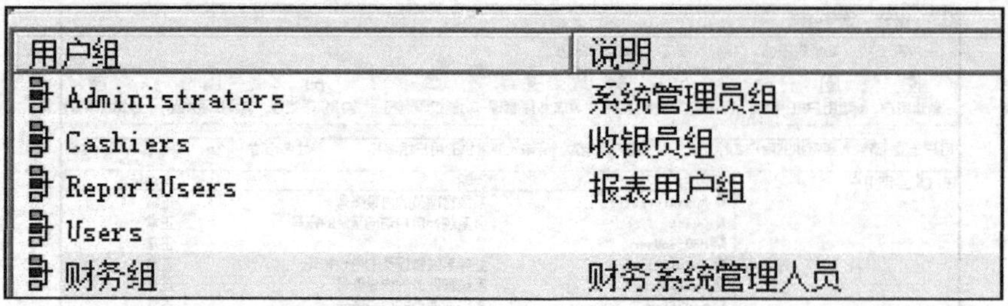

用户组	说明
Administrators	系统管理员组
Cashiers	收银员组
ReportUsers	报表用户组
Users	
财务组	财务系统管理人员

图 1－17　完成新增用户组

添加用户时，打开【用户管理】。选择【新增用户】，增加用户。并将用户添加到对应的用户组。操作与添加账套主管类似，故省略图示。注意，区别在于用户权限和用户组选择。

3. 用户权限管理

（1）用户组授权。选中需要授权的用户组，在【功能权限】菜单中，点击【功能权限管理】为用户组授权。如图 1－18 所示。

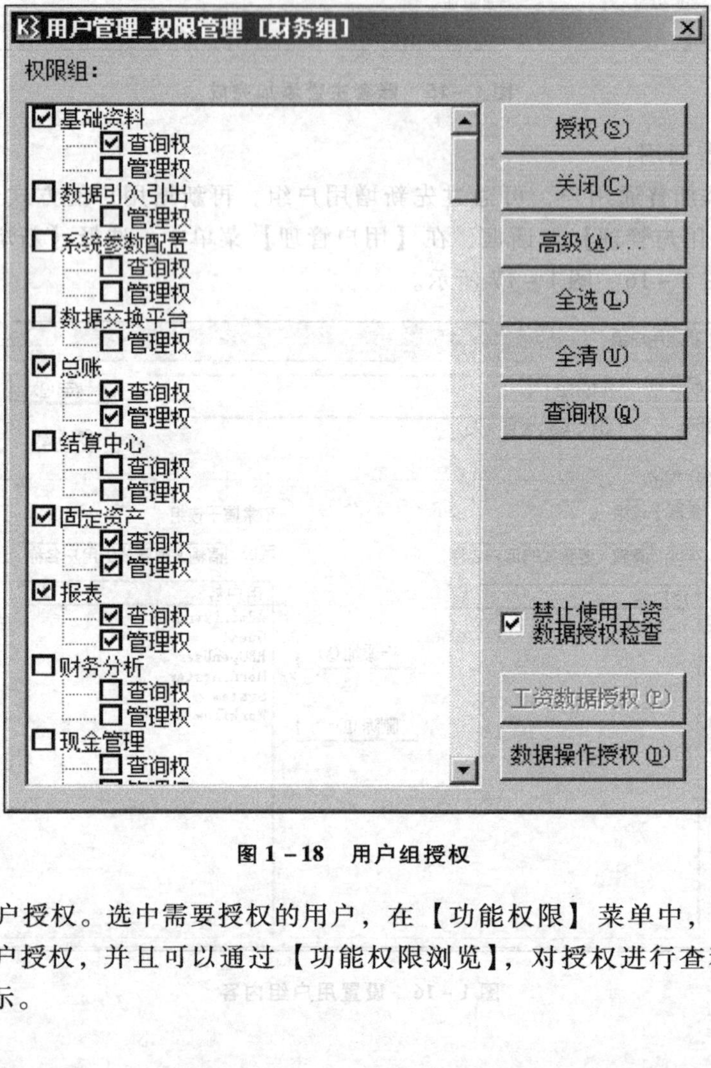

图 1－18　用户组授权

（2）用户授权。选中需要授权的用户，在【功能权限】菜单中，点击【功能权限管理】为用户授权，并且可以通过【功能权限浏览】，对授权进行查看，如图 1－19、图 1－20 所示。

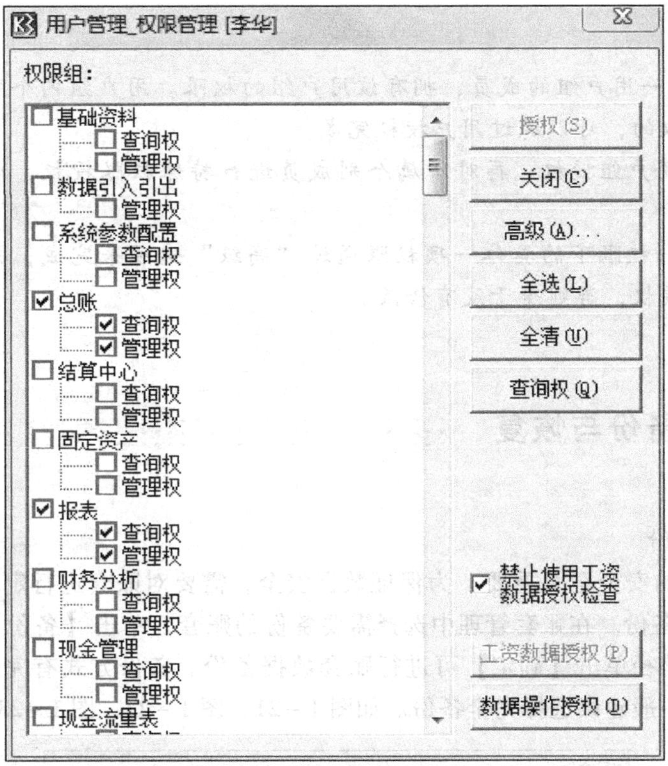

图 1－19　用户授权

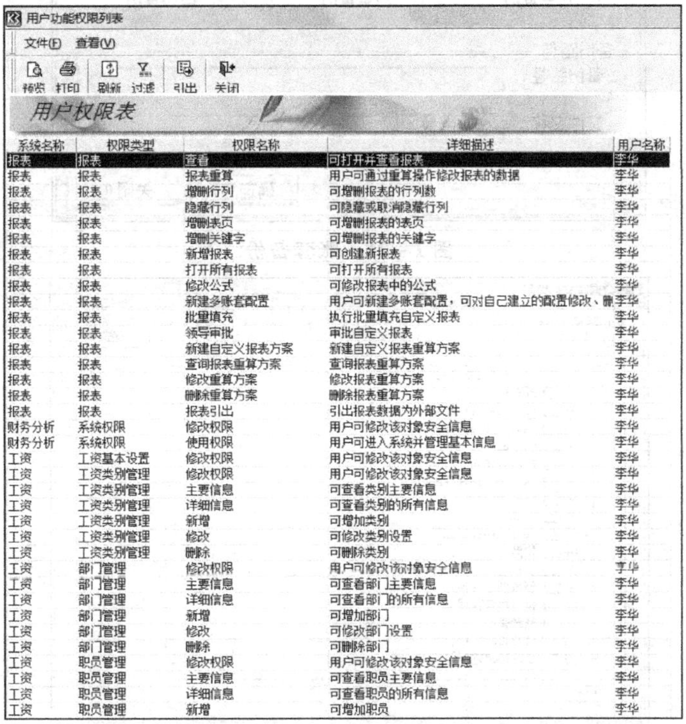

系统名称	权限类型	权限名称	详细描述	用户名称
报表	报表	查看	可打开并查看报表	李华
报表	报表	报表重算	用户可通过重算操作修改报表的数据	李华
报表	报表	增删行列	可增删报表的行列数	李华
报表	报表	隐藏行列	可隐藏或取消隐藏行列	李华
报表	报表	增删表页	可增删报表的表页	李华
报表	报表	增删关键字	可增删报表的关键字	李华
报表	报表	新增报表	可创建新报表	李华
报表	报表	打开所有报表	可打开所有报表	李华
报表	报表	修改公式	可修改报表中的公式	李华
报表	报表	新建多账套配置	用户可新建多账套配置，可对自己建立的配置修改、删	李华
报表	报表	批量填充	执行批量填充自定义报表	李华
报表	报表	领导审批	审批自定义报表	李华
报表	报表	新建自定义报表方案	新建自定义报表重算方案	李华
报表	报表	查询报表重算方案	查询报表重算方案	李华
报表	报表	修改重算方案	修改报表重算方案	李华
报表	报表	删除重算方案	删除报表重算方案	李华
报表	报表	报表引出	引出报表数据为外部文件	李华
财务分析	系统权限	修改权限	用户可修改该对象安全信息	李华
财务分析	系统权限	使用权限	用户可进入系统并管理基本信息	李华
工资	工资基本设置	修改权限	用户可修改该对象安全信息	李华
工资	工资类别管理	修改权限	用户可修改该对象安全信息	李华
工资	工资类别管理	主要信息	可查看类别主要信息	李华
工资	工资类别管理	详细信息	可查看类别的所有信息	李华
工资	工资类别管理	新增	可增加类别	李华
工资	工资类别管理	修改	可修改类别设置	李华
工资	工资类别管理	删除	可删除类别	李华
工资	部门管理	修改权限	用户可修改该对象安全信息	李华
工资	部门管理	主要信息	可查看部门主要信息	李华
工资	部门管理	详细信息	可查看部门的所有信息	李华
工资	部门管理	新增	可增加部门	李华
工资	部门管理	修改	可修改部门设置	李华
工资	部门管理	删除	可删除部门	李华
工资	职员管理	修改权限	用户可修改该对象安全信息	李华
工资	职员管理	主要信息	可查看职员主要信息	李华
工资	职员管理	详细信息	可查看职员的所有信息	李华
工资	职员管理	新增	可增加职员	李华

图 1－20　授权后权限浏览

温馨提示

（1）属于某一用户组的成员，拥有该用户组的权限。用户组内个别用户需要进行特定授权的，可以通过用户授权完成。

（2）先进行用户组授权，再对所属个别成员进行特殊权限授权，比较节省时间。

（3）修改某一权限下的具体一项权限通过“高级”选项来完成，并在修改后一定要点击授权，否则等于没有修改。

步骤四：账套备份与恢复

1. 账套备份

账套数据的安全至关重要，为保证数据安全，需要对账套进行定期备份。

（1）手工备份。在账套管理中选择需要备份的账套，单击【备份】打开备份账套界面，选择备份路径单击【确定】可进行账套数据备份。备份方式有完全备份、增量备份和日志备份。一般建议选择完全备份。如图 1－21、图 1－22、图 1－23、图 1－24 所示。

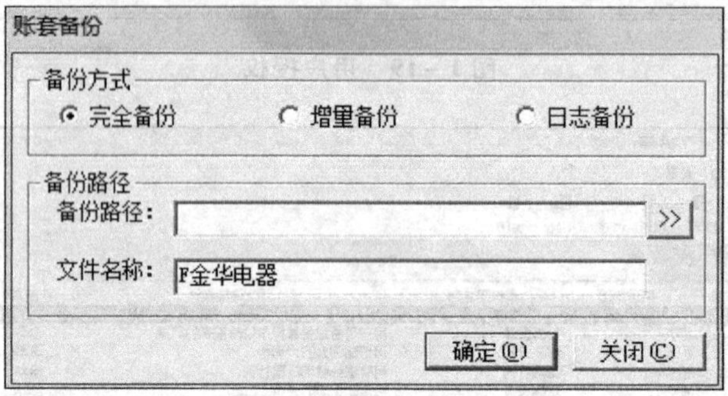

图 1－21　账套备份

图 1－22　设置账套备份路径

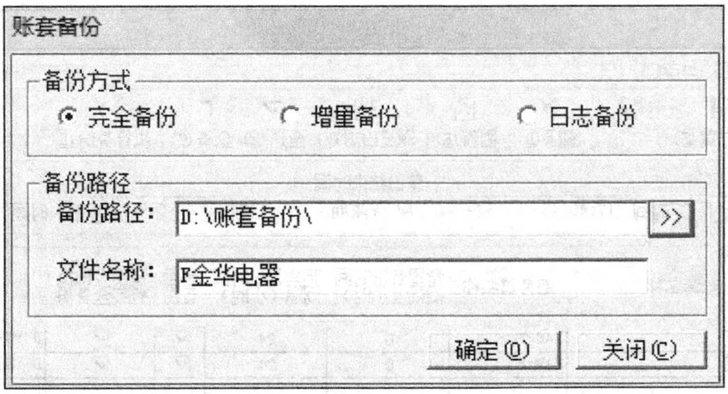

图 1－23　设置账套备份名称

图 1－24　账套备份成功

（2）自动备份。在账套管理界面，单击【数据库】—【账套自动批量备份】打开自动备份工具。在工具中对账套备份时间、路径进行设置之后，单击【保存方案】将自动备份方案保存，如图 1－25、图 1－26、图 1－27 所示。

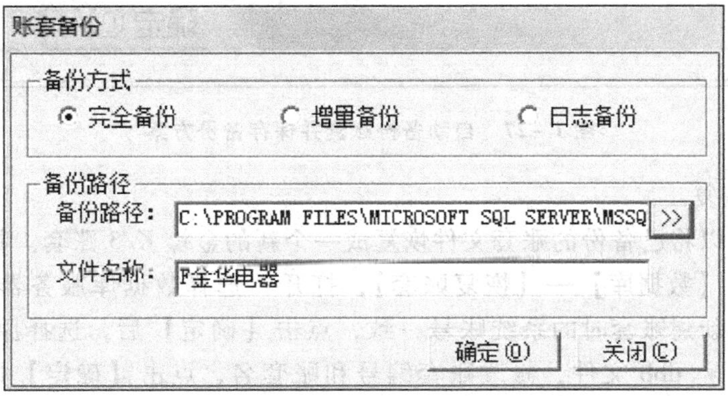

图 1－25　账套手动备份

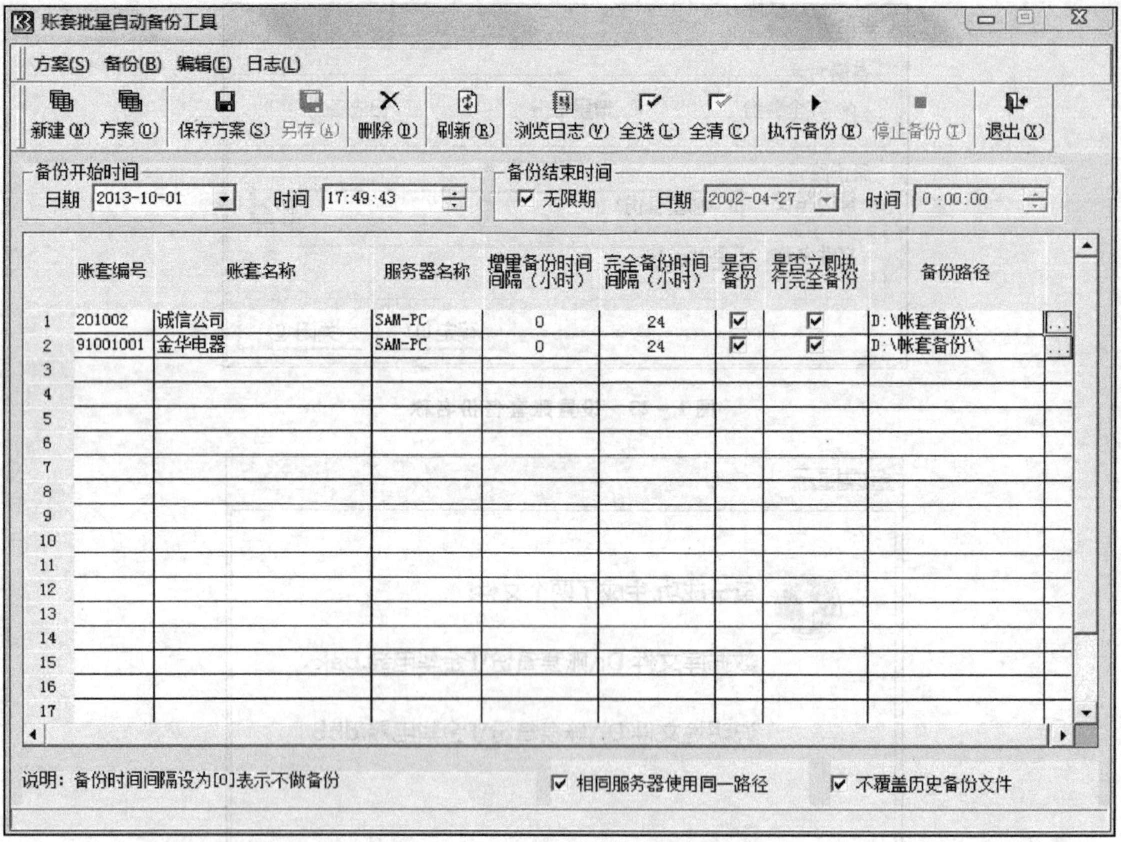

图 1－26　备份方案设置

图 1－27　自动备份账套并保存备份方案

2. 账套恢复

该功能可以将已备份的账套文件恢复成一个新的金蝶 K/3 账套。具体操作是：

选择菜单【数据库】—【恢复账套】，打开“选择数据库服务器”界面，界面的设置应与当时新建账套时的系统账号一致，点击【确定】后，选择原备份的路径，并选择扩展名为 *.dbb 文件，修改账套编号和账套名，点击【确定】即可恢复原账套，如图 1－28、图 1－29 所示。

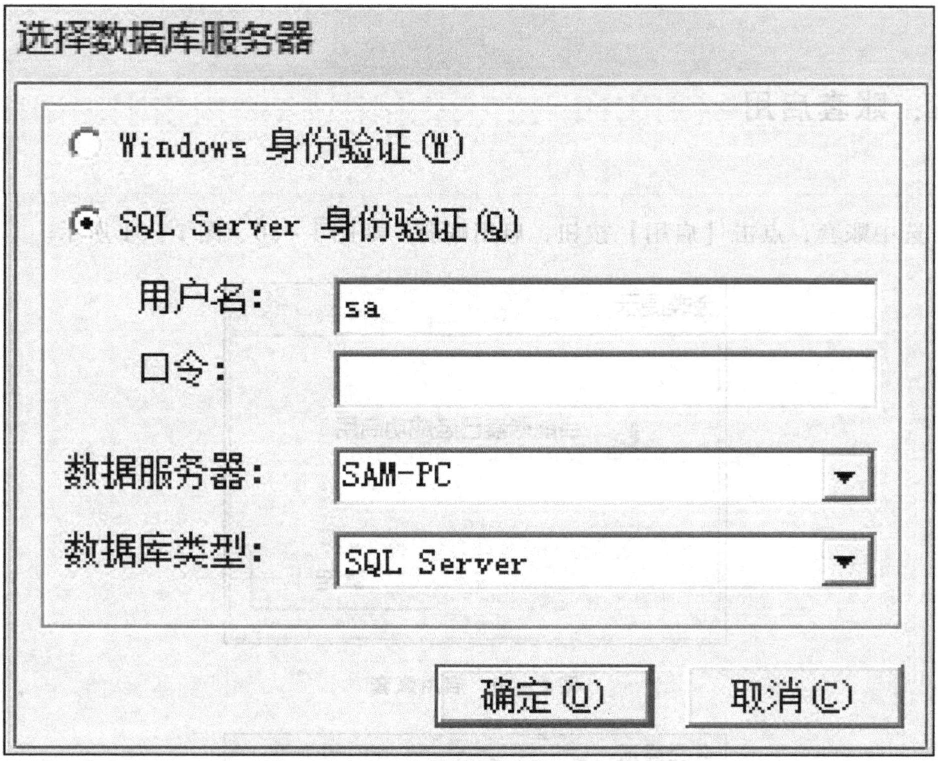

图 1－28　恢复账套选择数据库服务

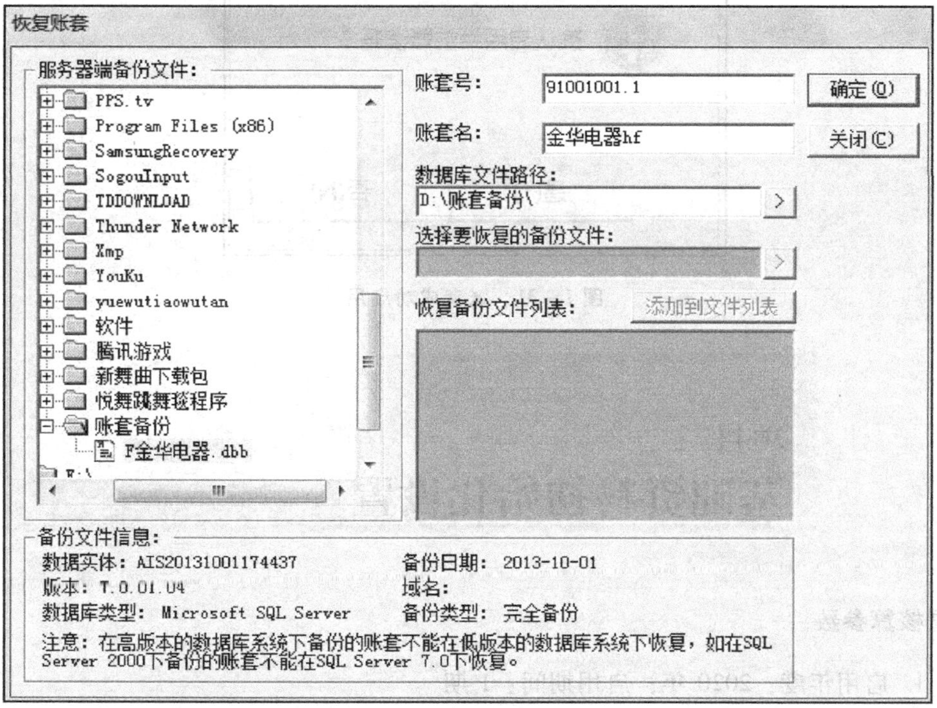

图 1－29　恢复账套选择备份路径

步骤五：账套启用

选中账套，点击【启用】按钮，启用账套，如图 1－30、图 1－31 所示。

图 1－30　启用账套

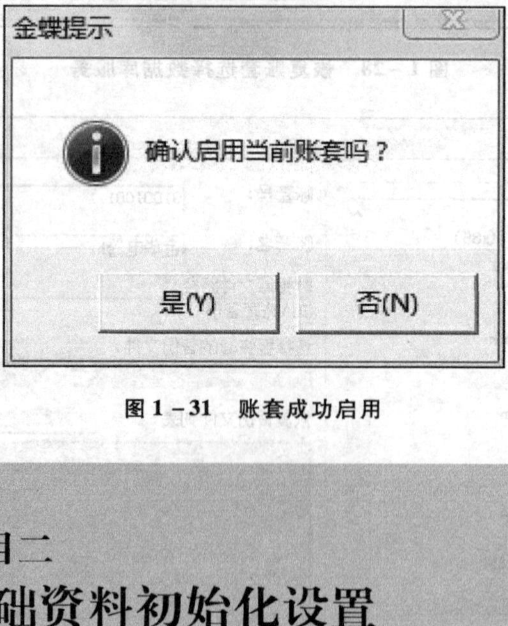

图 1－31　账套成功启用

项目二
基础资料初始化设置

一、设置核算参数

1. 启用年度：2020 年；启用期间：1 期
2. 核算方式：数量、金额核算
3. 库存更新控制：单据保存后立即更新

4. 门店模块设置：不启用门店管理

注意：核算参数一经设定并结束初始化后将不能返回再修改

二、系统设置

1. 单据编码规则（按系统默认设置）

2. 其他：

（1）审核人与制单人可为同一人。

（2）去掉“若应收应付系统未结束初始化，则业务系统发票不允许保存”的“✓”。

（3）“√”上“外购入库生成暂估冲回凭证”选项，暂估冲回凭证生成方式：单到冲回。

三、从模板中引入会计科目——新会计准则科目

四、资料维护

（一）增加两种币别。注意汇率小数点的切换（切换到英文标点状态），见表1－2

表1－2

币别代码	币别名称	记账汇率	折算方式	汇率类型
HKD	港币	0.88	原币＊汇率＝本位币	浮动汇率
USD	美元	6.85	原币＊汇率＝本位币	浮动汇率

（二）增加凭证字为“记”字

（三）增加两个计量单位组及相应组里的计量单位，见表1－3。

表1－3

计量单位组	代码	计量单位名称	系数
数量组1	J	台	1
数量组2	G	个	1
数量组3	P	片	1

（四）增加支票结算方式，见表1－4。

表1－4

代码	名称
JF06	支票

（五）会计科目维护

（1）增加会计科目，见表1－5。

表 1－5

科目代码	科目名称	外币核算	期末调汇	数量金额辅助核算	核算项目
1002	银行存款	所有币别	√		
1002.01	建设银行	人民币			
1002.02	中国银行	美元	√		
1002.03	工商银行	港元	√		
1221	其他应收款				
1221.01	职员				职员
1403	原材料				
1403.01	二极管			√（计量单位：个）	
1403.02	线路板			√（计量单位：片）	
1405	库存商品				物料
2221	应交税费				
2221.01	应交增值税				
2221.01.01	销项税				
2221.01.02	进项税				
6602	管理费用				
6602.01	工资及福利				
6602.02	折旧费				
6602.03	通讯费				部门、职员
6602.04	办公费				
5001	生产成本				
5001.01	工资及福利费				
5101	制造费用				
5101.01	折旧费				
5101.02	工资及福利费				
6001	主营业务收入				部门、职员、物料
6401	主营业务成本				物料
6603	财务费用				
6603.01	利息				
6603.02	汇兑损益				

（2）会计科目的修改，见表 1－6。

表 1－6

科目代码	科目名称	往来业务核算	核算项目
1122	应收账款	√	客户
2202	应付账款	√	供应商

（六）新增相关核算项目资料

（1）新增“部门”资料，见表1－7。

表1－7

代码	名称
01	财务部
02	行政部
03	销售部（上级组）
03.01	销售一部
03.02	销售二部
04	生产部
05	仓管部
06	采购部

（2）新增“职员”资料，见表1－8。

表1－8

代码	名称	部门
001	张华	财务部
002	李萍	行政部
003	王林	销售一部
004	赵立	销售二部
005	刘红	生产部
006	孙晴	生产部
007	高起	仓管部
008	学生本人	财务部
009	张浩	采购部
010	李勇	销售一部
011	王欣	仓管部
012	刘燕	财务部

（3）新增“供应商”资料，见表1－9。

表1－9

代码	名称
01	越秀区（上级组）
01.01	广州兴业公司
01.02	广州南方公司
02	海珠区（上级组）
02.01	广州王码公司
02.02	广州强发公司
03	境外（上级组）
03.01	IBM公司

（4）新增“客户”资料，见表 1－10。

表 1－10

代码	名称
01	天河区（上级组）
01.01	广州长城公司
01.02	广州天达公司
02	越秀区（上级组）
02.01	广州宏基公司
02.02	广州长海公司
03	境外（上级组）
03.01	SOP 公司

（5）新增“仓库”资料，见表 1－11。

表 1－11

代码	名称	仓库属性	仓库类型
001	原材料仓	良品	普通仓
002	半成品仓	良品	普通仓
003	产成品仓	良品	普通仓
004	待检仓	在检品	在检仓
005	赠品仓	良品	赠品仓
006	代管仓	良品	代管仓

（6）新增“物料”资料，见表 1－12。

先设上级组：01　　材料

02　　产品

表 1－12

代码	名称	属性	计量单位	计价方法	存货科目	销售收入	销售成本
01.01	二极管	外购	个	加权平均	1403.01	6 051	6402
01.02	线路板	外购	片	加权平均	1403.02	6 051	6402
02.01	功放机	自制	台	加权平均	1405	6001	6401
02.02	影碟机	自制	台	加权平均	1405	6001	6401

五、初始余额录入（见表 1－13）

表 1－13

代码	名称	期初数量	期初金额
01.01	二极管	1 000	20 000
01.02	线路板	500	50 000
02.01	功放机	0	0
02.02	影碟机	0	0

步骤一：设置核算参数

在该版本中各个系统的系统参数设置将统一在系统设置部分进行操作。改变以往在不同系统分别设置的形式，以突出产品的整体化和集中化。

系统设置包括系统设置、初始化、基础资料、用户管理和日志信息五大部分。

系统设置：可以对各个系统的参数进行集中设置和管理。

初始化：主要是对各个系统进行初始化数据的录入操作。

基础资料：主要是对各个系统的基础资料进行设置和管理。

单击【系统设置】—【初始化】—【生产管理】—【核算参数设置】打开核算参数设置界面进行参数设置操作，如图 1－32 至图 1－34 所示。

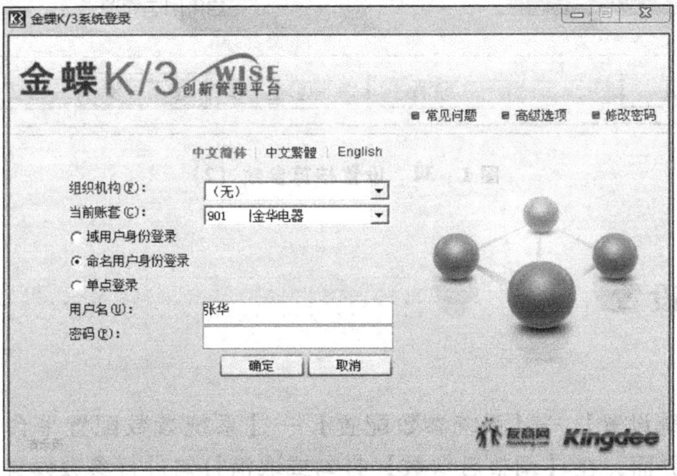

图 1－32　登录 K/3 主控台

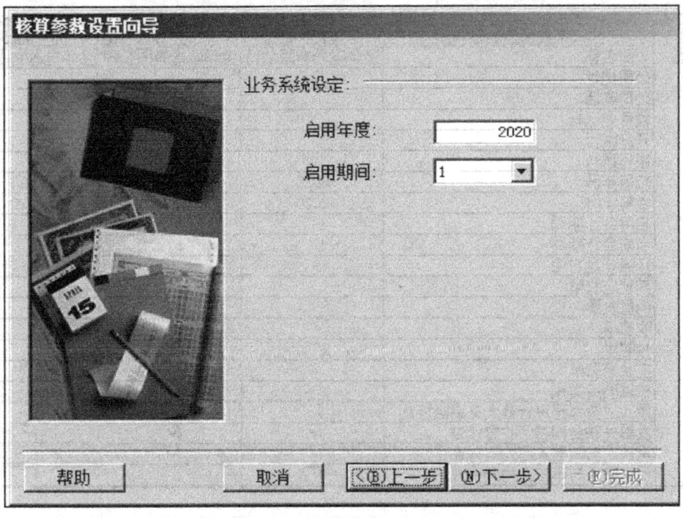

图 1－33　设置核算参数（1）

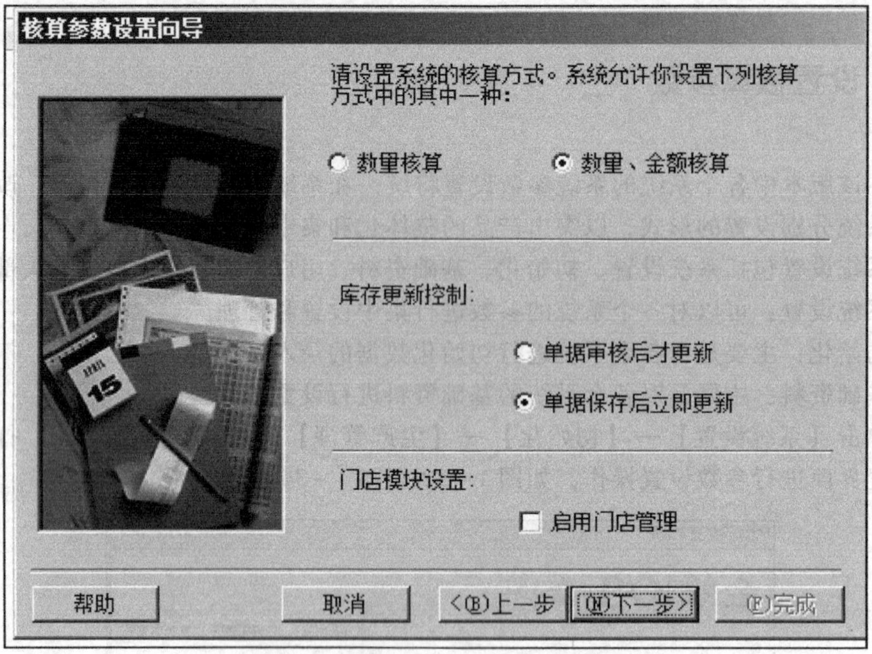

图 1－34　设置核算参数（2）

步骤二：系统设置

单击【系统设置】—【系统参数配置】—【系统参数配置平台】，打开对应的子系统参数设置界面，在【调整后参数】打勾或取消打勾进行参数设置操作，如图 1－35 至图 1－37 所示。

	子系统	系统参数名称	系统预设参数	标准行业(默认)参	调整后参数	存在差异
1	应收款管理系统参数	公司名称	金华电器有限公司	金华电器有限公司	金华电器有限公司	☐
2		公司地址				☐
3		公司电话				☐
4		税务登记号				☐
5		开户银行				☐
6		银行账号				☐
7		启用年份	2020	2020	2020	☐
8		当前年份	2020	2020	2020	☐
9		启用会计期间	1	1	1	☐
10		当前会计期间	1	1	1	☐
11		坏账计提方法				☐
12		其他应收单				☐
13		销售发票				☐
14		收款单				☐
15		预收单				☐
16		应收退款单				☐
17		核算项目类别				☐
18		录入发票过程进行最大交易额控制	☐	☐	☐	☐
19		发票关联合同携带收款计划	☑	☑	☑	☐
20		审核人与制单人不为同一人	☑	☑	☐	☑
21		反审核人与审核人为同一人	☐	☐	☐	☐

图 1－35　应收款管理子系统参数设置

	子系统	系统参数名称	系统预设参数	标准行业(默认)参	调整后参数	存在差异
1	供应链整体选项	使用双计量单位	☐	☐	☐	☐
2		基础资料录入与显示采用短代码	☐	☐	☐	☐
3		供应链报表始终使用长代码	☑	☑	☑	☐
4		打印（打印预览）前自动保存单据	☐	☐	☐	☐
5		数量合计栏显示纯数量合计	☑	☑	☑	☐
6		单据操作权限控制到操作员组	☐	☐	☐	☐
7		若应收应付系统未结束初始化，则业务系统发票不允许保存	☑	☑	☐	☑
8		启用多级审核	☑	☑	☑	☐
9		序时簿最大行数	20000	20000	20000	☐
10		序时簿拖动列宽后保存	☐	☐	☐	☐
11		序时簿显示关联标志	☐	☐	☐	☐
12		启用锁库功能	☑	☑	☑	☐
13		启用订单批次跟踪功能	☐	☐	☐	☐
14		序时簿最大预警列数	80	80	80	☐
15		辅助属性间隔符	/	/	/	☐
16		允许红字销售出库录入历史曾销售过，但未在系统中维护的序列	☐	☐	☐	☐
17		允许红字其他出库录入历史曾出库过，但未在系统中维护的序列	☐	☐	☐	☐
18		单据保存后检查单据的序列号	☐	☐	☐	☐
19		初始化录入显示过滤界面	☐	☐	☐	☐
20		存货名称	物料	物料	物料	☐
21		单据编号重复时自动生成新号并保存	☑	☑	☑	☐

图 1－36　供应链整体选项子系统参数设置

	子系统	系统参数名称	系统预设参数	标准行业(默认)参	调整后参数	存在差异
280	核算系统选项	无原单的红字出库单单价来源	手工录入	手工录入	手工录入	☐
281		负结存单据单价来源	手工录入	手工录入	手工录入	☐
282		返工物料出库单价来源	期最新自制入库	期最新自制入库	期最新自制入库	☐
283		本期还有未审核的出入库单据时允许关账	☑	☑	☑	☐
284		本期还有单据未生成凭证时允许关账	☑	☑	☑	☐
285		关账后允许对本期的核算单据进行修改、删除、作废、审核和反	☑	☑	☑	☐
286		关账以后允许新增发票	☑	☑	☑	☐
287		关账后允许钩稽本期发票	☑	☑	☑	☐
288		仓库分组设置				☐
289		红字出库单参与加权平均法，计划成本法，分批认定法（批内加				☑
290		存货跌价准备计提方式	按物料计提	按物料计提	按物料计提	☐
291		录入起初余额调整数据时显示过滤界面	☐	☐	☐	☐
292		有单价成本调拨类型调拨单出库核算时重新取得单价	☑	☑	☑	☐
293		冲回单据编号后缀	_	_	_	☐
294		外购入库生成暂估冲回凭证	☐	☐	☑	☑
295		当暂估差额生成方式为单到冲回，且暂估入库单与发票金额相同	☐	☐	☐	☐
296		外购入库核算严格按批次核算入库成本	☐	☐	☐	☐
297		存货异常余额出单生成成本调整单类型	入库成本调整单	入库成本调整单	入库成本调整单	☐
298		委外加工入库核算严格按批次核算加工费	☐	☐	☐	☐
299		计算物料即时成本	☐	☐	☐	☐
300		返修类型的委外加工入库单参与出库核算	☐	☐	☐	☐
301		期末结账时检查未记账的单据	☐	☐	☐	☐
302		暂估冲回凭着生成方式	月初一次冲回	月初一次冲回	单到冲回	☑

图 1－37　核算系统选项子系统参数设置

步骤三：设置会计科目

会计科目是会计核算系统中的最为基础和重要的资料，对日后会计业务处理有着至关重要的作用。

1. 引入会计科目

K/3 系统中预设了各种行业的会计标准模板，可以通过引入模板来建立科目体系。单击【系统设置】—【基础资料】—【公共资料】—【科目】打开科目管理界面，单击【文件】—【从模板中引入科目】，然后选择对应的行业，如图 1－38 至图 1－42 所示。

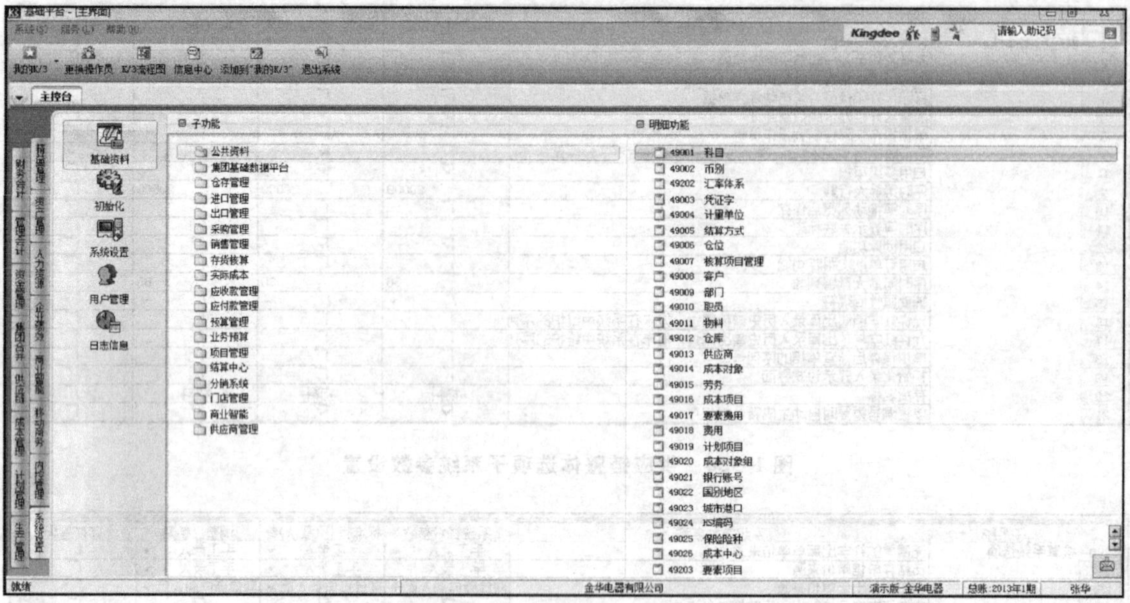

图 1－38 选择【科目】

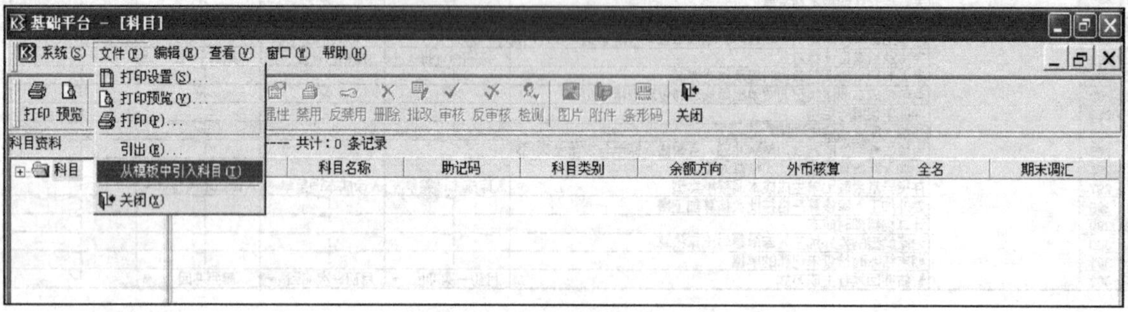

图 1－39 选择模板引入

图 1－40 选择科目模板

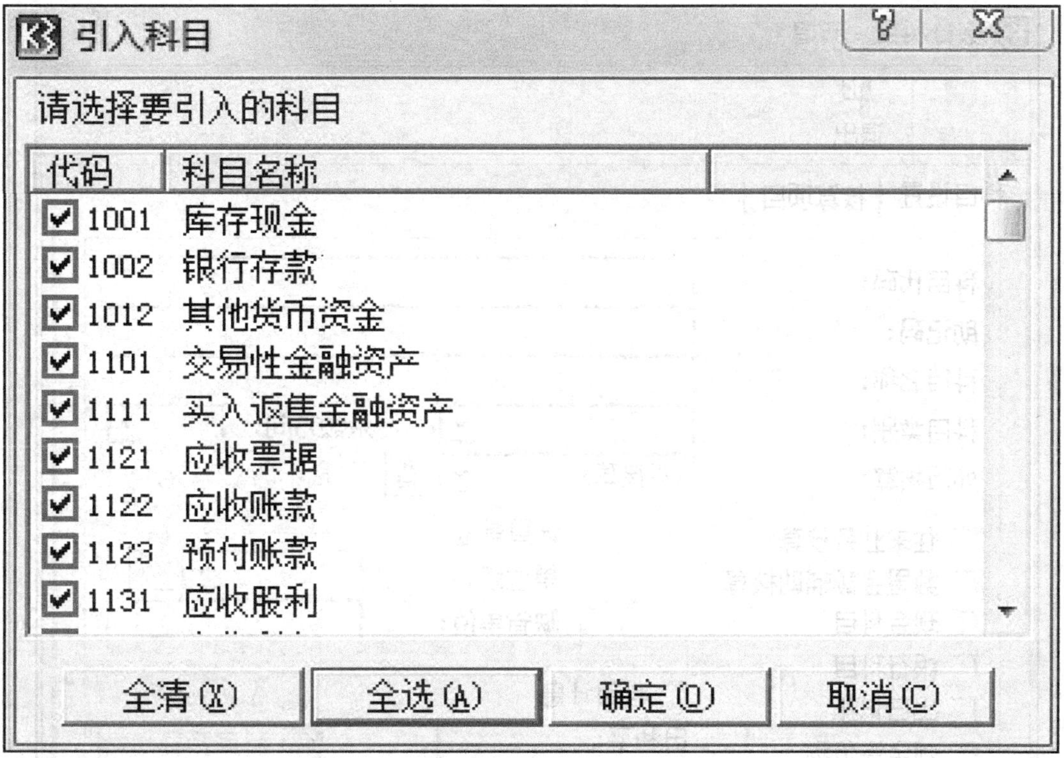

图 1－41　引入科目

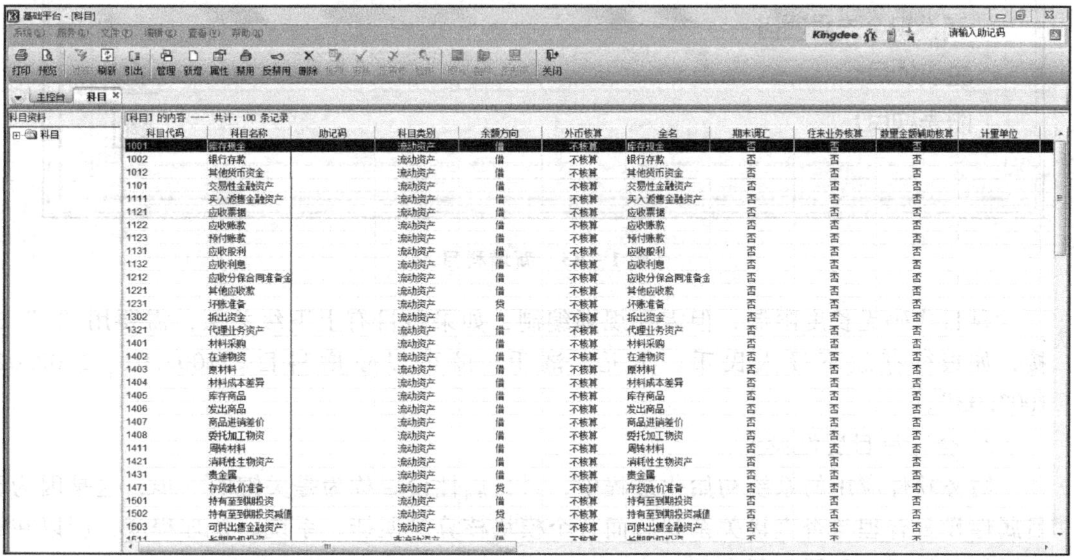

图 1－42　完成科目引入

2. 新增会计科目

在引入系统预设科目之后，如果科目不能满足企业使用的需求，可以新增科目，在科目管理界面单击【编辑】—【新增科目】打开科目新增界面，如图 1－43 所示。

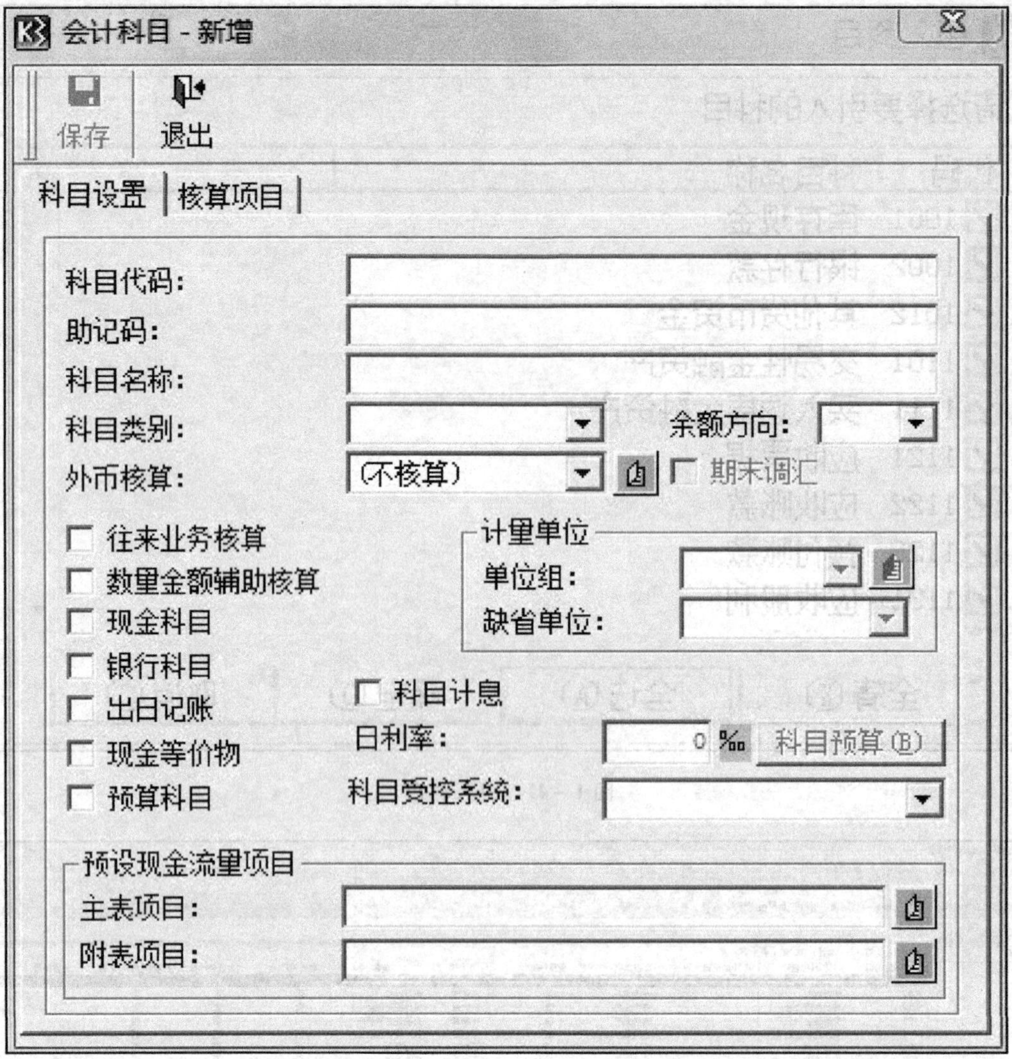

图 1－43　新增科目

科目代码无长度限制，但需要规则编制，如果科目有上下级关系，需要用“.”连接，如银行存款下设人民币、美元、港币，就可以新增科目“1002.01、1002.02、1002.03”。

3. 会计科目属性设置

财务软件应用的系统初始化过程中，科目属性设置称为是关键的一步，这是因为科目属性设置合理与否直接关系到后面各个模块核算的便捷、系统、条理程度，所以在科目属性的设置上重要且复杂。

选择需要修改属性的科目，单击【属性】或是双击本科目，可以打开修改界面，操作步骤：【系统设置】—【基础资料】—【公共资料】—【科目】—【管理】—【修改】/【新增】或者【系统设置】—【基础资料】—【公共资料】—【科目】—【属性】/【新增】。注：【新增】是增加明细科目（包括二级、三级科目）；【属性】是修改当前选中科目。如图 1－44 所示。

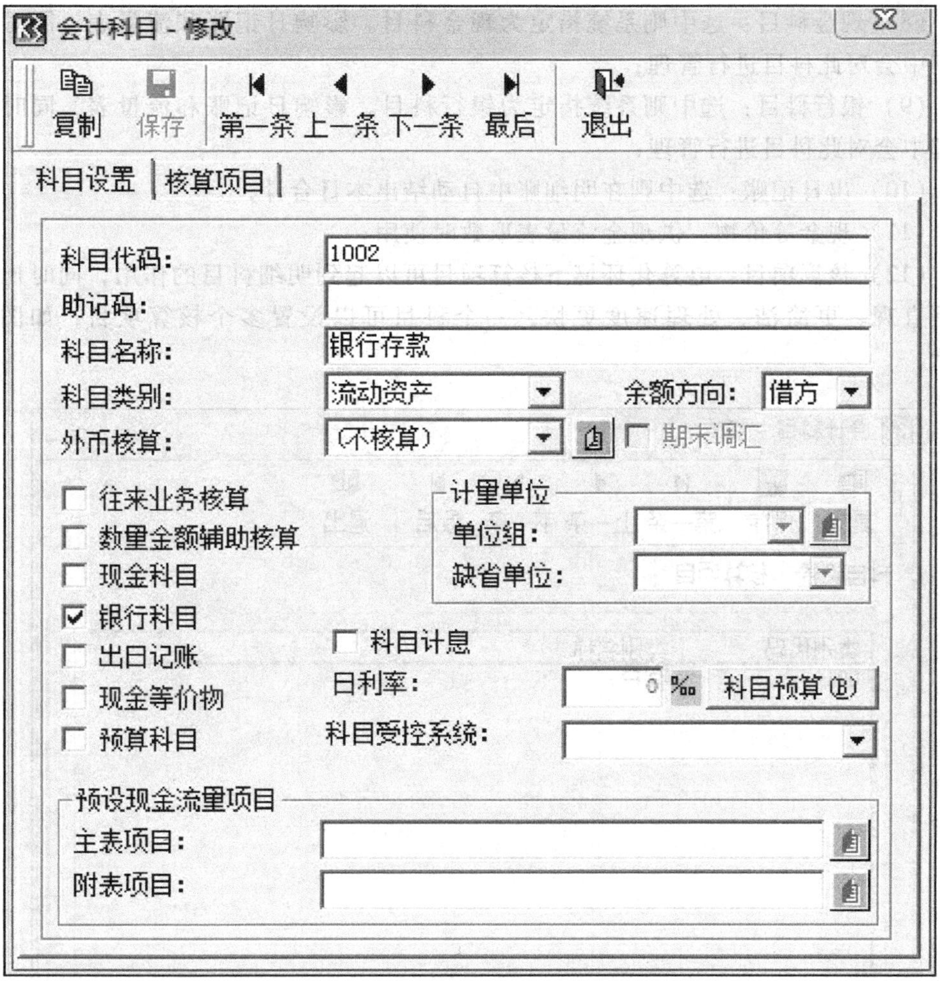

图 1-44 修改会计科目属性

科目选项卡说明：

（1）科目类别：系统分资产类、负债类、共同类、所有者权益类、成本类、损益类、表外科目七大类，其中损益类科目在后面设置取数公式时可以取其实际发生额；

（2）余额方向：该科目的默认余额方向。注意资产备抵类账户余额设置，如坏账准备等应设置为贷方；

（3）外币核算：该科目如果涉及外币核算则需要设置，可以设置为核算单一外币或核算所有币别，如果已经发生业务则只能设置为核算所有币别；

（4）期末调汇：只有选择了此项在期末进行调汇时系统才能对该科目进行调汇，否则系统不进行调汇；

（5）往来业务核算：如果没有启用应收应付系统，并需要进行往来简单核销管理，则可以设置该科目为往来核算科目；

（6）数量金额辅助核算：选择此项后，科目同时核算金额和数量；

（7）计量单位：选择数量核算后进行单位选择；

（8）现金科目：选中则系统指定为现金科目。影响日记账和流量表，同时在现金管理中会对此科目进行管理；

（9）银行科目：选中则系统指定为银行科目。影响日记账和流量表，同时在现金管理中会对此科目进行管理；

（10）出日记账：选中则在明细账中自动结出本日合计；

（11）现金等价物：供现金流量表取数时使用；

（12）核算项目：电算化环境下核算项目可以起到明细科目的作用，同时比明细科目更直观、更简洁、处理速度更快，一个科目可以设置多个核算项目，如图 1－45 所示。

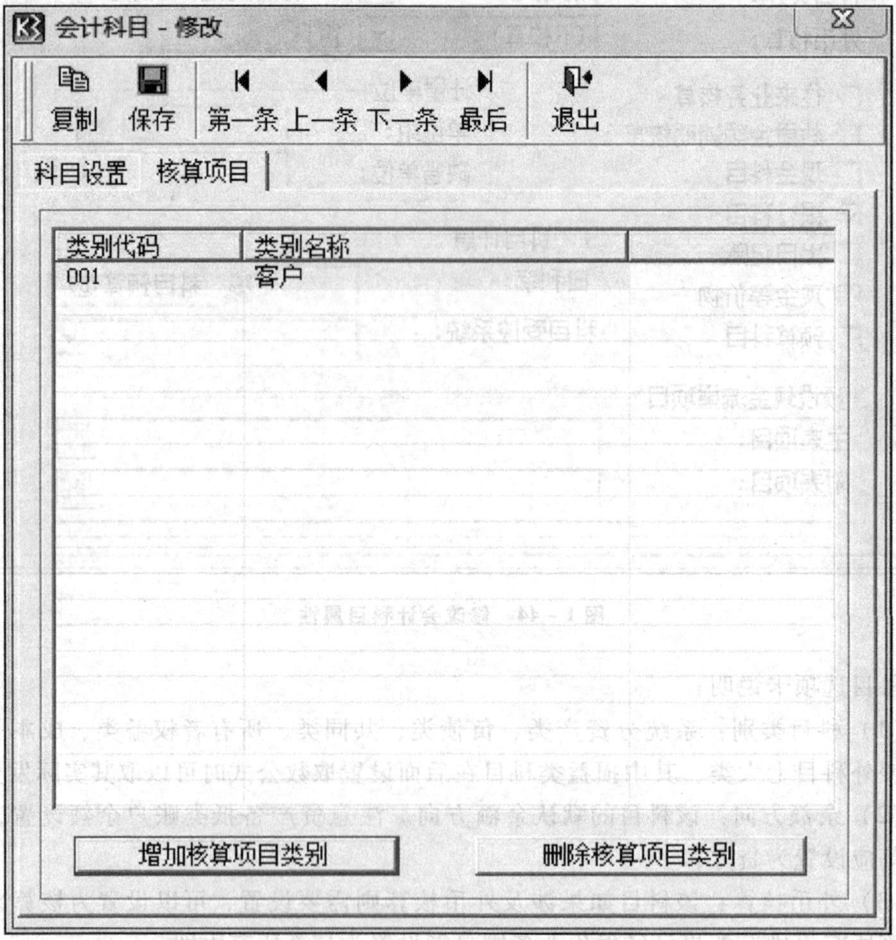

图 1－45　科目核算项目设置

温馨提示

如果在核算中已使用该科目（已录入初始金额或已编制凭证），则该科目的核算项目不能够再进行更改。如果确实需要修改的，则需要将该科目下的数据清除后，再进行更改。

步骤四：设置币别

选择【系统设置】—【基础资料】—【公共资料】—【币别】。点击【新增】，输入币别资料。如图 1－46 所示。

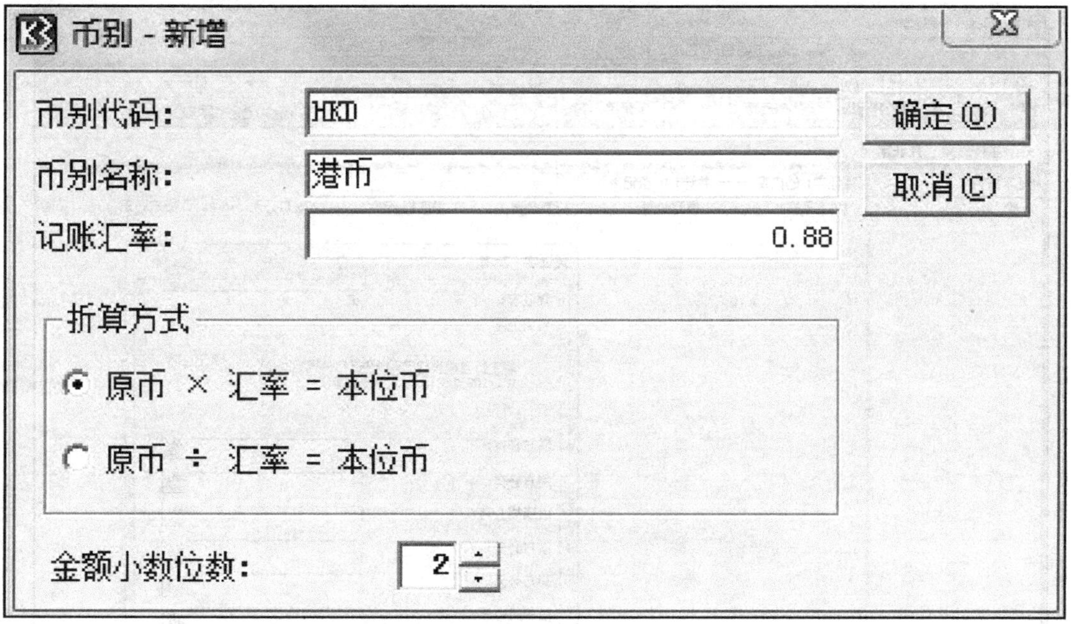

图 1－46　设置币别

名词解释

固定汇率：是在金本位制度下和布雷顿森林体系下通行的汇率制度，这种制度规定本国货币与其他国家货币之间维持一个固定比率，汇率波动只能限制在一定范围内，由官方干预来保证汇率的稳定。

浮动汇率：是指在纸币制度下，一国货币的对外币值，依据外汇市场上的供求状况，任其自由涨落，对汇率的波动幅度不予固定。国际上现行的汇率制度就是浮动汇率制。

2005 年 7 月 21 日，中国人民银行宣布：中国开始实行以市场供求为基础、参考一篮子货币进行调节、有管理的浮动汇率制度。

步骤五：增加凭证字

选择【系统设置】—【基础资料】—【公共资料】—【凭证字】。点击【新增】，输入凭证字，如图 1－47 所示。

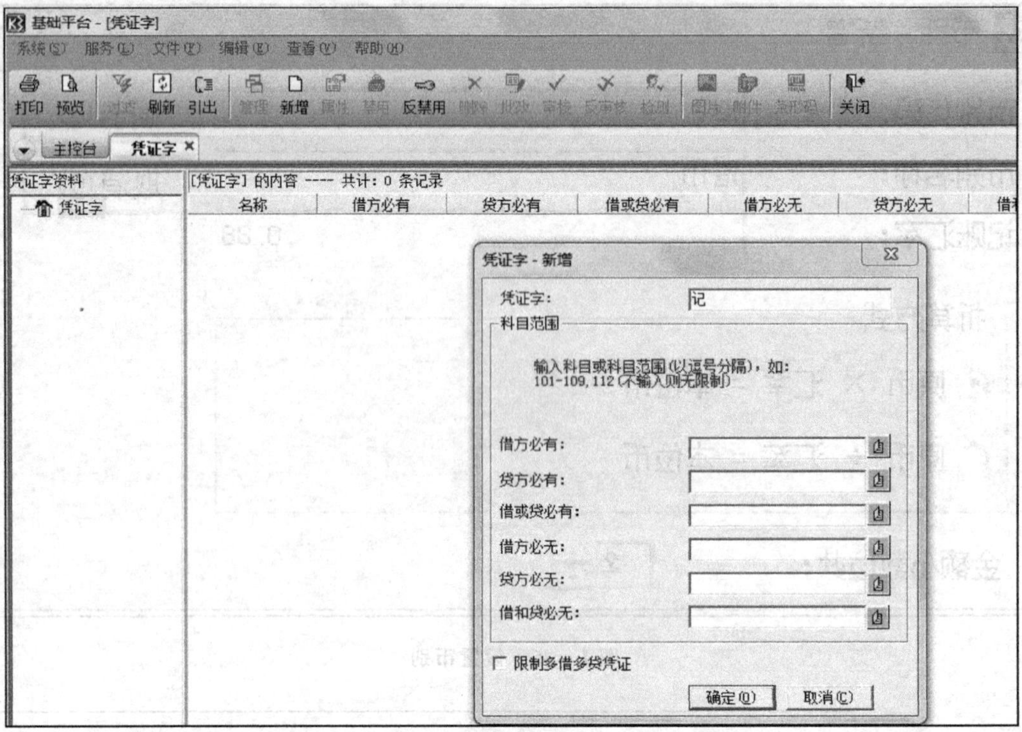

图 1－47 设置凭证字

凭证字的几种设置方案：

（1）收、付、转；

（2）现收、现付、银收、银付、转；

（3）记。

步骤六：增加计量单位

选择【系统设置】—【基础资料】—【公共资料】—【计量单位】。点击【新增】，输入计量组，如图 1－48、图 1－49 所示。增加计量组完成后，选择【新增计量单位组】，如图 1－50 所示。

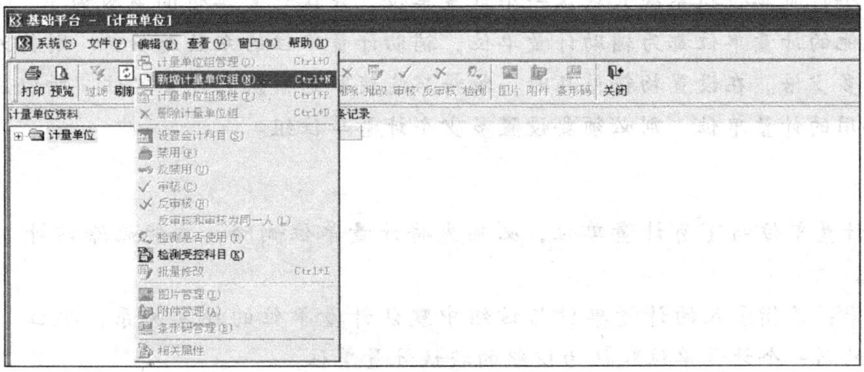

图 1－48　选择新增计量单位组

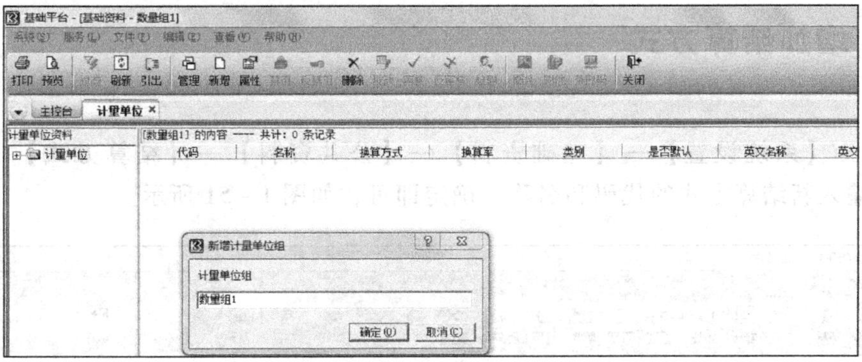

图 1－49　录入计量单位组

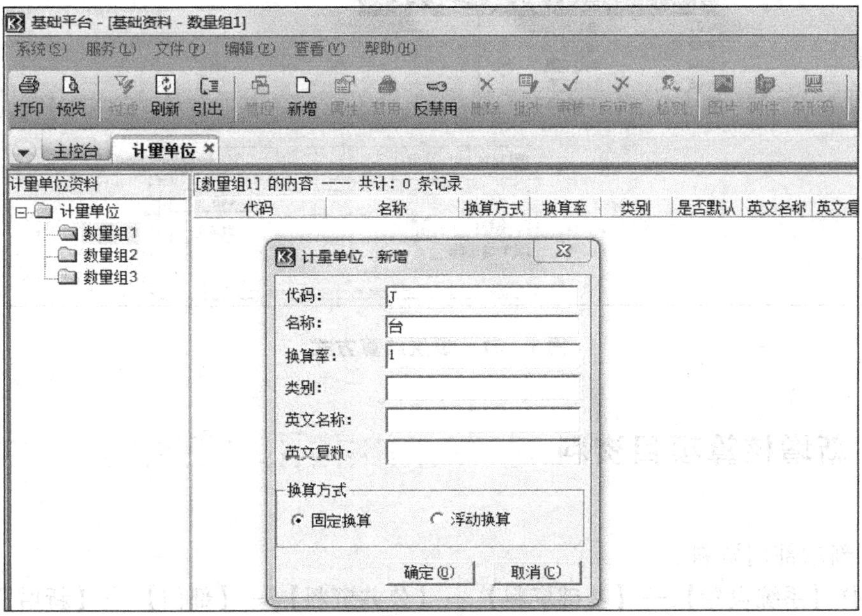

图 1－50　录入计量单位

注意事项：

一个计量单位组系统只默认一个计量单位，默认计量单位的系数为 1。此计量单位组中其他的计量单位都为辅助计量单位，辅助计量单位的系数是多少，则其为默认计量单位的多少倍。在设置物料信息时，物料只能获取到默认的计量单位，所以用户有多少必须要用的计量单位，则必须要设置多少个计量单位组。

温馨提示

如果计量单位组下有计量单位，必须先将计量单位删除，才能删除该计量单位组。

换算率：是指录入的计量单位与该组中默认计量单位的换算关系，单位组中新增的第一个计量单位默认为该组的默认计量单位。

步骤七：增加结算方式

选择【系统设置】—【基础资料】—【公共资料】—【结算方式】。点击【新增】，输入新结算方式的代码和名称，确定即可，如图 1－51 所示。

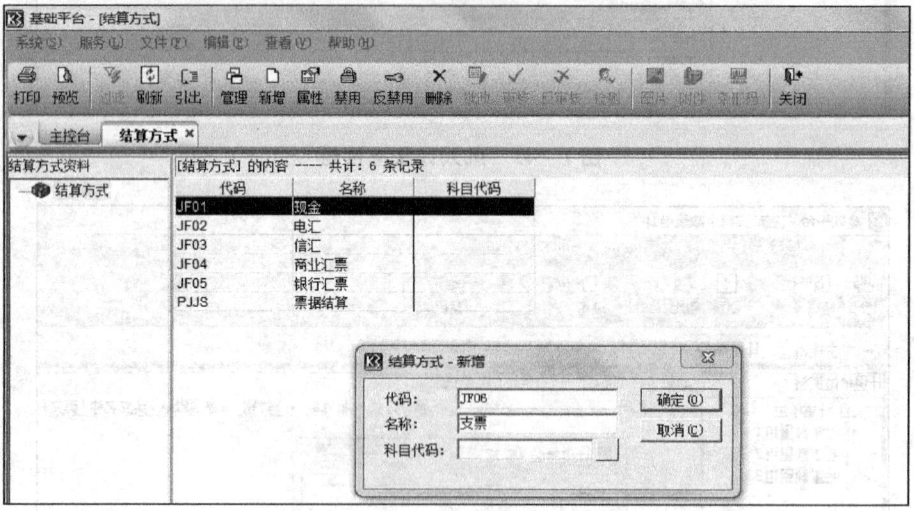

图 1－51 设置结算方式

步骤八：新增核算项目资料

1. 新增部门资料

选择【系统设置】—【基础资料】—【公共资料】—【部门】—【新增】—【新增上级组】—【新增部门】即可。案例：新增部门："03 销售部"，如图 1－52、图 1－53 所示。

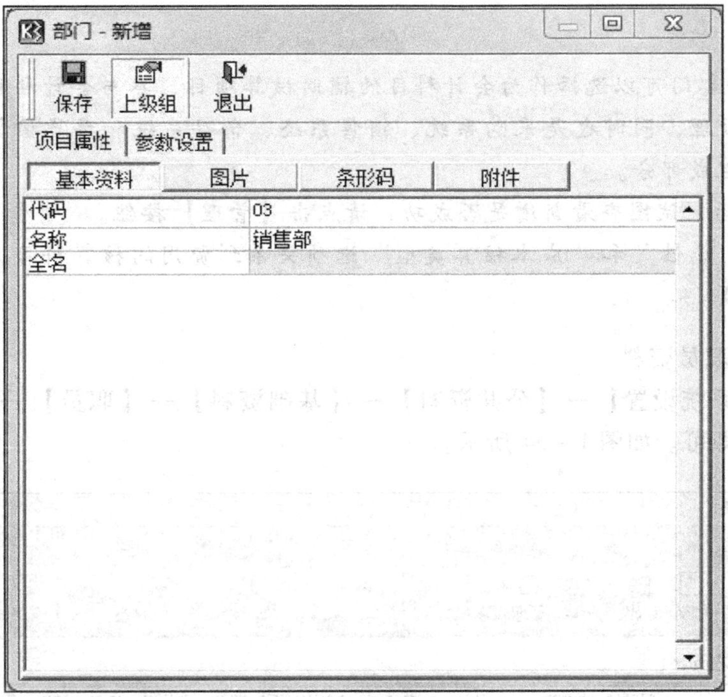

图 1－52　设置部门资料属性

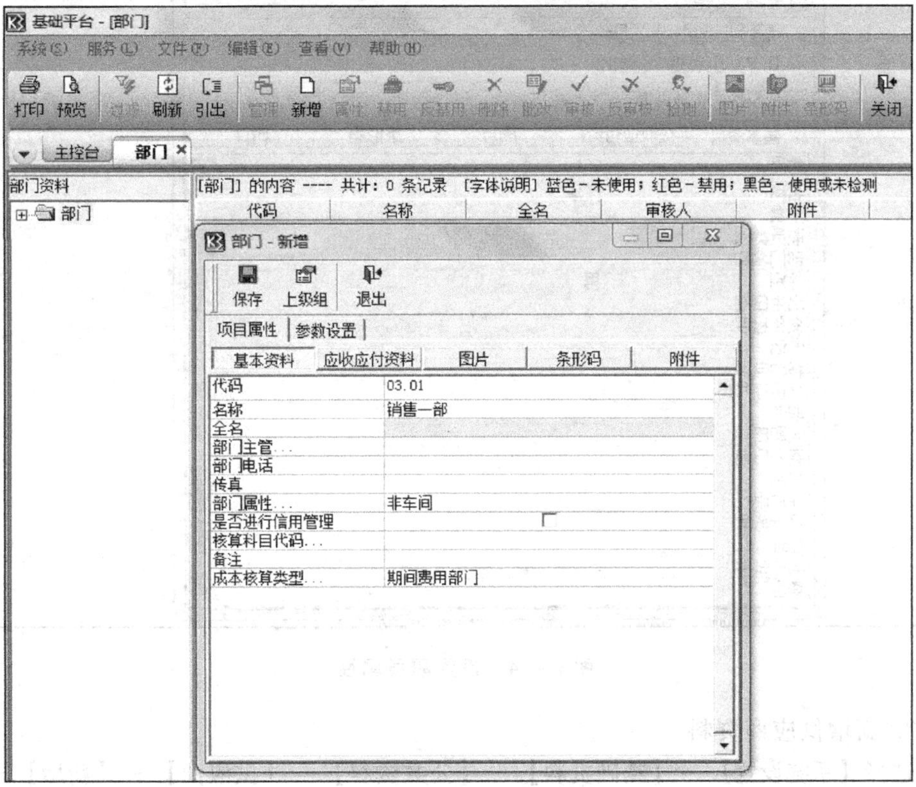

图 1－53　设置部门资料属性

温馨提示

（1）各个部门可以选择作为会计科目的辅助核算项目，参与会计科目核算，总账账务处理，同时也是采购系统、销售系统、仓存系统和存货核算系统各个单据的组成部分。

（2）新增后，试图查看新增是否成功，请点击【管理】按钮。

（3）“部门属性”和“成本核算类型”选项关系到费用的核算科目，应选择适当的选项。

2. 新增职员资料

选择【系统设置】—【公共资料】—【基础资料】—【职员】—【新增】，录入资料后确定即可。如图 1－54 所示。

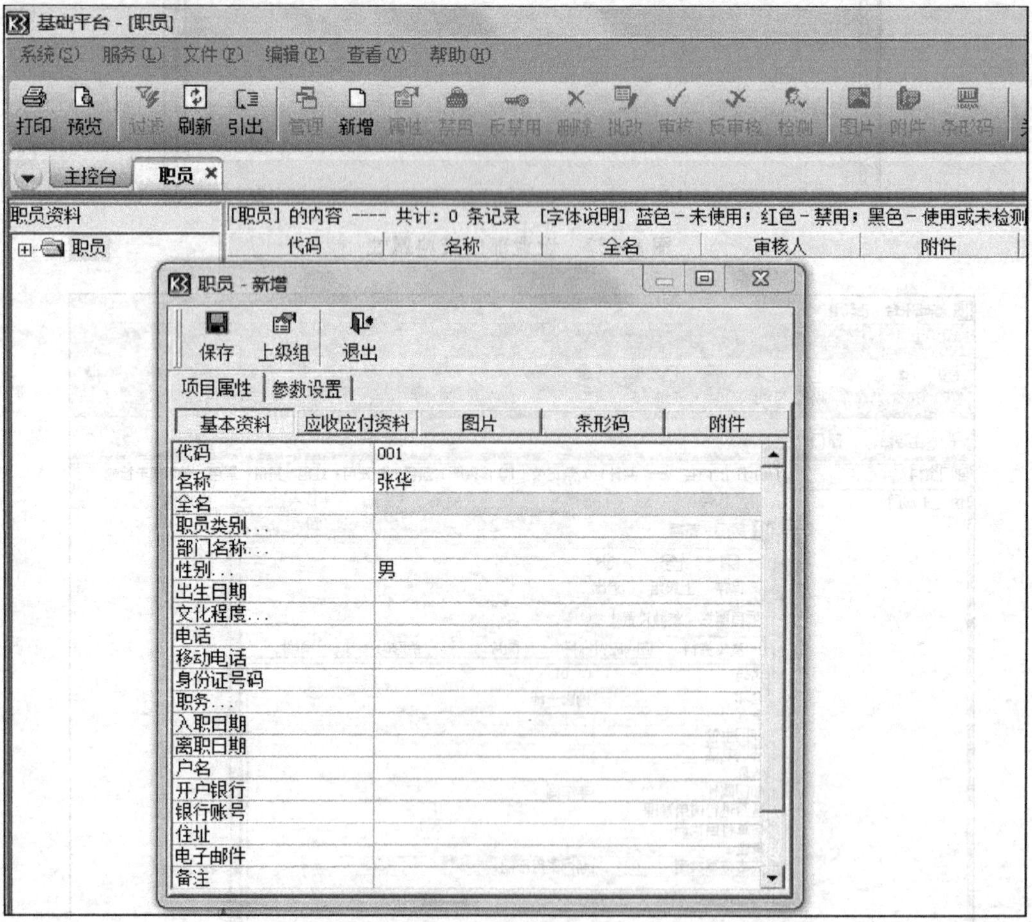

图 1－54 设置职员属性

3. 新增供应商资料

选择【系统设置】—【基础资料】—【公共资料】—【供应商】—【新增】—【新增上级组】—【新增供应商】录入资料后确定即可。如图 1－55、图 1－56、图 1－57 所示。

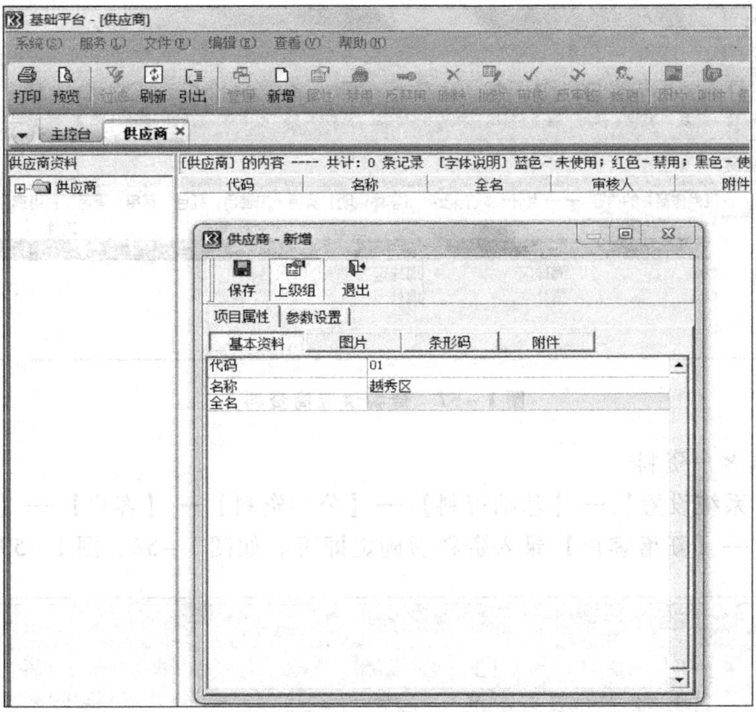

图 1－55　新增上级组

图 1－56　新增供应商单位

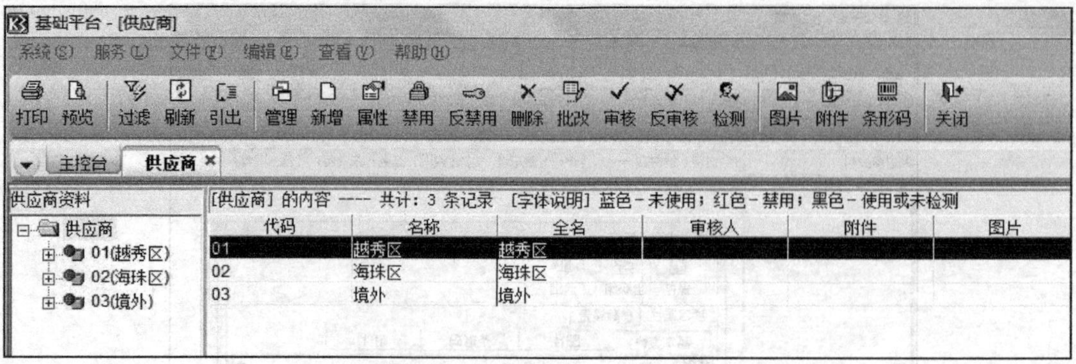

图 1－57　查看供应商资料

4. 新增客户资料

选择【系统设置】—【基础资料】—【公共资料】—【客户】—【新增】—【新增上级组】—【新增客户】录入资料后确定即可。如图 1－58、图 1－59 所示。

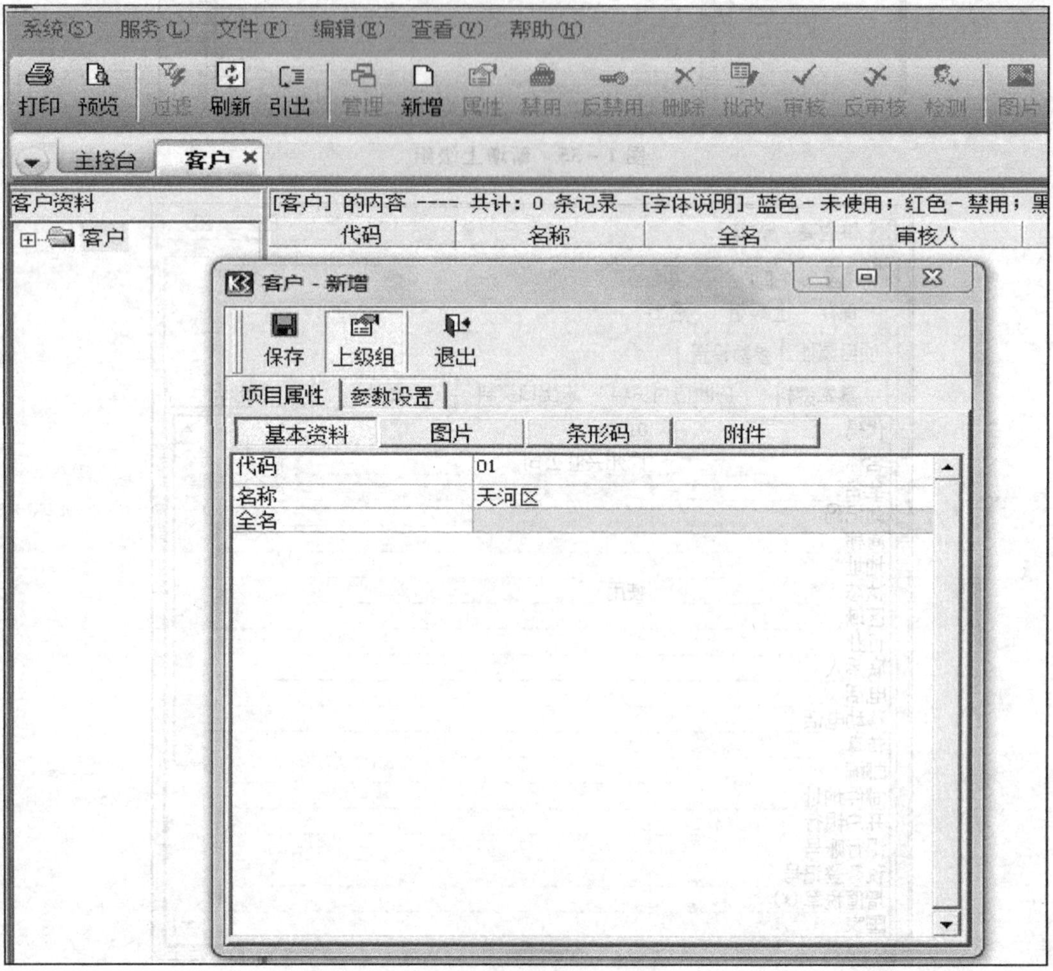

图 1－58　新增上级组

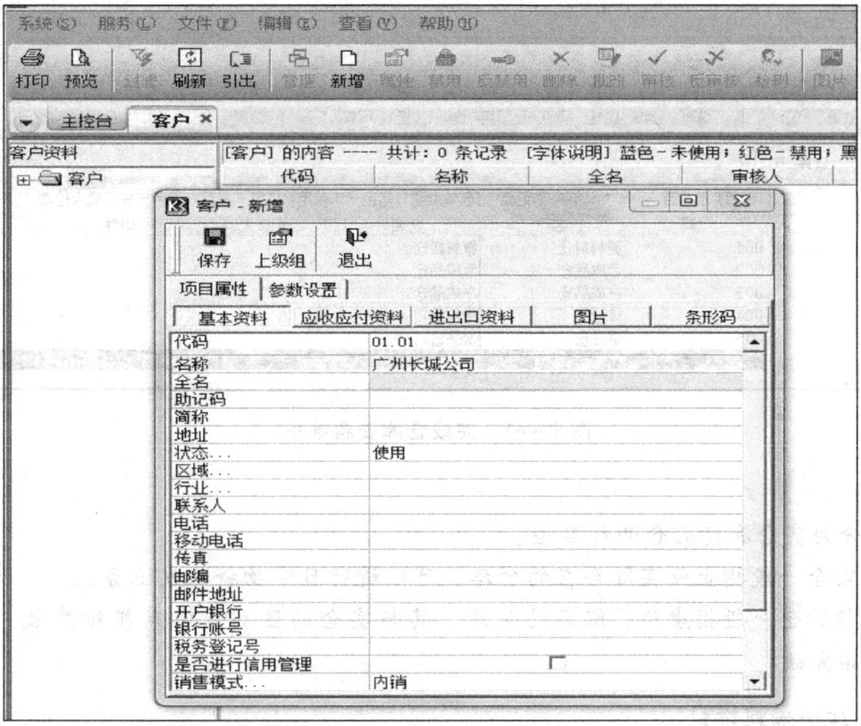

图 1－59 新增客户单位

5. 新增仓库资料

选择【系统设置】—【基础资料】—【公共资料】—【仓库】—【新增】即可。如图 1－60、图 1－61 所示。

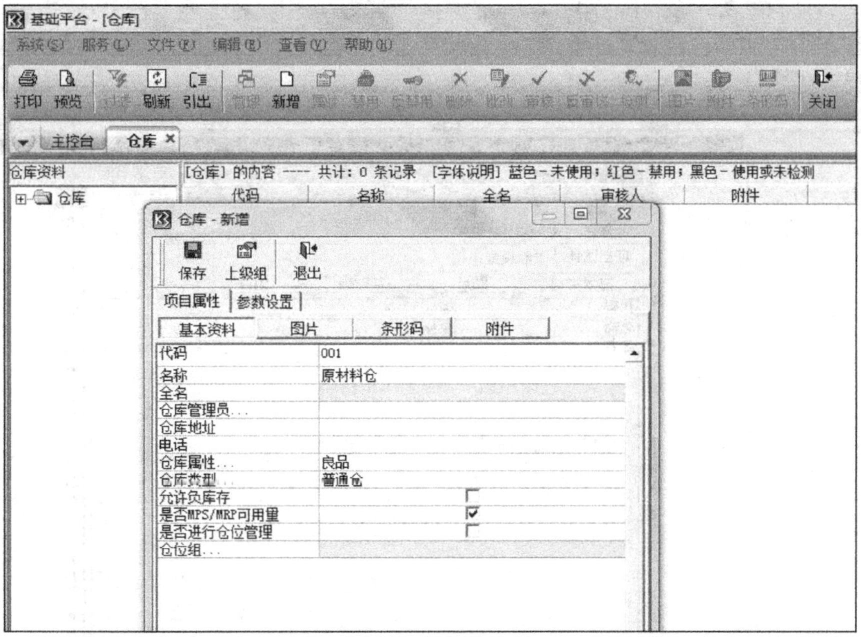

图 1－60 设置仓库属性

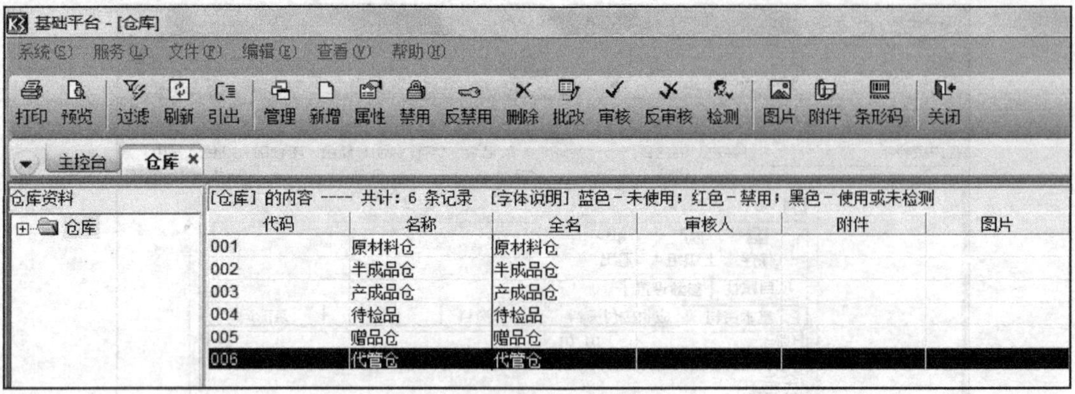

图 1-61　完成仓库资料维护

> 仓库分为实仓和待验仓两种类型。
>
> （1）实仓一般指企业实际存在的仓库，可以进行日常物料收发业务。
>
> （2）待验仓一般指虚拟、假定的仓库，其与实仓的区别是它只能核算数量，不核算金额。
>
> **温馨提示**

6. 新增物料资料

选择【系统设置】—【基础资料】—【公共资】—【物料】—【新增】—【新增上级组】—【新增物料】即可，如图 1-62、图 1-63、图 1-64 所示。

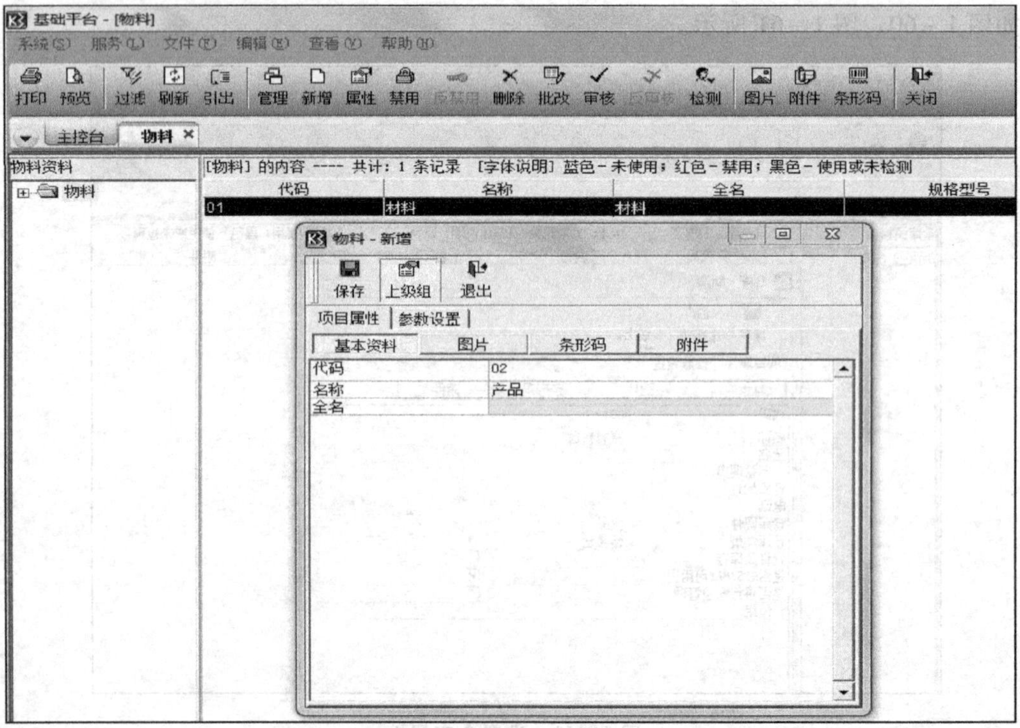

图 1-62　设置上级组

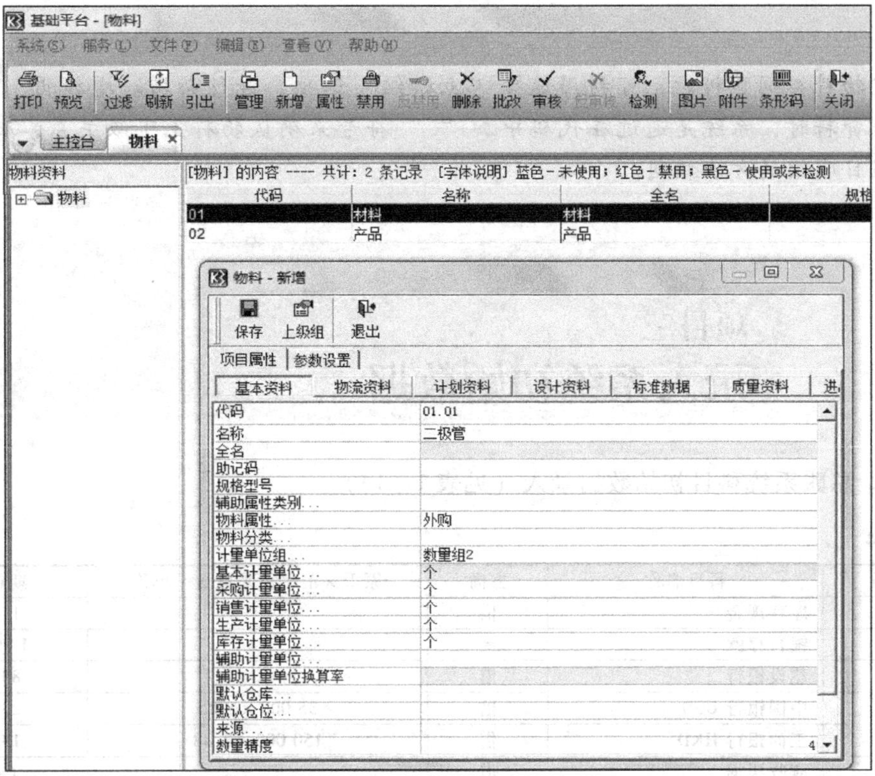

图 1-63　设置物料属性（1）

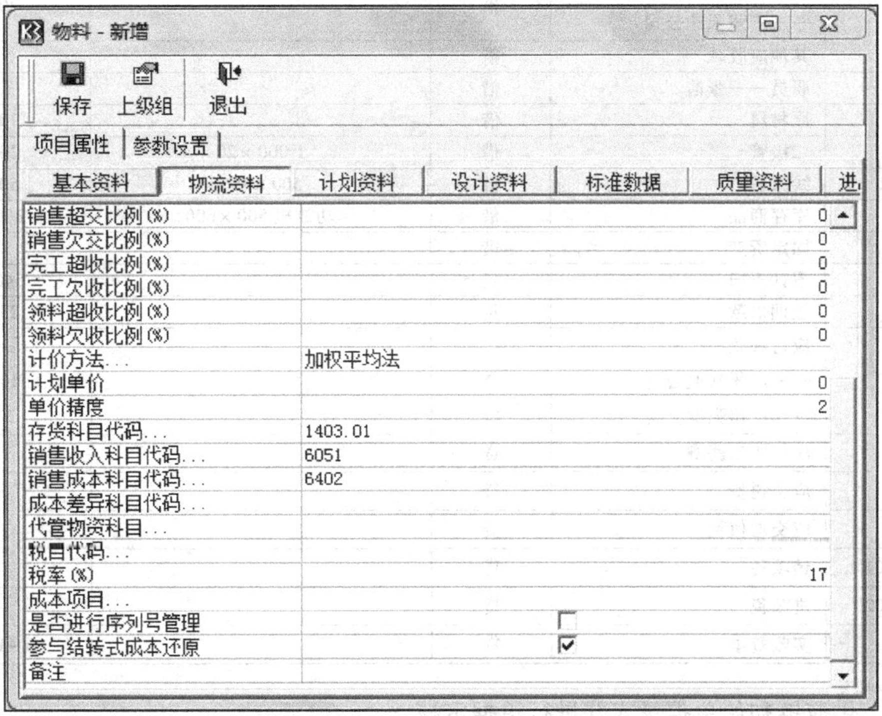

图 1-64　设置物料属性（2）

温馨提示

设定物料类别资料时，可利用选择“上级组”选项，进行新增。增加明细的物料资料时，系统是通过在代码中加“.”符号来确认物料上下级关系，与设定科目明细的方法相同。

项目三
录入系统初始数据

1. 总账系统科目初始数据录入（见表 1－14）

表 1－14

科目代码	科目名称	方向	原币×汇率往来数量×单价	期初余额
1001	库存现金	借		110 520
1002	银行存款	借		1 209 130
1002.01	建设银行	借		837 380
1002.02	中国银行 USD	借	35 000×6.85	239 750
1002.03	工商银行 HKD	借	150 000×0.88	132 000
1121	应收票据	借		64 300
1122	应收账款 ——广州长城公司 ——广州天达公司	借 借		40 000 20 000
1221	其他应收款	借		3 000
1221.01	职员——张浩	借		3 000
1403	原材料	借		70 000
1403.01	二极管	借	1 000×20	20 000
1403.02	线路板	借	500×100	50 000
1405	库存商品	借	功放机 500×600	300 000
1601	固定资产	借		2 177000
1602	累计折旧	贷		540 000
2001	短期借款	贷		23 400
2202	应付账款 ——广州兴业公司 ——广州强发公司	贷 贷		10 300 3 000
2211	应付职工薪酬	贷		0
2221	应交税费	贷		0
2221.01	应交增值税	贷		0
2221.01.01	销项税	贷		0
2221.01.02	进项税	贷		0
4001	实收资本	贷		3 417 250

2. 供应链初始单据录入并进行单据审核

（1）仓库物料初始数据录入，见表 1－15。

表 1-15

仓库	物料代码	物料名称	期初数量	期初金额	入库日期
原材料仓	01.01	二极管	1 000	20 000	2019-12-31
	01.02	线路板	500	50 000	2019-12-31
产成品仓	02.01	功放机	500	30 0000	2019-12-31

（2）2019 年 12 月 14 日收到广州兴业公司发来（01.01）二极管 100 个，暂估价为 20 元（原材料仓）。

（3）2019 年 12 月 30 日向广州长城公司发出线路板（01.02）100 片，单价为 100 元（从原材料仓发出）。

步骤一：录入系统初始数据

1. 总账系统科目初始数据录入

当各项资料输入完毕后，接下来就可以开始初始数据的录入工作了。除非是无初始余额及累计发生额，否则所有用户都要进行初始余额设置。初始余额的录入分两种情况进行处理：一是账套的启用时间是会计年度的第一个会计期间，只需录入各个会计科目的初始余额；另一种情况是账套的启用时间非会计年度的第一个会计期间，此时需录入截止到账套启用期间的各个会计科目的本年累计借、贷方发生额、损益的实际发生额、各科目的初始余额。根据以上情况，在初始数据录入中要输入全部本位币、外币、数量金额账及辅助账、各核算项目的本年累计发生额及期初余额。

在如下图 1-65 所示进入“金蝶 K/3 主控台”界面，选择【系统设置】，选择【初始化】，选择【总账】，选择【科目初始数据录入】，进入“初始余额录入”窗口进行录入操作。

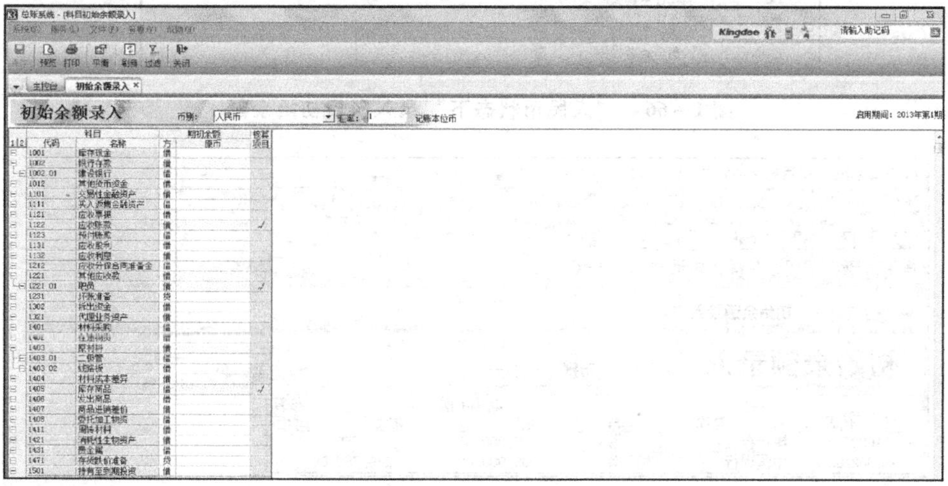

图 1-65　录入科目初始余额

温馨提示

（1）在“初始余额录入”窗口的【币别】下拉列表框中，可选择不同的货币币种进行录入。选择非本位币的其他币种时，所有的数据项目都会分为原币和折合本位币两项，在输入完原币数额后，系统会根据预设的汇率自动将原币折算为本位币，系统会将输入的各个币种的折合本位币汇总为综合本位币进行试算平衡。如图 1－66、图 1－67 所示。

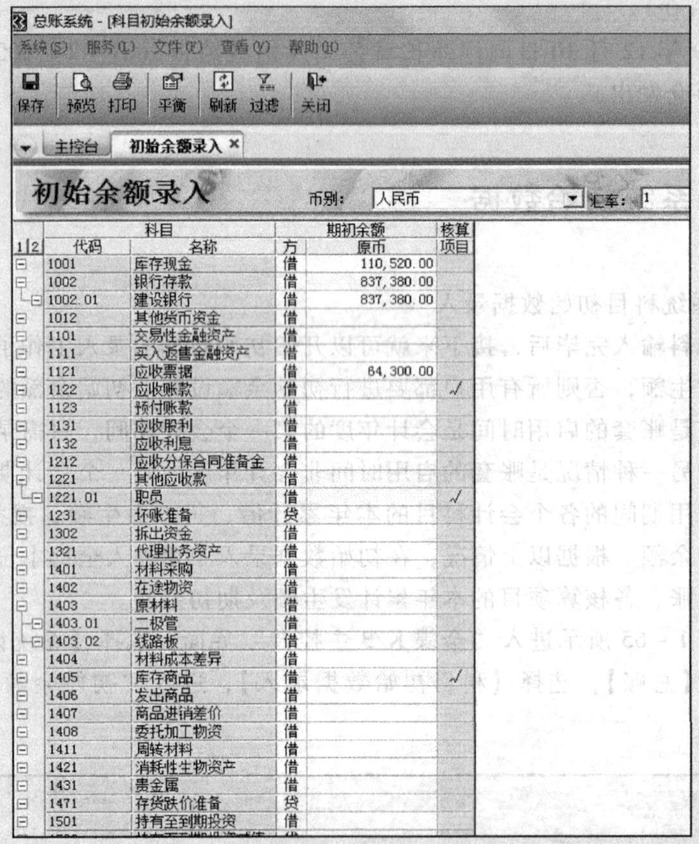

科目			期初余额	核算
代码	名称	方	原币	项目
1001	库存现金	借	110,520.00	
1002	银行存款	借	837,380.00	
1002.01	建设银行	借	837,380.00	
1012	其他货币资金	借		
1101	交易性金融资产	借		
1111	买入返售金融资产	借		
1121	应收票据	借	64,300.00	
1122	应收账款	借		√
1123	预付账款	借		
1131	应收股利	借		
1132	应收利息	借		
1212	应收分保合同准备金	借		
1221	其他应收款	借		
1221.01	职员	借		√
1231	坏账准备	贷		
1302	拆出资金	借		
1321	代理业务资产	借		
1401	材料采购	借		
1402	在途物资	借		
1403	原材料	借		
1403.01	二极管	借		
1403.02	线路板	借		
1404	材料成本差异	借		
1405	库存商品	借		√
1406	发出商品	借		
1407	商品进销差价	借		
1408	委托加工物资	借		
1411	周转材料	借		
1421	消耗性生物资产	借		
1431	贵金属	借		
1471	存货跌价准备	贷		
1501	持有至到期投资	借		

图 1－66 “人民币状态下”录入科目初始余额

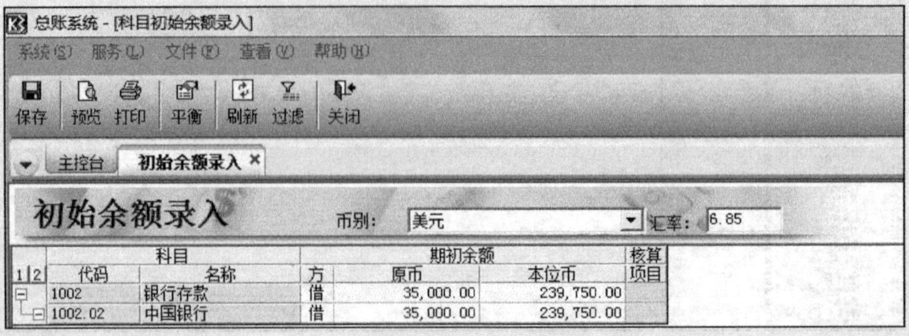

科目			期初余额		核算
代码	名称	方	原币	本位币	项目
1002	银行存款	借	35,000.00	239,750.00	
1002.02	中国银行	借	35,000.00	239,750.00	

图 1－67 “美元币状态下”录入科目初始余额

（2）在数据的录入过程中，系统提供了自动识别的功能：如果科目是数量金额核算，当光标移到该科目时，系统自动弹出“数量”栏供用户录入；如图 1－68 所示。如果科目是损益类科目，当光标移到该科目时，系统会自动弹出“损益类本年实际发生额”供用户录入；余额可分为借贷方两栏显示。

图 1－68　数量金额科目初始余额录入

（3）如果科目设置了核算项目，系统在初始数据录入的时候，会在科目的核算项目栏中做一标记“√”，单击“√”，系统自动切换到核算的初始余额录入界面，每录完一笔，系统会自动新增一行，当然，您也可以单击鼠标右键增加新的一行来录入数据，如图 1－69、图 1－70、图 1－71、图 1－72 所示。

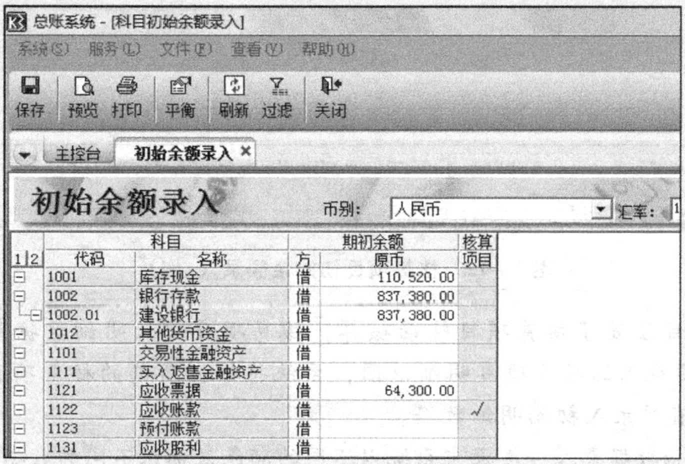

图 1－69　核算项目初始余额录入（1）

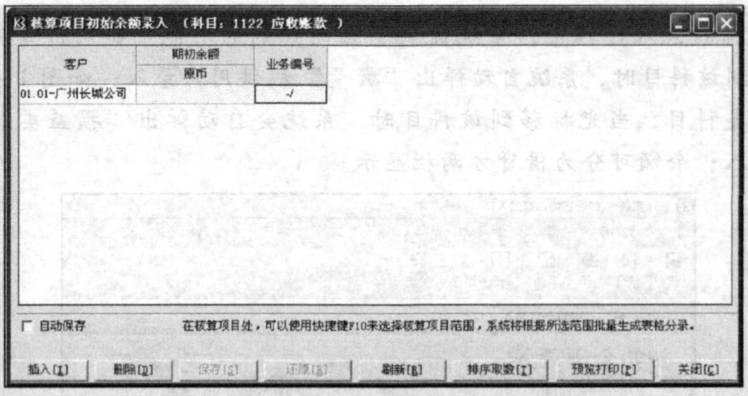

图 1－70 核算项目初始余额录入（2）

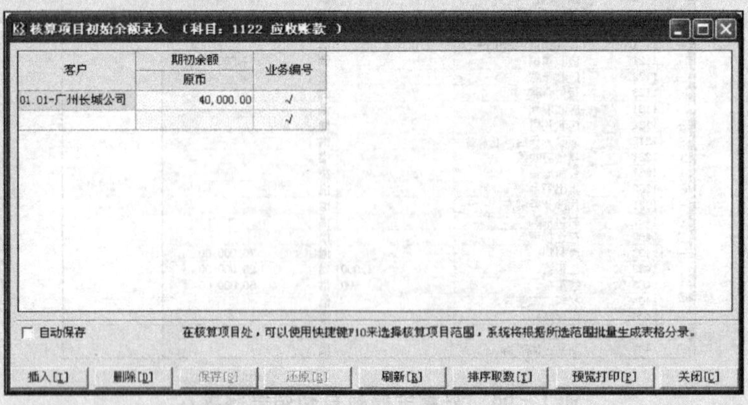

图 1－71 核算项目初始余额录入（3）

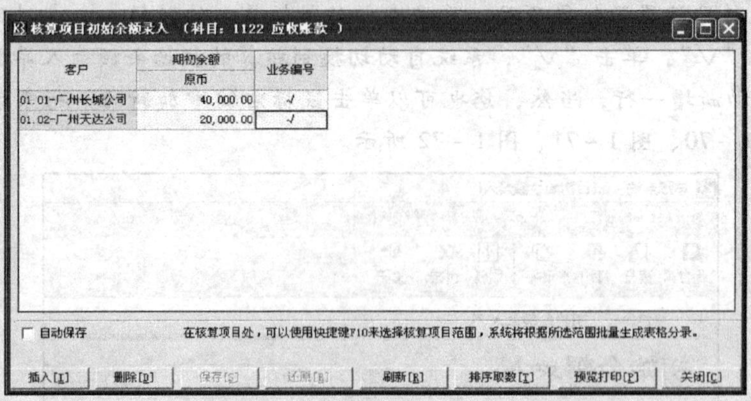

图 1－72 核算项目初始余额录入（4）

（4）如果科目设置了核算项目辅助核算，核算项目初始明细数据录入时，可以按 F10 批量选择需要录入的核算项目明细范围，系统将根据所选的核算项目范围生成表格分录，便于用户直接录入初始明细数据。

（5）在“初始数据录入”界面中系统以不同的颜色来标识不同的数据：白色区域：表示可以直接录入的账务数据资料，它们是最明细级普通科目的账务数据；黄色区域：表示为非最明细科目的账务数据，这里的数据是系统根据最明细级科目的账务数据或核算项目数据自动汇总计算出来的；绿色区域：系统预设或文本状态，此处的数据不能直接输入。

（6）最左边的小的数字按钮 1、2、3 表示科目的级次，选择不同的数字。可以录入不同级次科目的初始数据，也可以在初始余额的录入界面，单击“过滤”图标，选择“科目”标签进行相关的设置。

在“初始数据输入”界面中，所能录入的内容主要包括：期初余额、累计借方、累计贷方以及本年累计损益实际发生额四项。

期初余额：是指在进行初始化当期的期初科目余额。

累计借方：指某一科目自年初至初始设置时止借方累计发生额。

累计贷方：指某一科目自年初至初始设置时止贷方累计发生额。

本年累计损益实际发生额：由于损益类科目处理的一些特点，对于在账套启用之前所发生的损益类科目的实际发生额，系统就无法取到。因此这里就需要用户将损益类科目的本年累计实际发生额在初始化时录入系统，这样系统才能对损益类科目的实际发生额进行处理，才能保证有关业务资料数据的准确。

损益类科目的本年累计实际发生额与损益类科目的借方累计或贷方累计数是不同的，他们之间往往会不一致。例如：某年的营业收入为 200 万元，后来又发生退货 5 万元，那么营业收入的实际发生额为 195 万元。但在实际进行账务处理时，退货的 5 万元就有可能会借记销售收入，这样销售收入的累计贷方就是 200 万元，这显然与销售收入的实际发生是不一致的。因此，在输入本年累计损益实际发生额项目时一定要输入它的实际发生额数据，否则将来在输出损益表及其他有关损益类科目的报表时，所取数据可能会不正确。

系统中账套数据的年初余额将根据以下的公式自动计算得出：

借方年初余额 = 期初余额 + 本年累计贷方发生额 − 本年累计借方发生额

贷方年初余额 = 期初余额 + 本年累计借方发生额 − 本年累计贷方发生额

只需输入最明细级科目的有关期初余额、累计借方、累计贷方数据。对于上级科目数据，系统会自动进行汇总计算。

2. 试算平衡

上述数据输入无误后，单击【平衡】或选择菜单【查看】—【试算平衡】，系统会弹出“试算平衡表”界面对数据进行试算平衡，如图 1－73 所示。

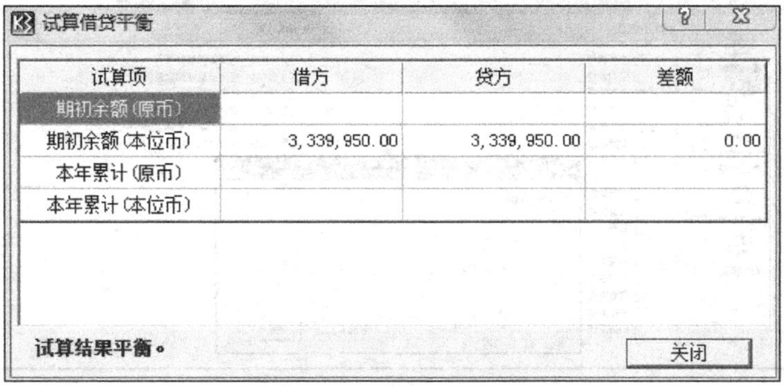

图 1－73 试算借贷平衡

系统进行试算平衡时是将所有的账务数据合计在一起进行的，因此只有将所有的本位币、外币、核算项目账、数量金额账等全部数据录入完毕之后才能够进行总账数据的试算平衡。试算平衡表中会显示出所有一级科目的年初借方、年初贷方、累计借方、累计贷方、期初借方、期初贷方各项数值。在币别处选择某一币别时，单击【平衡】或选择菜单【查看】—【试算平衡】，显示的试算平衡表是该币别的试算平衡，选择＜币别＞为“综合本位币”，显示的试算平衡表是所有币别折合为综合本位币后的试算平衡，只要在综合本位币状态下试算平衡，系统就允许您结束初始化，否则就不能结束初始化。

如果账套数据是平衡的，系统在界面的左下方以蓝字显示“试算结果平衡”的字样，借、贷方的差额为零；如果账套数据不平衡，系统会在界面的左下方以红字显示“试算结果不平衡”的字样，并显示借、贷方的差额数据，提示您账务数据不正确，需要检查修改。您可以在试算平衡表中仔细核对您的账务数据，以确保账套初始数据准确无误。

3. 初始化和反初始化

初始数据录入工作可以和日常单据录入工作同时进行，只要在期末处理前关闭初始化即可。本业务系统提供了反初始化的功能，如果系统已经进行了期末处理，必须先反期末处理到账套启用期间后才能进行反初始化操作。这种操作，只有系统管理员才有权限。如图 1－74、图 1－75 所示。

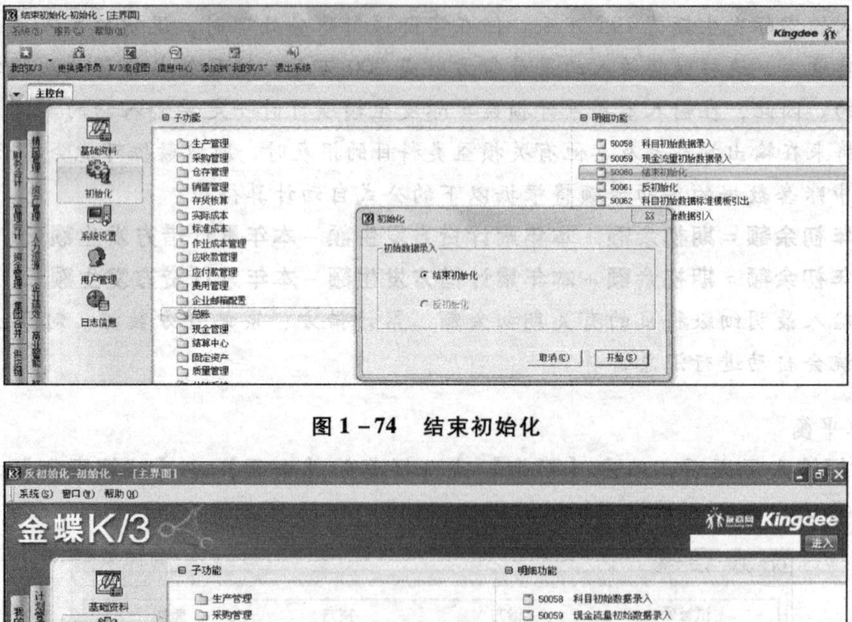

图 1－74　结束初始化

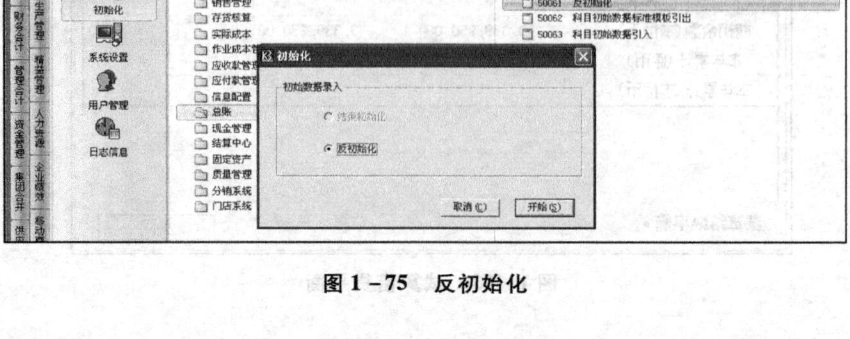

图 1－75　反初始化

步骤二：供应链初始单据录入

1. 采购管理系统的初始数据录入

操作步骤：【系统设置】—【初始化】—【采购管理】—【初始数据录入】如图 1－76、图 1－77 所示。

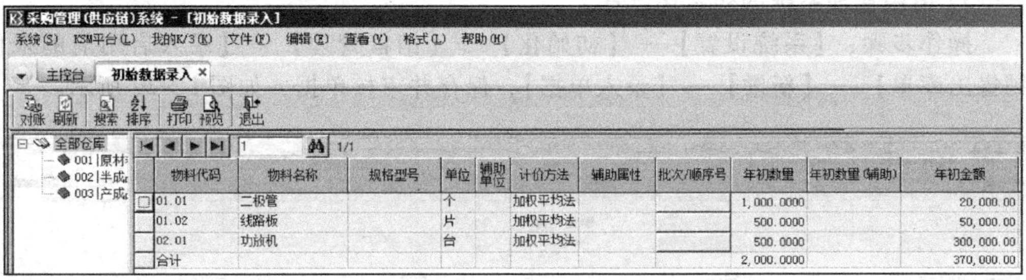

图 1－76 采购管理系统——初始数据录入（1）

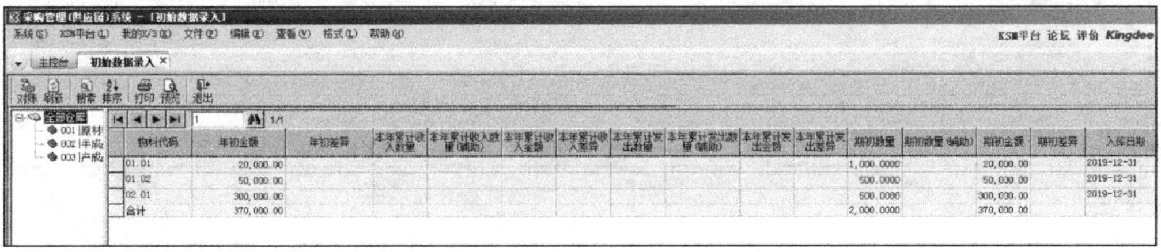

图 1－77 采购管理系统——初始数据录入（2）

2. 采购管理系统的暂估入库单录入

操作步骤：【系统设置】—【初始化】—【采购管理】—【录入启用期前的暂估入库单】—【新增】—【录入单据】，保存并审核单据，如图 1－78 所示。

图 1－78 采购管理系统——暂估入库单录入

温馨提示

（1）录入初始化数据时，首先要选择具体某仓库，分不同的仓库录入数据。在此不能直接选择“全部仓库”，否则无法录入数据。

（2）物料的计价方法如采用“先进先出法、后进先出法、分批认定法”，则在录入初始数据时必须通过双击“批次/顺序号”进行输入。

（3）把录入的初始数据与总账的存货科目数据核对，确认无误后再启用系统。

3. 销售管理系统的初始化设置

操作步骤：【系统设置】—【初始化】—【销售管理】—【录入启用前的未核销销售出库单】—【新增】—【录入单据】，保存并审核单据，如图 1－79 所示。

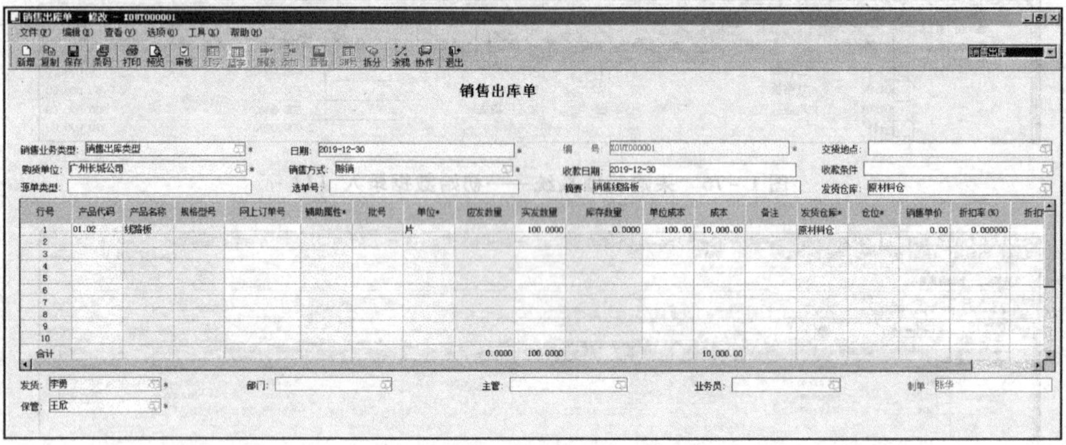

图 1－79　销售管理系统——启用期前的未核销销售出库单录入

4. 启用业务系统

操作步骤：【系统设置】—【初始化】—【采购管理】—【启用业务系统】，如图 1－80 所示。

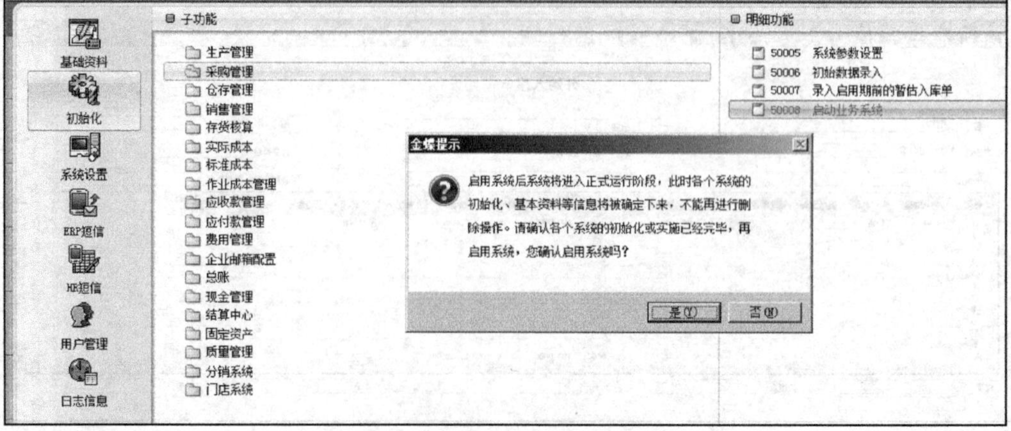

图 1－80　启用业务系统

操作要点

录入初始单据，单据日期一定要先于当前期间。

名词解释

未核销销售出库单：指的是销售业务中还没有开具销售发票给客户的销售出库单据。

暂估入库单：指的是采购业务中没有收到对方单位开出发票的外购入库单据。

温馨提示

企业在系统启动日期之前，可能有一些业务还没有处理完毕，如采购业务中，当没有收到对方开出的发票时，无法确定已入库的货物的成本而只能暂估入账，所以在系统启用期前还可能有些暂估入库单。而另外一些业务，可能由其业务性质决定了不能在一期完成，而是需要分期进行，如在销售业务中，处理分期收款的销售业务时，肯定会存在一些尚未核销的前期销售出库单。而在K/3系统中以后处理此类业务发票审核时需要用到这些启用期前的单据。因此，造成初始化期间需要输入这两种类型单据，以便日后进行业务处理。

(1) 以上提到的两种单据是不能调整期初余额，系统将严格控制其不能计算到本期报表以及即时库存中；

(2) 在执行启用业务系统操作时，必须保证单据已审核才能启用。

若应收应付系统未结束初始化，则业务系统发票不允许保存。

采购管理系统、进口管理系统与应付款系统、销售管理系统与应收款系统都各自存在着紧密的联系，在发票的处理和客户的管理方面又是完整的整体，若要完整实现这种一致，则必须保证应收应付系统已先于业务系统启用。如选中该选项，则应收款系统和应付款系统不启用就不允许采购和销售系统保存发票、不允许在进口管理系统保存进口单证。若不需要与应收应付保持同步，则可不选中该选项。

如果应收应付未结束初始化，则系统发票、进口单证即时保存也只能保存在供需链系统中，而不能反映到应收应付系统中。

步骤三：启用系统

“工具”→“系统初始化”→“启用业务系统”。

温馨提示

（1）启用时间关系到初始数据的输入，一旦启用后不允许修改。

（2）年中启用和年初启用，注意初始数据输入的项目稍有不同。

（3）当账套启用后，各项设置则不能再进行修改，因此在启用前务必检查各项设置是否正确。

（4）如果不启用账套，将不能正常使用供应链系统。

主管岗位　习题

2 单元二 会计岗位

学习目标

岗位能力目标：

（1）能够进行总账系统日常操作，录入会计凭证；

（2）能够记账、反记账，能够冲销或补记错误凭证，能够查询账簿、会计报表；

（3）能够对外币业务进行期末调汇、结转损益、能够设置自动转账方案、能够期末结账。

岗位知识目标：

（1）掌握凭证输入方法、处理原则、结算方式、对账号输入方法、辅助核算输入设计；

（2）掌握凭证查询、修改、删除的方法、可以审核凭证；

（3）了解凭证日常业务处理原则、掌握设置模式凭证的方法，记账与取消记账的方法；

（4）掌握记账后凭证错误的更正方法；

（5）掌握总账系统的总分类账、明细账查询；

（6）掌握多栏账的设计并查询、余额表、试算平衡表等会计报表的查询；

（7）掌握期末调汇、损益类科目结转、设置自动转账和期末结账的方法。

工作任务

应完成的工作任务：

（1）利用企业的实例填制记账凭证；

（2）对填制好的凭证进行审核、删除、修改、查询；

（3）进行总账期末处理；

（4）对总账系统账簿、报表进行查询。

完成工作任务应提交的标志性成果：展示公司凭证及账簿。

项目一
录入凭证

1. 提现类

5 日，提取现金 10 000 元备用。

摘要：提现

借：库存现金　　10 000

　　贷：银行存款——建行　　10 000

2. 应付往来业务类

10 日，偿还前欠广州兴业公司的货款 40 000 元。

摘要：偿还欠款

借：应付账款——广州兴业公司　　40 000

　　贷：银行存款——建行　　40 000

实操要点

记得选择相应的供应商名称

3. 往来核销类

13 日，张浩偿还借款 3 000 元，业务编号 0090001。

摘要：收到个人欠款

借：库存现金　　3 000

　　贷：其他应收款——职员　　3 000

4. 多核算项目类

15 日，销售一部王林向宏基公司销售功放机 100 台，单价 600 元，增值税税率 13%，货款暂欠。

摘要：赊销产品

借：应收账款——宏基公司　　67 800

　　贷：主营业务收入——销售一部 / 王林 / 功放机　　60 000

　　　　应交税费——应交增值税（销项税）　　7 800

实操要点

必须录完所有核算项目内容：客户、部门、职员、物料。

5. 结转销售成本

结转销售功放机成本 52 000 元。

摘要：结转销售成本

借：主营业务成本——功放机 52 000

贷：库存商品—功放机 52 000

6. 数量金额业务类

20 日，采购二极管 100 个，单价 20 元 / 个；增值税税率 13%，以建行存款支付。

摘要：采购材料

借：原材料——二极管 2 000

应交税费——应交增值税（进项税额） 260

贷：银行存款——建设银行 2 260

实操要点

在“单位”单元格录入计量单位，“单价”单元格录入单价，“数量”单元格录入数量，系统会自动计算金额。

7. 涉及外币业务类

25 日，收到某外商交来投资款 20 000 美元，存入中行美元户，当日汇率为 6.84。

摘要：收到投资

借：银行存款——中行 20 000 × 6.85 137 000

贷：实收资本 20 000 × 6.84 136 800

资本公积 200

实操要点

在“币别”单元格里选择币别，在“汇率”单元格里录入期初记账汇率 6.85，在原币金额处录入原币 20 000 元，系统会自动计算折合的本位币数额。

8. 应收往来业务类

30 日，收回长城公司前欠销货款 60 000 元，收回天达公司前欠销货款 20 000 元，存入建行。

摘要：收回前欠货款

借：银行存款——建行 60 000

贷：应收账款——长城公司 40 000

——天达公司 20 000

实操要点

注意选择相应的客户名称。

9. 多核算项目类

30 日，支付本月通讯费。

摘要：支付通讯费

借：管理费用——通讯费 / 销售一部 / 王林　　500

　　　　　　——通讯费 / 销售二部 / 赵立　　400

　　　　　　——通讯费 / 行政部 / 李萍　　300

　贷：库存现金　　1 200

实操要点

记得逐一录入部门、职员核算项目信息。

10. 往来核销类

30 日，销售二部赵立应出差向财务借支 1 000 元。

摘要：预借差旅费

借：其他应收款——职员——赵立　　1 000

　贷：库存现金　　1 000

11. 普通类

30 日，向银行借入短期借款 300 000 元。

摘要：取得短期贷款

借：银行存款——建行　　300 000

　贷：短期借款　　300 000

12. 普通类

30 日，结算工资。

借：管理费用——工资及福利费　　50 000

　　销售费用　　10 000

　贷：应付职工薪酬　　60 000

13. 普通类

30 日，销售原材料线路板 50 片，售价每片 120 元。

借：应收账款——长城公司　　6 780

　贷：其他业务收入　　6 000

　　　应交税费——应交增值税（销项税额）　　780

14. 普通类

30 日，结转已销材料成本。材料一共 50 片，每片成本 100 元。

借：其他业务成本　　5 000

　贷：原材料——线路板　　5 000

15. 普通类

30 日，向宏基公司收回已售功放机货款。

摘要：收回货款

借：银行存款——建行　　67 800

　　贷：应收账款——宏基公司　　67 800

步骤一：录入凭证

以制单员“学生姓名”身份登录 K/3 主控台，操作步骤：【财务会计】—【总账】—【凭证处理】—【凭证录入】，如图 2－1、图 2－2 所示。

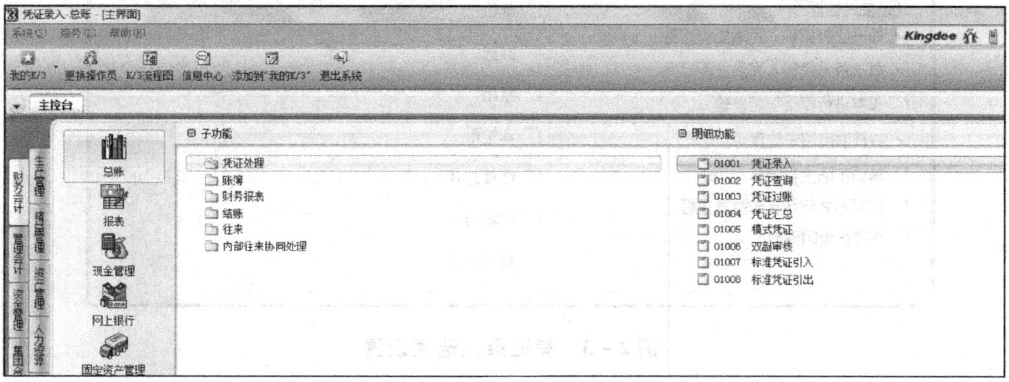

图 2－1　K/3 主控台界面

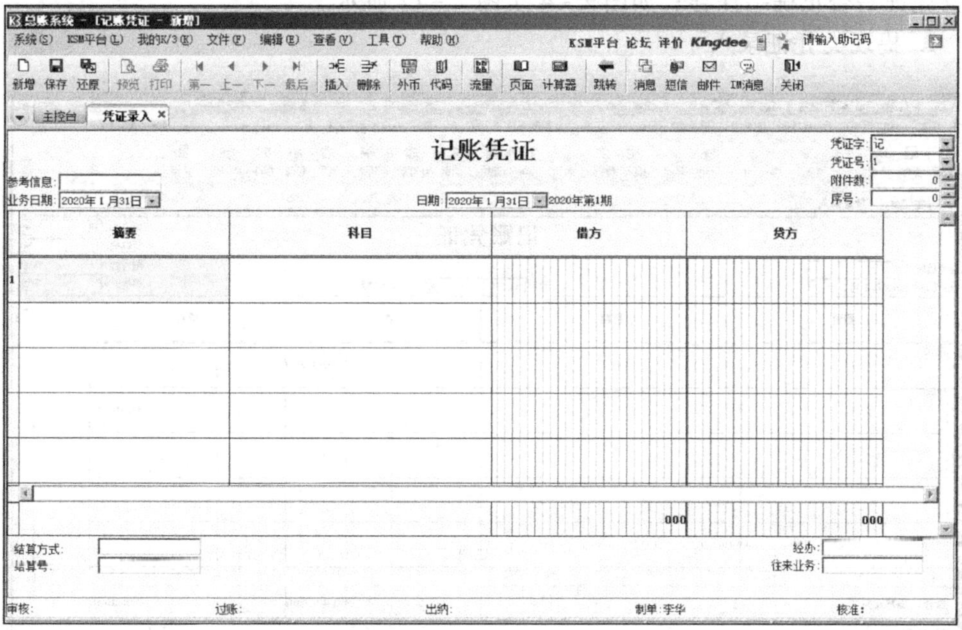

图 2－2　录入凭证界面

注意：首先为了提高凭证的效率，可以选项设置【查看】—【选项】，选中“凭证保存后立即新增”；“借贷自动平衡”“自动携带上条分录信息：摘要”，如图 2－3 所示。

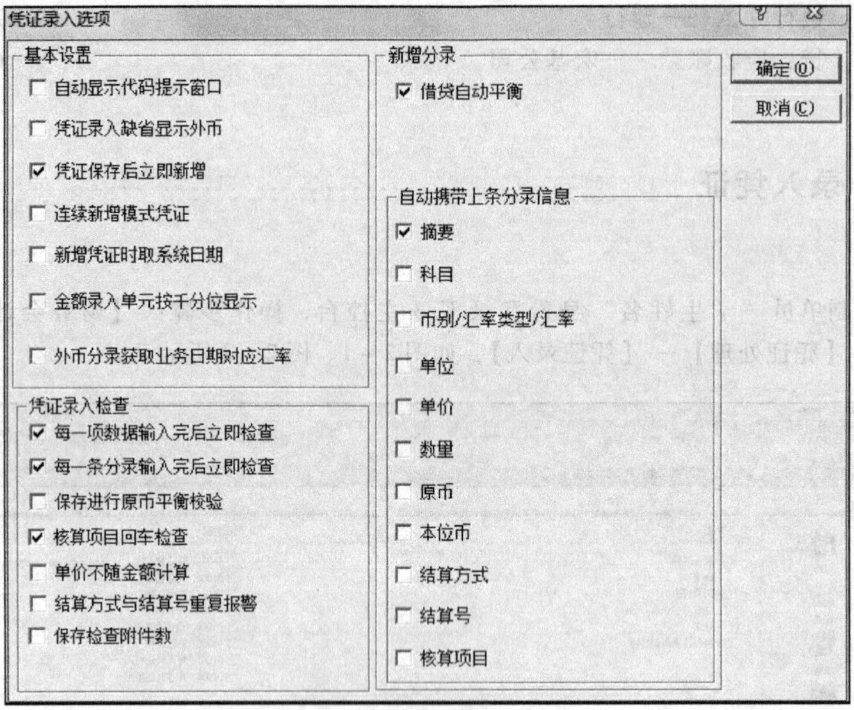

图 2-3　凭证录入选项设置

正式录入凭证：选中业务日期→录入摘要→录入科目→录入核算项目→录入金额→检查凭证是否正确→保存；如图 2-4 至图 2-12 所示。

1. 提现类凭证录入

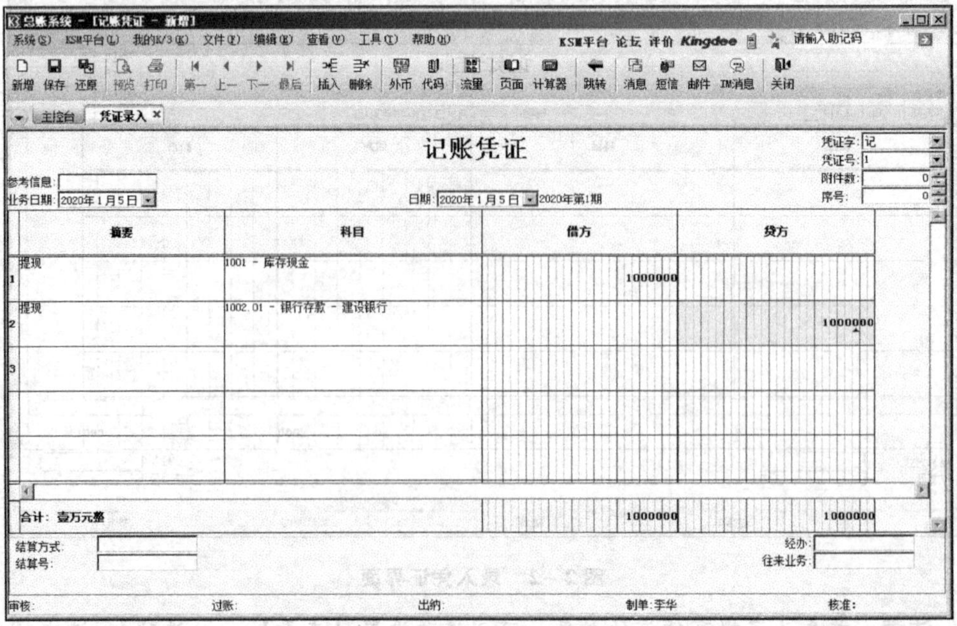

图 2-4　录入凭证（提现类）

2. 往来业务类凭证录入

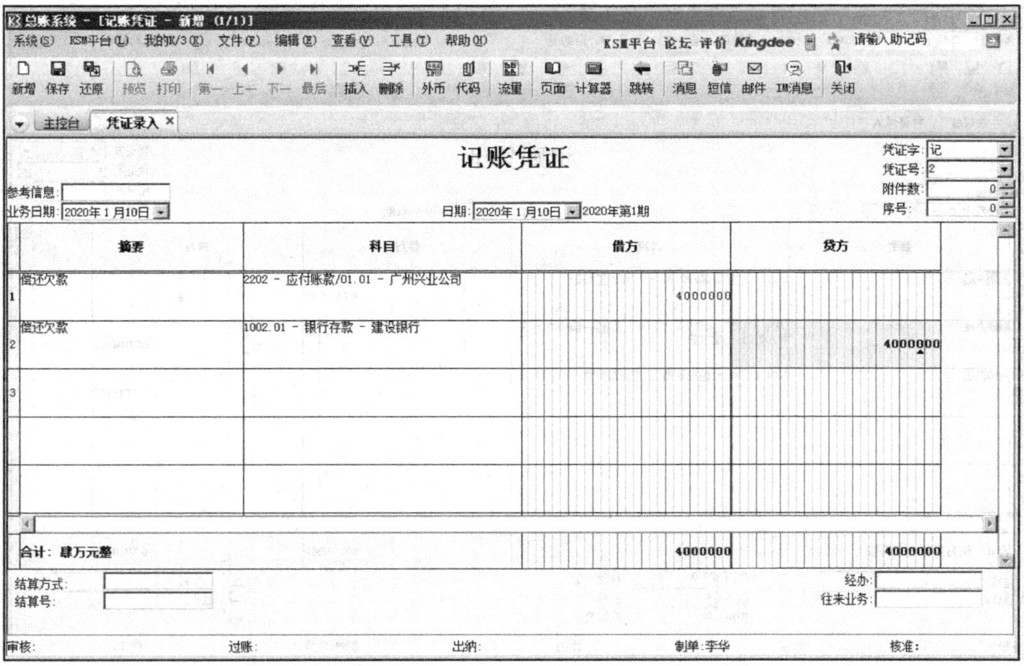

图 2-5 录入凭证（应付往来业务类）

3. 往来核销类凭证录入

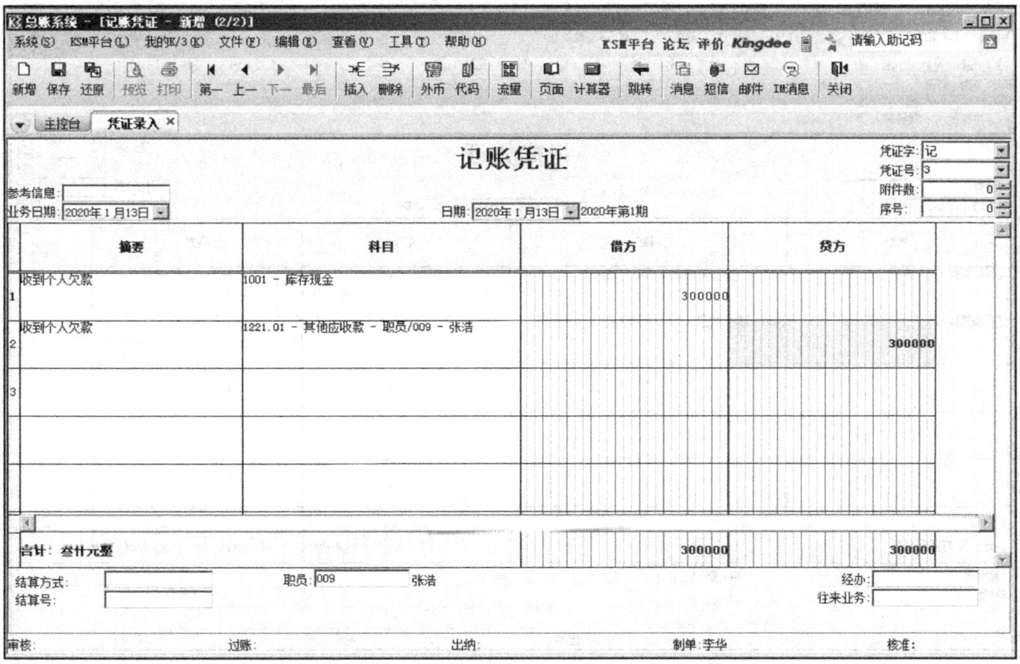

图 2-6 录入凭证（往来核销类）

4. 多核算项目类凭证录入

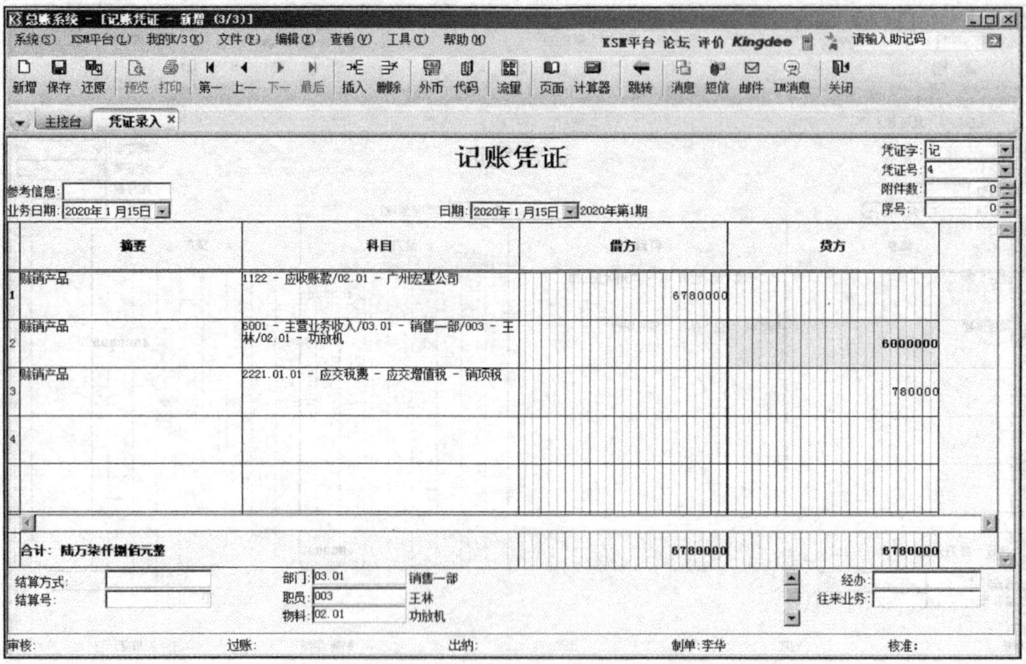

图 2-7 录入凭证（多核销项目类）

5. 结转销售成本类凭证录入

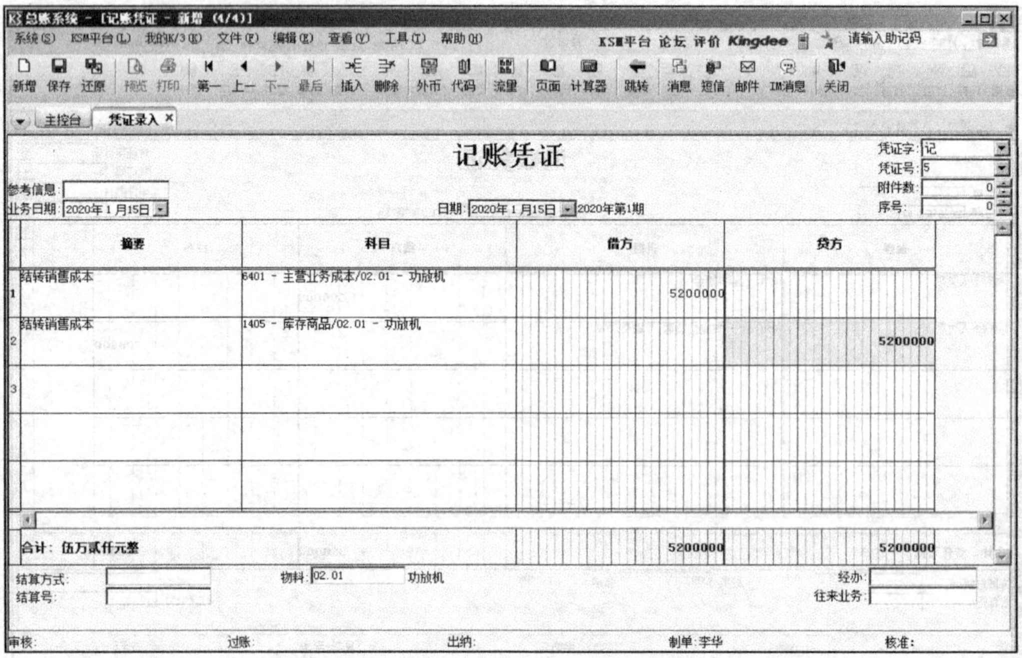

图 2-8 录入凭证（结转销售成本类）

6. 数量金额业务类凭证录入

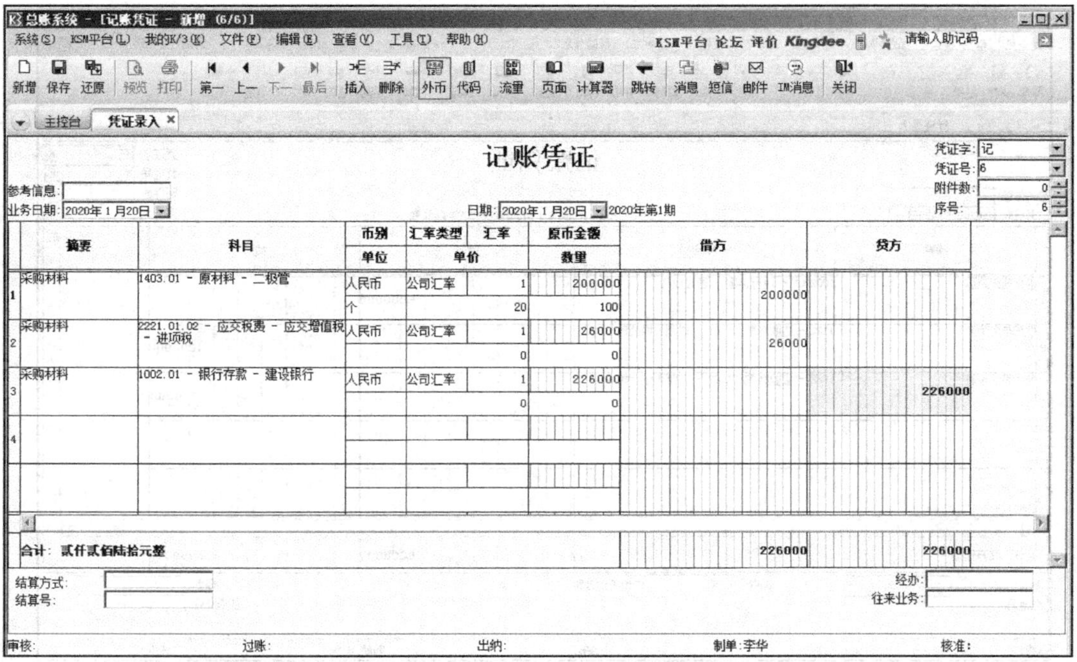

图 2－9 录入凭证（数量金额业务类）

7. 涉及外币业务类凭证录入

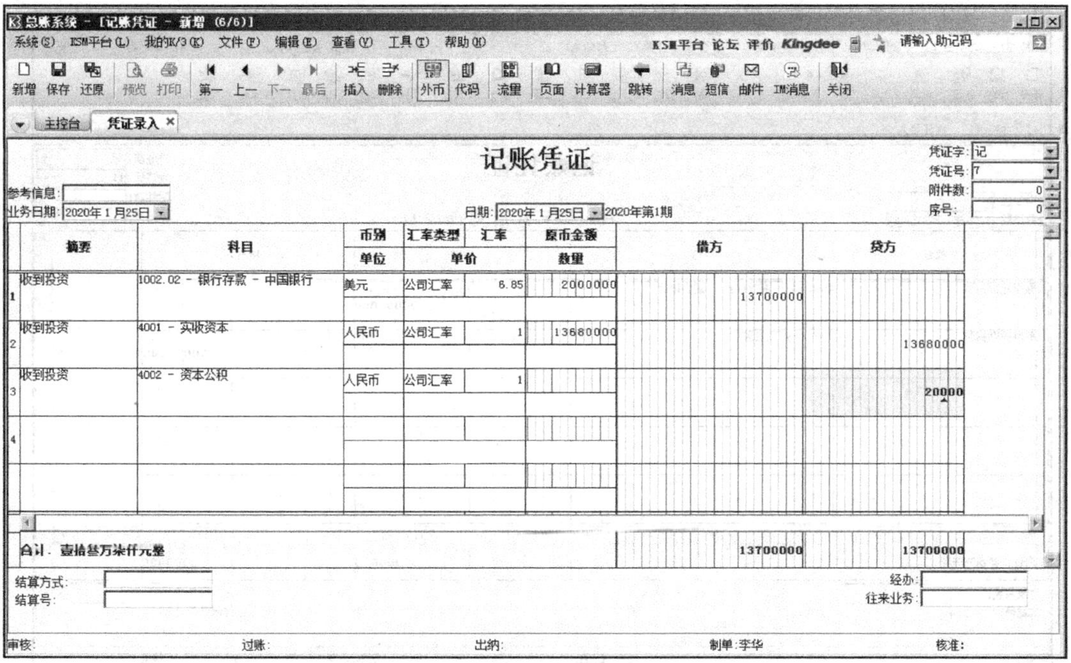

图 2－10 录入凭证（涉及外币业务类）

8. 应收往来业务类凭证录入

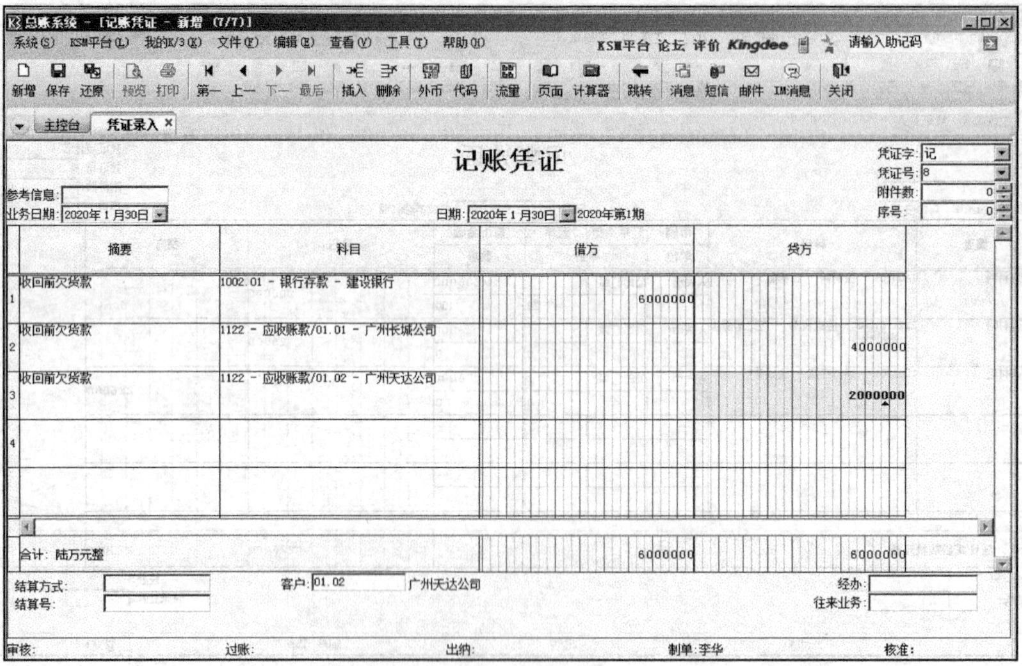

图 2-11 录入凭证（应收往来业务类）

9. 普通类

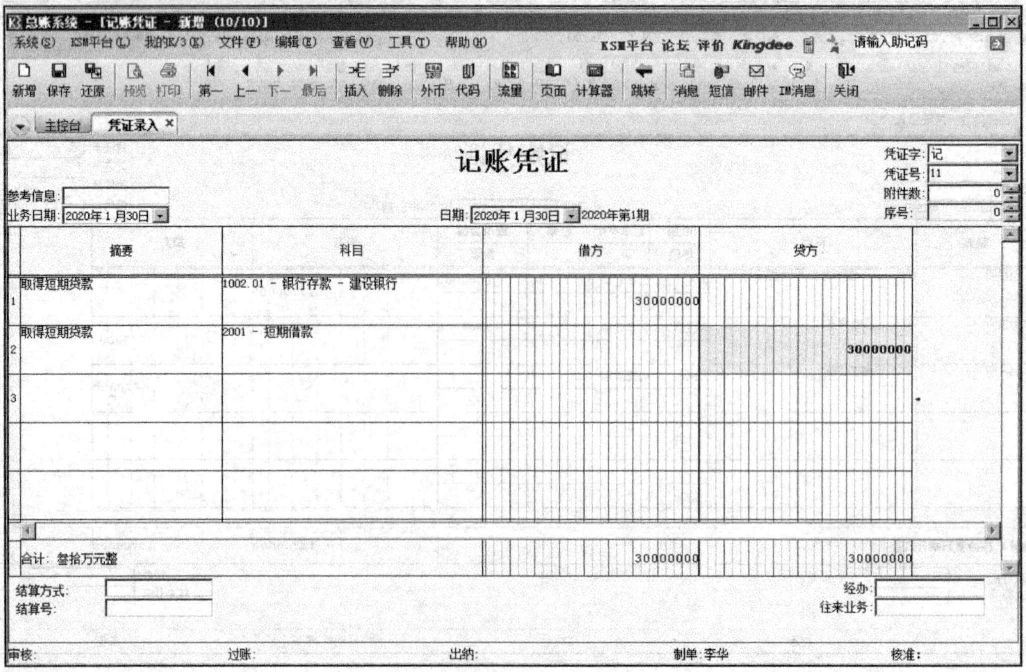

图 2-12 录入凭证（普通类）

实操要点

（1）凭证号、序号由系统自动编排，用户不需自己编号。

（2）录入凭证日期时点击“日期”旁的按钮，弹出日历后选择即可，也可自己手工自行输入。但应注意，系统不接受当前会计期间之前的日期，只允许输入当期或以后各期业务，而且过账时，只处理本期的记账凭证。

（3）凭证摘要的录入有四种方法：①直接录入；②如选择了“查看”菜单“选项”中的自动携带上条分录摘要信息，则系统会自动复制上条记录摘要到下条；③或者在英文标点状态下，双击键盘右边“DEL”的按键，也可以快速复制上条分录摘要；④按F7键或工具栏上的“代码”按钮建立摘要库，需要时调用。

（4）输入会计科目的方法有：①直接手工录入会计科目代码；②定义了助记码的可输入助记码；③如在“查看”菜单选项中选择“自动显示代码提示窗口”的，可双击代码提示窗的科目即可；④按F7建或工具栏中的“代码”按钮也可以调出会计科目模板来选。

（5）按空格键可转换金额的借贷方向；负号可使金额变为红字；CTRL + F7键可将凭证中借贷方差额自动找平；ESC键可删除分录整笔金额。

（6）如果会计科目设了按核算项目核算的，需将所有核算项目内容填列完毕后，系统才允许保存凭证。

（7）往来业务是指对启用了核算往来业务的会计科目，需要录入往来业务的编号，此项作为必录项。

注意技巧：

（1）如果需要同样输入第一条摘要，可以敲两下小键盘上的小数点“.”，这样可以把第一条分录的摘要自动拷贝下来。

（2）按［F7］系统即可弹出“科目代码”界面查看所有的代码，如凭证摘要库、科目代码库、核算项目代码库等，您可以从代码中选择您所需的科目。

（3）按［F9］进行汉字模糊查询，只要您在科目栏中录入汉字，如“应”，再单击功能键F9，系统会自动将包含“应”字的会计科目全部显示出来。

项目二
凭证处理

1. 将前面所做的所有记账凭证审核和过账。

2. 假设当月5日的提现记账凭证金额出错，正确应为1 000元，请用红字冲销法更正。

3. 制作一张提现的模式凭证

4. 制作几张自动转账凭证

（1）摊销应由本月负担的报刊费。

名称：摊销报刊杂志费

表 2 – 1

转账期间	会计科目	方向	转账方式	比例	包含本期未过账凭证
1 – 12	管理费用——办公费	自动判定	转入	100%	
	待摊费用——报刊费	贷方	按公式转入	100%	包含

公式：ACCT（“待摊费用 – 报刊杂志费”，“C”，“”，0，1，1，“”）/12（待摊费用年初余额/12）

（2）按短期借款年初余额 100 000 元和 3% 年利率计算本月应负担的短期借款利息。

名称：计提短期借款利息

表 2 – 2

转账期间	会计科目	方向	转账方式	比例	包含本期未过账凭证
1 – 6	财务费用——利息	自动判定	转入	100%	
	应付利息	自动判定	按公式转入	100%	包含

公式：ACCT（“2001”，“C”，0，1，1，“”）＊0. 03/12（短期借款年初余额＊0. 03/12）

步骤一：凭证的修改和审核

凭证查询中提供了十分丰富的凭证处理功能，包括凭证的修改和删除、凭证的审核和过账、凭证的冲销等。如果你前面的凭证做完后，发现有需要修改的地方，你可以先把它查询处理，然后在菜单中点击修改；如果无误，则点击审核。

注意：审核方式包括单张审核和成批审核，注意审核人与制单人不能为同一人。以主管“张华”身份登录 K/3 主控台。

操作步骤：【财务会计】—【总账】—【凭证处理】—【凭证查询】—【审核】，逐张审核凭证，或者是在【编辑】菜单栏选择【成批审核】，成批审核凭证。如图 2 – 13 至图 2 – 15 所示。

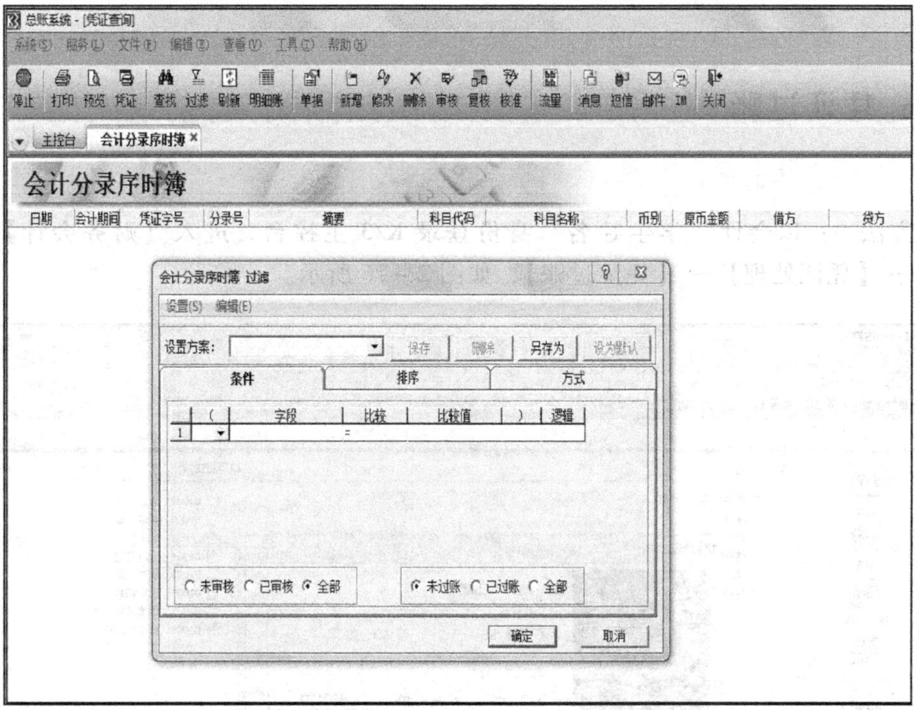

图 2－13　打开凭证查询界面

图 2－14　设置过滤条件，查看凭证

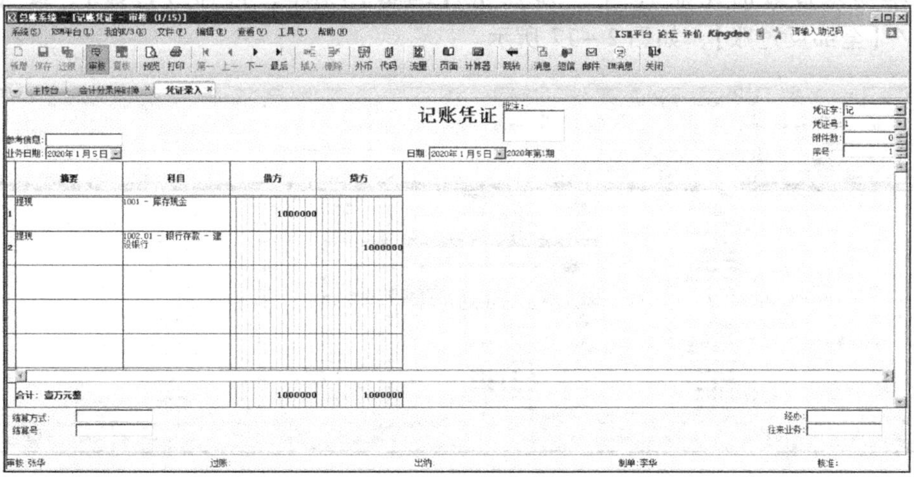

图 2－15　审核凭证

步骤二：凭证过账

方法一：以会计“学生姓名”身份登录 K/3 主控台，进入【财务会计】—【总账】—【凭证处理】—【凭证过账】，如图 2－16 所示。

图 2－16　设置凭证过账选项

方法二：以会计“学生姓名”身份登录 K/3 主控台，进入【凭证查询】界面→查询“本期未过账的凭证”，下一步点击【编辑】菜单，选择【过账】，或【全部过账】/【全部反过账】，如图 2－17 所示。

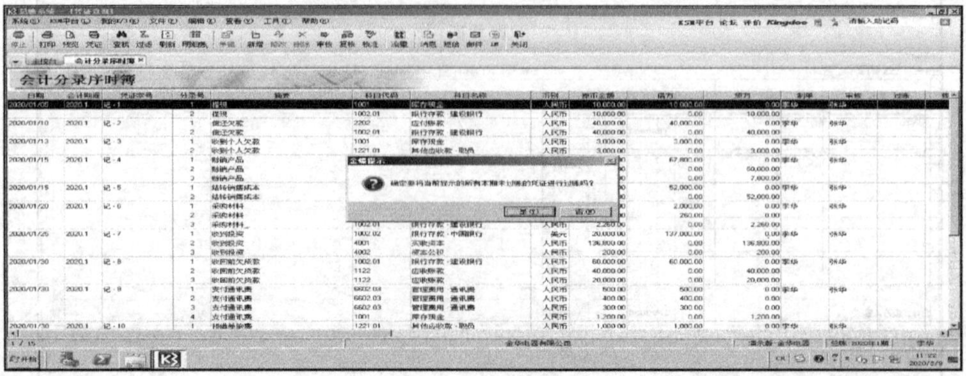

图 2－17　选择凭证过账

步骤三：凭证汇总

凭证汇总就是将记账凭证按照指定的范围和条件汇总其一级科目的借贷方发生额。按不同条件对会计凭证进行汇总，可以提供各种所需的会计信息。

操作步骤：【财务会计】—【总账】—【凭证处理】—【凭证汇总】，如图2-18、图2-19所示。

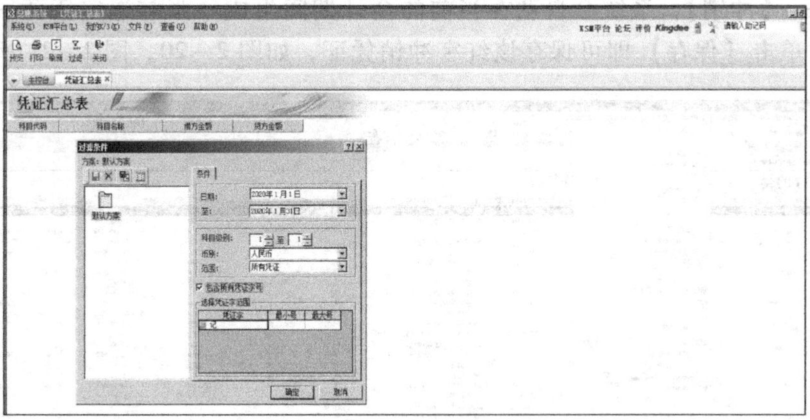

图2-18　设置汇总方案

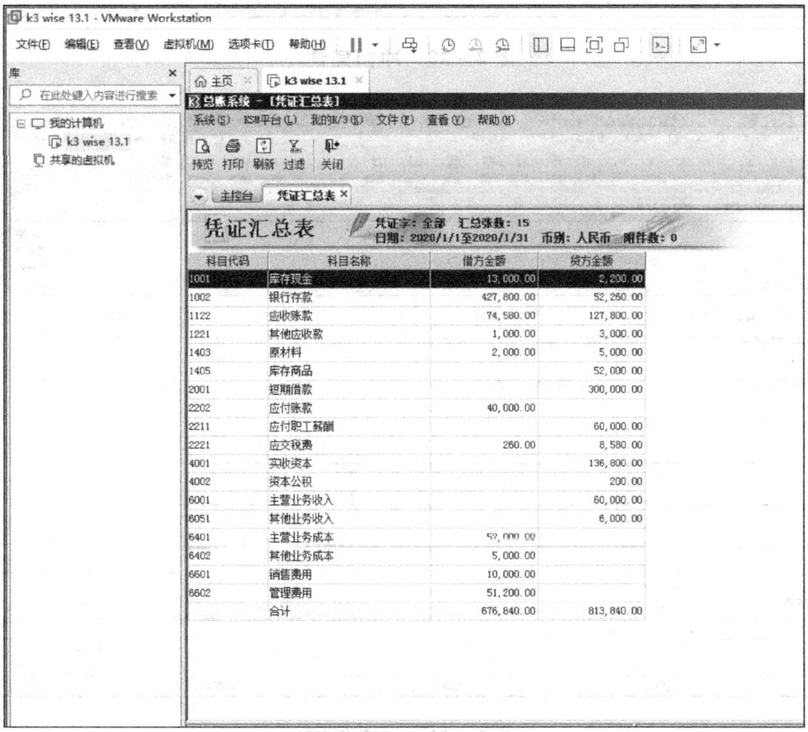

图2-19　查看凭证汇总表

步骤四：凭证冲销

对于已经过账的凭证，如果发现它不符合企业的财务规则，可以使用系统的“冲销”功能，生成一张红字冲销凭证。以制单员“学生姓名”身份登录 K/3 主控台。

操作步骤：

1. 在“凭证查询界面，将光标选中一张已过账且要冲销的凭证，然后选择菜单【编辑】—【冲销】，系统会自动在当前的会计期间生成一张与选定凭证一样的红字冲销凭证，单击【保存】即可保存该红字冲销凭证，如图 2－20、图 2－21 所示。

图 2－20　冲销凭证

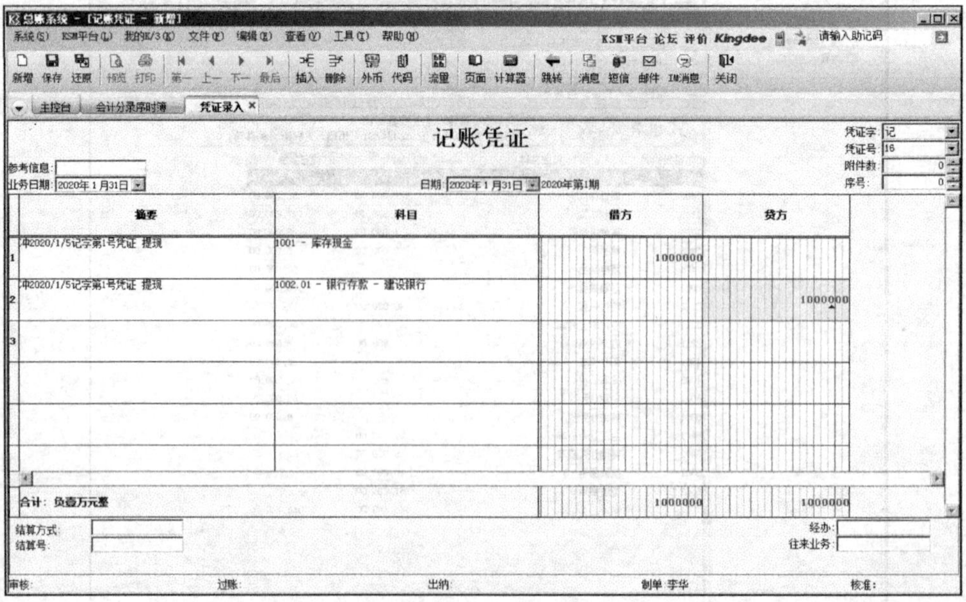

图 2－21　红字凭证

2.【财务会计】—【总账】—【凭证处理】—【凭证录入】，录入一张正确的蓝字凭证，如图 2－22 所示。

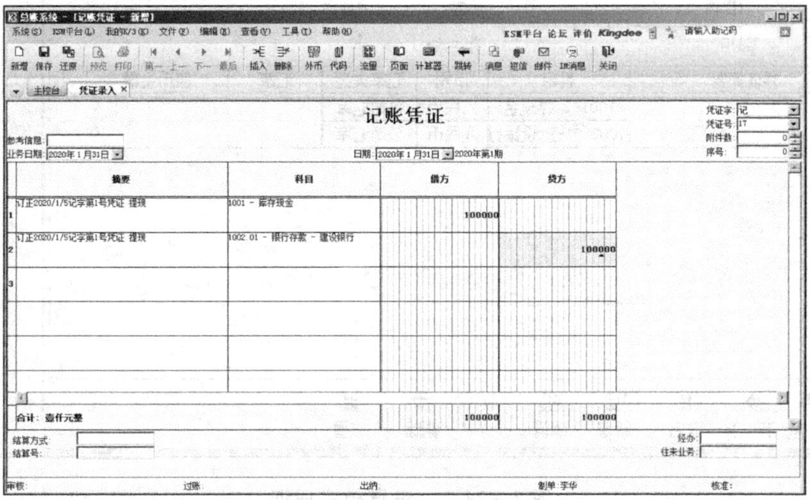

图 2－22 蓝字凭证

步骤五：编制模式凭证

模式凭证是为方便用户重复录入，系统提供模式凭证功能，可以保存常用凭证后在录入凭证时调用

1. 编制模式凭证

方法一，操作步骤：【财务会计】—【总账】—【凭证处理】—【模式凭证】，如图 2－23、图 2－24 所示。

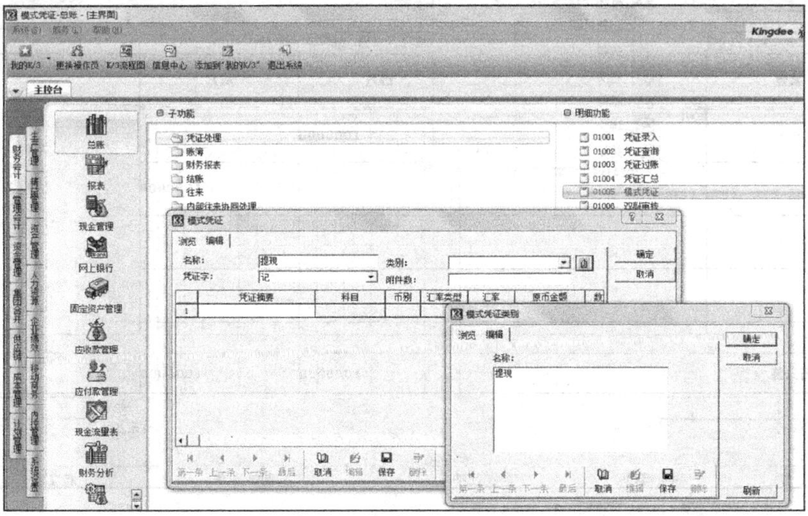

图 2－23 打开模式凭证界面

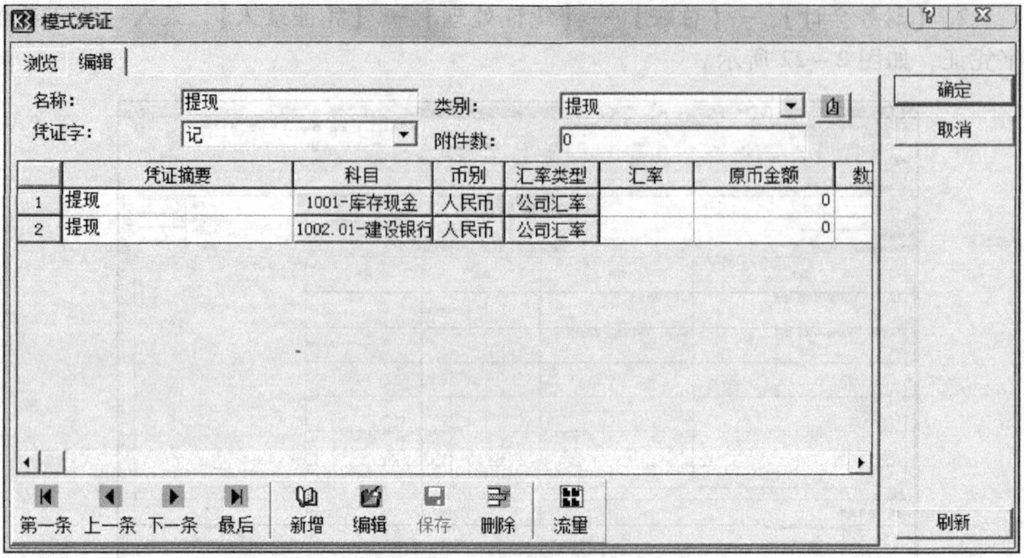

图 2－24　设置模式凭证

方法二，操作步骤：【财务会计】—【总账】—【凭证处理】—【凭证查询】，打开要作为模式凭证模板的记账凭证后，选择【文件】—【保存模式凭证】，如图 2－25、图 2－26 所示。

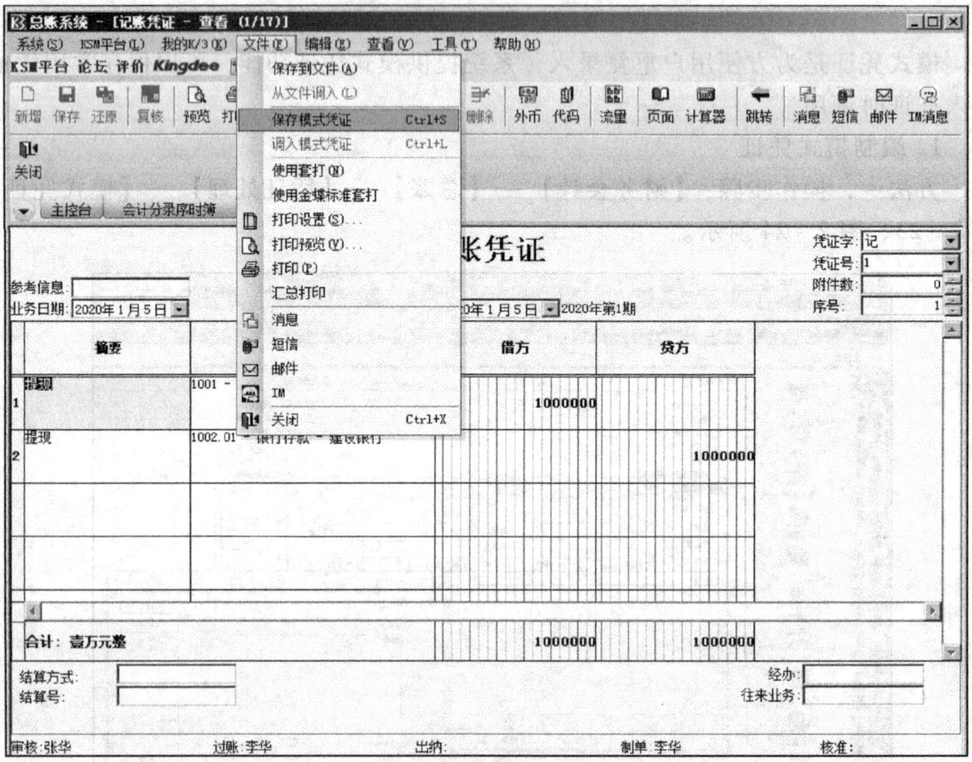

图 2－25　保存模式凭证

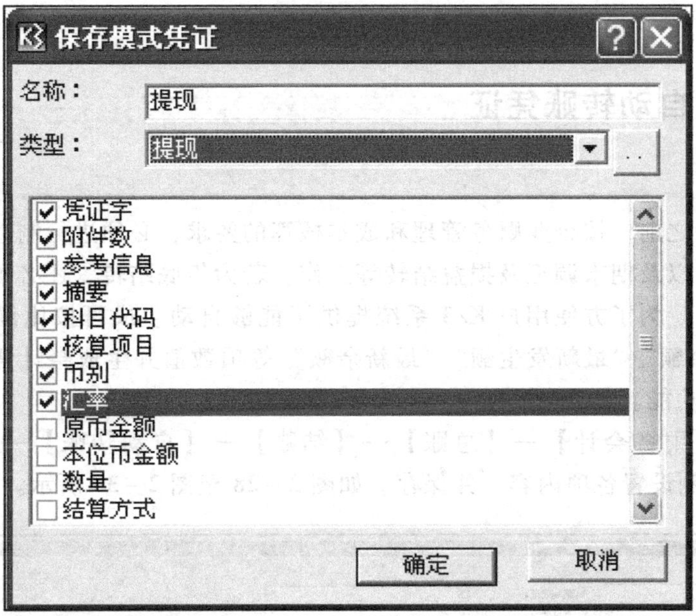

图 2－26 设置模式凭证名称

2. 引用模式凭证

操作步骤：【财务会计】—【总账】—【凭证处理】—【凭证录入】—【文件】—【调入模式凭证】，如图 2－27 所示。

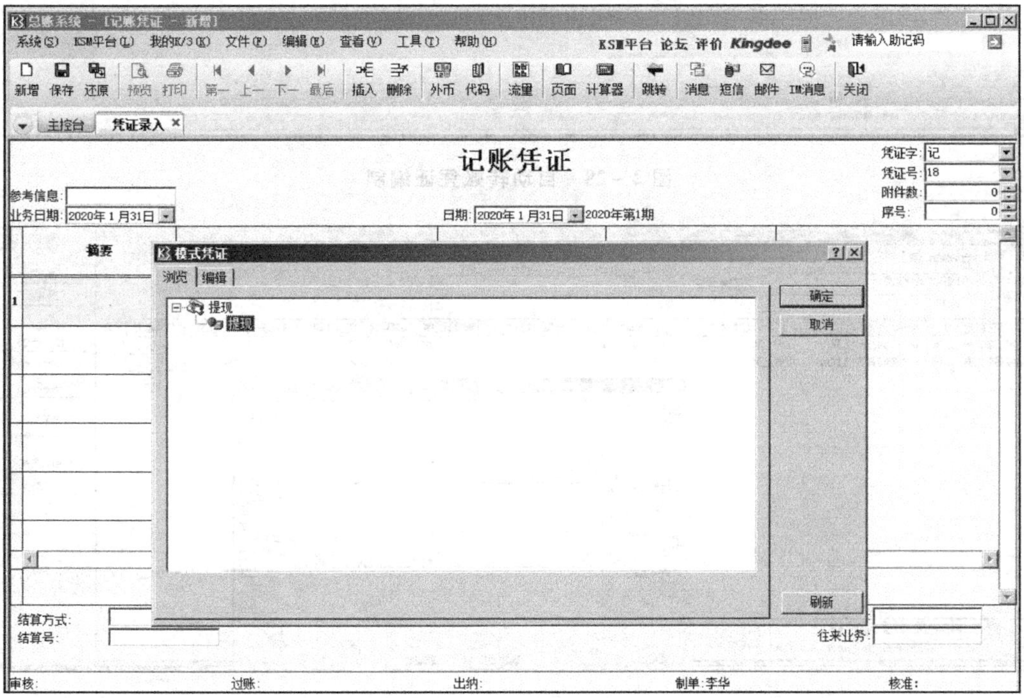

图 2－27 调入模式凭证

步骤六：自制自动转账凭证

企业结账之前，按企业财务管理和成本核算的要求，必须进行制造费用，产品生产成本的结转，以及期末调汇及损益结转等工作。若为年底结转，还必须结平本年利润和利润分配账户。为了方便用户 K/3 系统提供了能够自动生成可按比例转出指定科目的“发生额”“余额”“最新发生额”“最新余额”等项数值并生成会计凭证的功能即——“自动转账”功能。

步骤：【财务会计】—【总账】—【结账】—【自动转账】—【编辑】—【新增】，按照案例设置各项内容，并保存。如图 2－28 至图 2－35 所示。

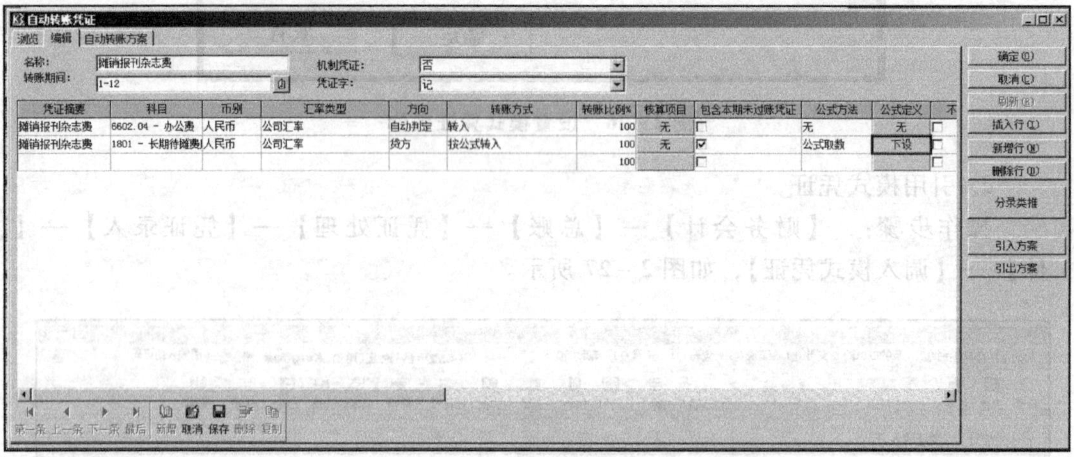

图 2－28　自动转账凭证编制

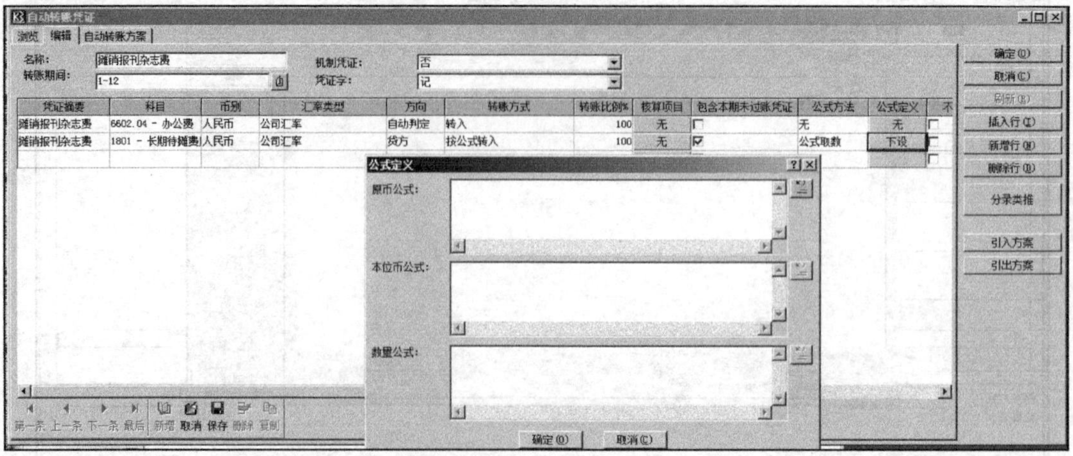

图 2－29　公式定义（1）

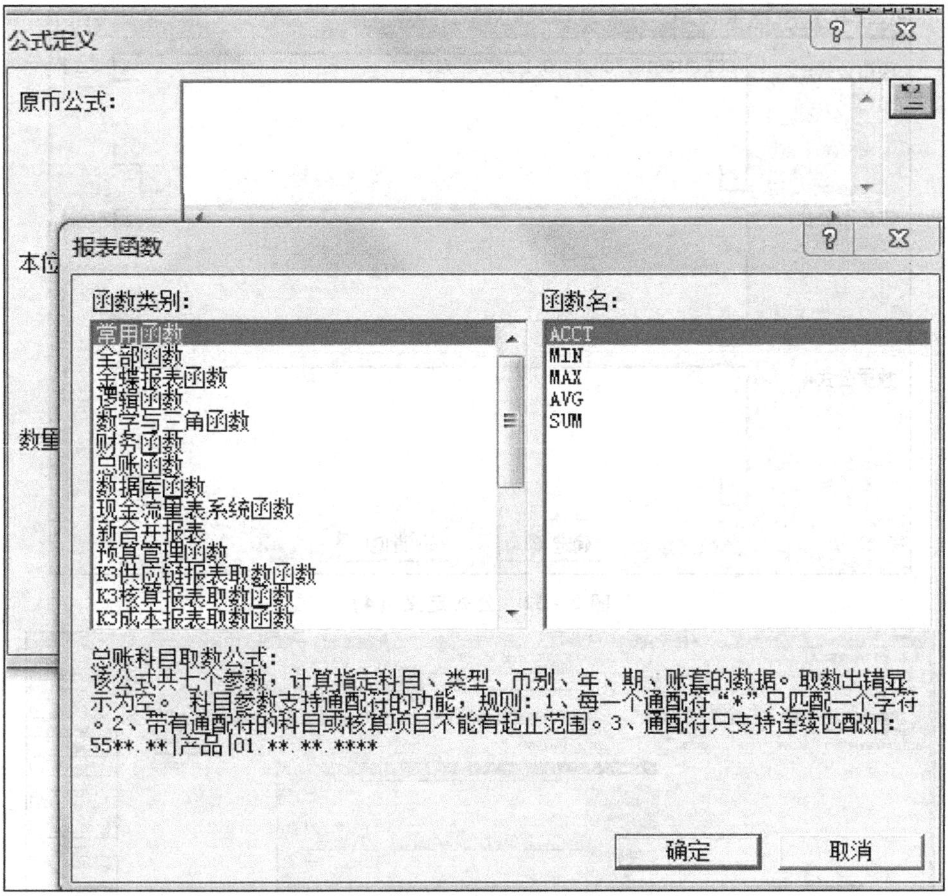

图 2-30 公式定义（2）

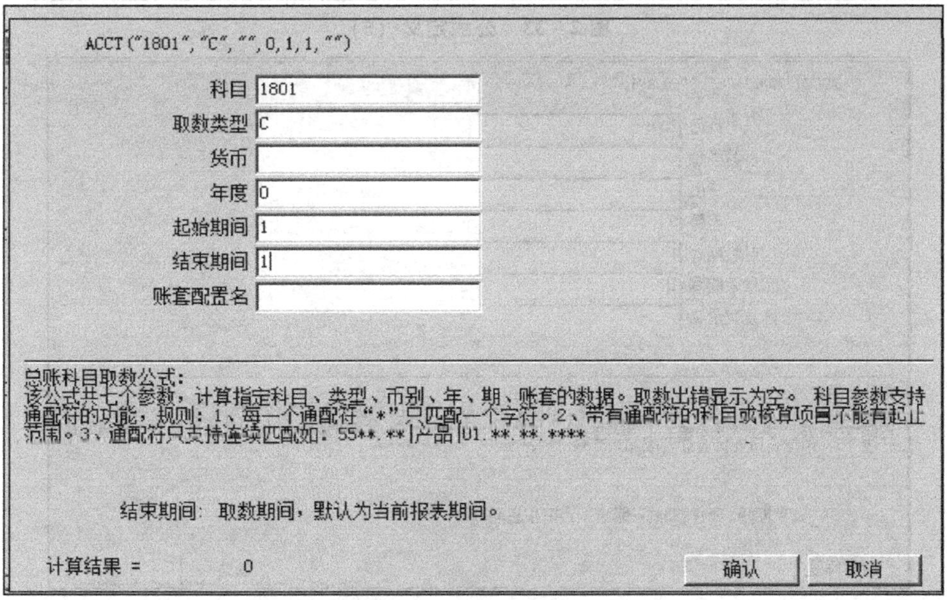

图 2-31 公式定义（3）

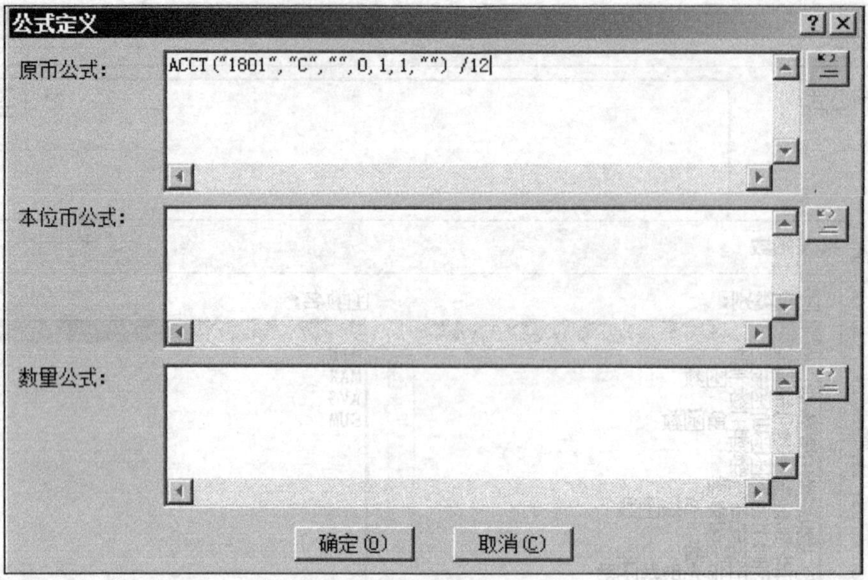

图 2－32　公式定义（4）

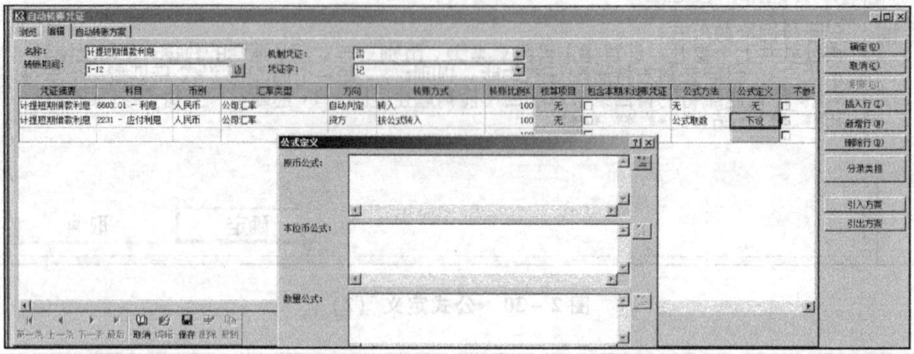

图 2－33　公式定义（5）

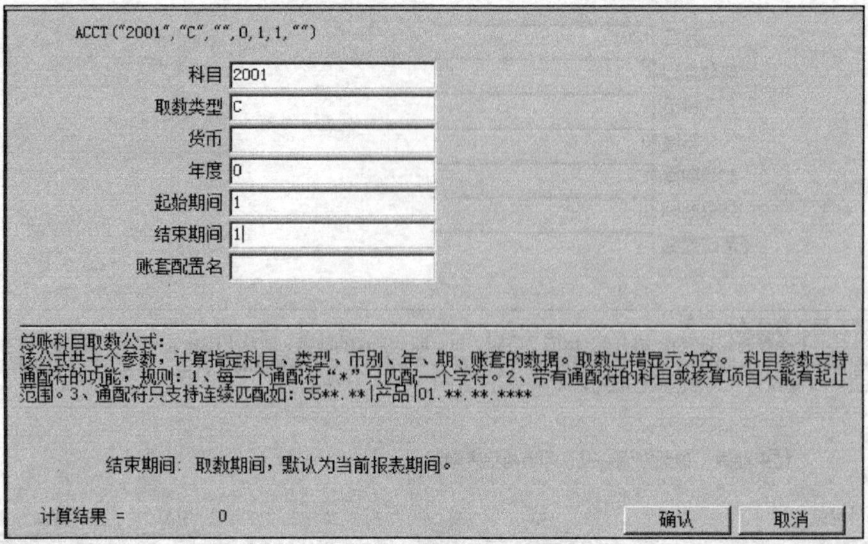

图 2－34　公式定义（6）

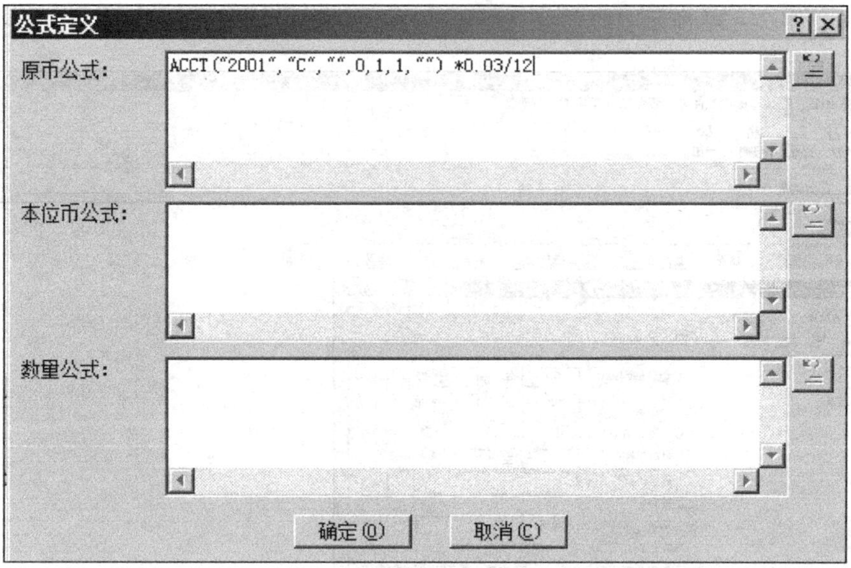

图 2－35 公式定义（7）

项目三
账表查询

1. 查看各种总分类账、明细账等
2. 查看管理费用多栏式明细账
3. 查看科目余额表、试算平衡表等
4. 查看“管理费用——通讯费”及“主营业务收入”的核算项目组合表
5. 往来管理

（1）利用核销管理功能进行应收账款、应付账款的核销。

（2）查看往来对账单及账龄分析表。

通过总账系统的子功能进行账簿和财务报表的查询操作。其中账簿子功能中主要涉及总分类账、明细分类账、多栏账等账簿中的有关资料及各类账簿的有关本位币、各种外币以及综合本位币的发生额和余额数据的查询；财务报表子功能可以进行科目余额表、试算平衡表、日报表以及核算项目汇总表等常用财务报表查询。具体操作如下：

步骤一：查询总分类账

双击【财务会计】→【总账】→【账簿】→【总分类账】，在弹出的窗口中选择需要查询的会计期间和其他过滤条件，然后点击【确定】进入总分类账查询界面，如

图 2－36、图 2－37 所示。

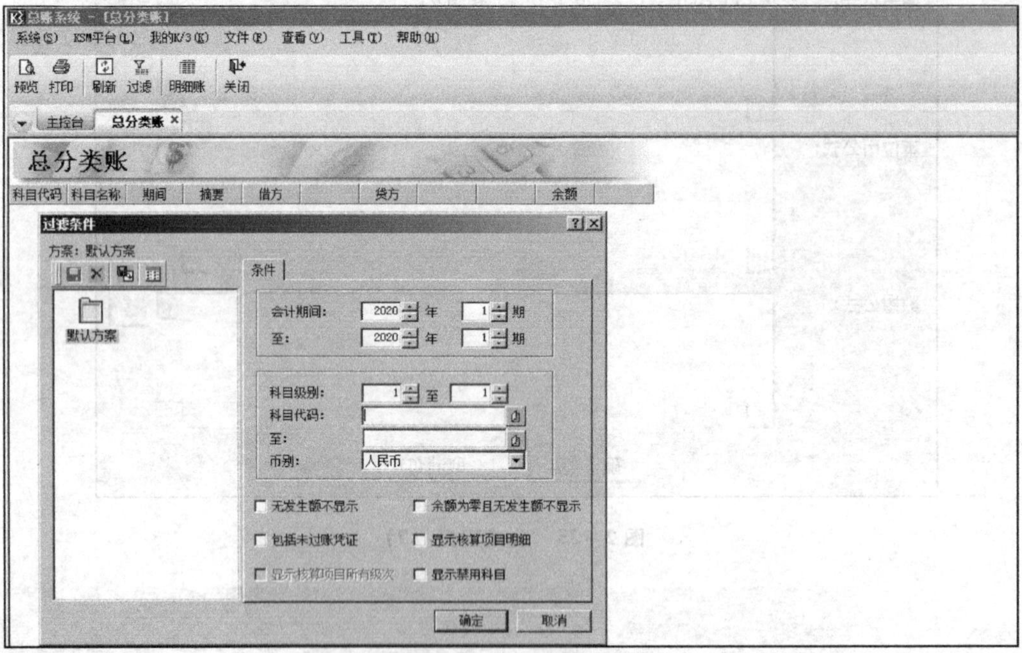

图 2－36 设置过滤条件

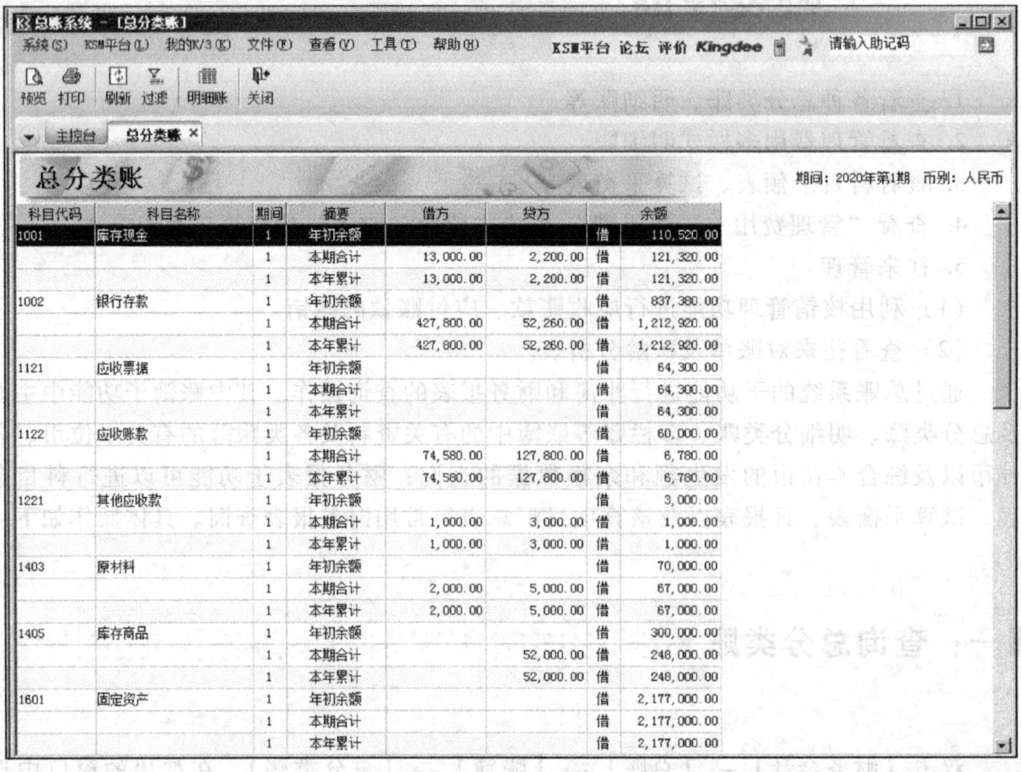

图 2－37 查看总分类账

步骤二：查询明细分类账

1. 查询明细分类账

双击【财务会计】—【总账】—【账簿】—【明细分类账】，在弹出的窗口中选择需要查询的会计期间和其他条件，然后点击【确定】；如图 2－38、图 2－39 所示。

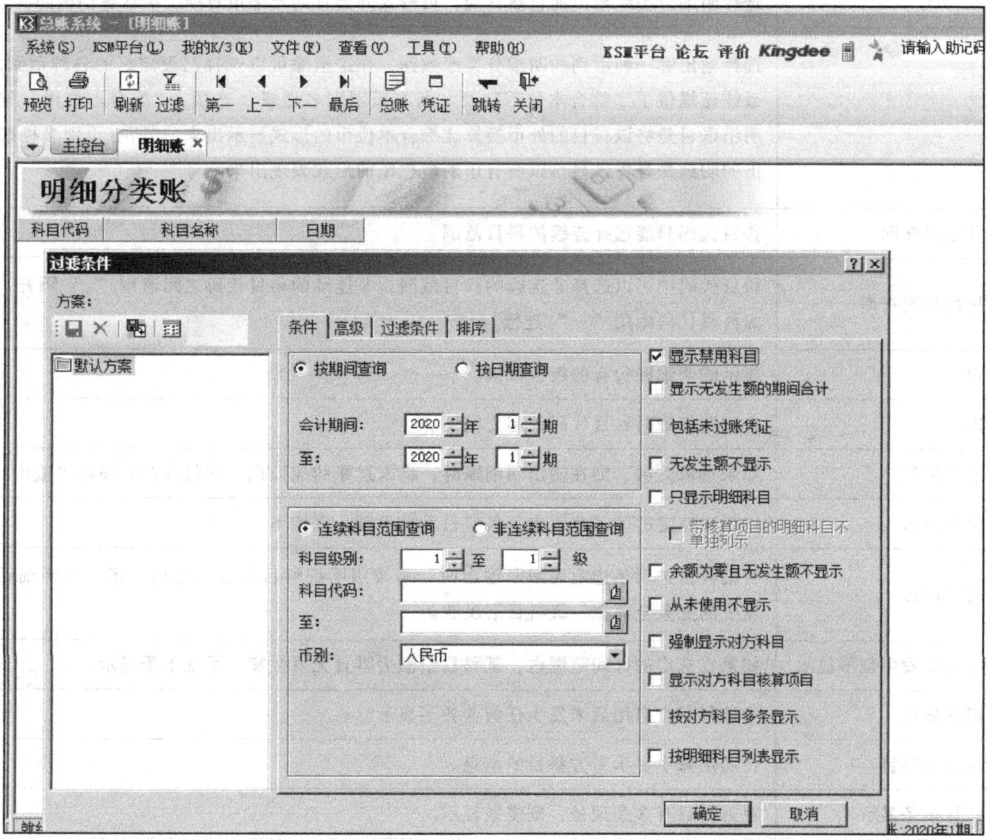

图 2－38 设置过滤条件

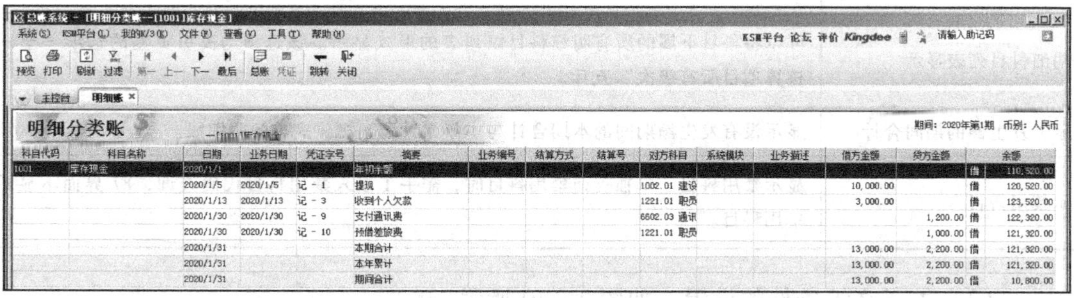

图 2－39 查看明细分类账

2. 查询明细分类账选项说明

在“查询条件”设置窗口中，通过设置“条件”“高级”“过滤”“排序”四个查询条件设置的标签，可以进行多种条件的设置。

（1）基本条件的设置：相关内容见表 2－3：

表 2－3

数据项	说明
会计期间	选择明细分类账输出的会计期间范围，可跨年查询。
日期	选择明细分类账输出的自然日期，可输入开始日期及结束日期，确认查询区间。
币别	选择输出哪一种币别的明细分类账数据，在这里除可以选择已设定好的各种币别之外，系统还提供了“综合本位币”及“所有币别别多栏账”选项，“综合本位币”输出的明细账目是将该科目的外币换算成综合本位币的形式显示出来，“所有币别多栏账”输出的明细账是将该科目以所有币别多栏账的形式表现出来。
连续科目范围查询	科目代码只能选择连续的科目范围
非连续科目范围查询	科目代码中可以选择非连续的科目范围，非连续的科目代码之间请用“，”隔开，连续的科目代码则用“—”连接
科目级别	显示的明细账包含的级次范围。
科目代码	查询明细账时科目代码的起止范围。
包括未过账凭证	如果选取此项，则在输出明细账时，将未过账的凭证也一同包含在明细账中输出。
无发生额不显示	如果在选定的区间范围内，某科目无发生额，系统不予显示。
只显示明细科目	明细科目选项是选定明细账输出时，是按照明细科目的方式输出，还是将明细科目中发生的业务全部在一级科目下反映。
余额为零且无发生额不显示	如果在选定的区间范围内，某科目余额为零且无发生额，系统不予显示。
从未使用不显示	指该科目自启用后未发生任何业务不显示。
强制显示对方科目	在明细账中显示对方科目的信息。
按对方科目多条显示	对方科目有多条记录，则多条显示。
显示对方科目核算项目	如果显示了对方科目，且该对方科目下设了核算项目，则将对方科目的核算项目也显示出来。
按明细科目列表显示	可以将科目下属的所有明细科目以列表的形式显示。该选项与高级页签的选项“显示核算项目所有级次”互斥。
显示无发生额的期间合计	显示没有发生额期间的本期合计与本年累计数，提供完整的明细账。
显示禁用科目	显示禁用科目。单独查询禁用科目时，需手工录入禁用科目代码查询，F7 界面不显示禁用科目。

（2）关于高级条件的设置，如图 2－40 所示。

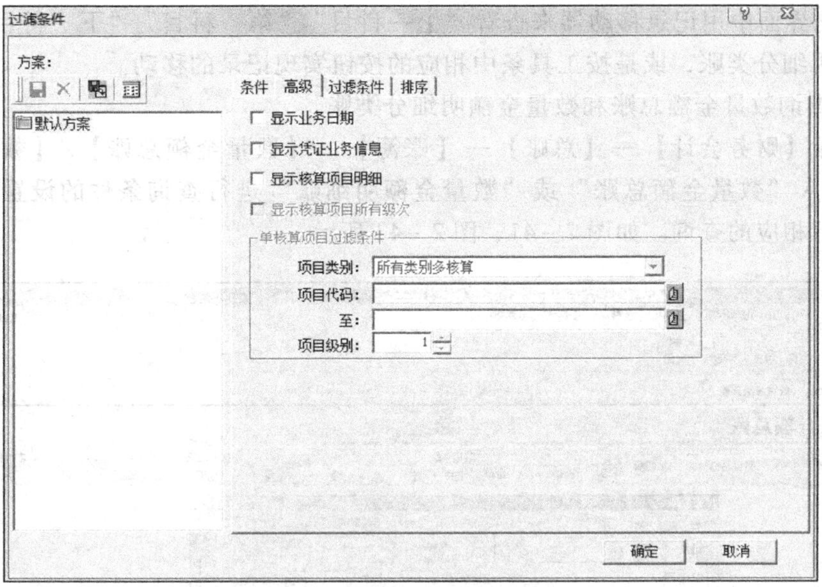

图 2-40　高级过滤条件设置

在高级条件设置中，可以进行明细账查询各种条件的设置，如业务日期的显示核算项目的显示等各种信息，具体见表 2-4：

表 2-4

数据项	说明
显示业务日期	选择该选项，则在明细分类账显示时，将各凭证的业务日期显示出来。
显示凭证业务信息	选择该选项，则在明细分类账显示时，将各凭证的业务信息显示出来。
显示核算项目明细	选择该选项，如果科目下挂核算项目，则将显示该和科目下核算项目的明细账。
单核算项目过滤条件	在“项目类别”中选择某一项目类别，则将显示在基本设置中设置的科目范围中挂该核算项目的科目明细账，且将核算项目也显示出来。“项目类别”中显示的类别为基本设置中设置的科目范围中所挂核算项目的集合。如：应收账款下挂客户、部门、职员，应付账款下挂供应商，查询明细账时科目范围选择应收账款——应付账款，则在“项目类别”下拉框中显示：客户、部门、职员、供应商和所有类别多核算。
显示核算项目所有级次	该选项须在选项：“显示核算项目明细”选中的基础上才可使用，显示核算项目的所有级次，并进行各级次的汇总。仅支持单核算项目。该选项与基本条件页签的“按明细科目列表显示”互斥。

（3）过滤条件设置。在过滤条件设置中，可以实现对明细账的过滤，具体的操作方法同使用意义同凭证查询一样，具体可以参考凭证查询的过滤条件设置。

（4）排序条件设置。在明细账中可以按各种排序字段来进行排序，排序方式中可以选择排序的方式，是升序还是降序。

输入完条件范围之后，单击【确认】，系统即按所选条件生成明细分类账。

在“明细分类账”界面中，您可以用光标移动和滚动条来翻阅，查看明细分类账中各项数值。

在此界面中用记录移动器来查看“上一科目”“第一科目”“下一科目”“最末科目”的明细分类账，或是按工具条中相应的按钮实现记录的移动。

3. 查询数量金额总账和数量金额明细分类账

选择【财务会计】—【总账】—【账簿】—【数量金额总账】/【数量金额明细账】，进入“数量金额总账”或“数量金额明细账”进行查询条件的设置，点击【确定】进行相应的查询。如图 2－41、图 2－42 所示。

图 2－41　数量金额总账设置过滤条件

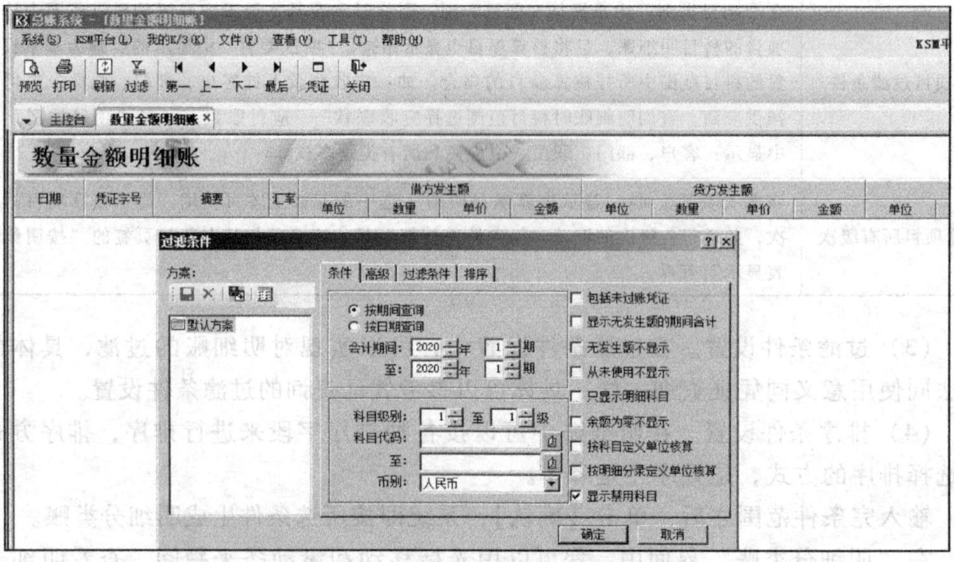

图 2－42　数量金额明细账设置过滤条件

步骤三：查询多栏账

1. 查询多栏账

点击【财务会计】—【总账】—【账簿】，打开【多栏账】查询界面，设置多栏账查询条件，如图 2－43 所示。

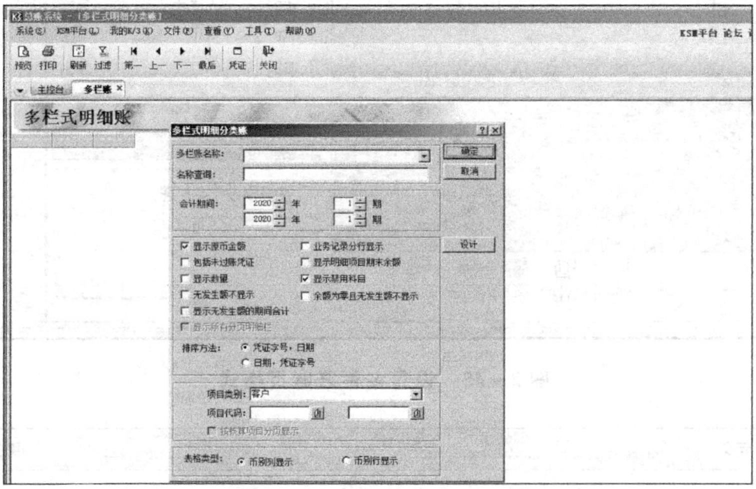

图 2－43　多栏账查询条件设置

查询条件设置完成之后，单击【确定】，进入多栏账的查询。

2. 设计多栏账格式

由于每个用户使用的多栏账都不尽一致，系统无法预设多栏账的格式，因此，多栏账只能由用户自己生成。系统为用户提供了十分方便的多栏账格式生成器。

在“多栏账的查询条件设置”界面单击【设计】，对多栏账进行设计，进入“多栏账设计”界面。如图 2－44 所示。

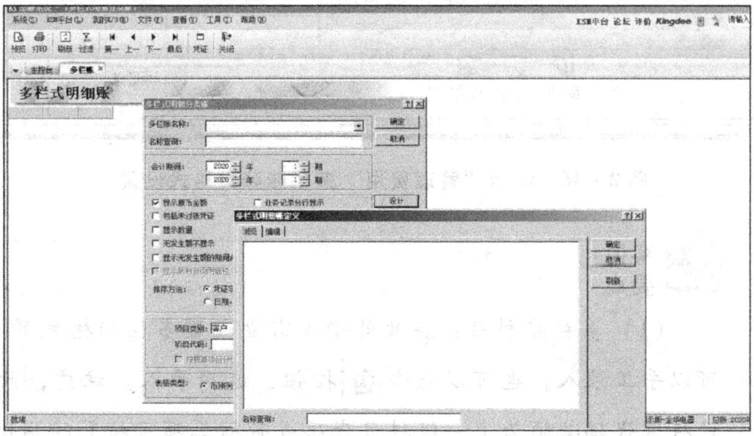

图 2－44　设计多栏账

在“多栏账设置”界面中，选择“编辑”标签页，单击【新增】，即弹出“多栏账格式设置”界面。如图 2－45、图 2－46 所示。

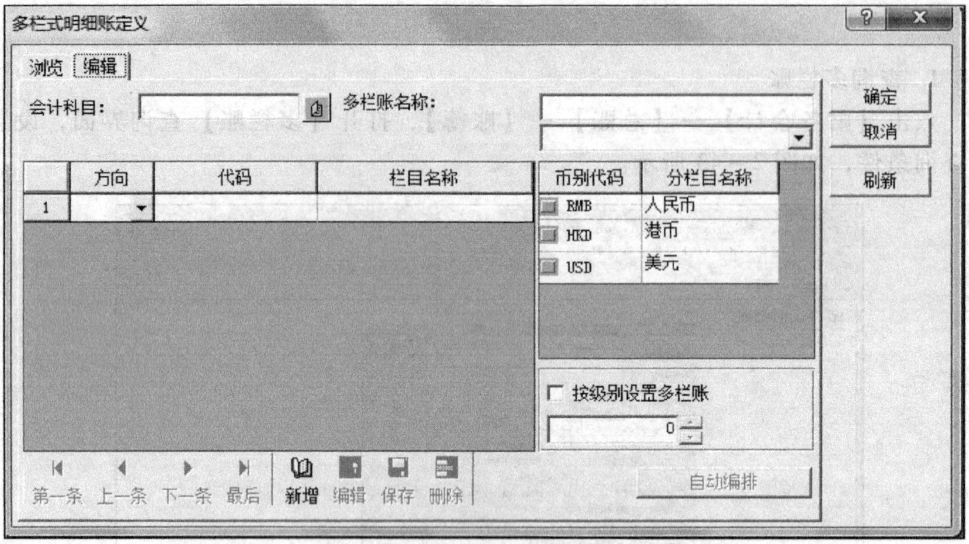

图 2－45 设置多栏账账页格式

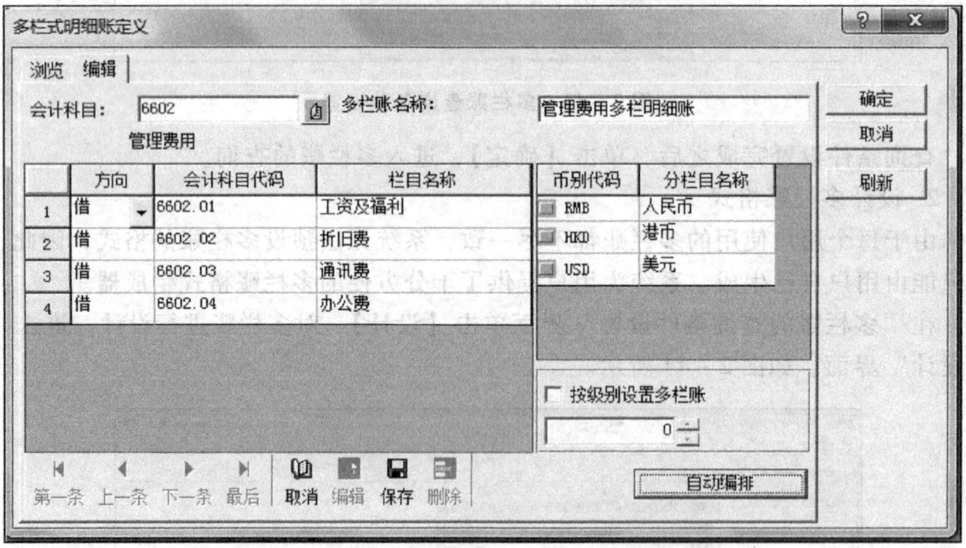

图 2－46 演示“管理费用”多栏账账页格式设置

实操要点

（1）多栏账科目：在此处输入需要设置多栏账格式的会计科目代码，可以手工录入，也可以点击按钮，选择录入。注意，此处所输入的会计科目代码必须为上一级科目代码或带核算项目核算的明细科目代码，如果所输的科目代码没有下级科目或核算项目，则系统无法生成多栏账格式。

(2) 多栏账的名称：如：管理费用多栏账、销售费用多栏账。选择科目后，系统自动显示多栏账名称为：*** 多栏明细账。

(3) 科目代码：在此处输入“多栏账科目”下属的明细科目代码（或核算项目代码）。可按 F7 查询录入。

(4) 栏目名称：在输入科目代码后，系统会自动将对应的科目名称显示在栏目名称中，用户可以对该名称进行修改。

(5) 自动编排：为了提高多栏式明细账格式设定的速度，系统提供了“自动编排”功能，只需在“多栏账科目”中输入要设置多栏账的科目代码。然后单击【自动编排】，系统即可自动将所选“多栏账科目”的下级明细科目自动按多栏账的格式进行编排生成多栏账格式。用户可以对编排好的多栏账格式进行修改、删除等处理。

选项设置完成后，点击【确定】，即可查看多栏明细账。如图 2－47 所示。

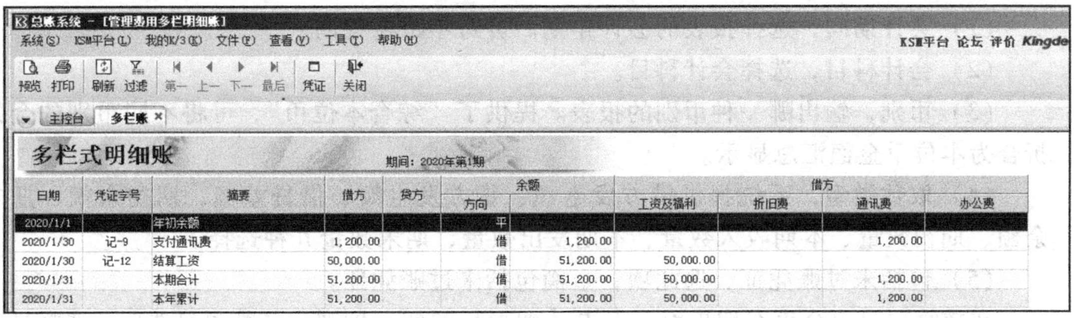

日期	凭证字号	摘要	借方	贷方	余额		借方			
					方向		工资及福利	折旧费	通讯费	办公费
2020/1/1		年初余额			平					
2020/1/30	记-9	支付通讯费	1,200.00		借	1,200.00			1,200.00	
2020/1/30	记-12	结算工资	50,000.00		借	51,200.00	50,000.00			
2020/1/31		本期合计	51,200.00		借	51,200.00	50,000.00		1,200.00	
2020/1/31		本年累计	51,200.00		借	51,200.00	50,000.00		1,200.00	

图 2－47　浏览多栏明细账

此外，如果所生成的多栏账的格式不符合需要，可以修改多栏账的格式，在“多栏账”编辑界面中选定要修改的多栏账，然后单击【编辑】，在此界面中，您可以对多栏账的格式进行修改，操作基本上与增加多栏账格式一致。

对于以后不再需要的多栏账格式，可以将其删除，在“多栏式明细账定义”的编辑界面中选定要删除的多栏账格式，然后单击【删除】，系统会发出提示信息，要求您确认是否要删除。选择【确定】则将其格式删除，选择【取消】则保留所设格式。

步骤四：查询核算项目组合表

核算项目组合表是以报表的形式展示出对不同核算项目进行不同角度组合分析。核算项目组合表是决策分析必用报表之一。选择【财务会计】—【总账】—【财务报表】—【核算项目组合表】，进入查询界面，如图 2－48 所示。

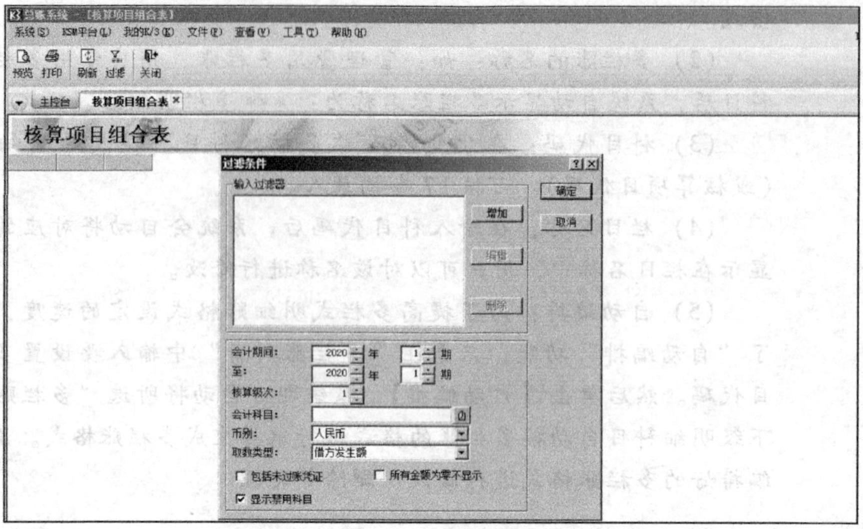

图 2－48　设置查询选项

选项说明：

（1）会计期间，选择报表的会计年期。可跨年跨期查询。

（2）会计科目，选择会计科目。

（3）币别，输出哪一种币别的报表。提供了“综合本位币”，可将不同币别的金额折合为本位币金额汇总显示。

（4）取数类型，系统提供借方发生额、贷方发生额、借贷差额、期初余额、期末余额、期初数量、本期收入数量、本期发出数量、期末数量九种选择。

（5）包括未过账凭证，选此项，金额包括未过账凭证。

在核算项目组合表查询界面，点击【增加】按钮，即弹出核算项目选项，选择进行组合的核算项目，并录入过滤名称，点击【确定】，查看核算项目组合表。如图 2－49、图 2－50、图 2－51 所示。

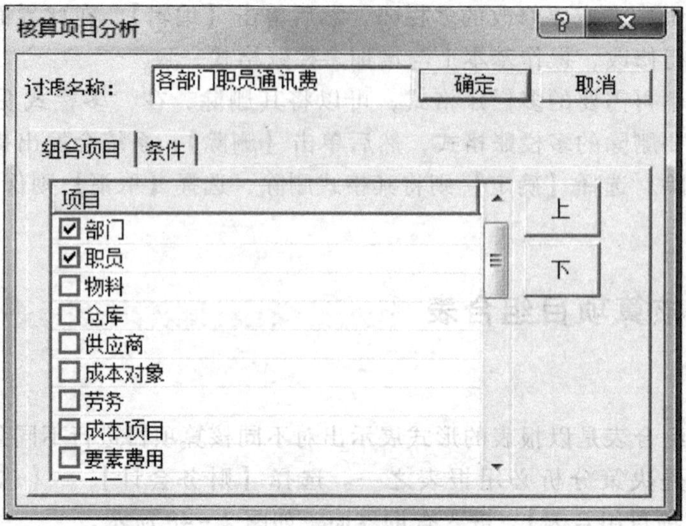

图 2－49　选择组合方案

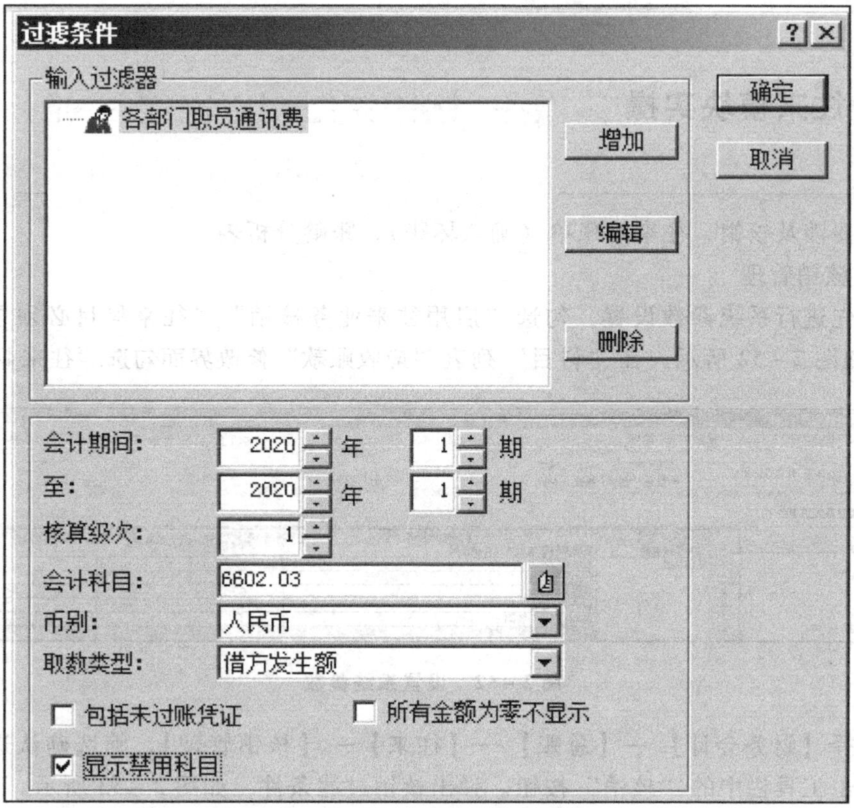

图 2－50　完成查询方案设置

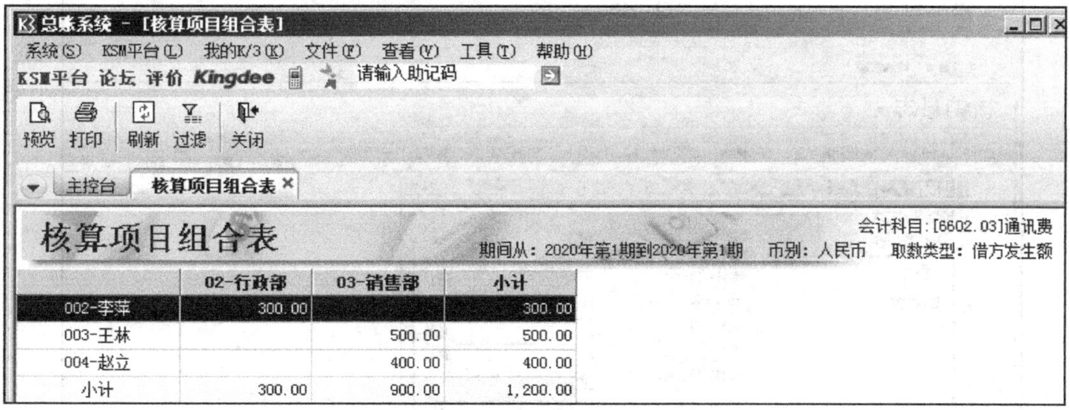

图 2－51　浏览核算项目组合表

用于选择在报表中要进行组合的项目，在显示的项目上单击鼠标后，该项目前出现打勾，表示选中。需要注意的是，每一组合条件只能选定两个组合项目。

温馨提示

步骤五：往来模块实操

主要涉及核销、往来对账单（确认坏账）、账龄分析表。

1. 核销管理

首先进行系统参数设置，勾选“启用往来业务核销”“往来科目必须录入业务编号”，如图 2－52 所示；在“科目”列表“应收账款”修改界面勾选“往来业务核算”。

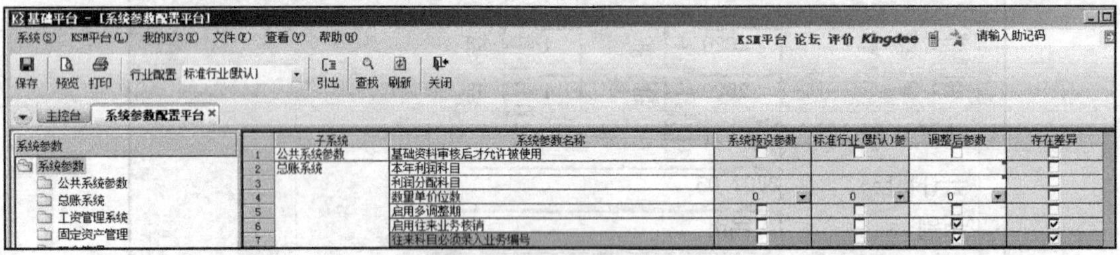

图 2－52　设置系统参数

选择【财务会计】—【总账】—【往来】—【核销管理】，筛选确认进入核销日志；点击工具栏中的“核销”按钮。弹出核销过滤条件，如图 2－53 所示。

图 2－53　设置核销过滤条件

选中已启用“往来业务核算”的会计科目，即核算项目，进入往来业务核销，如图 2－54 所示。

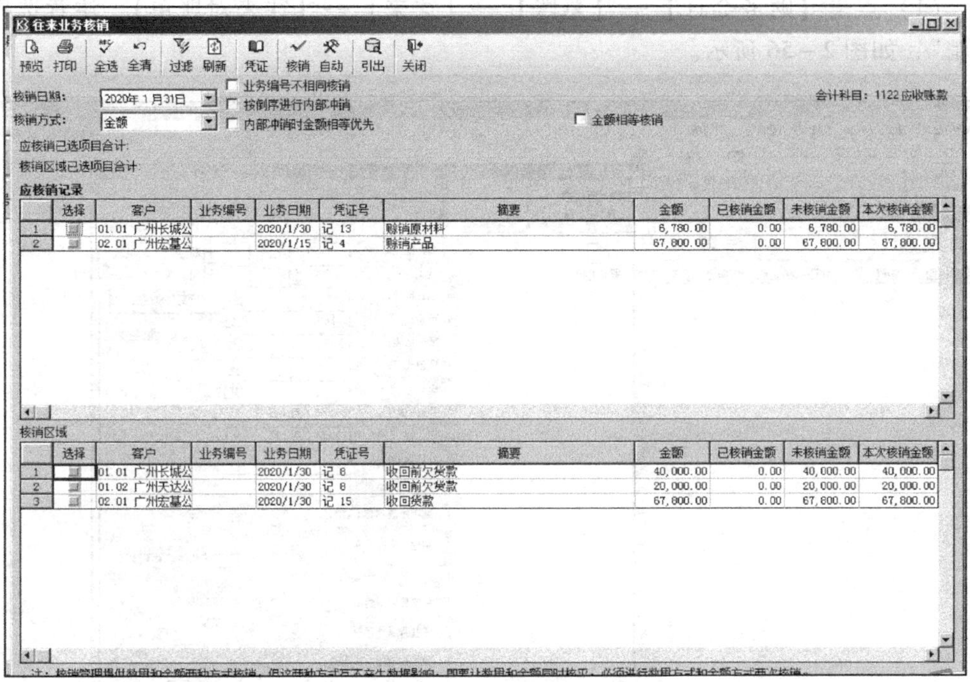

图 2－54　核销往来款项

2. 往来对账单

点击【总账】—【往来】—【往来对账单】，在弹出的“过滤条件”窗口选择筛选条件，点击【确定】。如图 2－55 所示。

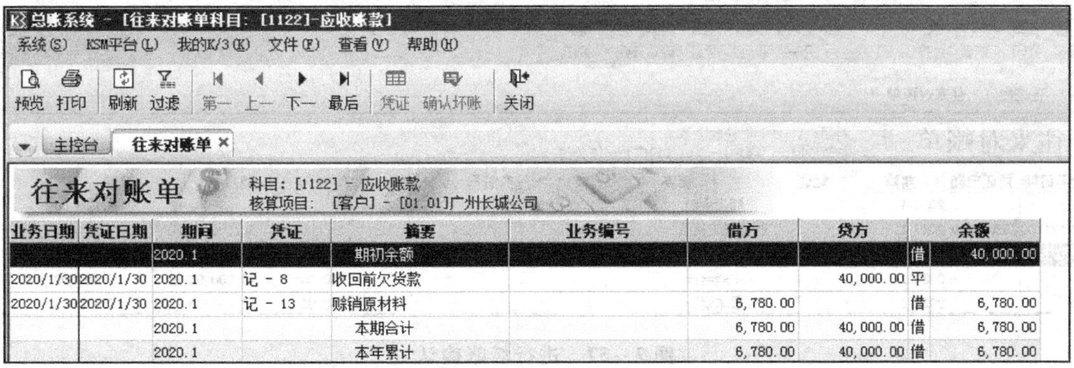

图 2－55　往来对账单

对往来对账单中的“未核销”进行“确认坏账”。

温馨提示

3. 确认坏账

系统可以对某项坏账业务进行坏账处理。

（1）点击【财务会计】—【总账】—【往来】—【往来对账单】，注意选择“未核销”，如图 2-56 所示。

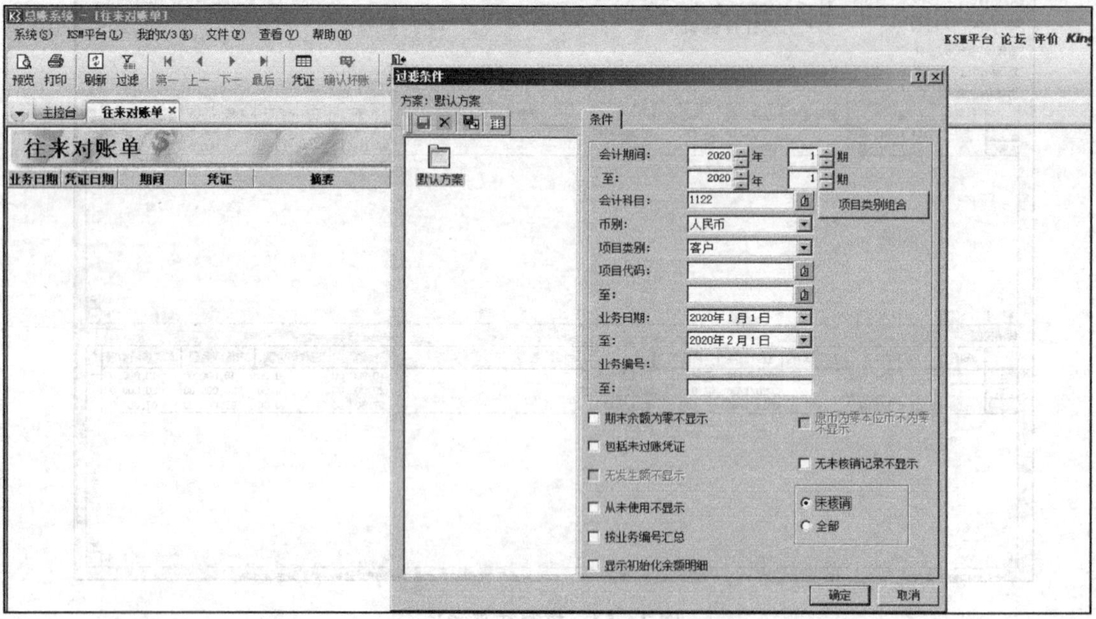

图 2-56 未核销的往来对账单过滤条件

（2）选中往来对账单已过账的明细数据，点【确认坏账】，如图 2-57 所示。

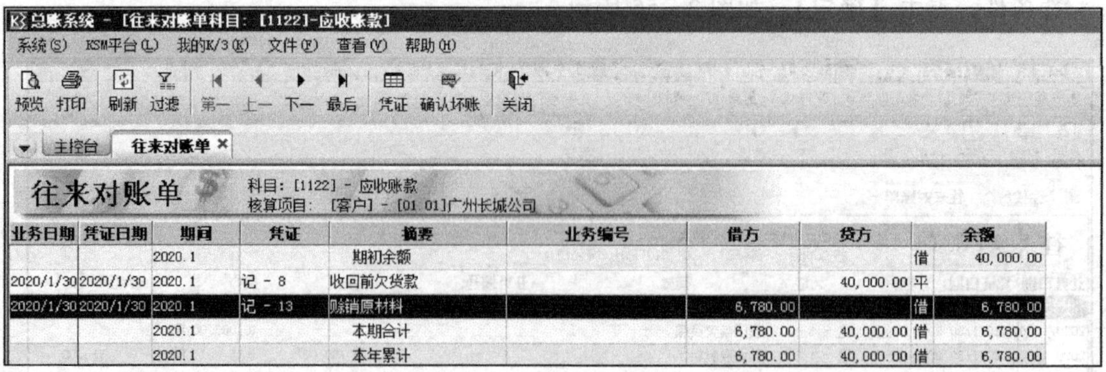

图 2-57 进行坏账确认

（3）系统弹出界面要求输入坏账金额、原因、批准人、坏账准备科目等信息后，生成一张坏账凭证，系统会对生成的坏账记录自动完成核销操作（在未核销的往来对账单中将不能看到进行坏账确认的往来金额），如图 2-58、图 2-59、图 2-60 所示。

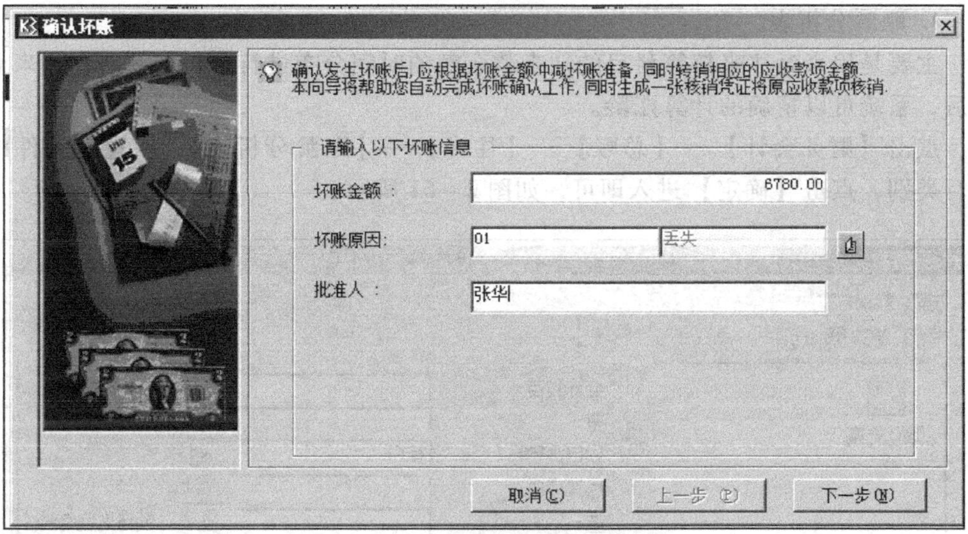

图 2-58　确认坏账金额、原因、批准人

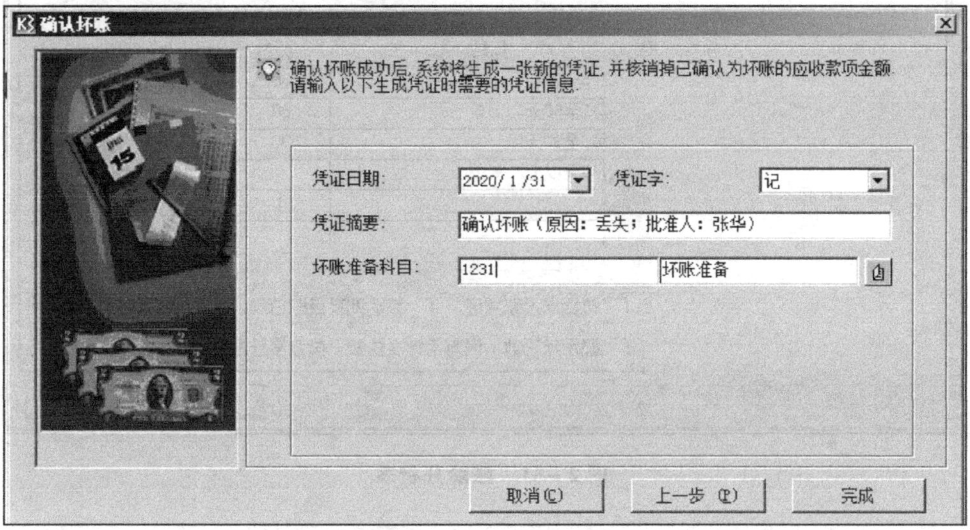

图 2-59　确认坏账凭证信息

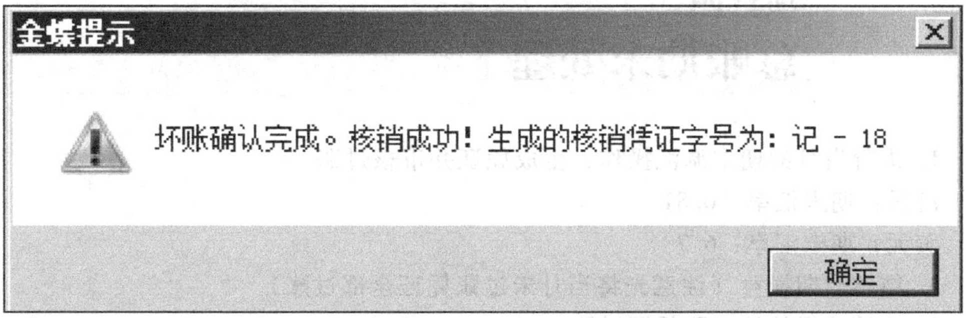

图 2-60　确认坏账完成

4. 账龄分析表

主要是用来对往来核算科目的往来款余额的时间分布进行分析。一般在往来业务核销后，系统可以精确的计算账龄。

点击【财务会计】—【总账】—【往来】—【账龄分析表】，在过滤条件中选择项目类别，点击【确定】进入即可，如图 2－61 所示。

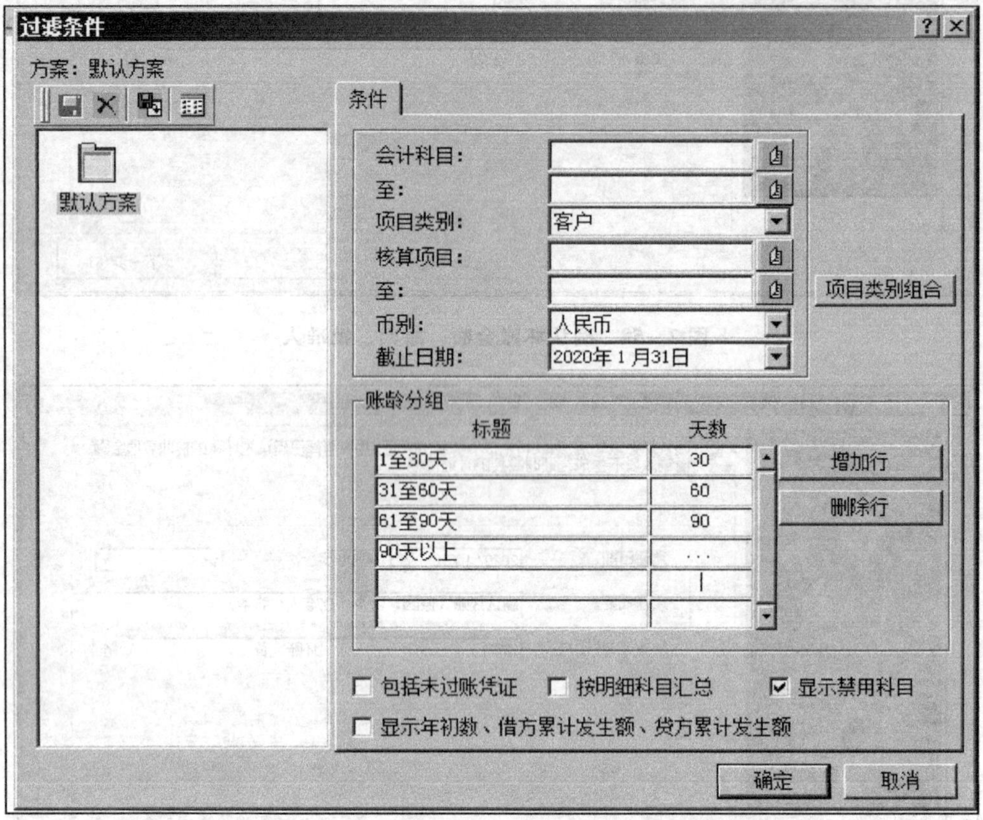

图 2－61　账龄分析表

项目四
总账期末处理

1. 进行当月的期末调汇操作，生成凭证并审核过账

港币：期末汇率：0.81

美元：期末汇率：6.7

2. 结转当期损益（注意先将当月未过账凭证全部过账）

3. 将结转损益的记账凭证过账

4. 期末结账

步骤一：期末调汇

主要用于对外币核算账户在期末自动计算汇兑损益，生成期末汇率调整表和汇兑损益结转凭证。

1. 调整汇率

以主管“张华”身份登录 K/3 主控台。

操作步骤：【系统设置】—【基础资料】—【公共资料】—【汇率体系】，进入汇率体系界面，点击修改，如图 2－62、图 2－63、图 2－64、图 2－65 所示。期末汇率设置完成。

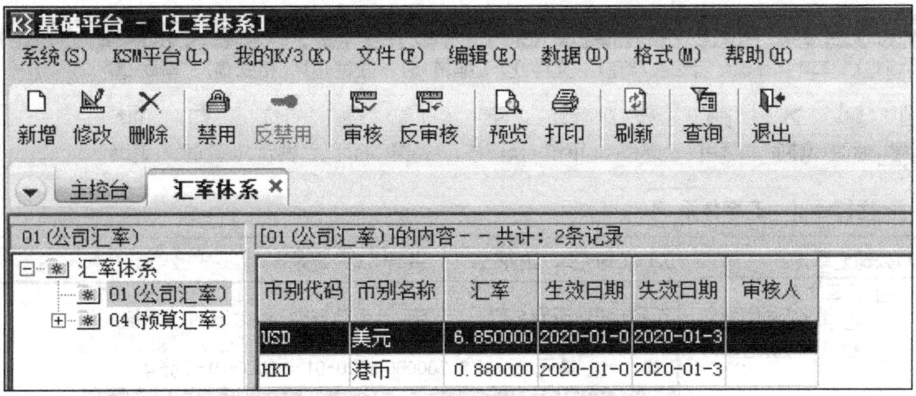

图 2－62　进入汇率体系界面

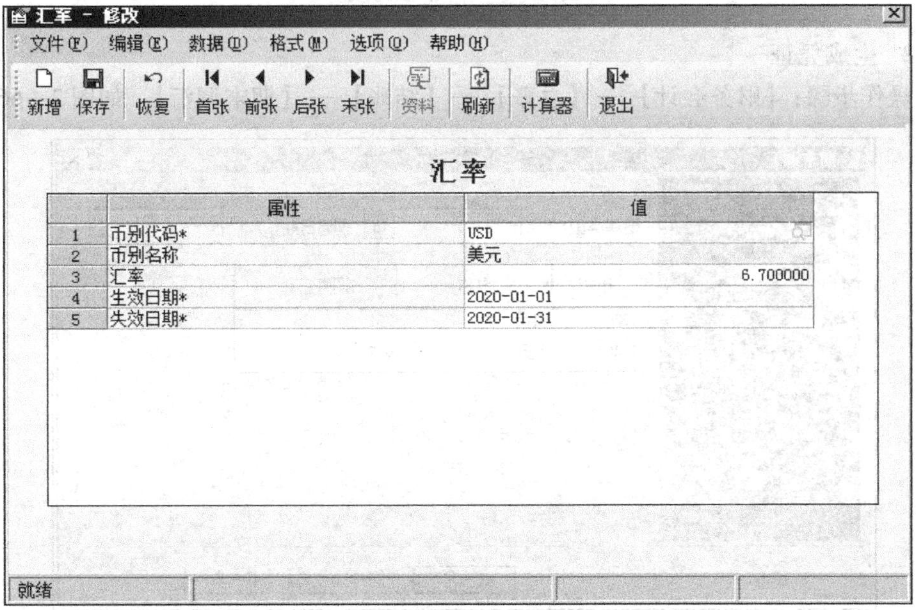

图 2－63　修改汇率

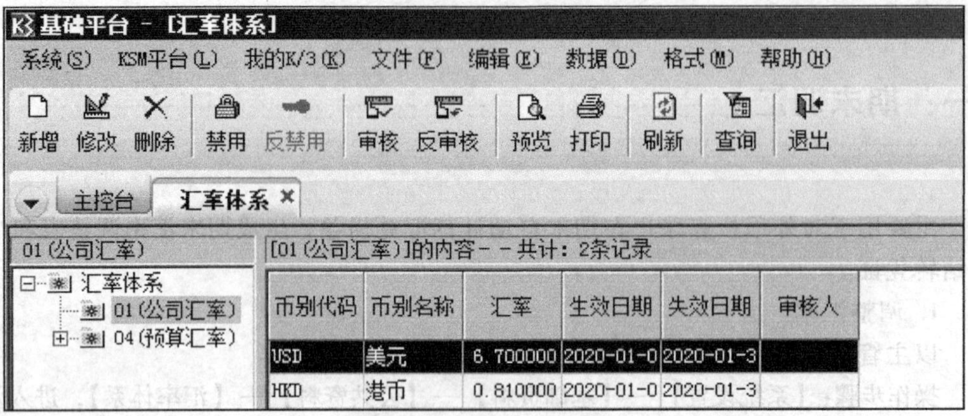

图 2－64　汇率体系审核

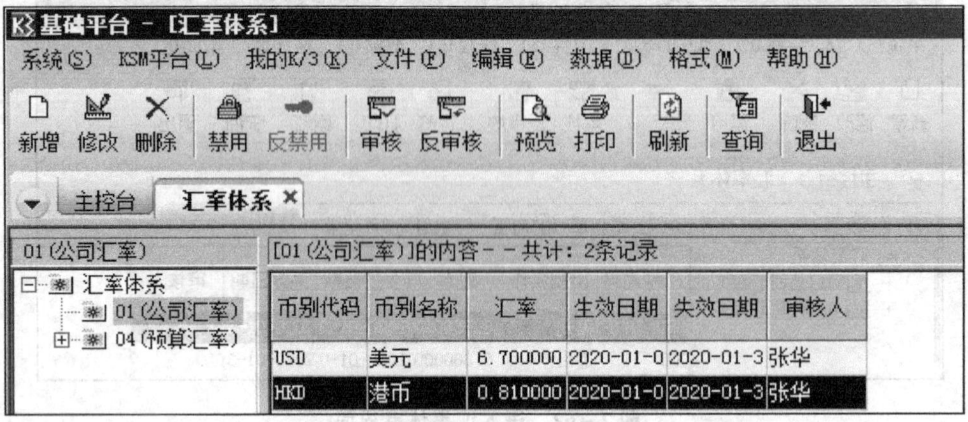

图 2－65　审核完成

2. 生成凭证

操作步骤：【财务会计】—【总账】—【结账】—【期末调汇】，如图 2－66 所示。

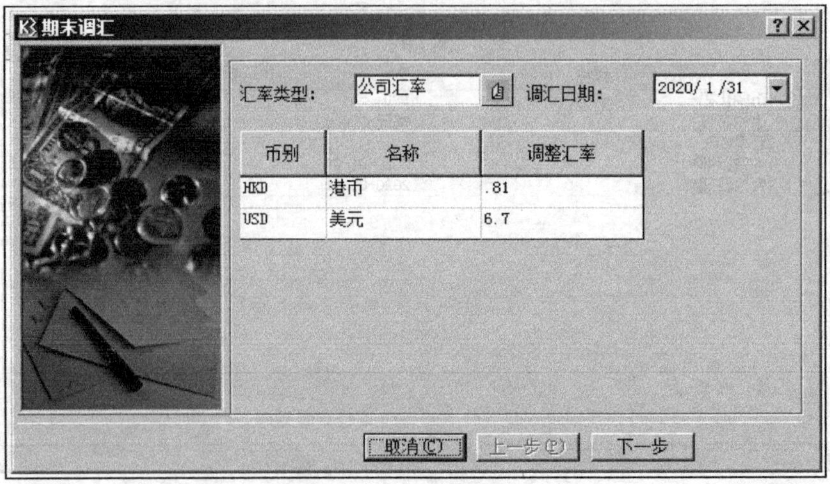

图 2－66　期末调汇汇率设置

点击【下一步】，选择“财务费用”损益科目，如图 2 – 67 所示。生成一张调汇凭证；审核并过账。

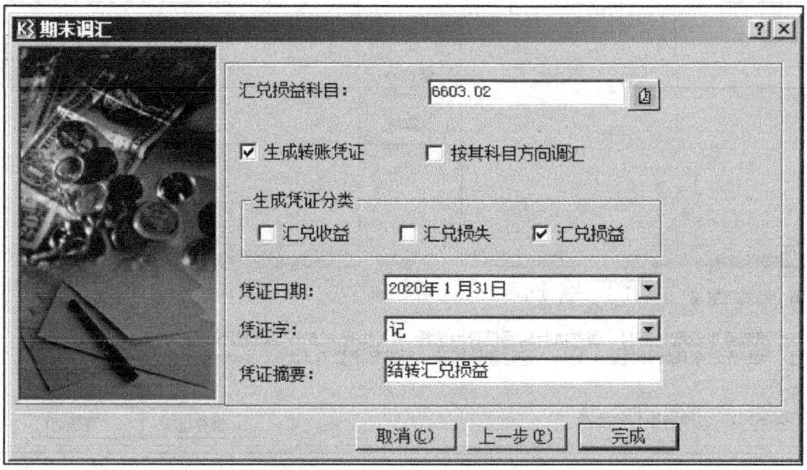

图 2 – 67　期末调汇参数设置

步骤二：自动转账（凭证摊销和预提）

一般针对工业企业来说，期末结账之前按照企业财务管理和成本核算的要求，必须进行制造费用、生产成本的结转。点击【财务会计】—【总账】—【结账】—【自动转账】—【编辑】—【新增】，按照具体案例设置各项内容，如图 2 – 68 所示，结转材料实际成本，编辑转账科目、币别、方向等选项，点击保存；如图 2 – 69 所示，录入自动转账方案即可。

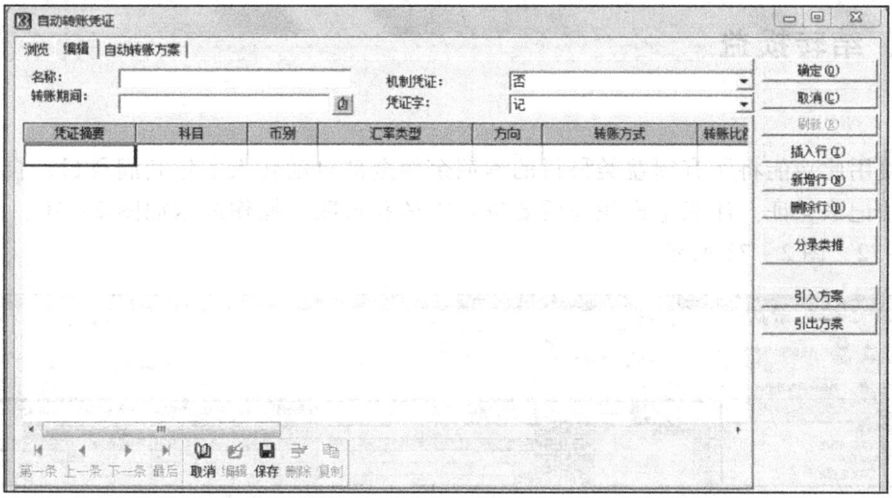

图 2 – 68　编辑自动转账方案

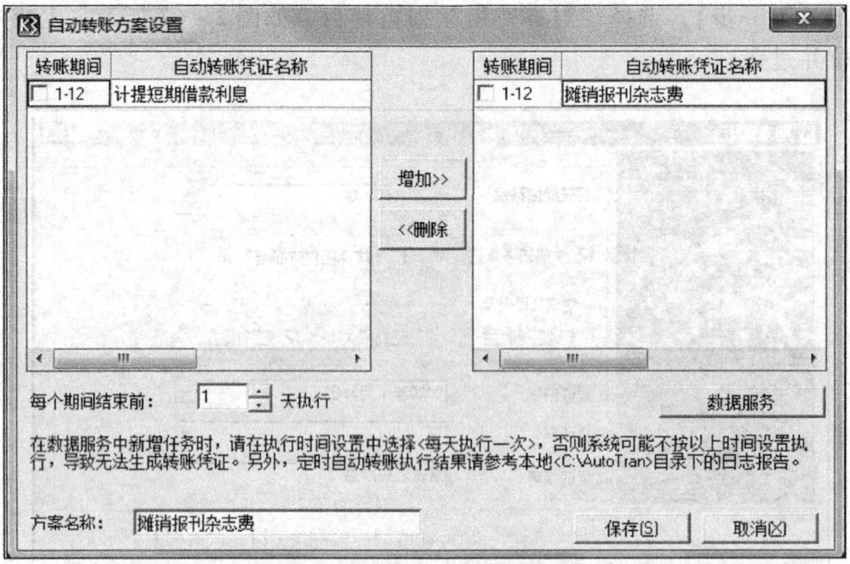

图 2－69　保存自动转账方案

温馨提示

凭证摊销和预提

凭证摊销是用来处理已经预付的费用项目进行分期的摊销，将其转入费用类科目。点击【结账】里的【凭证摊销】，进入凭证摊销界面，点击【新增】，进行新摊销方案设置，设置后，点【保存】，即可生成凭证，之后进行审核并过账。

凭证预提是用来处理每期对应付利息等的预提。点击【结账】里的【凭证预提】，进入预提方案设置界面，生成凭证后审核并过账。

步骤三：结转损益

使用此功能将所有损益类科目的本期余额全部自动转入本年利润科目，自动生成结转损益记账凭证。注意生成凭证后要进行审核和过账。操作演示如图 2－70、图 2－71、图 2－72、图 2－73 所示。

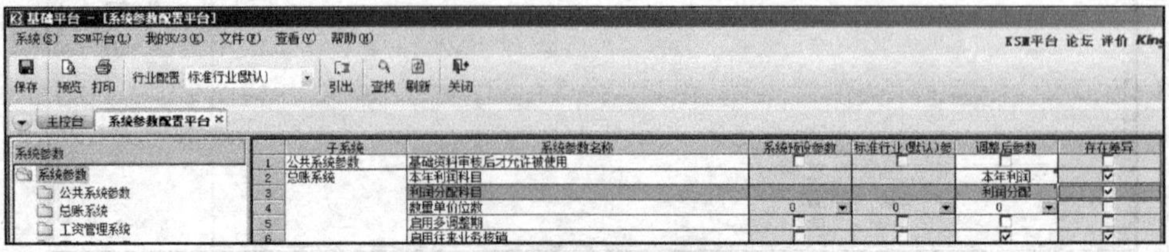

图 2－70　设置本年利润科目

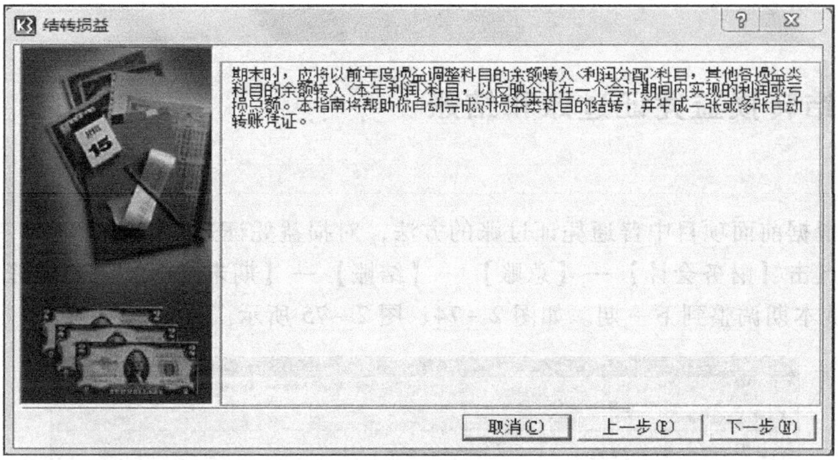

图 2-71　开始结转损益

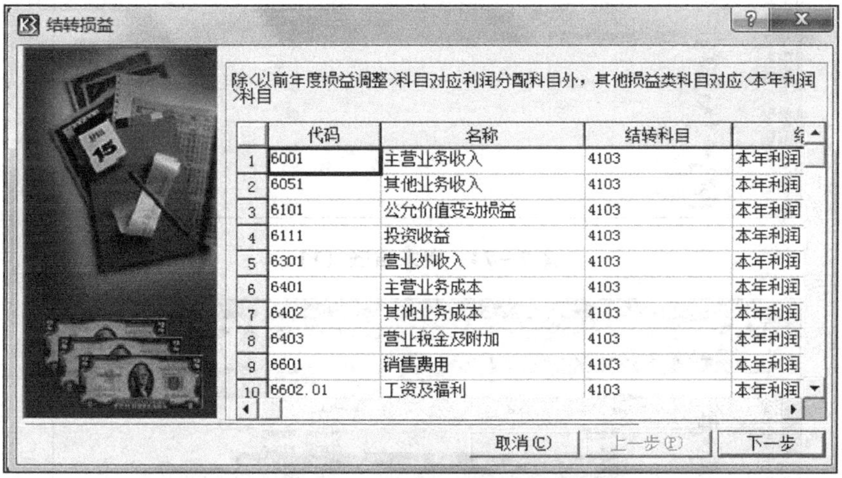

图 2-72　确认将要结转的损益科目

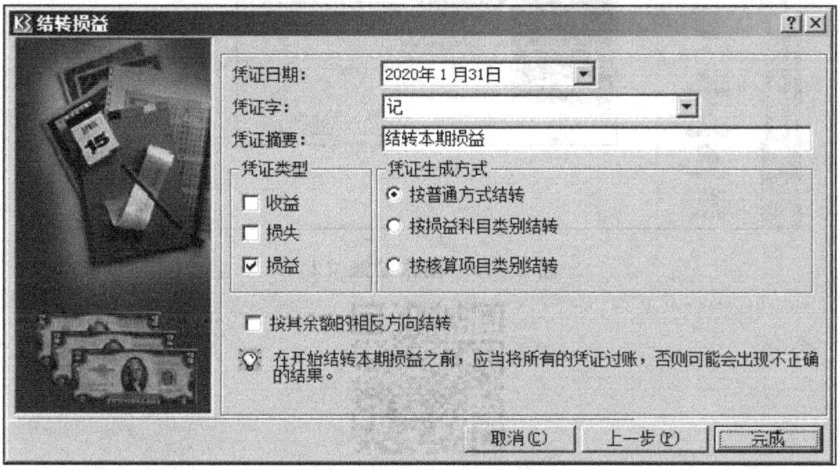

图 2-73　设置结转损益凭证格式

步骤四：结转损益凭证过账和结账

1. 根据前面项目中普通凭证过账的方法，对损益凭证进行过账处理。

2. 点击【财务会计】—【总账】—【结账】—【期末结账】进行结账，把系统会计期间从本期调整到下一期。如图 2－74、图 2－75 所示。

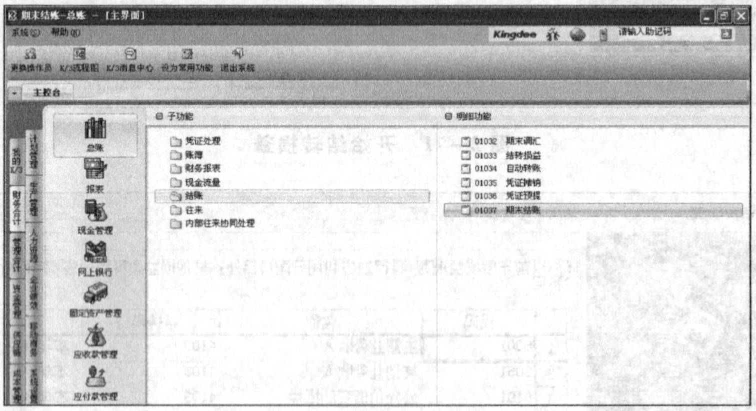

图 2－74 期末结账（1）

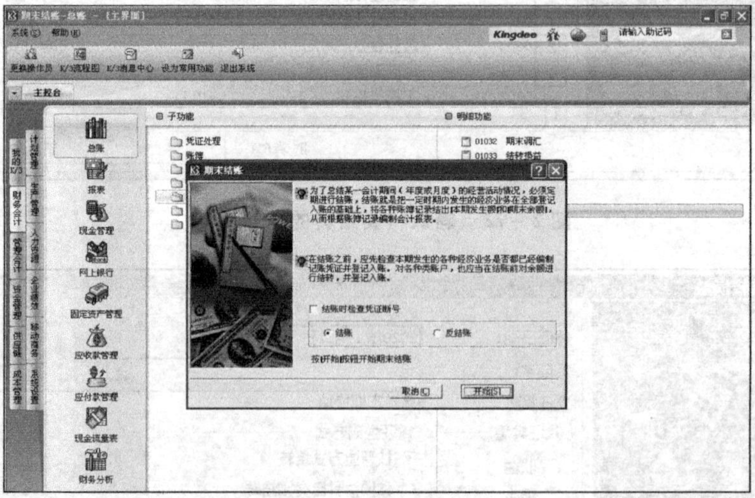

图 2－75 期末结账（2）

会计岗位 习题

3 单元三 报表岗位

学习目标

岗位能力目标：

（1）能够新建及编辑报表；
（2）能够批量填充报表；
（3）能够编制资产负债表、利润表。

岗位知识目标：

（1）掌握报表的新建、编辑，掌握报表的页眉、页脚、外观以及打印设置；
（2）理解批量填充的含义，掌握批量填充的操作步骤；
（3）了解资产负债表和利润表的定义；
（4）掌握系统预设的资产负债表、利润表模板；
（5）掌握根据系统模板编制报表的基本方法和技巧。

工作任务

应完成的工作任务：

（1）编制资产负债表；
（2）编制利润表；
（3）编制自定义报表；
（4）用批量填充快速编制报表。

完成工作任务应提交的标志性成果：金华电器公司资产负债表和利润表，货币资金表和应收账款明细表。

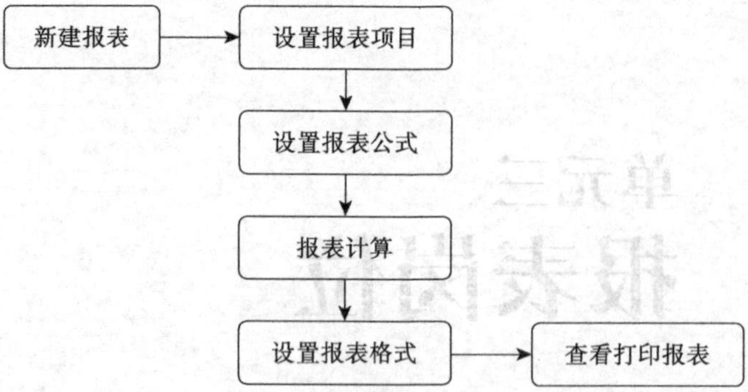

项目一 编制资产负债表

步骤一：使用报表模板

点击【财务会计】—【报表】—选择相应行业，打开相应行业的报表模板，如“新企业会计准则”“新会计准则资产负债表”“新会计准则利润表”等。如图 3－1 所示。

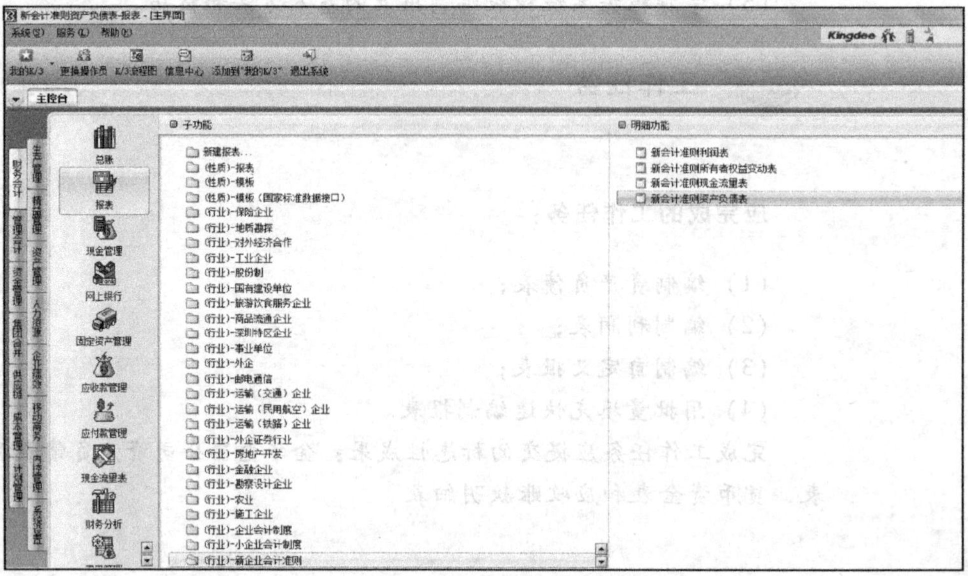

图 3－1 打开报表模板

找到相应的报表模板后，选择“文件”下的“另存为”选项，将模板保存在“报表”子功能中，如图3-2所示。注意：对于系统中的模板资料一般保留，不作修改，进行“另存为”集中保存到“（性质）——报表”中使用。如图3-3所示。

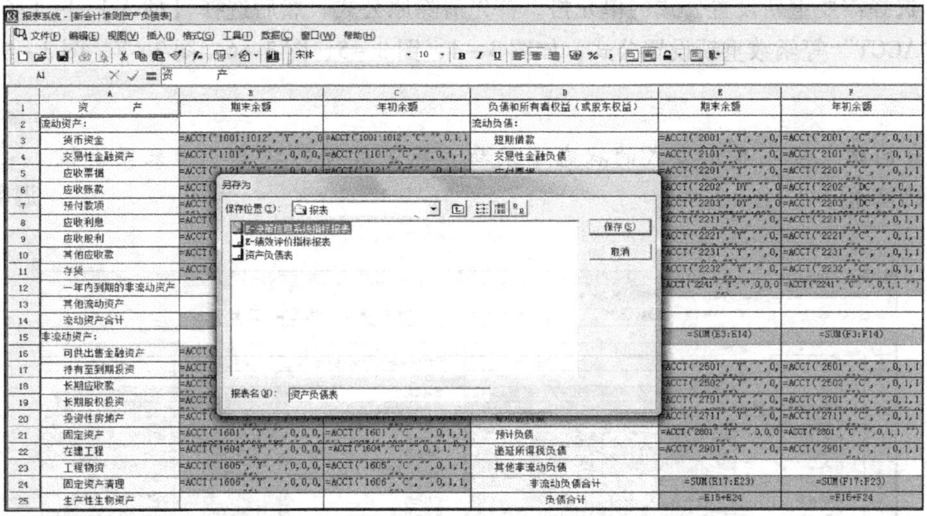

图3-2 另存为资产负债表

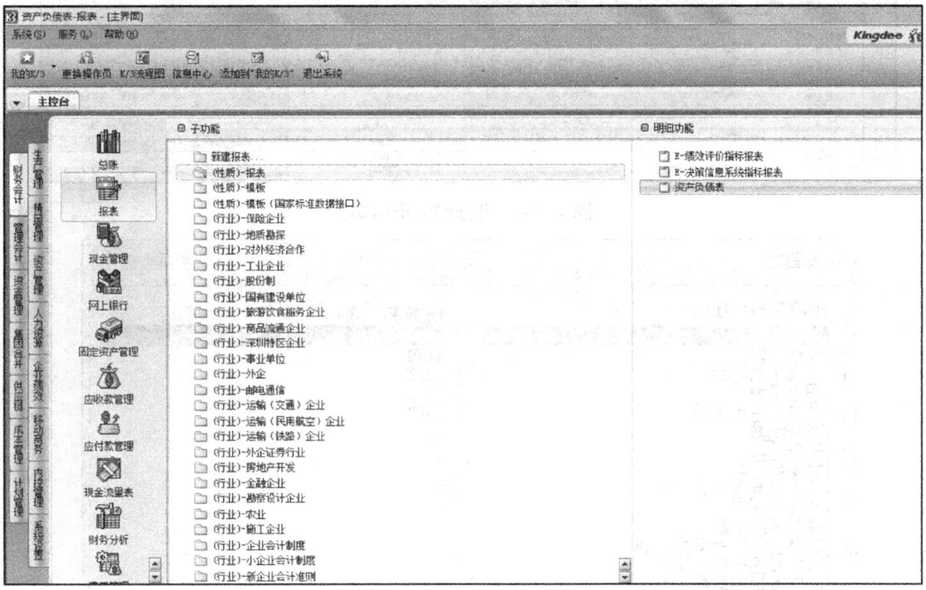

图3-3 查看已保存好的报表

步骤二：修改报表公式

点击【财务会计】—【报表】—【（性质）—报表】，选中刚保存的公司“资产负债表”或“利润表”，执行报表计算，检查报表公式是否有问题，是否存在“公式设置问题”“科目代码问题”等系统提示，或者所取得数据不满足公司取数的要求，因此需要修改取数公式以取得所需的报表设置。

选择需要重新设置公式的单元格。首先清除原公式，然后选择【插入】下【函数】，使用“ACCT”等函数重新设置公式，如图 3－4、图 3－5、图 3－6、图 3－7、图 3－8 所示。

> 报表的格式应在显示公式的状态下编辑，显示数据的状态，用来显示报表计算的结果。
>
> **温馨提示**

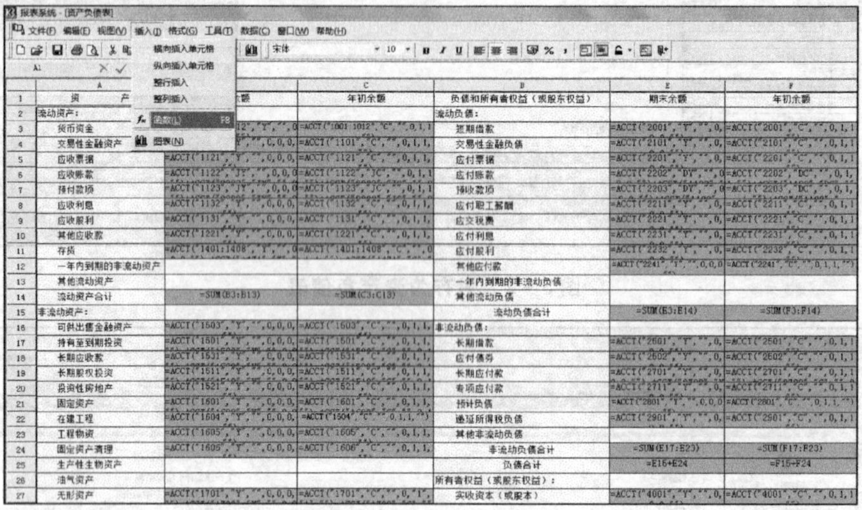

图 3－4 选择打开函数

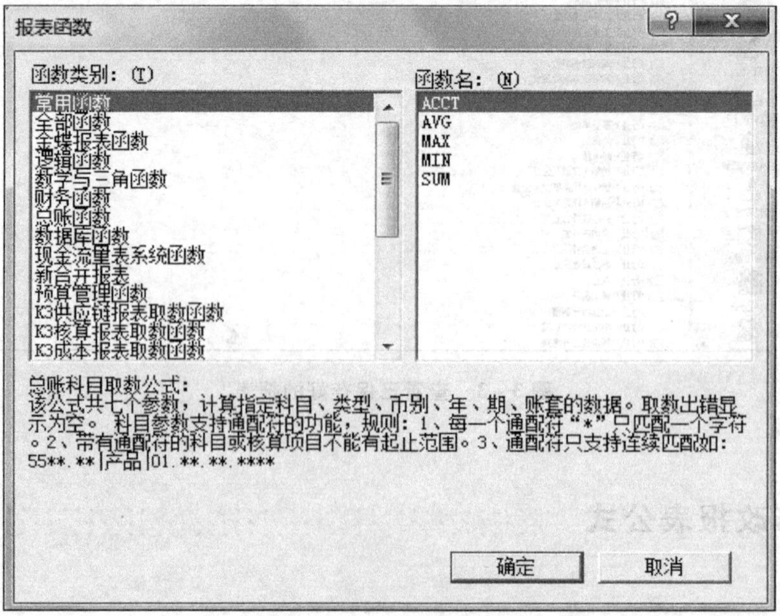

图 3－5 选择取数函数

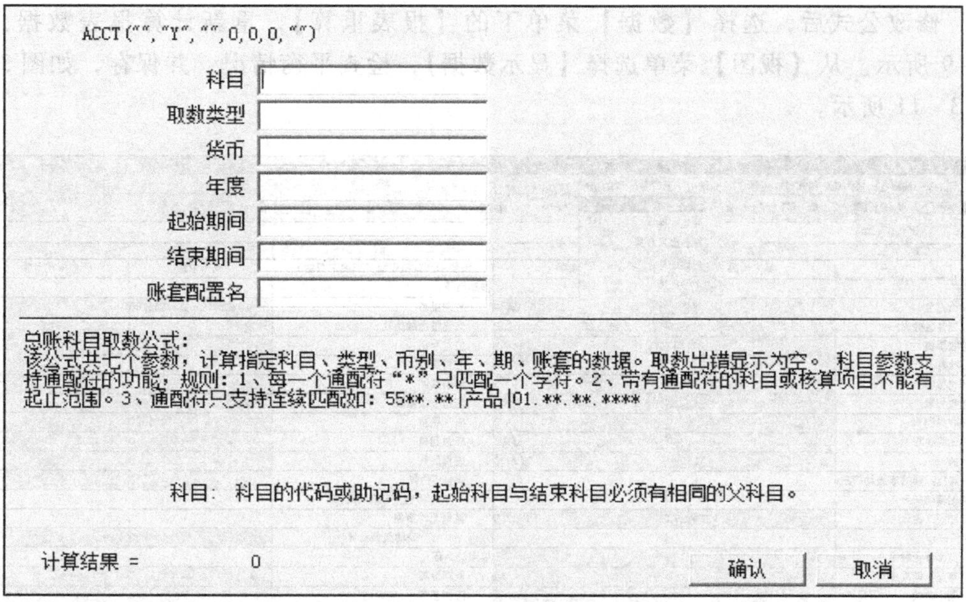

图 3-6　ACCT 函数表达式

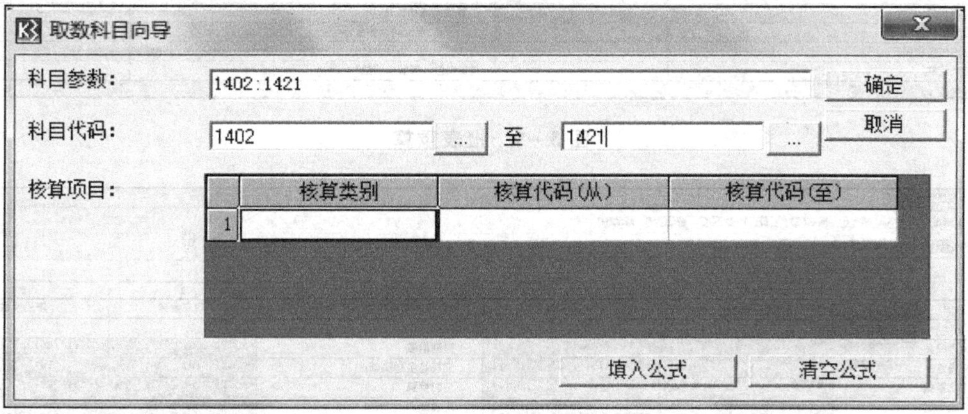

图 3-7　ACCT 函数表达式向导

修改应收账款的公式为：=ACCT("1122","JY","",0,0,0,"")+ACCT("2203","JY","",0,0,0,"")+ACCT("1231","JY","",0,0,0,"")-ACCT("1231","DY","",0,0,0,"")

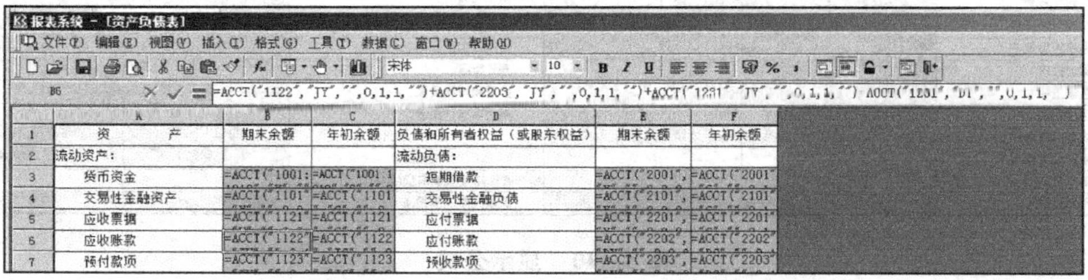

图 3-8　修改公式

修改公式后，选择【数据】菜单下的【报表重算】，重新计算报表数据，如图 3－9 所示。从【视图】菜单选择【显示数据】，检查平衡情况，并保存，如图 3－10、图 3－11 所示。

图 3－9 报表重算

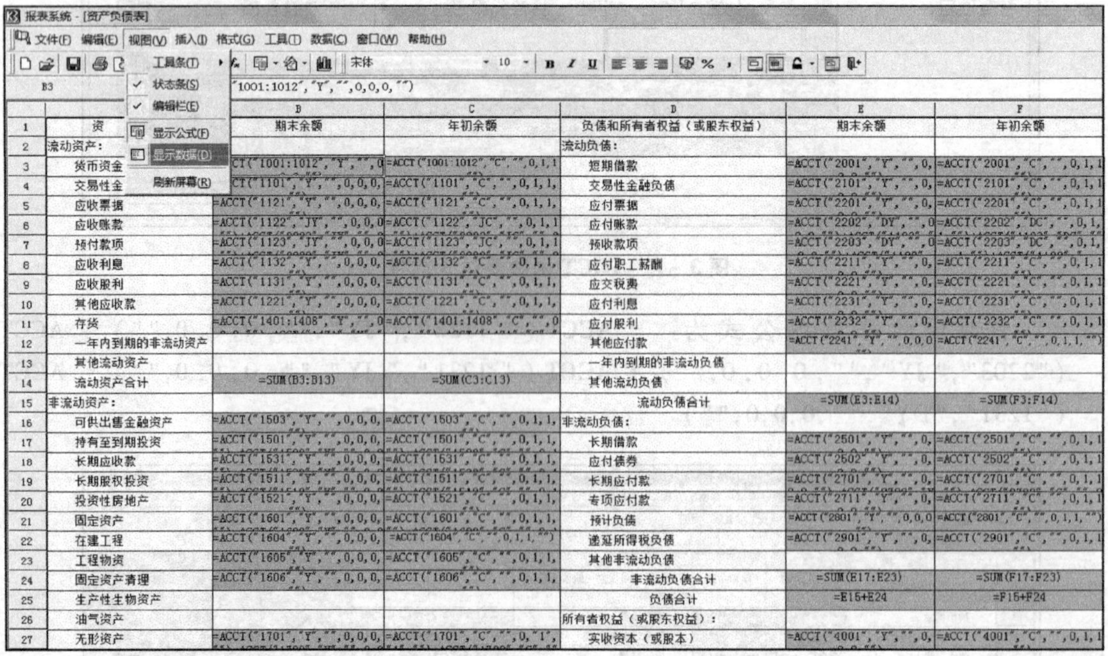

图 3－10 显示公式

	A	B	C	D	E	F
1	资　　产	期末余额	年初余额	负债和所有者权益（或股东权益）	期末余额	年初余额
2	流动资产：			流动负债：		
3	货币资金	1824240	1319650	短期借款	323400	23400
4	交易性金融资产	0	0	交易性金融负债	0	0
5	应收票据	64300	64300	应付票据	0	0
6	应收账款	0	60000	应付账款	0	13300
7	预付款项	26700	0	预收款项	0	0
8	应收利息	0	0	应付职工薪酬	60000	0
9	应收股利	0	0	应交税费	8320	0
10	其他应收款	1000	3000	应付利息	0	0
11	存货	315000	370000	应付股利	0	0
12	一年内到期的非流动资产			其他应付款	0	0
13	其他流动资产			一年内到期的非流动负债		
14	流动资产合计	2231240	1816950	其他流动负债		
15	非流动资产：			流动负债合计	391720	36700
16	可供出售金融资产	0	0	非流动负债：		
17	持有至到期投资	0	0	长期借款	0	0
18	长期应收款	0	0	应付债券	0	0
19	长期股权投资	0	0	长期应付款	0	0
20	投资性房地产	0	0	专项应付款	0	0
21	固定资产	1637000	1637000	预计负债	0	0
22	在建工程	0	0	递延所得税负债	0	0
23	工程物资	0	0	其他非流动负债		
24	固定资产清理	0	0	非流动负债合计	0	0
25	生产性生物资产			负债合计	391720	36700
26	油气资产			所有者权益（或股东权益）：		

图 3-11 显示数据

步骤三：设计报表

设计资产负债表表头和表尾，打开【格式】菜单，选择【表属性】，设计表头，表尾及打印选项，如图 3-12、图 3-13、图 3-14、图 3-15、图 3-16 所示。

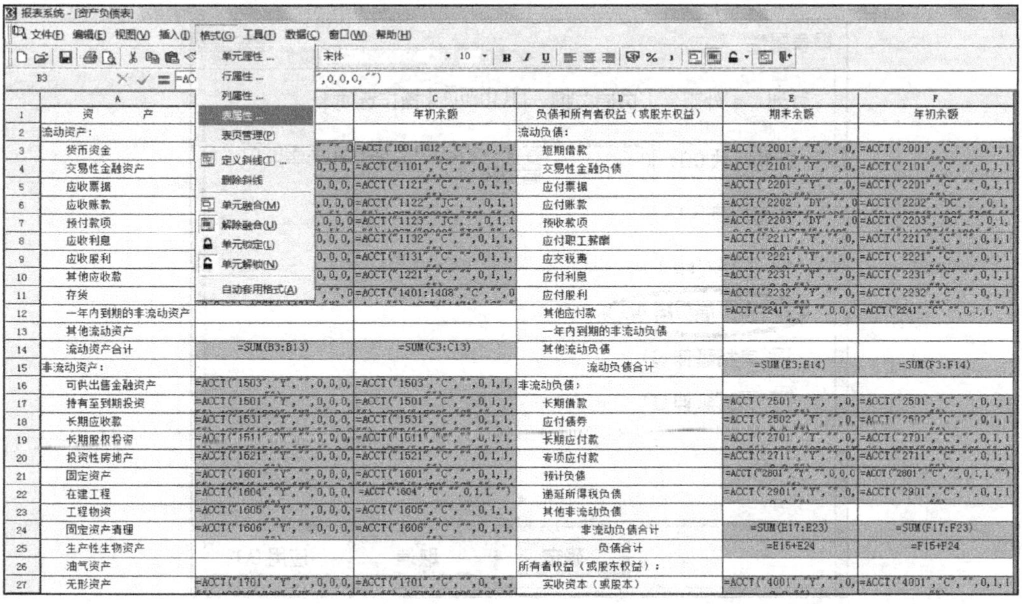

图 3-12 打开报表属性

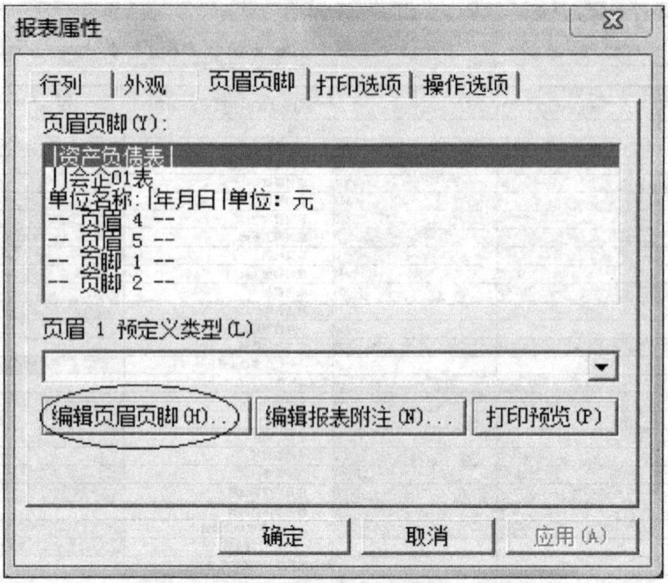

图 3－13　设计报表

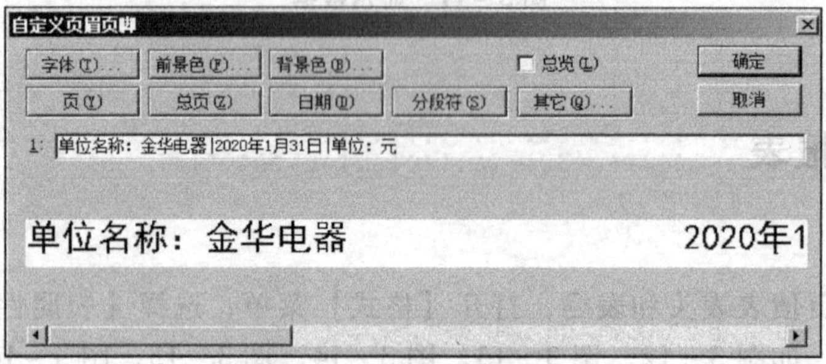

图 3－14　设计页眉页脚

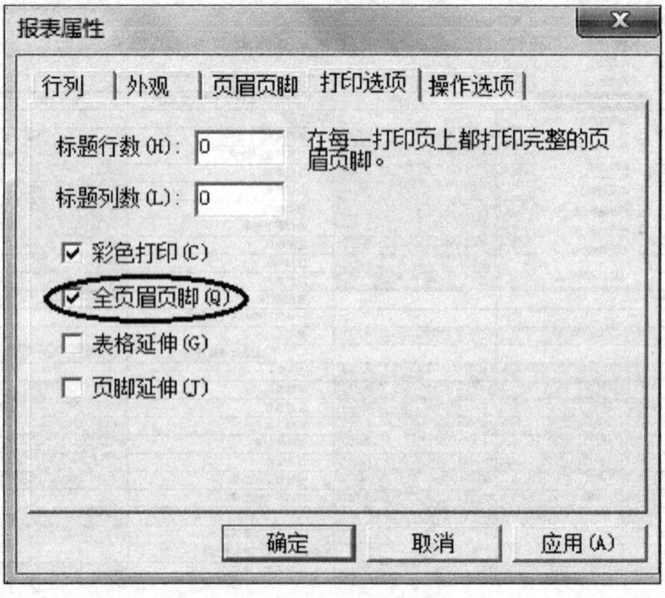

图 3－15　设计打印选项

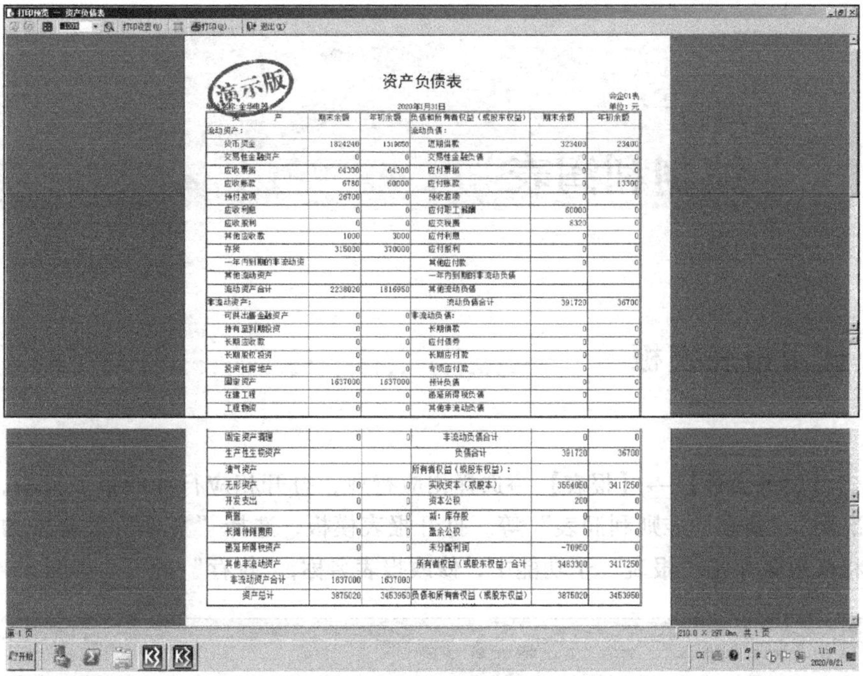

资产负债表

会企01表

单位名称：金华电器　　2020年1月31日　　单位：元

资　　产	期末余额	年初余额	负债和所有者权益（或股东权益）	期末余额	年初余额
流动资产：			流动负债：		
货币资金	1824240	1319650	短期借款	323400	23400
交易性金融资产	0	0	交易性金融负债	0	0
应收票据	64300	64300	应付票据	0	0
应收账款	6780	60000	应付账款	0	13300
预付款项	26700	0	预收款项	0	0
应收利息	0	0	应付职工薪酬	60000	0
应收股利	0	0	应交税费	8320	0
其他应收款	1000	3000	应付利息	0	0
存货	315000	370000	应付股利	0	0
一年内到期的非流动资			其他应付款	0	0
其他流动资产			一年内到期的非流动负债		
流动资产合计	2238020	1816950	其他流动负债		
非流动资产：			流动负债合计	391720	36700
可供出售金融资产	0	0	非流动负债：		
持有至到期投资	0	0	长期借款	0	0
长期应收款	0	0	应付债券	0	0
长期股权投资	0	0	长期应付款	0	0
投资性房地产	0	0	专项应付款	0	0
固定资产	1637000	1637000	预计负债	0	0
在建工程	0	0	递延所得税负债	0	0
工程物资	0	0	其他非流动负债		
固定资产清理	0	0	非流动负债合计	0	0
生产性生物资产			负债合计	391720	36700
油气资产			所有者权益（或股东权益）：		
无形资产	0	0	实收资本（或股本）	3554050	3417250
开发支出	0	0	资本公积	200	0
商誉	0	0	减：库存股	0	0
长摊待摊费用	0	0	盈余公积	0	0
递延所得税资产	0	0	未分配利润	-70950	0
其他非流动资产			所有者权益（或股东权益）合计	3483300	3417250
非流动资产合计	1637000	1637000			
资产总计	3875020	3453950	负债和所有者权益（或股东权益）	3875020	3453950

图 3－16　打印预览

温馨提示

下面对资产负债表公式设置举例说明。

(1)“货币资金”年初数：公式为“ACCT（“1001：1012”，“C”，“”，0，1，1)”，设置说明：科目选择1001至1012；取数类型为“期初”；起始期间为1；结束期间为1。公式意义：1001至1012会计科目1月份期初余额。

(2)“货币资金”期末数：公式为“ACCT（“1001：1012”，“Y”，“”，0，0，0，“”)”，设置说明：在参数设置时，只选择科目范围即可，其他为系统默认设置。公式意义：1001至1012会计科目当前期间期末余额。

(3)“预付账款”期末数：公式为“ACCT（“1123”，“JY”，“”，0，0，0，“”）+ACCT（“2202”，“JY”，“”，0，0，0，“”)”；设置说明：取数类型为“借方余额”，先取1123预付账款借方余额，再取2202应付账款的借方余额，两个公式使用“+”连接即可。公式意义：一般财务要求资产负债表的“预付账款”要反映预付账款和应付账款的借方余额。如果是贷方余额应当在“应付账款”中反映。

(4)“未分配利润”期末数：公式为“ACCT（“4104”，“Y”，“”，0，0，0，“”）+ACCT（“4103”，“Y”，“”，0，0，0，“”)”，设置说明：此项中包括“为分配利润”“本年利润”两个科目的数据，如果用户每期都结转损益即“账结法”则使用此公式；如果用户年末才结转损益即“表结法”，则应修改此公式为“ACCT（“4104”，“Y”，“”，0，0，0，“”）+REFF（“利润表”，“B18”)”。

项目二
编制利润表

步骤一：使用报表模板

点击【财务会计】→【报表】→选择相应行业，打开相应行业的报表模板，如“新企业会计准则”“新会计准则利润表”等。打开报表模板，选择“文件”菜单中的“另存为”选项，将模板保存在“报表”子功能中，修改报表名称，“保存”即可。如图 3－17 所示。

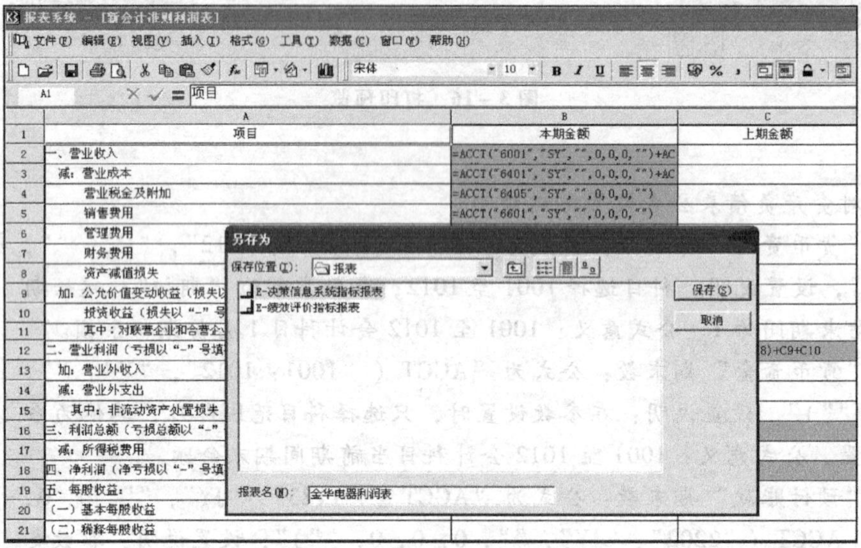

图 3－17　打开利润表模板另存

步骤二：设置报表公式

利润表的报表公式设置也是使用函数“ACCT”，在参数设置时注意“取数类型”与资产负债表有所不同。金蝶 K/3 系统设置了适合利润表取数的两个取数类型，即“SY”和“SL”。“SY”表示“本期实际发生额”，“SL”表示“本年实际发生额”。

修改“营业税金及附加”项目名称为“税金及附加”，修改该项目的公式为：= ACCT("6403","SY","",0,0,0,"")

步骤三：设计报表

设计利润表表头和表尾，打开【格式】菜单，选择【表属性】，设计表头，表尾及打印选项，打印预览如图 3－18 所示。

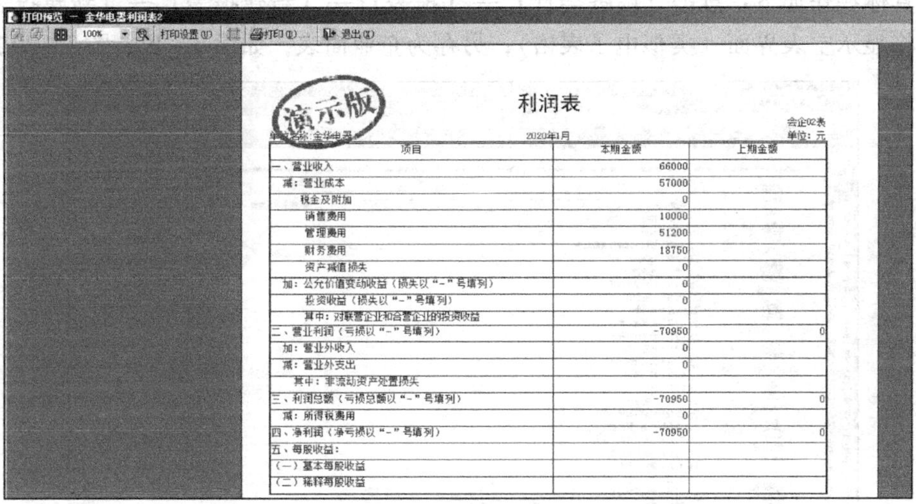

利润表

会企02表

单位名称：金华电器　　2020年1月　　单位：元

项目	本期金额	上期金额
一、营业收入	66000	
减：营业成本	57000	
税金及附加	0	
销售费用	10000	
管理费用	51200	
财务费用	18750	
资产减值损失	0	
加：公允价值变动收益（损失以“－”号填列）	0	
投资收益（损失以“－”号填列）	0	
其中：对联营企业和合营企业的投资收益		
二、营业利润（亏损以“－”号填列）	-70950	0
加：营业外收入	0	
减：营业外支出	0	
其中：非流动资产处置损失		
三、利润总额（亏损总额以“－”号填列）	-70950	0
减：所得税费用	0	
四、净利润（净亏损以“－”号填列）	-70950	0
五、每股收益：		
（一）基本每股收益		
（二）稀释每股收益		

图 3－18　打印预览

项目三
编制自定义报表

制作一张内部自定义报表，样表见表 3－1：

表 3－1　　**简　表**

单位名称：金华电器有限公司　　2020－01－31　　单位：元

金额 / 项目	资产资料		损益资料	
	年初数	期末数	本期发生额	本年累计数
现金				
货币资金				
应收账款——长城公司				
管理费用				
合计				

单位负责人：　　会计主管：　　制表人：

步骤一：新建报表及设置报表格式

1. 新建报表

在新建的报表中可进行设置行列数、编辑页眉页脚、单元融合、定义表格斜线等内容。具体操作如下：点击【财务会计】—【报表】—【新建报表】—【新建报表文件】，系统将显示空表界面（类似电子表格）；另存为企业简表，如图 3－19、图 3－20 所示。

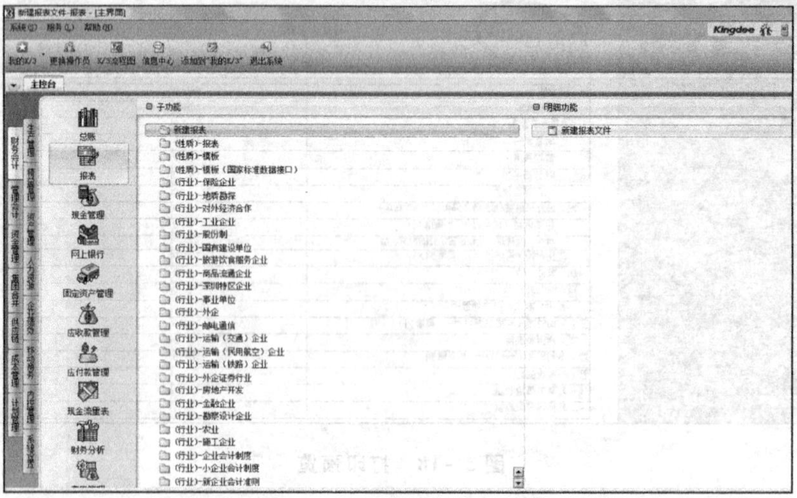

图 3－19　打开新建报表界面

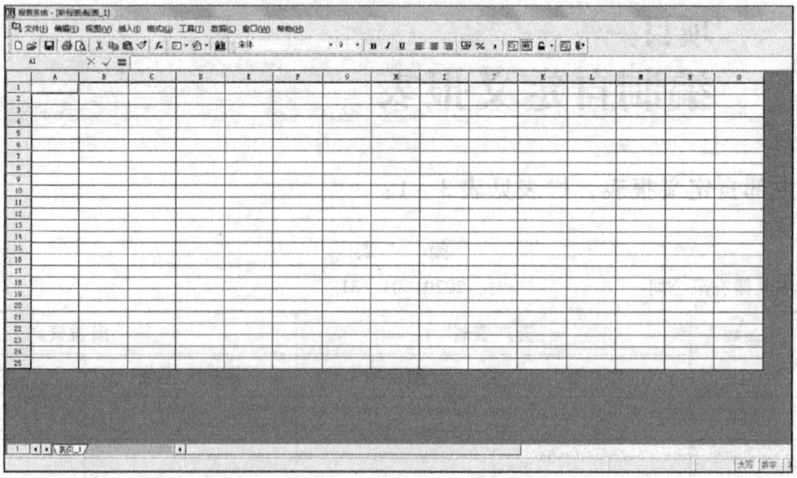

图 3－20　新建自定义报表

2. 设置报表格式

选择“格式”菜单中【表属性】功能，在“行列”标签页中直接录入行、列数即可调整新建报表的行列设置；点击“页眉页脚”一栏中可以定义表名、表末文字和报表附注内容。如图 3－21 至图 3－30 所示。

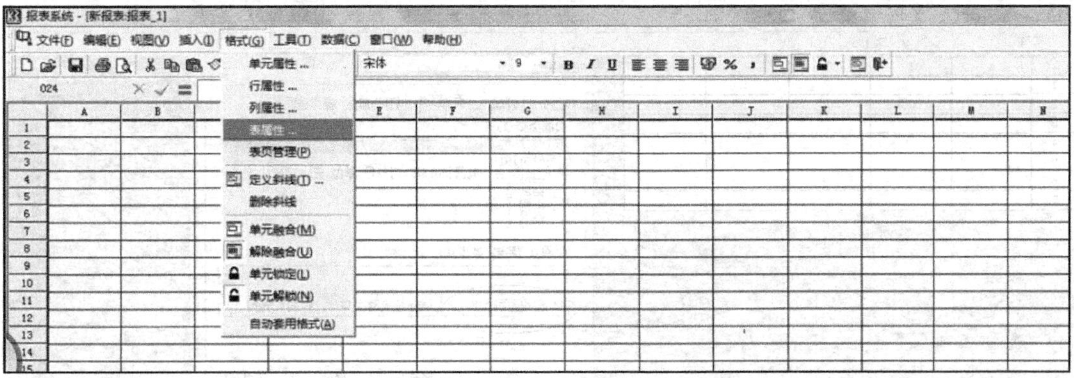

图 3－21　新建报表

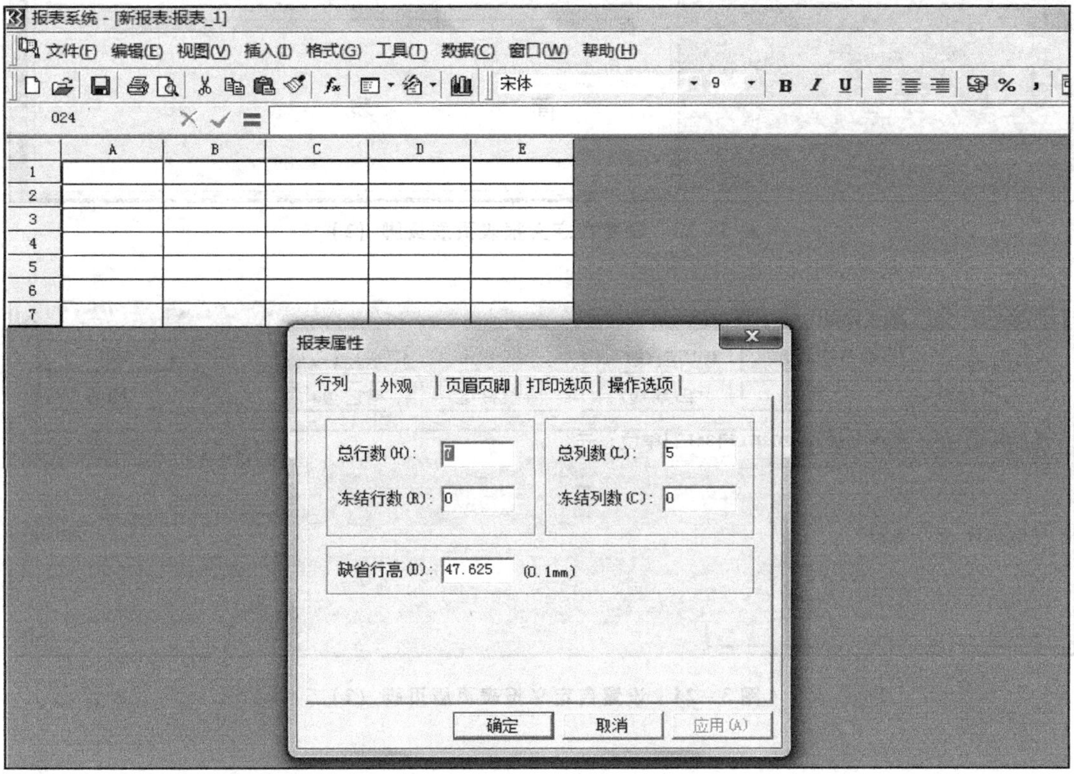

图 3－22　设置自定义报表格式

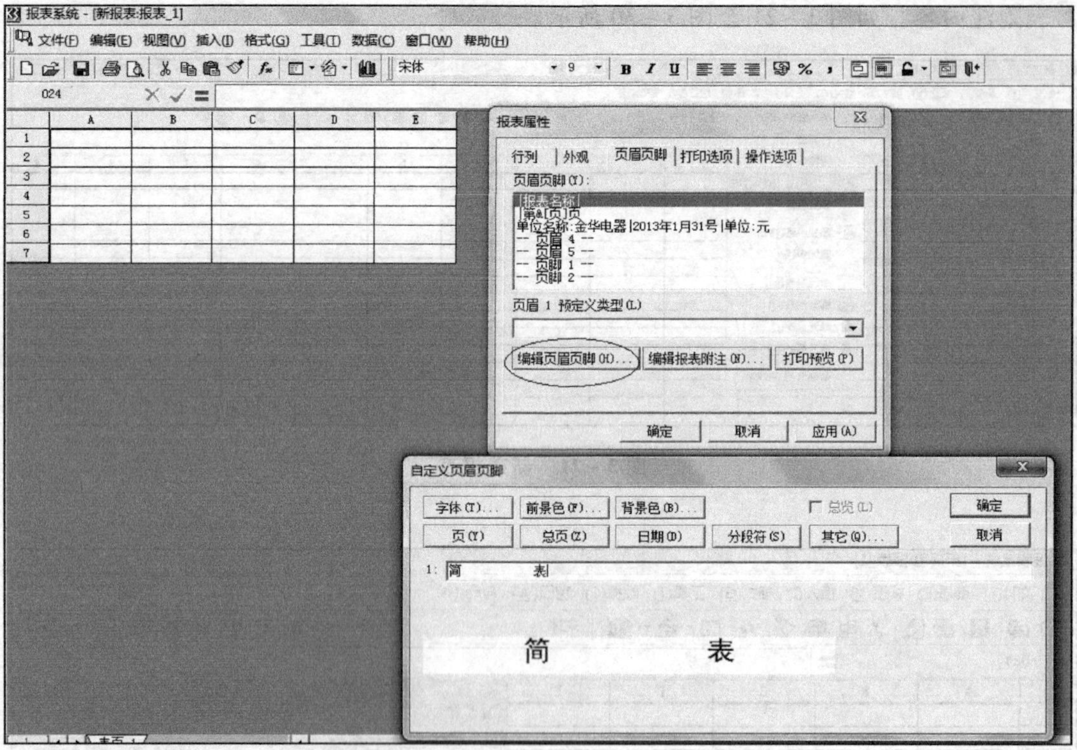

图 3－23 设置自定义报表页眉页脚（1）

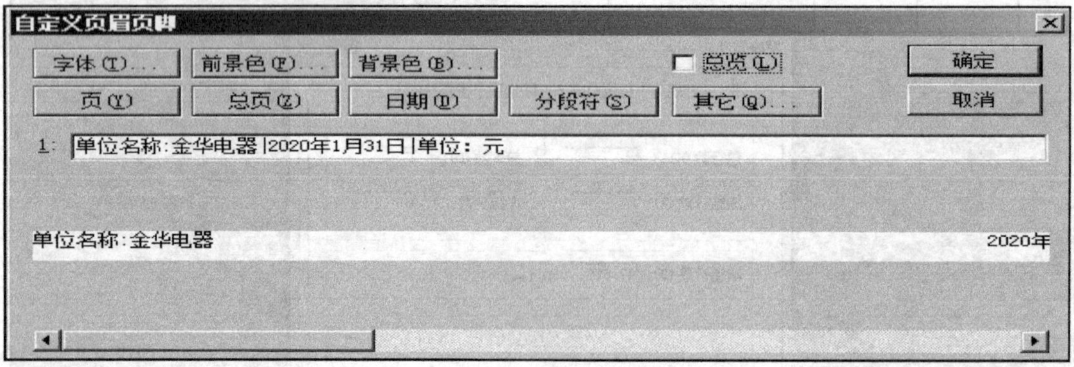

图 3－24 设置自定义报表页眉页脚（2）

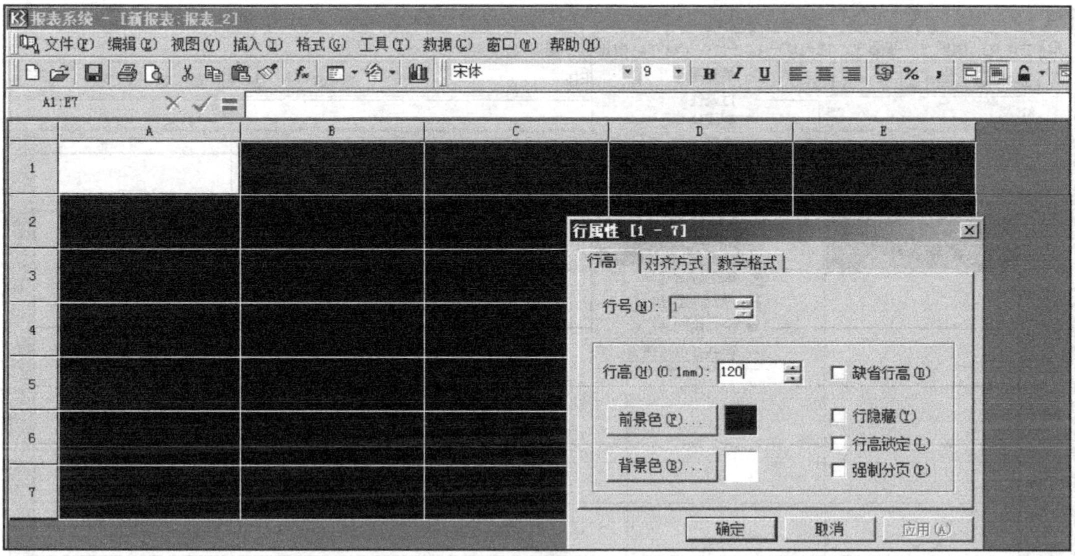

图 3－25　设置自定义报表行高

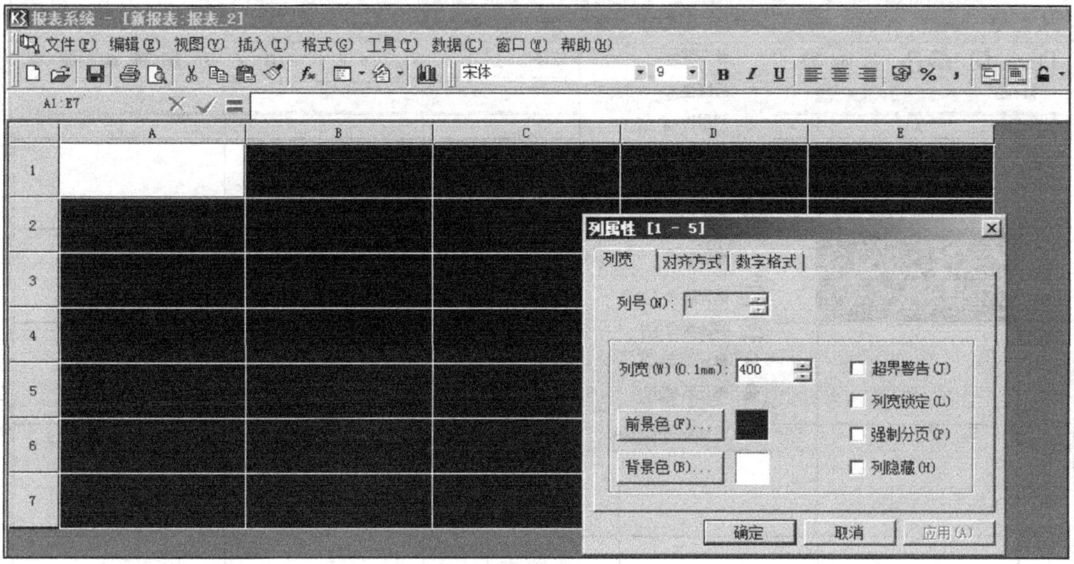

图 3－26　设置自定义报表列宽

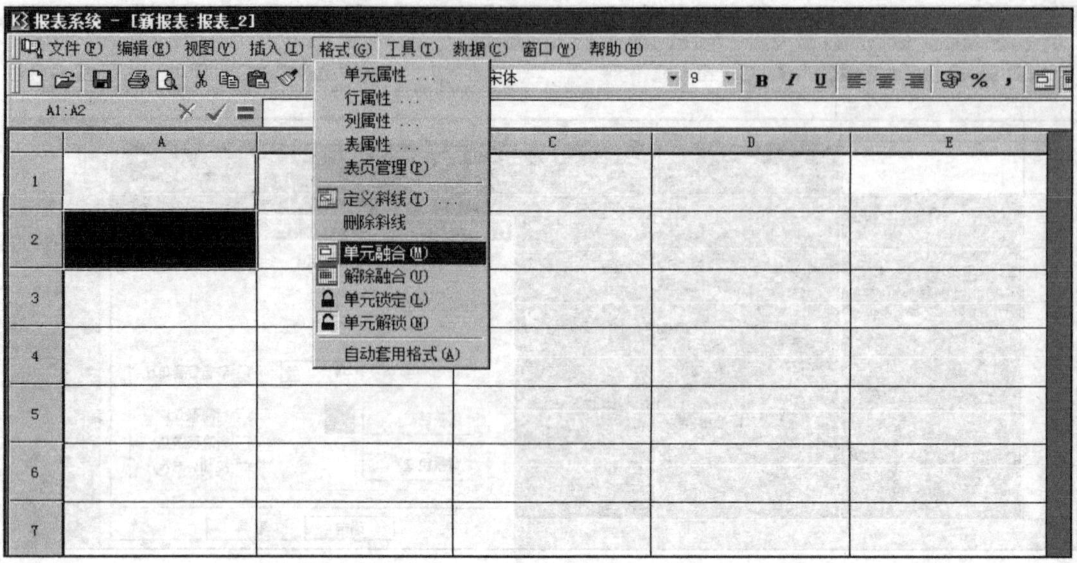

图 3-27　设置自定义报表单元融合

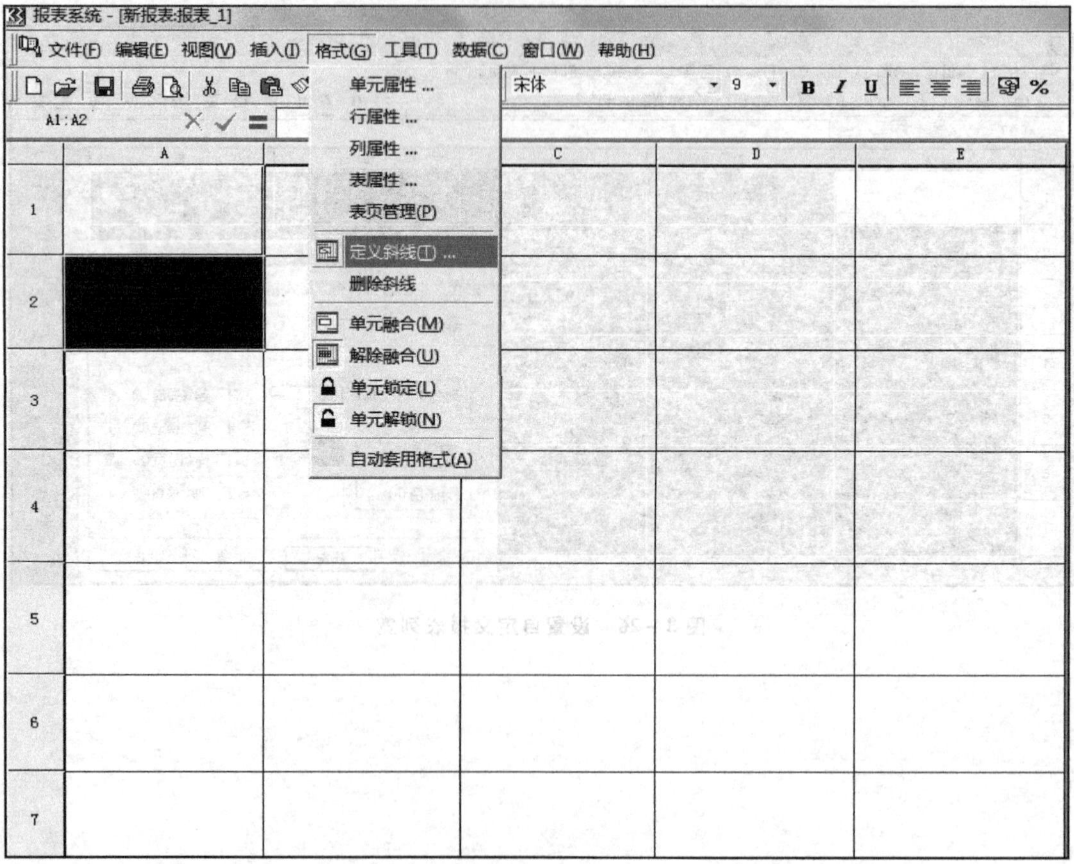

图 3-28　定义单元斜线（1）

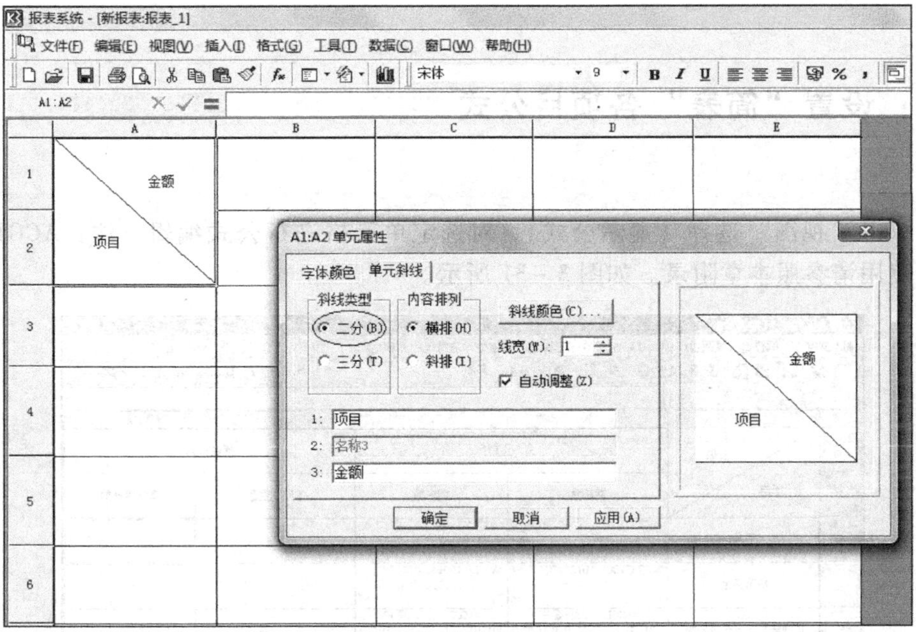

图 3－29 定义单元斜线（2）

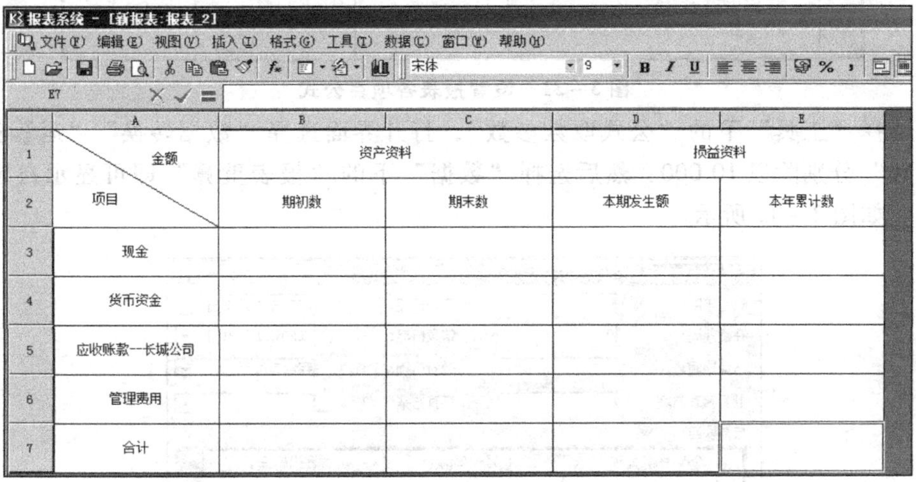

图 3－30 简表样式图

实操要点

（1）单元融合：【格式】—【单元融合】/【解除融合】

（2）录入“简表”的行列项目名称，在“公式”视图下进行即可，双击单元格，等待光标闪烁时录入文字。

（3）进行单元融合设置：鼠标选定 N 个单元格，选择“格式”下的“单元融合”功能，可将一块单元区域合并为一个单元格；定义表格斜线。

（4）RPTDATE（）函数在普通报表中是根据表页参数中的结束年度、期间进行取值，如果 RPTDATE（）显示到日，则取参数结束期间的最后一天。

步骤二：设置“简表”各项目公式

双击“视图”选择【显示公式】，对选定单元格进行公式编辑。注：ACCT 取数公式的使用请参照本章附录。如图 3－31 所示。

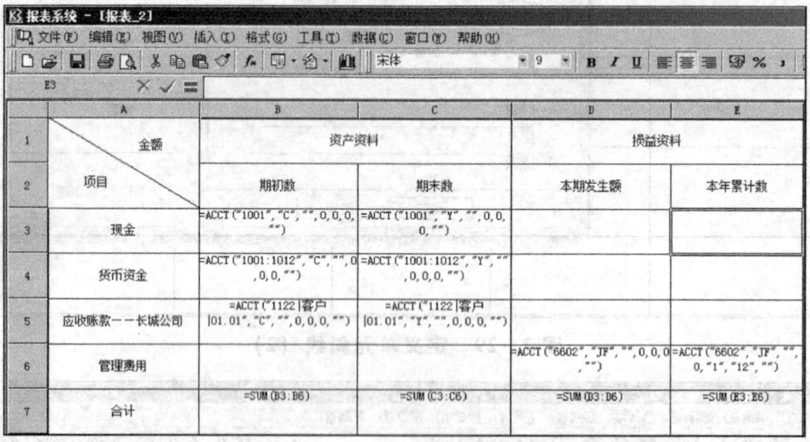

图 3－31　设置报表各项目公式

选择“工具”下的“公式取数参数”，打开界面选择“数据转换”“运算符”“转换系数”分别除以 10 000；然后选择“数据”下的“报表重算”即可显示自定义报表数据。如图 3－32 所示。

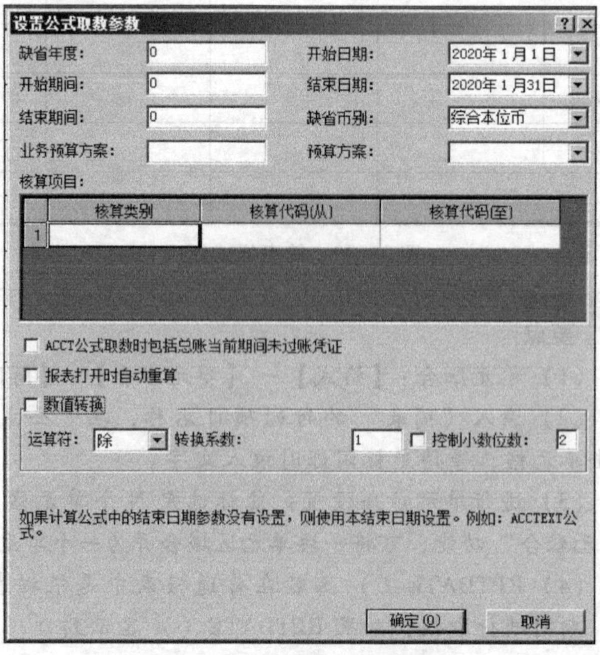

图 3－32　设置公式取数参数

步骤三：报表重算，浏览自定义报表

公式设置完成后【数据】—【报表重算】—【显示数据】—【打印预览】。打印设置方向选择“横向”，如图 3－33 所示，浏览后点击【保存】，自定义报表编制完成。

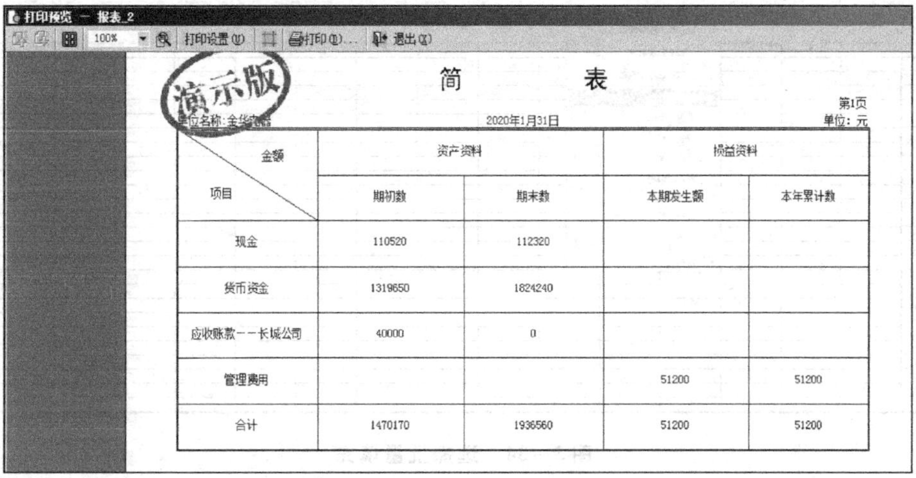

金额／项目	资产资料		损益资料	
	期初数	期末数	本期发生额	本年累计数
现金	110520	112320		
货币资金	1319650	1824240		
应收账款－－长城公司	40000	0		
管理费用			51200	51200
合计	1470170	1936560	51200	51200

图 3－33 浏览自定义报表

项目四
以批量填充的方式制作自定义报表

应收账款明细表（包括单位期初余额、本期借方发生额、本期贷方发生额、期末余额）。

金蝶报表提供了批量填充功能，用于进行快速的报表编制。批量填充用于减少用户单个公式定义的重复性工作量，对于有规律的公式的定义，如编制部门分析报表，采购日报等报表的快速向导定义。批量定义主要用于编制按核算项目类别编制报表时的自动公式定义或是定义一些费用明细表方面，大大减少了编制报表工作量：如编制部门分析表，项目分析表，个人销售业绩报表、管理费用明细表等。

步骤一：定义批量

单击【工具】，选择【批量填充】功能，进入“批量填充”界面，如图 3－34 所示。在“批量定义”标签页可以对科目、核算项目等进行各种设置。系统提供了三个取数公式可以进行批量的填充，这三个公式分别为 ACCT（账务按期间取数函数）、ACCTEXT（账务按日取数函数）、ACCTGROUP（从集团账套中取数函数）。在下拉列表中可以任意选取一个函数来进行设置报表，不同的函数，设置的界面有会有一些小的差别，下面以 ACCT 函数为例，说明如何进行批量填充的设置，快速生成一张报表，对另外两个函数简单的进行说明。

图 3－34　选择批量填充

如果是对 ACCT 函数进行批量填充，设置（图 3－35）的相关内容如下：

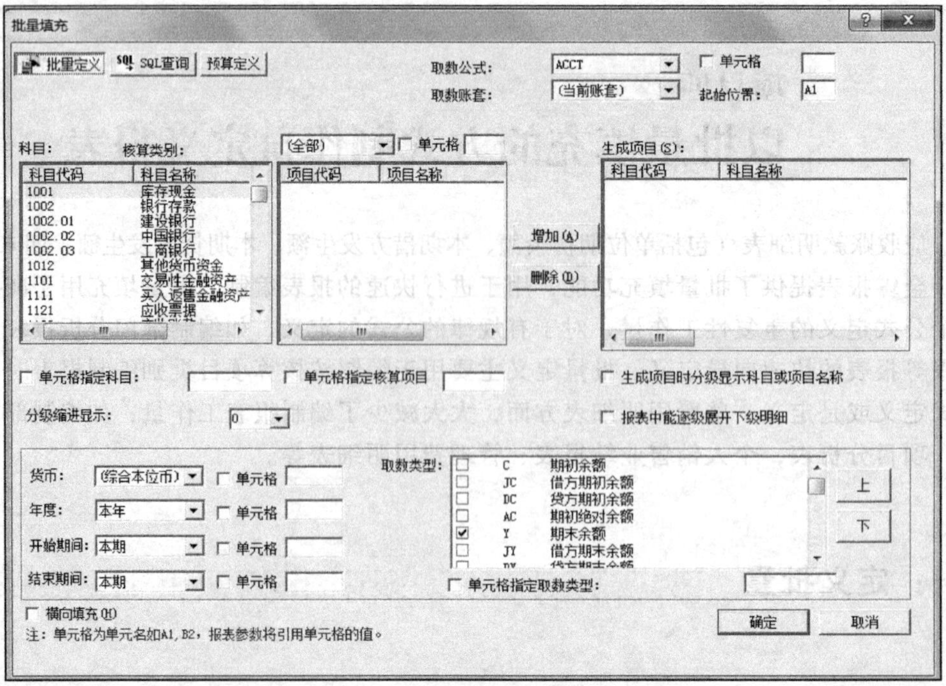

图 3－35　设置批量填充取数公式

1. 函数选择

在“取数公式”右边的下拉列表框中选择 ACCT 这个取数函数。

2. 取数账套设置

设置编制报表的取数账套，账套列表是通过多账套管理注册的账套。系统默认为“当前账套”，其账套值可通过【工具】菜单下的【设置默认取数账套】指定，以满足编制一套公式多账套取数的需要。

3. 开始位置的指定

起始位置是指录入填充报表时第一个单元格，系统默认为在进入批量填充时鼠标所在的单元格，可根据需要自由设置。

4. 填充方向的设置

填充方向是指设置编制报表的项目值填充方式，系统提供了两种填充方法：横向填充和纵向填充，系统默认为纵向填充。

5. 核算项目类别、会计科目和核算项目的设置

在报表项目的设置时，提供了科目核算项目等的设置，在会计科目、核算项目的选择时，提供了代码和名称的显示，分别单击【科目代码】、【科目名称】，可以分别按照科目代码工科目名称进行排序；分别单击【项目代码】、【项目名称】可以按项目代码或是项目名称进行排序。具体的设置如下：

（1）**核算类别**：核算类别设置编制报表的核算类别，核算类别列表为选中账套的核算项目类别列表。系统默认为“全部”，即按科目取数；如果要按核算类别编制报表（如客户销售情况表），则选择核算类别为客户。

（2）**会计科目**：会计科目设置编制报表涉及的会计科目。在选择了核算类别后，会计科目处会自动显示出设置了该核算项目类别的所有会计科目；若未选择核算项目，系统显示全部会计科目。如编制部门报表时，可能显示的会计科目有工资费用、折旧费用、销售收入等涉及部门核算的会计科目，可根据需要编制该报表时要涉及的会计科目。

（3）**核算项目**：核算项目设置编制报表核算类别涉及的核算项目。在设置了核算类别后，核算项目处自动显示该核算类别下的所有核算项目，可根据需要进行选择。

6. 货币

设置编制报表时的币别，在下拉按钮显示出来的列表中，列示出了账套中所有的币别，系统默认为“综合本位币”。

7. 取数类型

取数类型设置编制报表时的会计科目，核算项目的取数类型，如资产负债表一般取余额，日报等一般取发生额。系统默认为“期末余额”。具体取数类型请参见 ACCT 公式说明。

8. 年度

年度是指设置编制报表取数的年度。系统默认的“默认年度”是指当前账套期间的年度，其年度值可在【工具】→【报表时间参数设置】处设置，以适应编制一张报表可按不同期间自动提取数据的需要。

9. 期间

期间的设置包括开始期间和结束期，可以设置编制报表取数的期间值，系统默认为

"本期"，可在【工具】菜单下的【报表时间参数设置】处设置，以适应编制一张报表可按不同期间自动提取数据的需要。

注意：

1. ACCTCASH 函数批量填充

在函数中选择了 ACCTCASH 函数，可快速地进行公式的填充，操作同 ACCT 函数一致，只是在报表项目中只有现金流量项目的选择。

2. ACCTGROUP 函数的批量填充

ACCTGROUP 函数主要是为集团账套中进行取数，具体操作同 ACCT 函数类似。

步骤二：指定单元格内容

大家可以注意到，在"批量填充"界面中，有很多个地方有一个单元格的复选项，单击单元格前的□，可以有一个√的符号，这时前面的内容将会变灰，单元格后面的编辑框为可编辑状态，这些地方的具体作用是：对于所有可变的项目，都可以通过单元格来进行指定，报表参数将可以直接引用指定单元格中的值，进行相应的公式的计算，下面以设置币别来举例说明，操作的步骤如下：

在 A1 单元格中录入具体的币别代码，如人民币为 RMB，则操作步骤见表 3－2：

表 3－2　　单元格内容指定的说明

步骤	描　述	是否必需（是/否）
第一步	在 A1 单元格中录入具体的币别代码，如人民币为 RMB。	是
第二步	指定某一个会计科目如现金，生成相应的报表项目，指定其他的年度、期间、取数类型（如期末余额）等各个函数。	是
第三步	单击"货币"后单元格前的可选框，此时，"单元格"的编辑框为可写，指定具体的一个单元格的名称：A1。	是
第四步	确定后生成一张报表，计算出现金科目的人民币指定期间的余额数据；如果美元的币别代码为 USD，在 A1 中录入 USD，则此时生成的报表为计算出美元的科目余额。	是

这种通过单元格指定报表参数的方法，可以灵活的实现报表参数的变化，改变一个参数，即可以生成不同的报表，无须一个个单元格的去逐一修改计算公式，一套报表的计算公式要以生成多种不同的报表，如果需要保存，直接进行另存为一个报表即可，大大节约定义报表公式时间。

对报表参数以单元格来进行设置的方法除了前面例子中所述的币别的转换，对于集团的报表的管理尤其有用，如可以将组织机构进行设置某一个单元格，制作一个报表（如资产负债表，当然各组织机构的科目代码必须统一），只需设置一为次报表，将组织机构指定的单元格中录入不同的机构代码，则可以生成不同机构的报表。

在“批量填充”界面中可以进行单元格替换的函数参数见表 3－3：

表 3－3　　批量填充参数说明

数据项	说　明	必填项（是/否）
会计科目（包括核算项目）	在会计科目的替换时，在 <科目> 列表框下面有一个 <单元格指定会计科目> 的设置，此时，可以录入会计科目代码，如果有核算项目时，必须指定科目代码包括核算项目，如 113 科目表示应收账款，在指定的单元格中可以录入 113，如果 113 下设部门核算，想对某一个部门进行取数，如 01 表示”厂办公室”这个部门，此时在指定的单元格中必须这样录入：113｜部门｜01，这样在进行报表计算时，系统才会将单元格中的数据替换到公式中去。	是
取数账套	在设置了多账套配制后才可以进行账套单元替换，在单元格录入时的内容应该是账套的配置名。	是
货币	单元格需要录入的是币别的代码。	是
年度	单元格中可以录入具体的年度如 2000 或是 －1，表示当前账套的年度的上一年，其他的可依此类推。	是
开始期间	单元格中可以录入具体的期间数据，如 10、11 的字样。	是
结束期间	同开始期间的录入。	是
取数类型	单元格中录入取数类型的代码，如 C 为期初余额，如果在指定的单元格直接录入取数类型如“期初余额”，系统则不能取数。	是

对于指定的单元格中的输入内容，系统只是提供一个将这个单元格中的内容替换到公式中去，所以替换内容的录入必须符合取数公式中的公式设置规则，如 ACCT 函数中，币别参数是以代码在公式中显示的，在进行单元格内容录入时，则必须录入币别的代码，如果是录入的是币别的名称，替换到公式中去后，公式将无法进行正常的取数计算。其他的单元格的设置原则也是如此。

温馨提示

1. 关于分级缩进显示的作用

在“批量填充”界面中，有一个“分级缩进”可选项。如果科目有多级的情况下，对齐方式是左对齐或是右对齐时，此时无法一眼很直观地看出科目的级次关系，如果通过在“分级缩进”的下拉框中选择不同的缩进值进行不同进行缩进的显示，供下级科目比上级科目缩进处理，则很容易看科目之间的级次关系，使报表更加美观。

2. 生成项目时分级显示项目或科目名称

在批量填充中的分级显示科目或是项目名称的选项，如果选择了这一个选项，在生成报表时，则会将各个级次的科目名称或是项目名称都显示出来，否则只显示最明细级次的科目或是项目名称。如会计科目银行存款下设置三级，二级为币别，三级为具体的银行，会计科目代码为 102.01.01，科目全称为银行存款——人民币——中国银行，在批量填充中，如果选择了分级显示科目名称或项目名称这一个选项，在生成的报表项目中科目名称会显示为“银行存款——人民币——中国银行”，否则项目名称显示为最明细级次内容“中国银行”，核算项目的显示也是如此，在此不一一说明。

3. 关于报表中能逐级展开下级明细功能说明

在进行批量填充时，如果对会计科目既选了上级科目又选择了下级明细科目，可以进行批量填充，生成相应的会计报表。但是如果在总账中增加了下级明细科目，此时在报表中必须重新去增加相应的明细科目，而且有可能在总账中增加了下级明细科目，但制作报表的人并未知道，这样就会造成两边的数据不一致。逐级展开下级明细科目的功能，可以自动对明细级科目进行动态刷新，保证两边的数据一致。

在进行批量填充时，选择了上级会计科目，进行报表的批量填充时，选择<报表中能逐级展开下级明细科目>的选项，在生成的报表中，如果会计科目是非明细的会计科目，则当鼠标指向这个非明细科目的科目代码所在的单元格时，单击鼠标右键，在弹出的菜单中有一个“自动展开”的菜单项，执行这一个选项的功能，可以将非明细科目按下级明细进行展开。

所有的选项都设置好后，单击【增加】，则系统自动生成项目公式。

在报表中进行分级自动展开时，上级科目的数据未进行自动更新，所以，在分级展开后必须进行重新计算才可以得到正确的数据。

项目五 报表处理

步骤一：表页管理

报表根据设置的公式及输入的取数参数计算的结果为一表页，在电算化系统下，一套公式在输入不同取数参数时可生成多张表页。会计报表每期取数公式基本一致，但计算参数（时间）有所不同，据此电算化系统下通过表页管理功能实现一套公式多种参数计算结果并分别保存于不同表页。表页管理功能不仅可以减少重复编辑公式的工作量，而且可以通过表页数据汇总方便快速的查询所需的综合会计信息。

表页管理通过关键字的设置及取值的输入来确定与区分不同会计期间的表页数据。

1. 新增表页

在“显示数据”视图，单击【格式】【表页管理】打开表页管理界面，如图 3－36 所示。

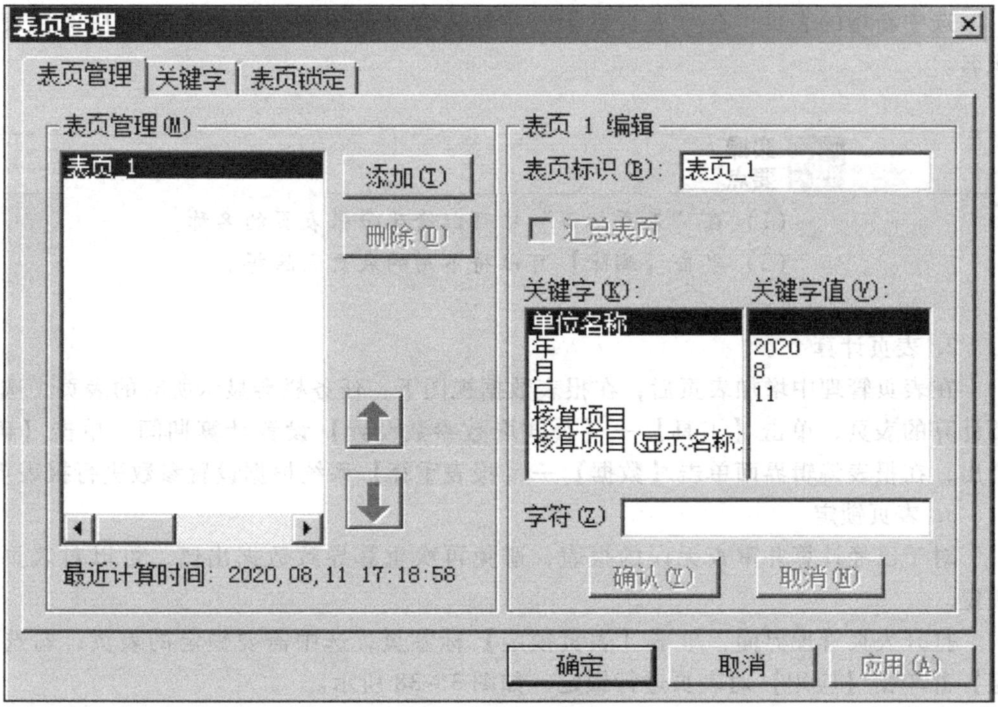

图 3-36　表页管理

在【表页管理】标签页，单击【添加】系统新增表页，如图 3-37 所示。

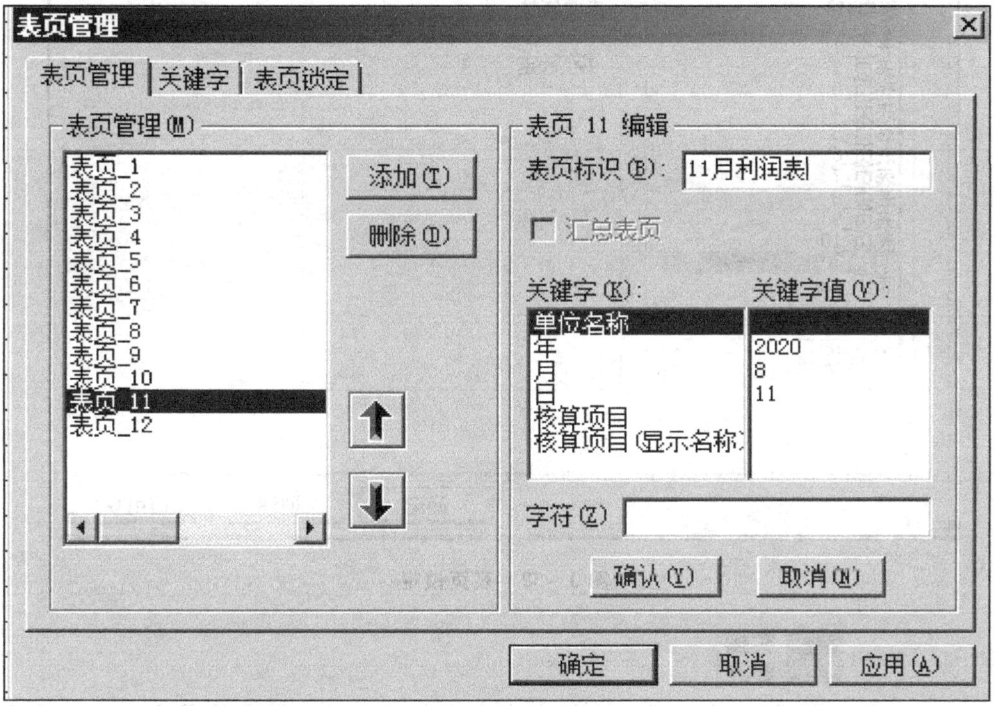

图 3-37　添加表页

选中新增的表页，在“表页标识”中输入表页的命名，单击【应用】保存表页标识名。

实操要点

（1）在“表页标识”中可以修改每张表页的名称。

（2）单击【删除】可以将不用的表页删除掉。

2. 表页计算

在表页管理中增加表页后，在报表数据视图下，任务栏会显示所有的表页。选中需要计算的表页，单击【工具】—【公式取数参数设置】设置计算期间，单击【确定】退出，在报表编辑界面单击【数据】—【报表重算】系统根据设置参数进行报表重算。

3. 表页锁定

对于已经计算并审查无误的报表，避免再次重算导致数据出错，可以对表页进行锁定。

打开表页管理界面，单击【表页锁定】标签页，选中需要锁定的表页，勾选【锁定】并单击【应用】对表页进行锁定，如图 3-38 所示。

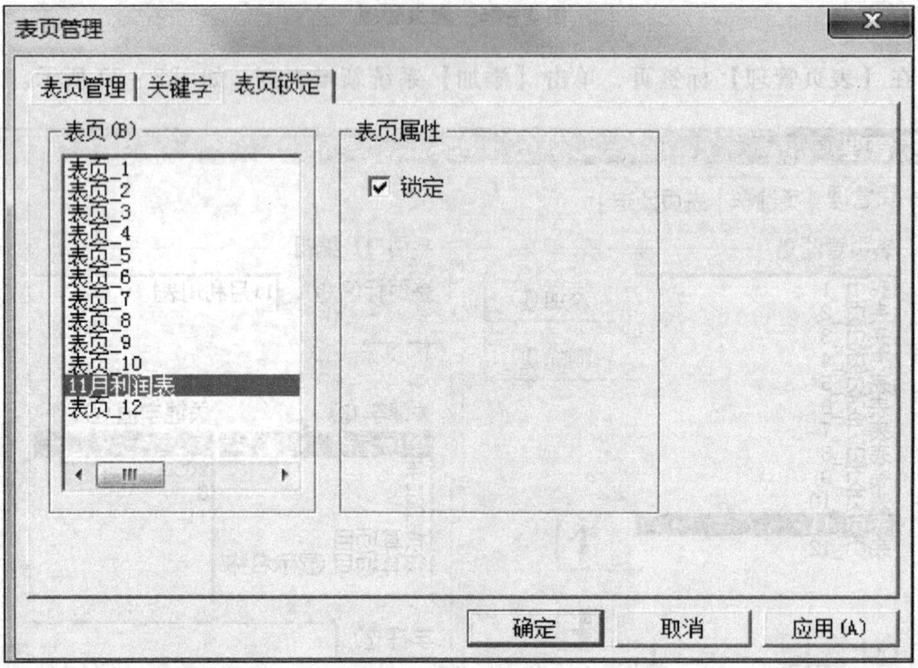

图 3-38 表页锁定

实操要点

（1）由于同一个报表中公式相同，所以报表计算完成后，需要将该表页执行“锁定”否则该表页随同下一张表页的计算而重新计算。

(2) 可以同时结合利用系统的“表页汇总”功能可以自动把一个报表中不同表页的数据项进行汇总。

(3) 对于已锁定的表页，再次执行“报表重算”，系统则提示错误。

步骤二：表页汇总

表页汇总可自动把一个报表中不同表页的数据项进行汇总。

由于表页汇总是把数据相加，有些数字如序号，文字内容等是不需要汇总，对于这些区域，须先锁定单元格（选中区域后单击【格式】—【单元锁定】），再进行汇总。

表页汇总生成的汇总报表可以选择追加到当前报表作为当前报表的最后一张表页，也可以生成新的报表。

实操要点

表页汇总后汇总报表可追加到当前报表，但汇总的表页不支持重算。

步骤三：报表分析

1. 报表分析的方法

财务分析中报表分析应和报表系统集成在一起，在报表系统中同样应可以进行相应的报表分析，这样才是一个比较完整的报表系统。在报表分析中，可以执行财务分析中的结构分析、比较分析、趋势分析。

(1) 结构分析。可选择跨期对报表的结构进行分析，即报表的各个组成部分在不同期间占总体的百分比。

(2) 比较分析。当前期间的报表与指定期间的报表进行比较，即计算出比较差值，以及差值的百分比。

(3) 趋势分析。选择多个会计期间进行相应的分析，具体有以下几种：

①绝对数分析：将各个期间的数据进行计算列示，不作比较，只是显示其绝对数据；

②定基分析：与指定的基期的数据进行比较，如 2000 年 1 期到 2000 年 5 期的数据进行分析，则第 2 期到第 5 期的数据分别同第 1 期数据进行比较（相减）得出的数据进行列示；

③环比分析，即对各个期间的数据进行环比差额计算，如趋势期间为 2000 年 1 期至 2000 年第 5 期，则进行的计算是第 2 期减第 1 期，第 3 期减第 2 期，第 4 期减第 3 期的差额分别进行计算后，将得出的数据进行列示出来。

2. 各种分析方法的操作

（1）结构分析。结构分析中需要进行的操作如下，见表 3－4。

表 3－4　　报表结构分析步骤说明

步骤	描　述	是否必需（是/否）
第一步	确定期间类别，系统提供了三种期间类别，分别是期、季、年，可以在这三种中任选一种。	是
第二步	选定具体期间。	是
第三步	指定分析总体，具体需要录入一个单元格的名称，如 A4，表示的意义是指以这个单元格中的数据为分析的总体。	是
第四步	指定“固定列”，具体需要录入列的名称如 A、B 等列的名称的字样，表示这一列不需进行数据名析。	是
第五步	指定“分析列”，具体需要录入列的名称如 A、B 等列的名称的字样，表示这一列需要进行数据分析。	是

指定固定列和分析列的目的是明确对哪些数据进行分析，如一张资产负债表，如果需要对期末余额结构分析，此时，资产总计的期末值所在这个单元格就是分析的总体，期末余额所在的这一列是分析的数据列，设置后系统将会以分析列中所有数据除以分析总体，计算出相应的百分比的数据。

在结构分析中，对以上的内容设置完成后，单击【确定】，系统就会将分析的结果生成一张新的报表，如果需要保存这个结果，选择【文件】—【保存】，可以将分析的结果保存下来。如果在以后所分析的期间数据发生了变化，可以通过报表重算得出正确的结果。

（2）比较分析和趋势分析。比较分析是实现两个指定期间的比较，具体操作同结构分析类似，只是无须设置分析总体。需要注意的是：若要比较的报表中设置了取数公式，则系统仅对设置“ACCT”“ACCTGROU”两个公式报表实现正确取数并分析，这是因为报表系统中目前仅有”ACCT”“ACCTGROUP”两个公式提供了比较分析功能，而其他的公式都没有提供比较分析功能。

趋势分析是实现多个期间的比较，操作同比较分析类似，在此不再一一说明。

步骤四：报表输出

企业报表文件可能需要以其他格式输出并上交有关部门或是输出进行再编辑。在报表编辑界面，单击【文件】—【引出报表】打开保存路径对话框，如图 3－39、图 3－40 所示。

图 3-39　引出报表

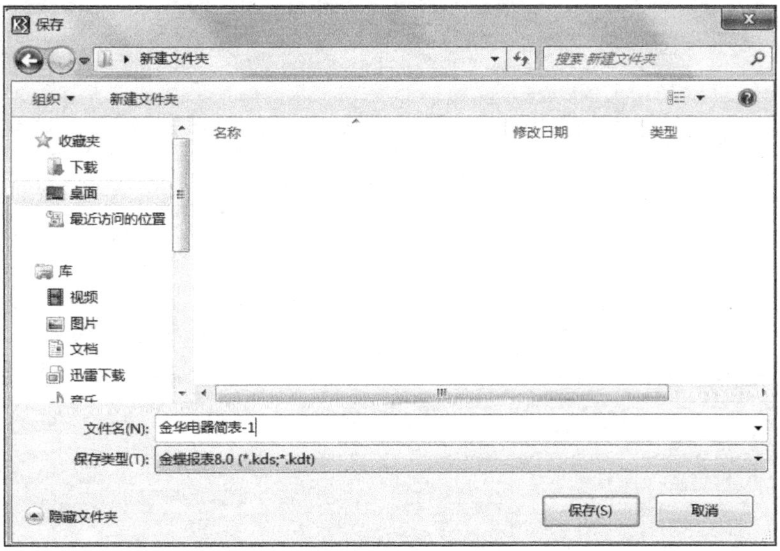

图 3-40　保存引出报表

在界面中选择保存路径，选择保存类型，输入保存文件名称，单击【保存】系统按设置格式导出报表并保存于选择路径。

报表岗位　习题

4 单元四 固定资产管理岗位

学习目标

岗位能力目标：

（1）能够使用固定资产管理系统进行固定资产的初始化；
（2）能够进行固定资产的增加、减少、变动的日常操作；
（3）能够进行期末处理。

岗位知识目标：

（1）理解固定资产管理系统的功能和意义；
（2）明白固定资产管理系统的业务流程和数据流程；
（3）掌握固定资产的增减变动日常核算和期末处理。

工作任务

应完成的工作任务：

（1）固定资产初始设置；
（2）录入固定资产初始卡片；
（3）固定资产变动数据处理；
（4）固定资产期末处理。

完成工作任务应提交的标志性成果：固定资产卡片及固定资产账表展示。

实训流程：

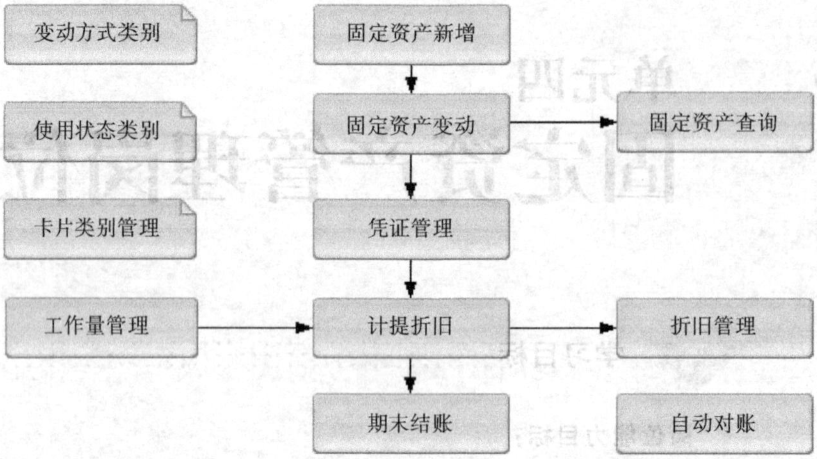

项目一
基础资料设置

一、系统维护

系统参数设置：（1）与总账系统相连；

（2）允许改变基础资料编码。

操作要点

固定资产系统可与总账相连使用，也可独立作为设备管理使用。因此，如果固定资产系统与总账相连使用时，一般建议不要选“不提折旧”“不生成凭证”这两个选项。

二、基础资料

（一）变动方式类别增加

表 4－1

代码	方式名称	凭证字	摘要	对方科目
002.004	报废	记	报废固定资产	固定资产清理

（二）卡片类别管理

表 4 – 2

代码	名称	使用年限	净残值率	计量单位	预设折旧方法	固定资产科目	累计折旧科目	卡片编码规则	是否计提折旧
001	房屋及建筑物	50	5%	幢	平均年限法	1601	1602	FW –	不管使用状态如何一定提折旧
002	交通工具	10	3%	辆	工作量法	1601	1602	JT –	由使用状态决定是否提折旧
003	生产设备	10	3%	台	双倍余额递减法	1601	1602	SC –	由使用状态决定是否提折旧
004	办公设备	5	5%		平均年限法	1601	1602	BG –	由使用状态决定是否提折旧

（三）存放地点

表 4 – 3

代码	名称
01	车间
02	办公室
03	车库

步骤一：固定资产初始设置

固定资产在企业资产中所占比重很大，其种类多、使用广泛，核算繁琐并且涉及查询及报表数量多、要求高，故准确核算和严格管理企业固定资产意义重大。

在企业实际核算固定资产中通过设置具体而详细的卡片记录固定资产相关属性，通过折旧方法与折旧分配方案的预设使计提折旧工作条理化，通过与总账数据相连实现数据共享并更新及时，通过多种方式组合查询满足信息使用者的多方位需求。

在启用固定资产管理系统时，要设置相关参数以满足企业具体核算与管理要求。

操作步骤：以固定资产会计身份“学生姓名”登录系统，在主控台中单击【系统设置】—【系统设置】—【资产管理】—【系统参数】打开系统选项设置，在【固定资产】标签页上选择启用时间、是否折旧、是否生成凭证等信息，再单击【确定】。如图 4 – 1、图 4 – 2 所示。

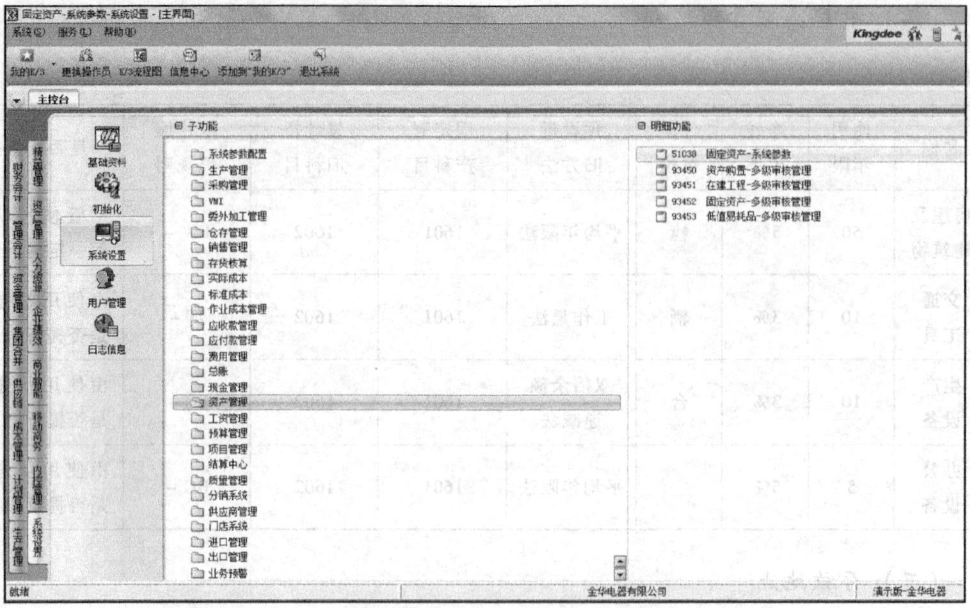

图 4－1　系统设置界面

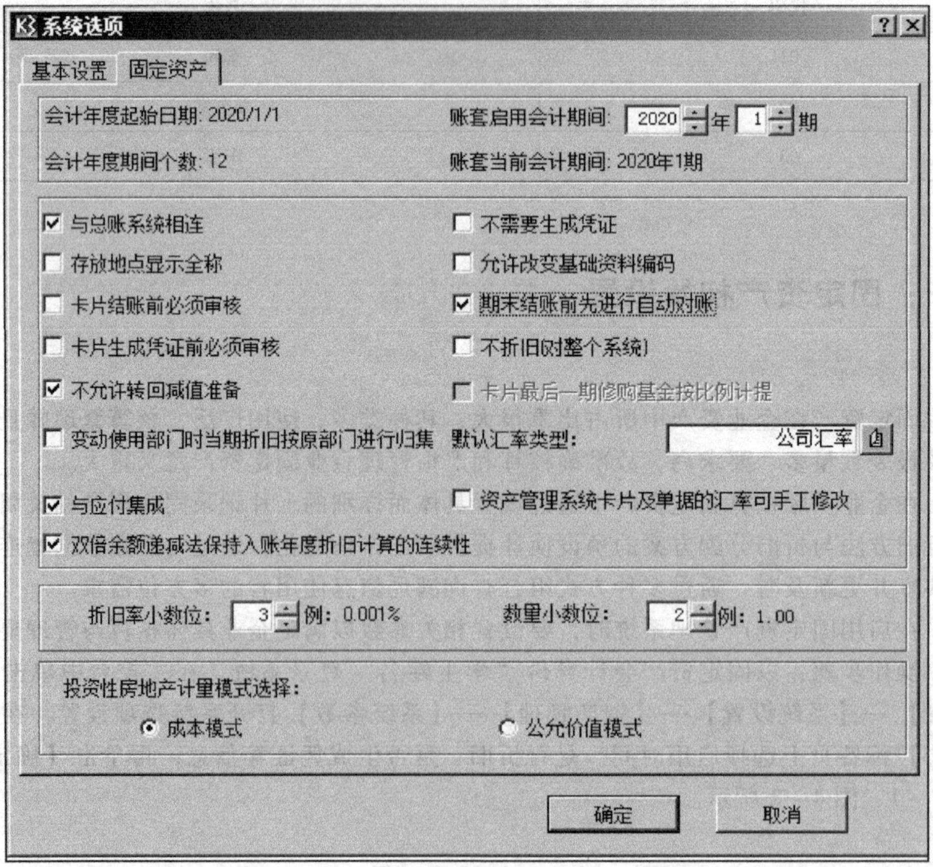

图 4－2　参数设置

步骤二：基础资料设置

1. 变动方式编辑

固定资产在新增、减少、转换等变动时涉及需要账务处理的要进行账务处理参数设置，在变动方式中可以对对应科目进行设置。

（1）修改已有类别。操作步骤：在主控台单击【财务会计】—【固定资产管理】—【基础资料】—【变动方式类别】打开变动方式类别管理界面，选中具体的变动方式，然后单击【修改】打开修改界面，如图4－3、图4－4所示。

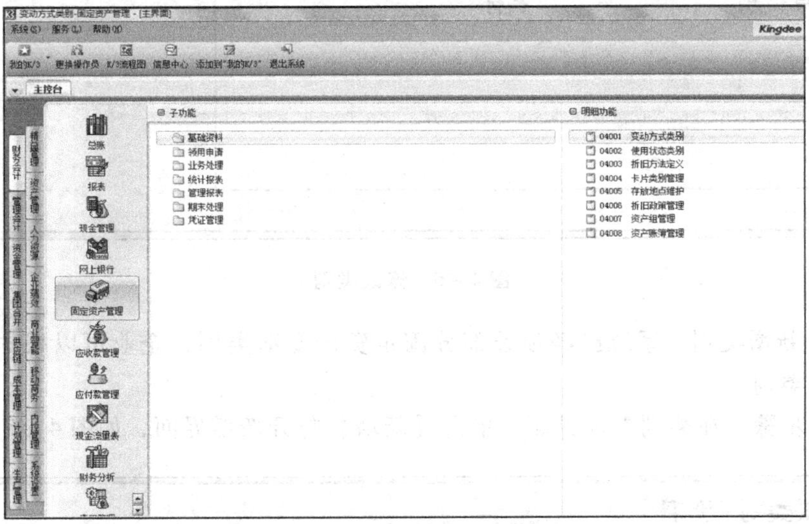

图4－3　固定资产管理主界面

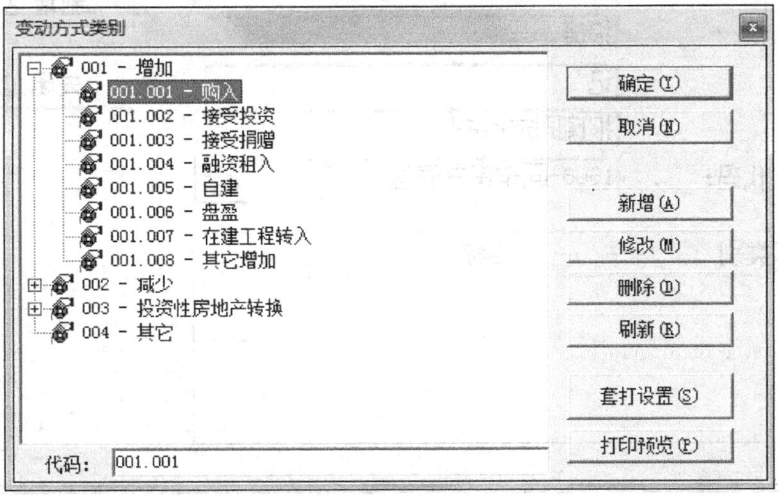

图4－4　变动方式管理

在修改界面，输入凭证字、摘要、对方科目代码（如果科目涉及辅助核算需要输入辅助核算信息），再单击【修改】确认修改内容并返回管理界面，如图 4－5 所示。

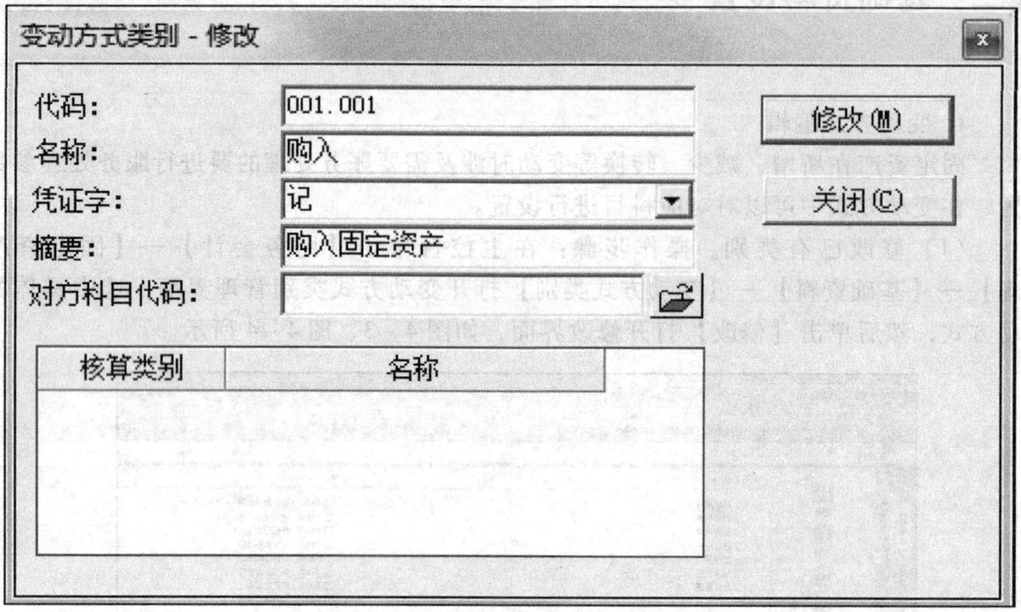

图 4－5　修改类别

（2）新增类别。系统已经预设部分固定资产变动类别，企业可以根据实际情况增加或删除类别。

操作步骤：在类别管理界面，单击【新增】打开新增界面，如图 4－6 所示。

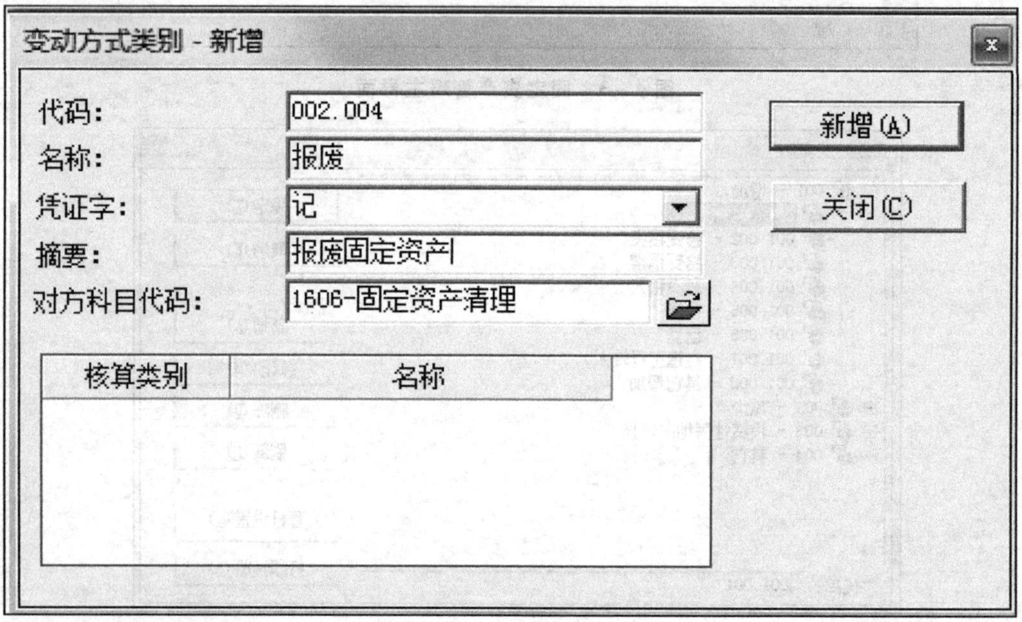

图 4－6　新增变动方式

在界面中输入代码、名称、凭证字、摘要、对方科目，单击【新增】保存新增变动方式，新增完成后点击【关闭】返回到类别管理界面，再单击【取消】退出编辑界面。

2. 使用状态编辑

系统中固定资产是否提折旧可以用“使用状态”来进行控制。

操作步骤：在主控台单击【财务会计】—【固定资产管理】—【基础资料】—【使用状态类别】打开使用状态编辑界面，如图 4－7、图 4－8 所示。

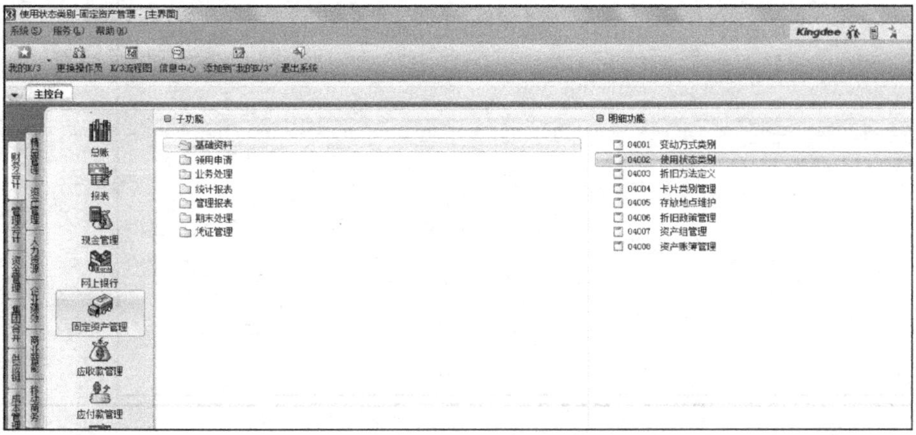

图 4－7　固定资产管理界面

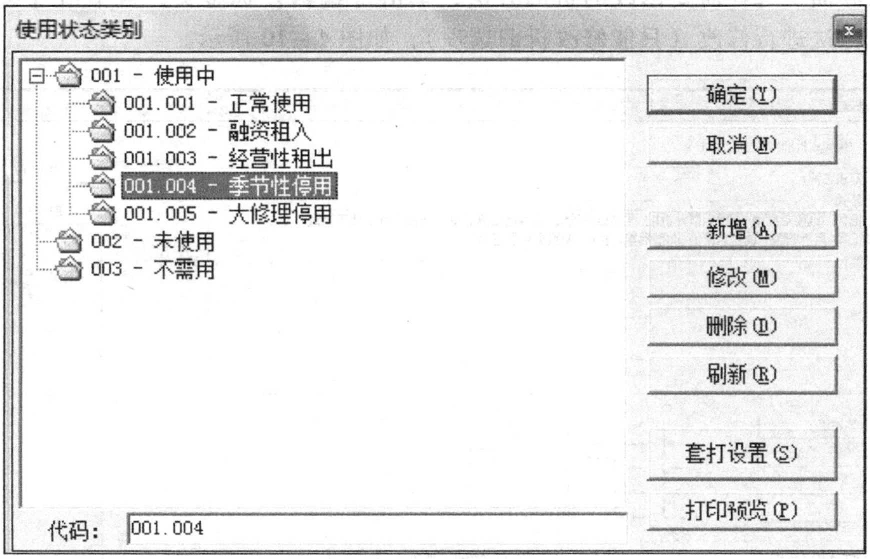

图 4－8　使用状态

在界面中可以对已有的状态进行修改，也可以新增使用类别。

3. 折旧方法定义

固定资产管理系统可以自动计算并分配折旧。自动计提折旧，必须预先定义折旧方法和分配费用科目。

操作步骤：在主控台单击【财务会计】—【固定资产管理】—【基础资料】—

【折旧方法定义】打开折旧方法定义界面，如图 4－9 所示。

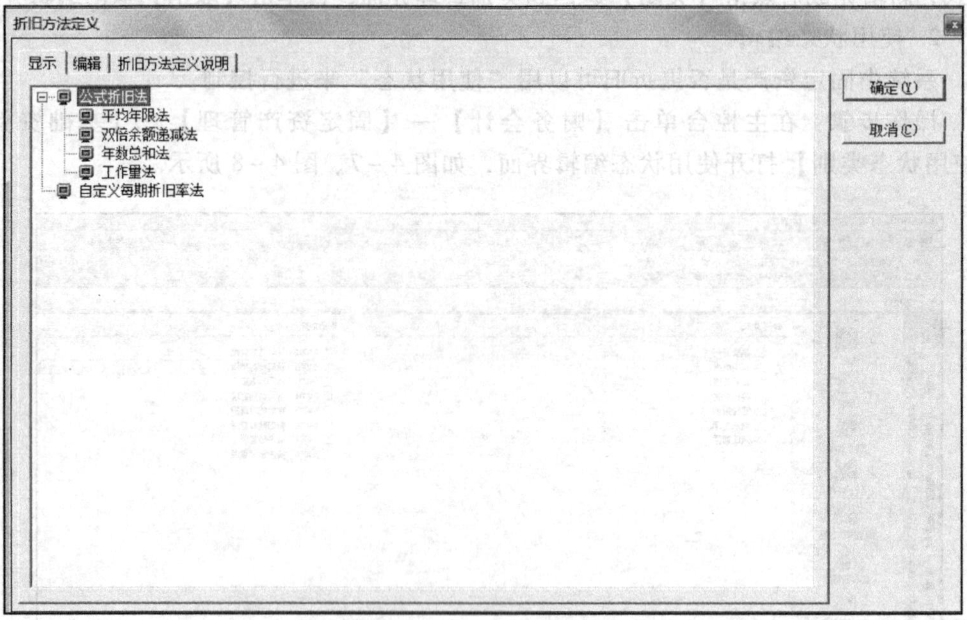

图 4－9　折旧方法定义

在界面中选择需要修改的折旧方法，单击【编辑】标签页，再单击【编辑】可以对已有方法进行修改（只能修改折旧选项），如图 4－10 所示。

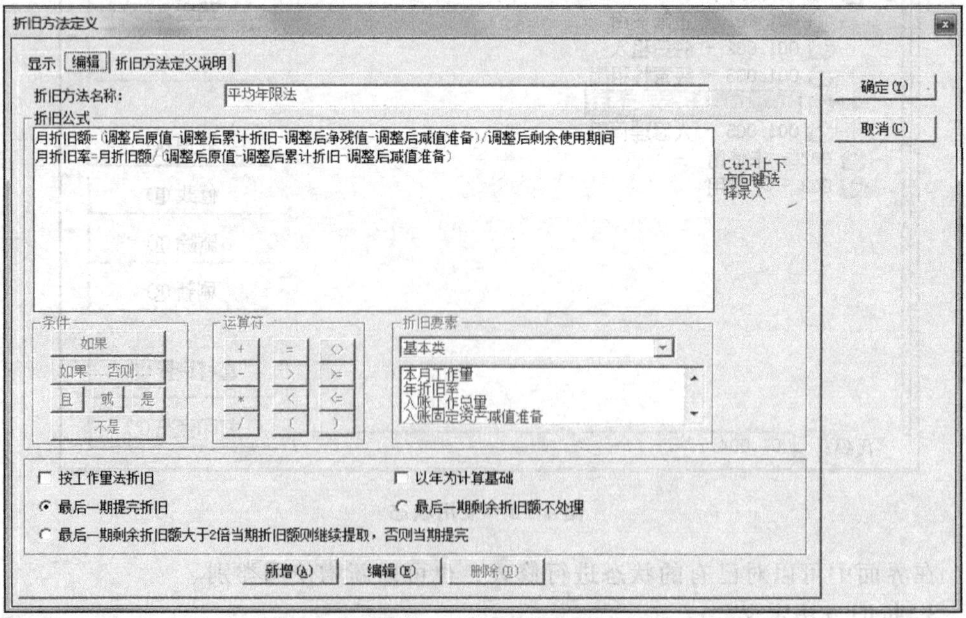

图 4－10　编辑方法

在编辑界面单击【新增】可以新增折旧方法，如图 4－11 所示。

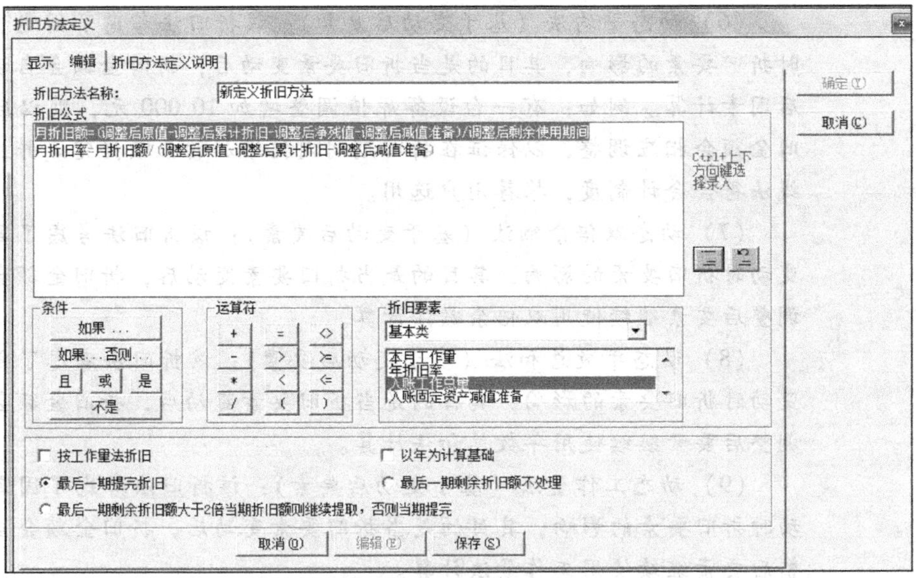

图 4－11　新增折旧方法

实操要点

按我国会计准则规定固定资产折旧应合理选择折旧方法，可选方法包括年限平均法、工作量法、双倍余额递减法和年数总和法，系统已预设对应折旧方法，故一般不需作修改。

（1）平均年限法（基于入账原值和预计使用期间）：该公式是一种静态直线折旧法，固定资产每期折旧额是根据建立卡片时的入账原值、入账预计净残值、预计使用期间计算的。公式计算没有考虑入账前的累计折旧及已提折旧期间数的影响。在以后使用期间，折旧要素的变动也不会影响各月计提的折旧金额。该折旧方法计算简单，能够保证月折旧额一直保持不变，但如果在固定资产使用期间内发生了折旧要素的调整，需要同时将折旧公式调整为动态平均法。

（2）平均年限法（基于入账净值和剩余使用期间）：与（1）相同，区别是该公式计算折旧时是基于入账净值和入账剩余使用期间考虑的。如果你在使用过程中发生了原值等折旧要素的调整，并且希望相应的调整各月折旧额，请在变动的同时选择动态平均法。

（3）工作量法：工作量法是根据固定资产每期实际完成的工作量来计算各期折旧额的，每期提折旧前必须录入当期工作量。另外，自定义的工作量法公式必须选择“按工作量法折旧”。

（4）年数总和法：一种加速折旧法，注意使用该法一定要选择“以年为计算基础”。

（5）双倍余额递减法：一种加速折旧法，注意使用该法一定要选择“以年为计算基础”。

（6）动态平均法（基于变动后要素）：该折旧法考虑了固定资产变动时折旧要素的影响，其目的是当折旧要素变动后，折旧金额会自动按调整后因素计算。例如：有一台设备原值调整增加 10 000 元，则以后各期折旧金额会相应调整，以保证在折旧期间内把增加的金额提完。并且这种直线法符合会计制度，推荐用户选用。

（7）动态双倍余额法（基于变动后要素）：该折旧法考虑了固定资产变动时折旧要素的影响，其目的是当折旧要素变动后，折旧金额会自动按调整后要素继续使用双倍余额法计算。

（8）动态年数总和法（基于变动后要素）：该折旧法考虑了固定资产变动时折旧要素的影响，其目的是当折旧要素变动后，折旧金额会自动按调整后要素继续使用年数总和法计算。

（9）动态工作量法（基于变动后要素）：该折旧法考虑了固定资产变动时折旧要素的影响，其目的是当折旧要素变动后，折旧金额会自动按调整后要素继续使用工作量法计算。

（10）自定义每期折旧率法：根据用户自定义的每个会计期间（年和月）的折旧率。计算各期折旧额。

4. 固定资产类别管理

为对企业固定资产妥善管理，对固定资产进行分类显得尤其重要，同时也可以分类进行折旧方法选择。

操作步骤：在系统主控台单击【财务会计】—【固定资产管理】—【基础资料】—【卡片类别管理】打开固定资产类别管理界面，如图 4－12、图 4－13 所示。

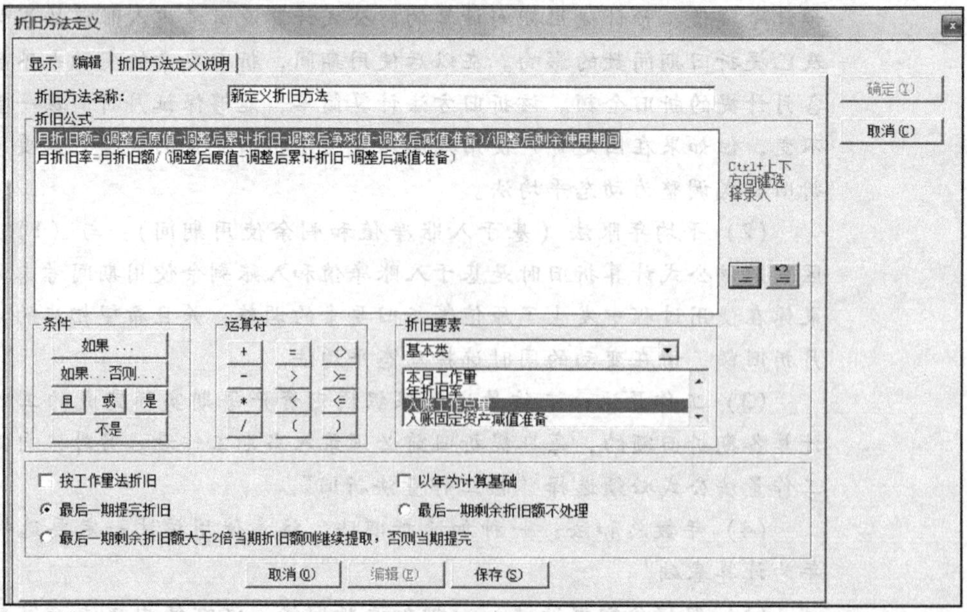

图 4－12　固定资产管理界面

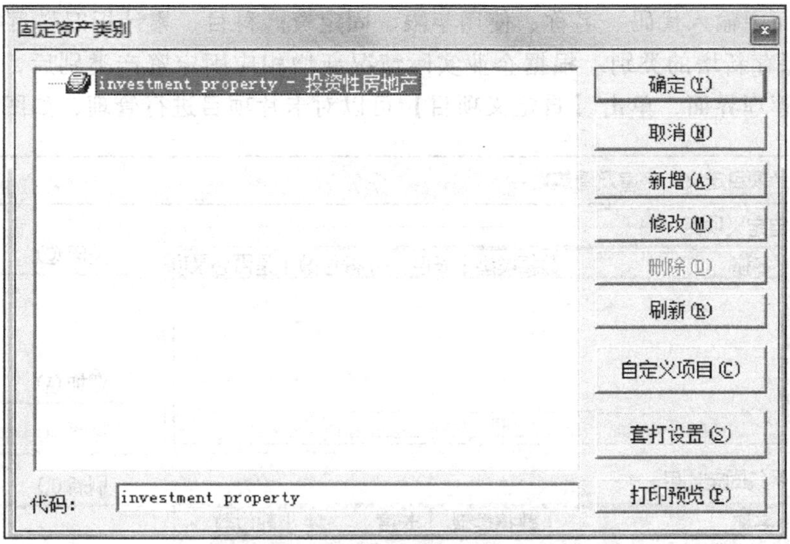

图 4－13　固定资产类别管理

在管理界面单击【新增】打开新增界面，如图 4－14 所示。

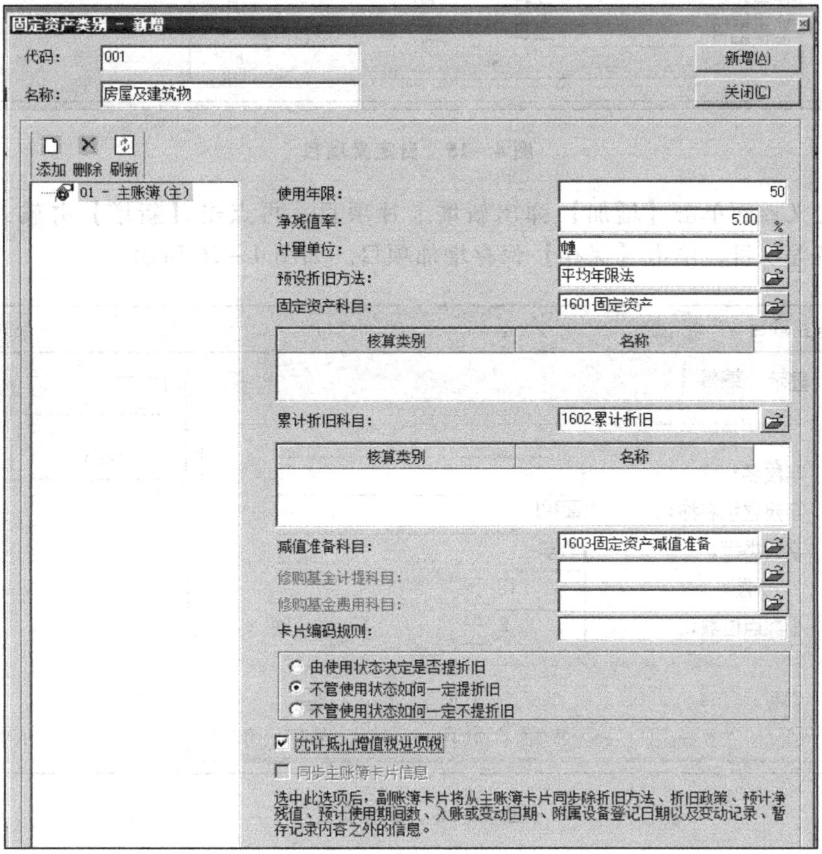

图 4－14　新增类别

在界面中输入代码、名称、使用年限、固定资产科目、累计折旧科目等内容再单击【新增】保存新增的类别。根据企业实际情况新增相应固定资产类别后，单击【关闭】返回类别管理界面，单击【自定义项目】可以对卡片项目进行管理，如图 4－15 所示。

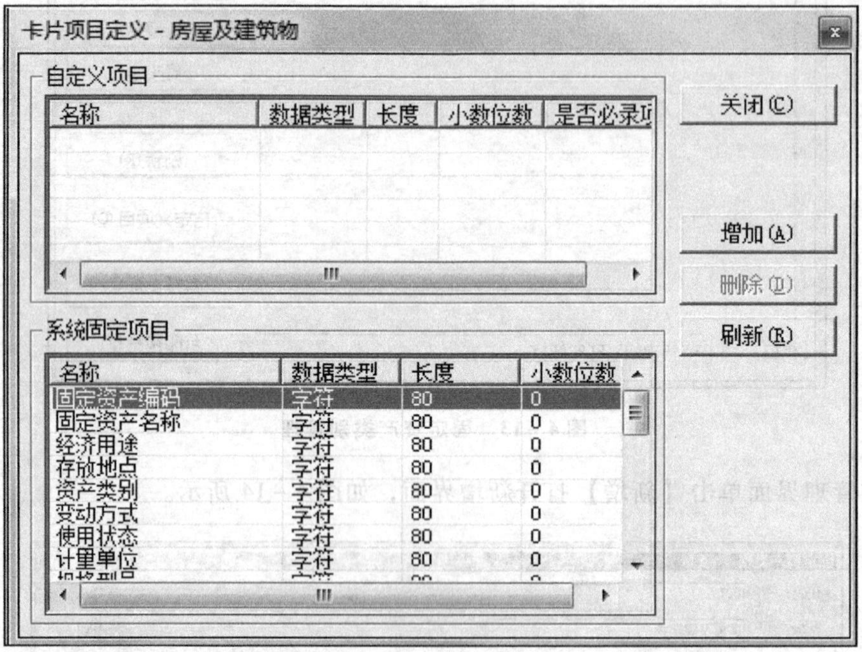

图 4－15　自定义项目

在定义界面单击【增加】弹出新增卡片项目，再点击【新增】并输入字段名称，字段类型等项目，单击【保存】保存增加项目。如图 4－16 所示。

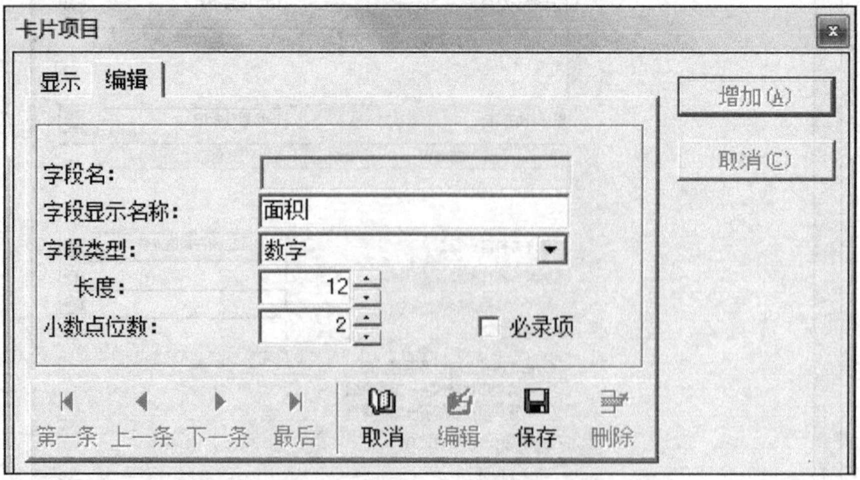

图 4－16　新增项目

在卡片项目中单击【显示】标签页，选中新增的项目，再单击【新增】增加卡片项目到选中的固定资产类别中，如图 4－17、图 4－18 所示。

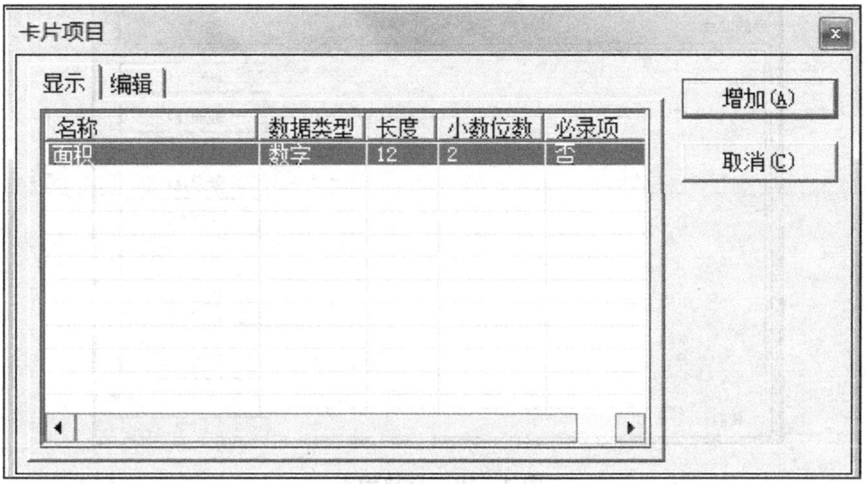

图 4－17　编辑项目

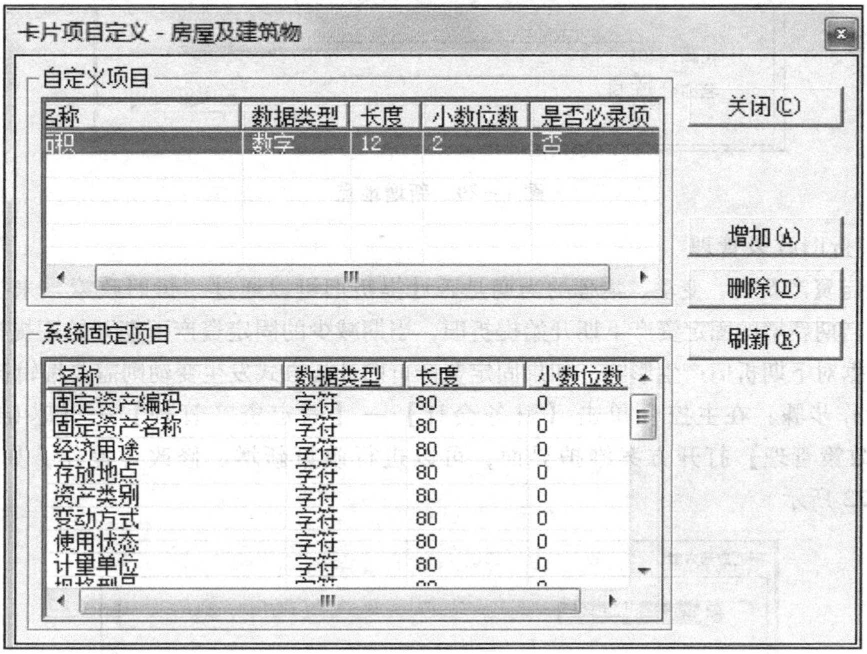

图 4－18　完成项目

不同的固定资产类别可根据需要新增不同的项目，项目的使用将在固定资产卡片中体现，可以补充说明固定资产属性。

5. 存放地点维护

为了更好的管理固定资产，除了对固定资产基础资料详细记载外，还需要对固定资产所存放地进行管理。

操作步骤：在主控台单击【财务会计】—【固定资产管理】—【基础资料】—【存放地点维护】打开维护界面，单击【新增】增加存放地点。如图 4－19、图 4－20 所示。

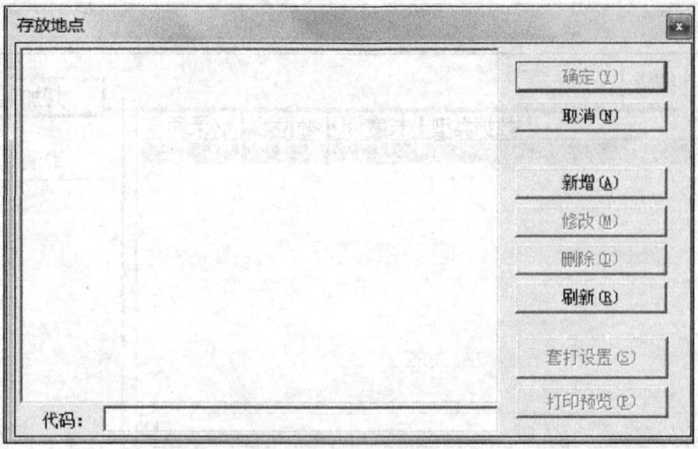

图 4 – 19　存放地点

图 4 – 20　新增地点

6. 折旧政策管理

固定资产新增、变动、清理的当期是否计提折旧可以通过“折旧政策”来控制。一般情况下当期新增的固定资产下期开始提折旧，当期减少的固定资产下期开始不提折旧，当期变动数据对下期折旧产生影响。如果固定资产折旧计提方式发生变动则需要编辑折旧政策。

操作步骤：在主控台单击【财务会计】—【固定资产管理】—【基础资料】—【折旧政策管理】打开方案维护界面，可以进行政策新增、修改等操作，如图 4 – 21、图 4 – 22 所示。

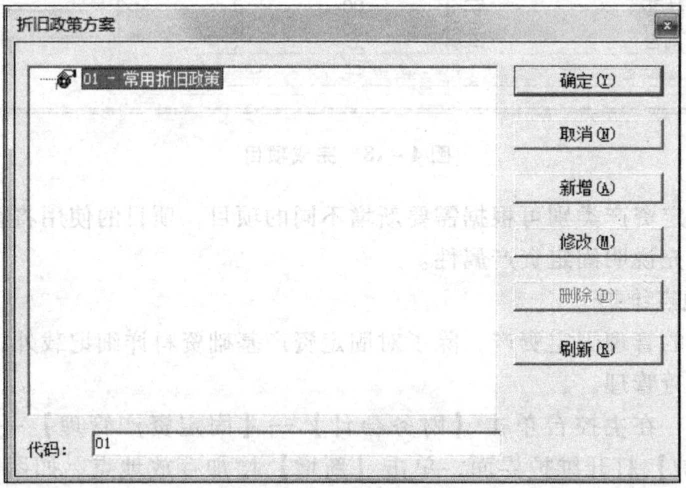

图 4 – 21　折旧政策管理

图 4－22　新增无形资产折旧政策

项目二
初始数据录入

表 4－4

资产编码	FW－001	JT－001	SC－001
名称	办公楼	小汽车	车床
类别	房屋及建筑物	交通工具	生产设备
计量单位	幢	辆	台
数量	1	1	2
入账日期	2019. 12. 31	2019. 12. 31	2019. 12. 31
存放地点		车库	车间
经济用途	经营用	经营用	经营用
使用状态	正常使用	正常使用	正常使用
变动方式	自建	购入	购入
使用部门	行政部	销售一部、销售二部（费用比例各 50%）	生产部
折旧费用科目	管理费用－折旧费	销售费用	制造费用－折旧费
币别	人民币	人民币	人民币
原币金额	1 000 000 元	577 000 元	600 000 元

续表

资产编码	FW－001	JT－001	SC－001
购进累计折旧	无	无	无
开始使用日期	2004.12.1	2015.6.1	2017.4.1
已使用期间	180	工作总量：30 万公里，已使用 8 万公里	32
累计折旧金额	280 000 元	100 000 元	160 000 元
折旧方法	平均年限法	工作量法（计量单位：公里）	双倍余额递减法

☞ **结束初始化**

一旦结束初始化操作，则固定资产初始数据将不能再修改，如确需修改的须反初始化，其具体操作方法为，按住键盘上的 < Shift > 键，点击“工具”菜单，选择当中的“反初始化”选项。

企业在启用电算化之前已经购买或以其他方式新增的、现仍在役的固定资产，需要在固定资产系统结束初始化之前，通过初始卡片录入功能输入系统。

步骤一：录入初始卡片

操作步骤：在主控台单击【财务会计】—【固定资产管理】—【业务处理】—【新增卡片】系统弹出提示，如图 4－23、图 4－24 所示。

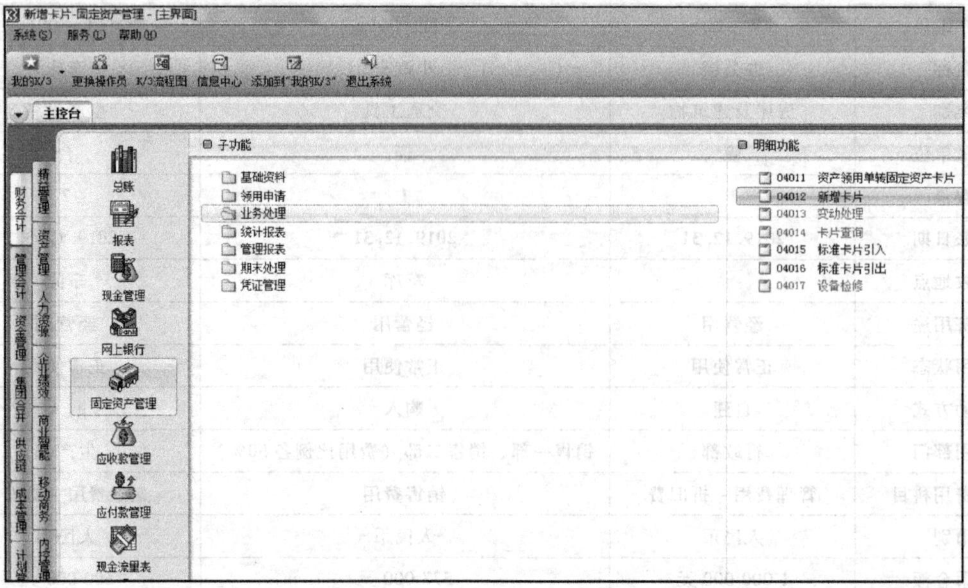

图 4－23　固定资产管理界面

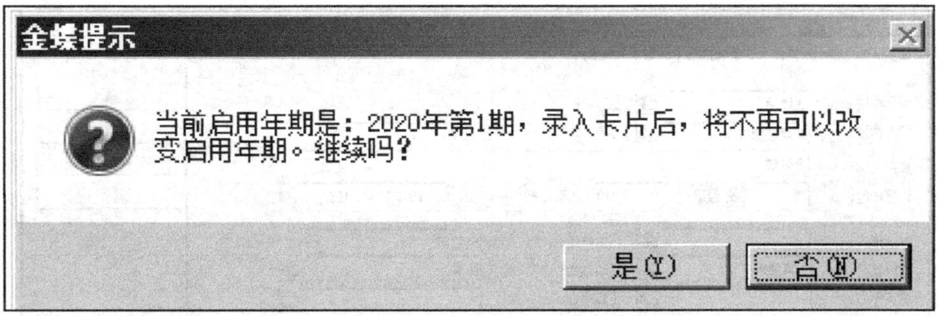

图 4－24　启用年期提示

选择【是】进入固定资产卡片管理界面，系统自动弹出新增卡片界面，如图 4－25 所示。

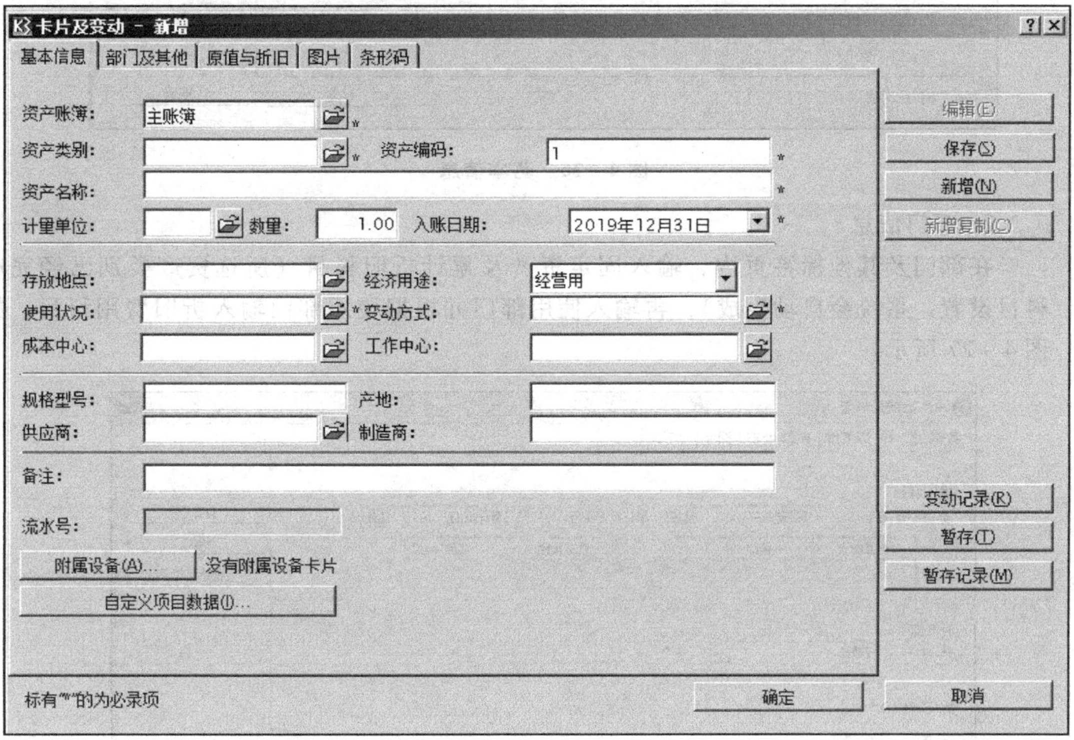

图 4－25　新增卡片

1. 基本信息

在卡片基本信息标签页内，选择资产类别，系统根据资产类别生成编码及计量单位；输入资产名称、入账日期，再选择存放地点、使用情况、变动方式等内容（如果该类别定义了自定义项目，则可以通过"自定义项目数据"输入相关数据；如果有附属设备则通过"附属设备"输入数据），如图 4－26 所示。

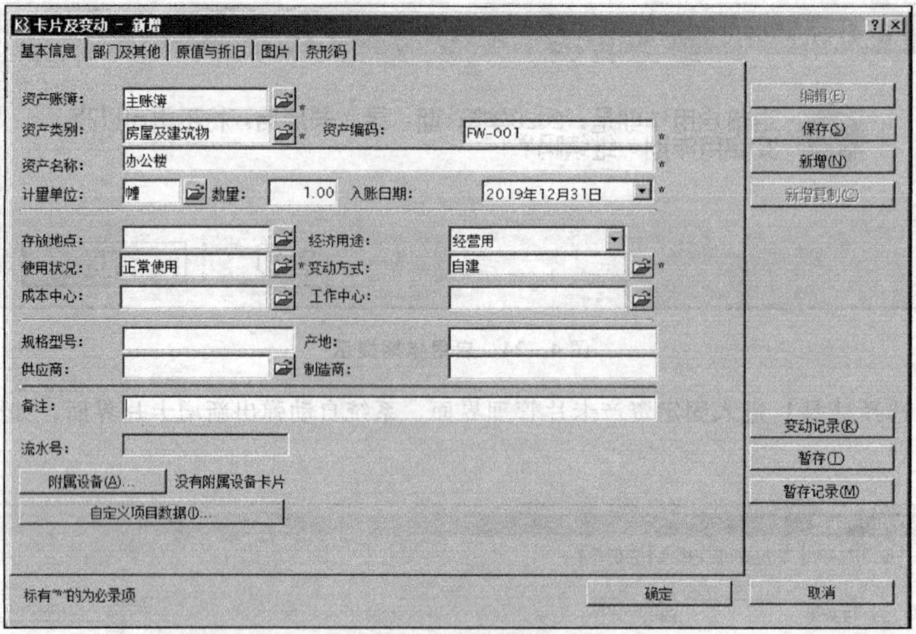

图 4－26　基本信息

2. 部门信息

在部门及其他标签页内，输入固定资产及累计折旧科目（所选资产类别已经完成科目设置，系统会自动生成），再输入使用部门并根据使用部门输入折旧费用科目，如图 4－27 所示。

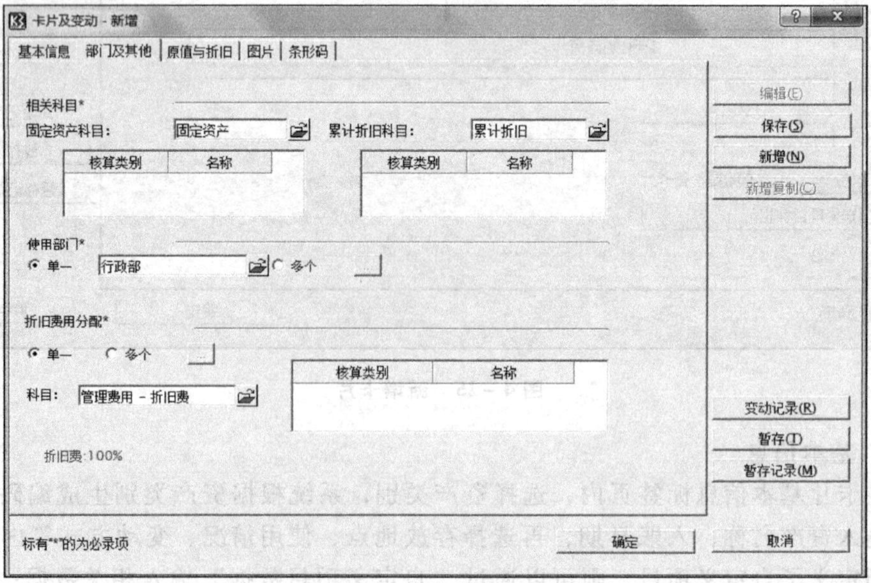

图 4－27　部门信息

如果使用部门为多个，则选择“多个”复选框，再单击后面的选项框打开部门分配编辑界面，单击【增加】打开新增部门，选择使用部门，输入分配比例，单击【保存】保存部门数据，再单击【新增】输入下一使用部门，当分配比例之和为 100% 时，单击【关闭】退出。如图 4-28 所示。

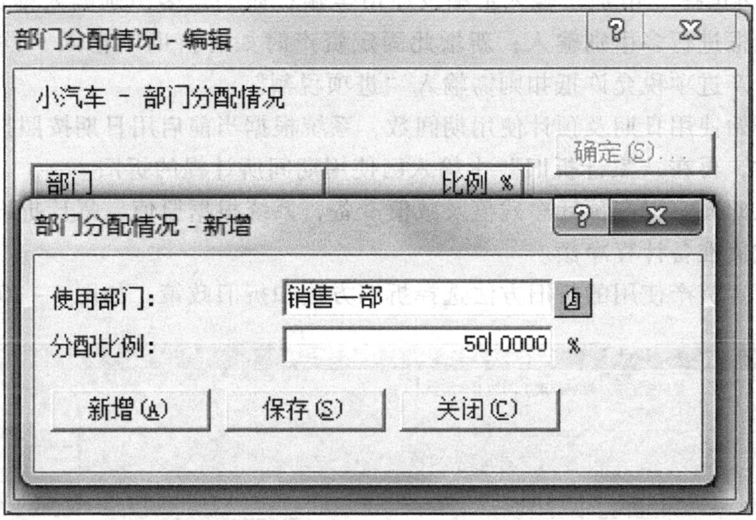

图 4-28 部门编辑

选择了多个使用部门之后对应折旧费用也需要输入多个，选择折旧费用“多个”复选框，再单击后面的选项框打开费用分配情况编辑界面，单击【增加】打开新增部门对应折旧费用界面，选择固定资产使用部门、科目（设有辅助核算的需要输入对应项目）、分配比例，单击【保存】保存输入数据，再单击【新增】增加下一部门对应的科目，每部门分配比例之和为 100%，并且所有使用的部门都已输入对应科目之后，单击【关闭】退出。如图 4-29 所示。

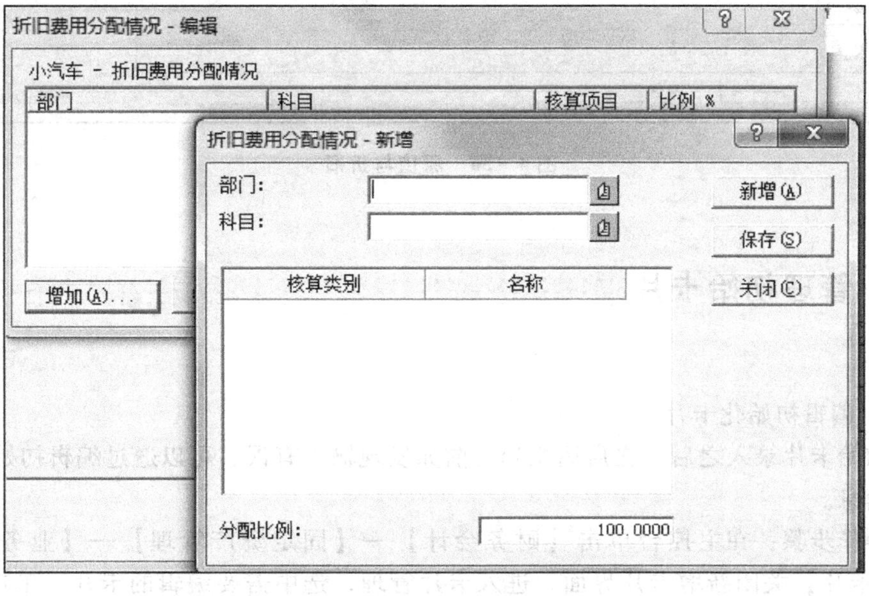

图 4-29 折旧费用分配

3. 原值与折旧

在原值与折旧标签页，根据购入原值输入原值信息，如果是单一币别购入，选择“单币别”再选择“币别”输入汇率及原币金额；如果是多币别购入则选择“多币别”再选择选项框进行多币别输入；新增此固定资产时如有折旧则输入“购进累计折旧”；如果固定资产进项税允许抵扣则需输入“进项税额”。

输入开始使用日期及预计使用期间数，系统根据当前启用日期按照折旧政策计算已使用期间数，再在“累计折旧”中输入已使用期间所计提的折旧。

再输入此固定资产预计净残值及减值准备，系统根据原值 - 累计折旧计算净值，根据净值 - 减值准备计算净额。

根据固定资产使用的折旧方法选择折旧方法和折旧政策。如图 4 - 30 所示。

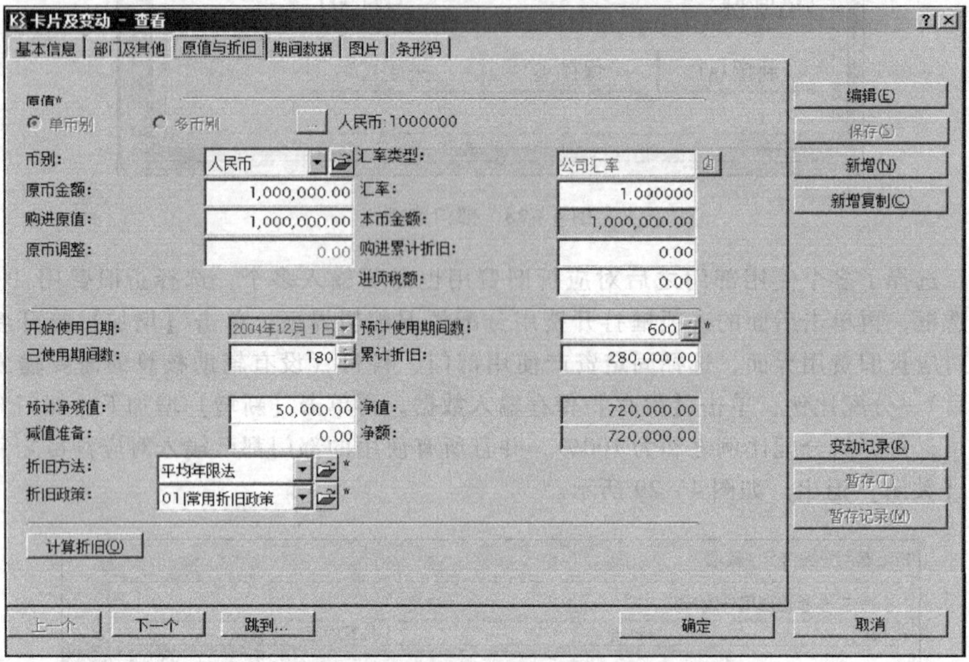

图 4 - 30 原值与折旧

步骤二：管理初始卡片

1. 编辑初始化卡片

初始卡片录入之后，在启用账套之前如发现输入有误，可以通过编辑初始卡片修改相关信息。

操作步骤：在主控台单击【财务会计】—【固定资产管理】—【业务处理】—【新增卡片】关闭新增卡片界面，进入卡片管理，选中需要编辑的卡片，单击【编辑】打开固定资产修改界面，如图 4 - 31 所示。

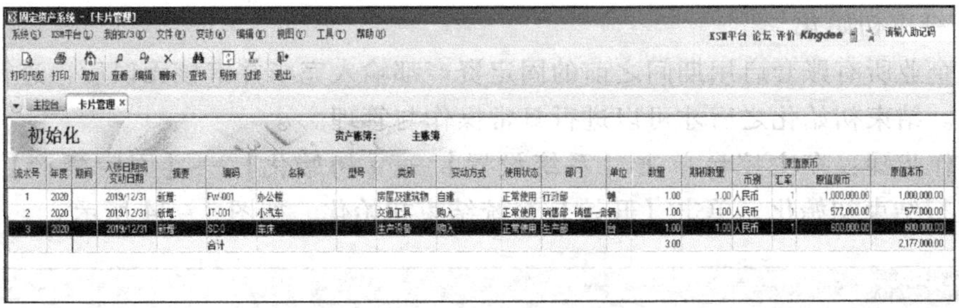

图 4－31　编辑卡片

在初始卡片中修改对应项目，单击【保存】保存修改数据，再单击【确定】退出。如图 4－32 所示。

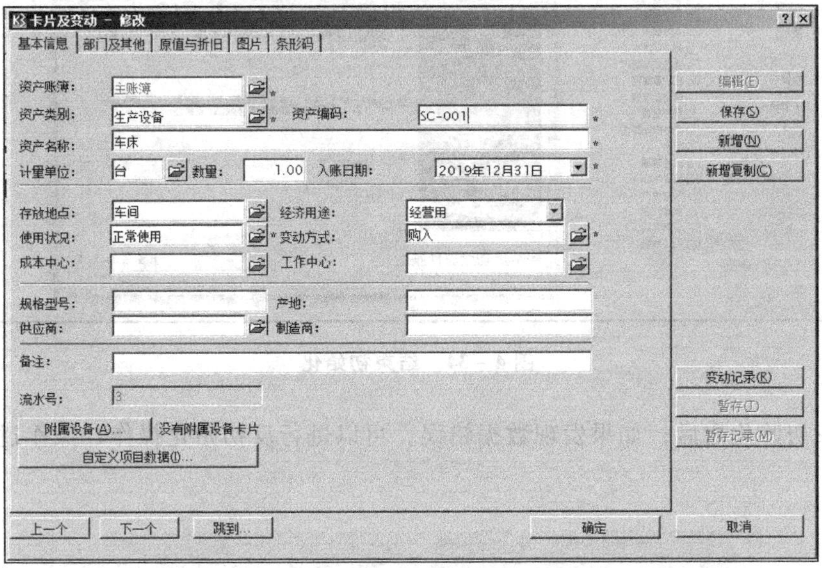

图 4－32　修改卡片

2. 审核卡片

为保证数据录入准确无误，在系统参数设置时可选择卡片结账或卡片生成凭证时必须审核。如有选择，则对于检查无误的卡片，要进行审核处理。

操作步骤：以审核员“张华”身份登录系统，在主控台单击【财务会计】—【固定资产管理】—【业务处理】—【新增卡片】关闭新增卡片界面，进入卡片管理，选择经检查无误的卡片，单击【编辑】—【审核】进行卡片审核，如图 4－33 所示。

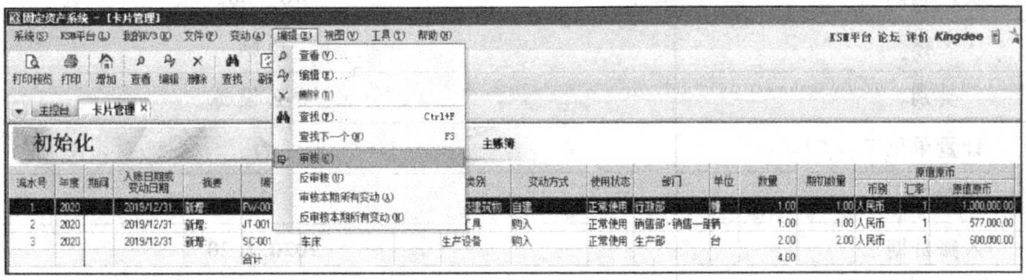

图 4－33　卡片审核

3. 结束初始化

将企业所有账套启用期间之前的固定资产都输入完毕并审核无误后，进行结束初始化操作。结束初始化之后才可以进行日常操作与管理。

操作步骤：在主控台单击【系统设置】—【初始化】—【固定资产】—【初始化】进行结束初始化，单击【开始】系统结束初始化，如图 4－34 所示。

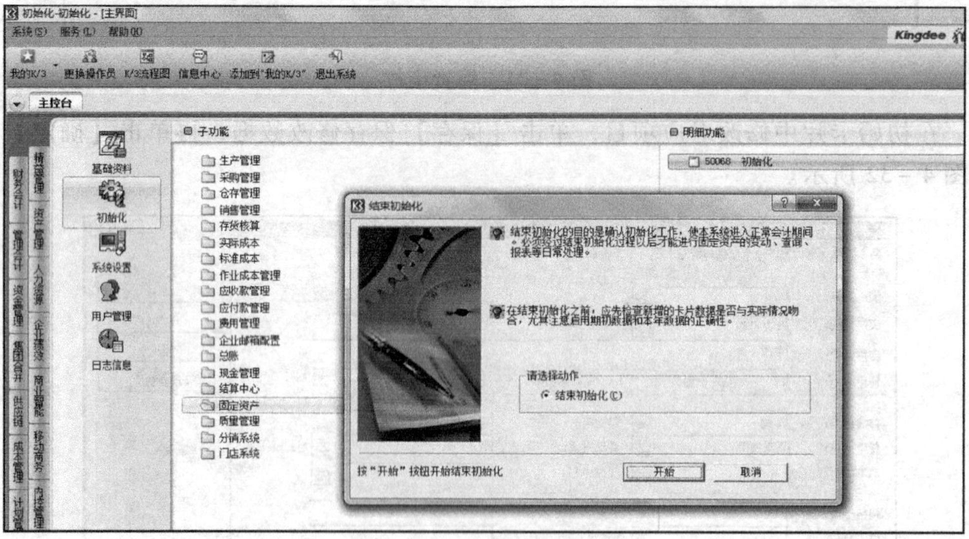

图 4－34 结束初始化

结束初始化之后，如果发现数据错误，可以进行反初始化操作，操作过程同结束初始化。

项目三
日常业务处理

（一）新增固定资产

表 4－5

资产编码	BG－001
名称	电脑
类别	办公设备
计量单位	台
数量	3
入账日期	2020. 1. 20
存放地点	办公室

续表

资产编码	BG－001
经济用途	经营用
使用状态	正常使用
变动方式	购入
使用部门	财务部
折旧费用科目	管理费用－折旧费
币别	人民币
原币金额	24 000 元
购进累计折旧	无
开始使用日期	2020. 1. 20
已使用期间	0
累计折旧金额	0
折旧方法	平均年限法（第一种）
进项税额	3 120

（二）减少固定资产

将 SC－001 固定资产卡片中的一台车床报废。

表 4－6

清理日期	清理数量	清理费用	残值收入	变动方式
2020. 1. 20	1	500 元	4 500 元	报废

注：清理费用以现金支付；残值收入存入建行。

（三）固定资产其他变动

将 JT－001 固定资产卡片中小汽车的使用部门由销售部转为行政部，折旧费用科目也由“销售费用”转为“管理费用——折旧费”，变动方式为“其他”。

（四）利用“凭证管理”功能制作增加、减少固定资产的记账凭证

（五）查看固定资产清单等各种账表

企业日常经营活动中，固定资产变动包括新增、减少及其他变动三种情况。电算化系统下根据不同的变动情况分别对固定资产进行管理。

步骤一：新增固定资产

企业购买或以其他方式增加固定资产时，需要增加固定资产卡片。

1. 新增固定资产卡片

操作步骤：在主控台单击【财务会计】—【固定资产管理】—【业务处理】—【新增卡片】打开新增卡片界面，如图 4－35 所示。

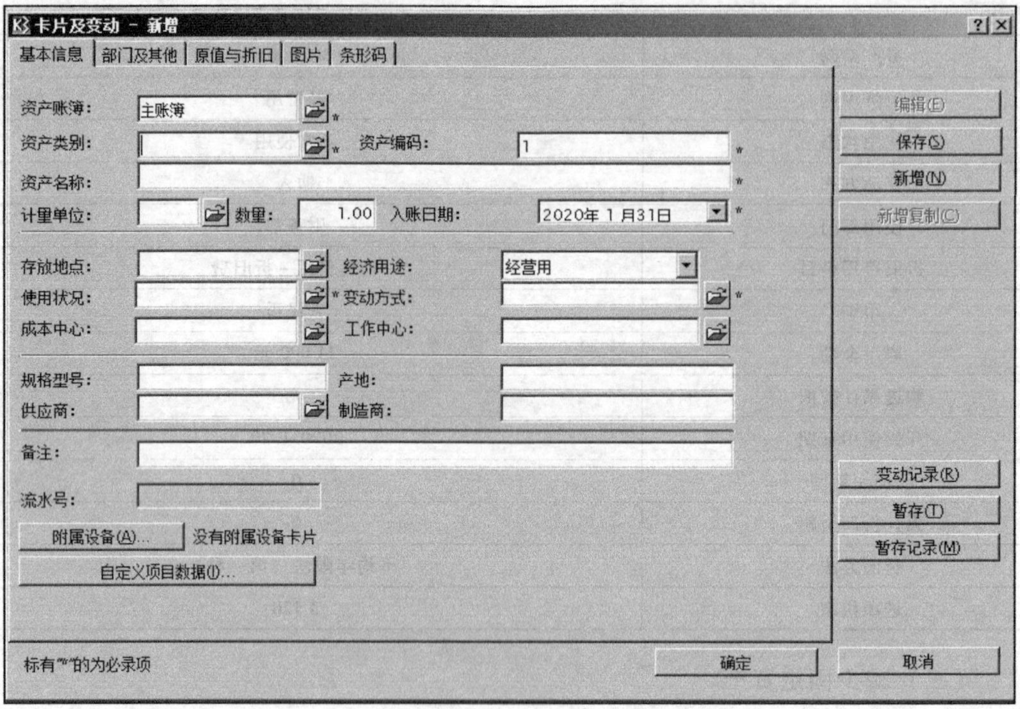

图 4－35　新增卡片

根据企业增加固定资产的实际情况，输入相关信息，输入方法同初始卡片录入，但没有初始信息。同时购入多个同类固定资产可以使用【新增复制】功能快速新增卡片。

2. 修改卡片

对于新增的固定资产卡片，在未审核与账务处理之前可以编辑修改。

操作步骤：在主控台单击【财务会计】—【固定资产管理】—【业务处理】—【卡片查询】设置过滤条件，单击【确定】打开卡片管理界面，选中卡片，单击【编辑】进行修改。如图 4－36、图4－37、图 4－38 所示。

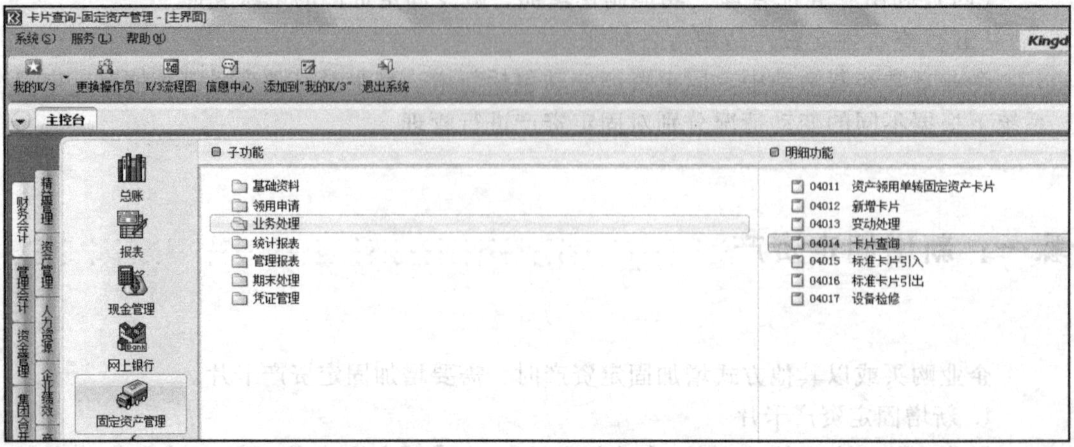

图 4－36　固定资产管理界面

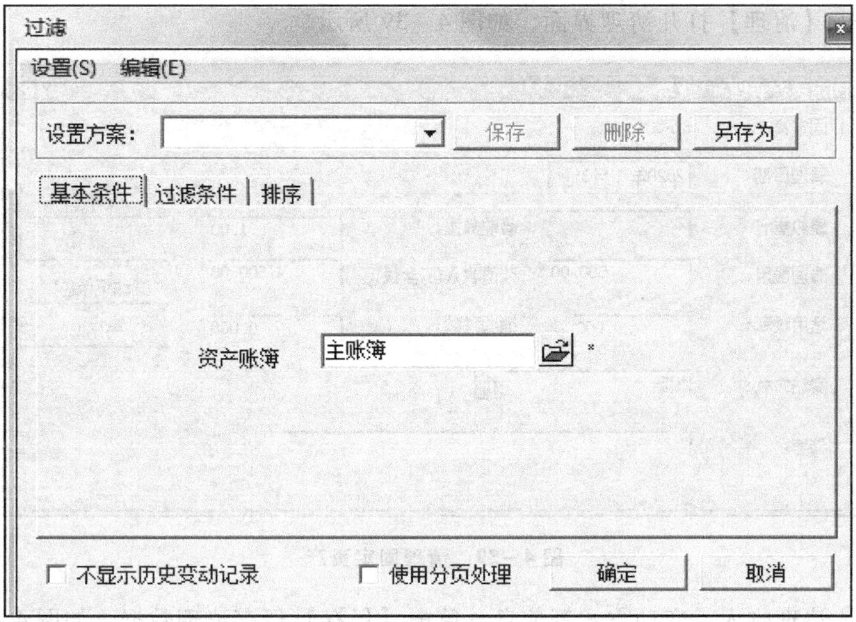

图 4－37　设置过滤条件

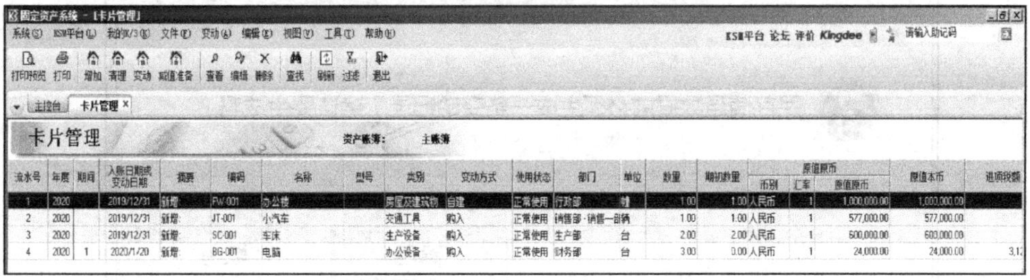

图 4－38　打开卡片管理界面

3. 删除卡片

对于本期增加的固定资产卡片，在卡片管理界面可以删除，删除之后的卡片不能恢复，只能重新输入。

步骤二：减少固定资产

企业因固定资产报废、盘亏等原因，需减少固定资产。减少固定资产不需要新增卡片，在原有卡片上进行清理变动。按照会计准则规定，本月减少固定资产本月需要计提折旧，故减少固定资产需要先进行折旧计提。

1. 减少固定资产

操作步骤：在主控台单击【财务会计】—【固定资产管理】—【业务处理】—【卡片查询】设置过滤条件，单击【确定】打开卡片管理界面，选择需要减少的固定资产，单击【清理】打开清理界面，如图 4－39 所示。

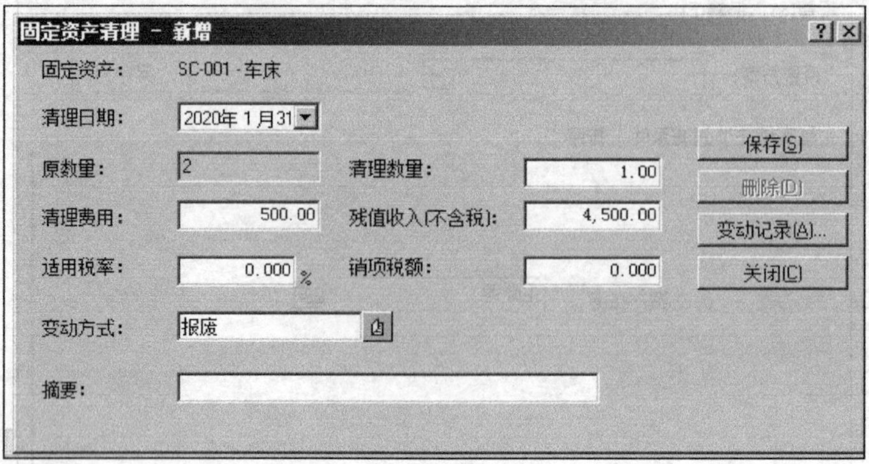

图 4－39　清理固定资产

输入清理收入、变动方式等信息，单击【保存】保存清理数据。如图 4－40 所示。

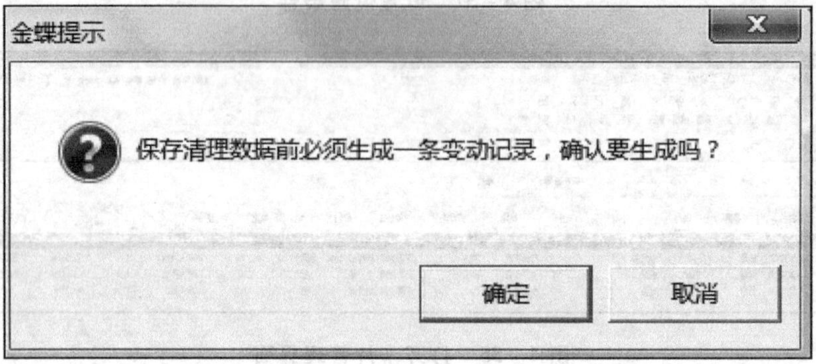

图 4－40　生成变动记录

选择【确定】退出，再单击【关闭】返回卡片管理界面。

2. 修改减少变动

如果减少固定资产后，需要修改相关选项，可以通过重新清理的方式进行更改。

在卡片管理界面，选择已经减少的固定资产减少记录，再次单击【清理】系统提示是否查看记录，如图 4－41 所示。

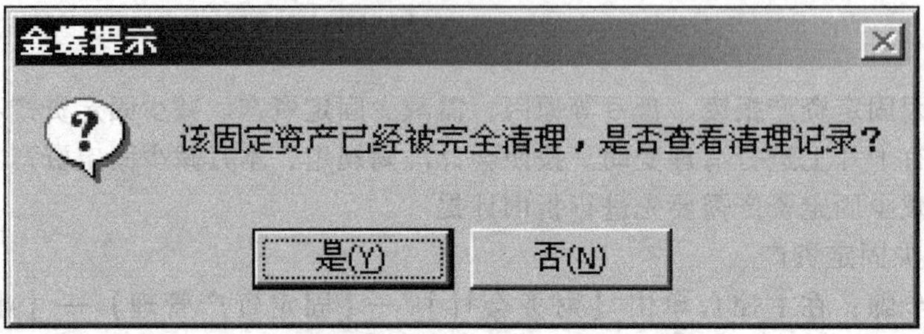

图 4－41　再次清理

选择【是】进入变动记录编辑界面，如图 4－42 所示。

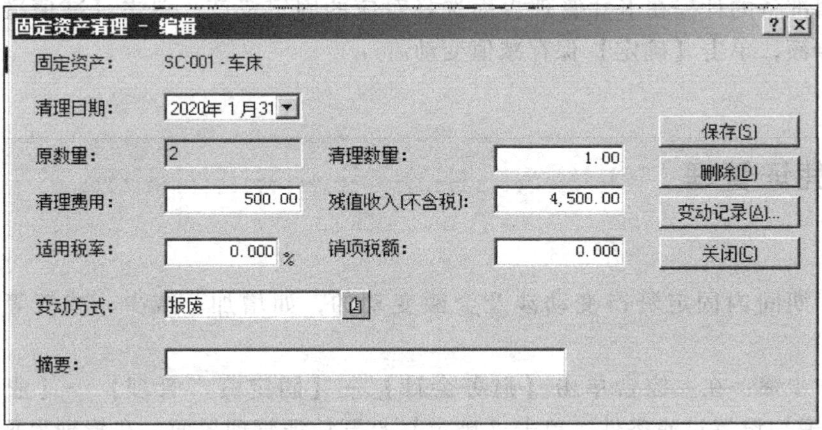

图 4－42　重新编辑记录

在该编辑界面可以删除清理记录和修改清理记录，修改之后单击【保存】保存数据，再单击【关闭】返回。

步骤三：固定资产其他变动

固定资产除了新增与减少之外，还可能有其他变动，如：使用部门变动，折旧方法变更等。这些变动也是在原有卡片基础上进行变动。

在卡片管理界面，选择需要变动的记录，单击【变动】打开卡片变动界面选择变动方式为“其他”，再输入变动信息，如图 4－43 所示。

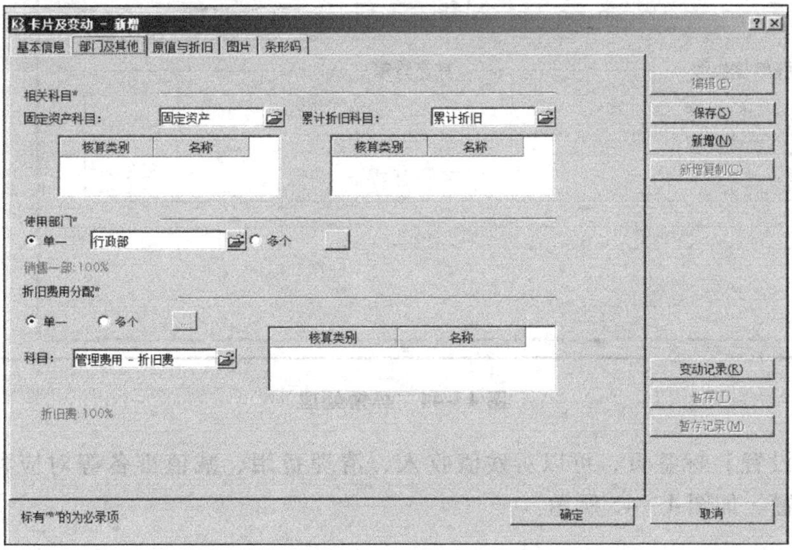

图 4－43　变动信息

输入变更信息后单击【保存】保存变动记录，再单击【确定】退出。

减值准备的计提在卡片管理界面选择对应的固定资产，单击【减值准备】输入计提减值金额，单击【确定】保存减值变动。

步骤四：凭证管理

对于期间内固定资产变动涉及金额变动的，如增加、减少、减值等，需要生成凭证。

操作步骤：在主控台单击【财务会计】—【固定资产管理】—【业务处理】—【凭证管理】设置过滤条件，单击【确定】打开凭证管理界面，在管理界面可以生成凭证、查看凭证、审核凭证、修改凭证、删除凭证等操作。

1. 凭证选项设置

在管理界面，单击【文件】—【选项】进行凭证选项设置，如图 4－44 所示。

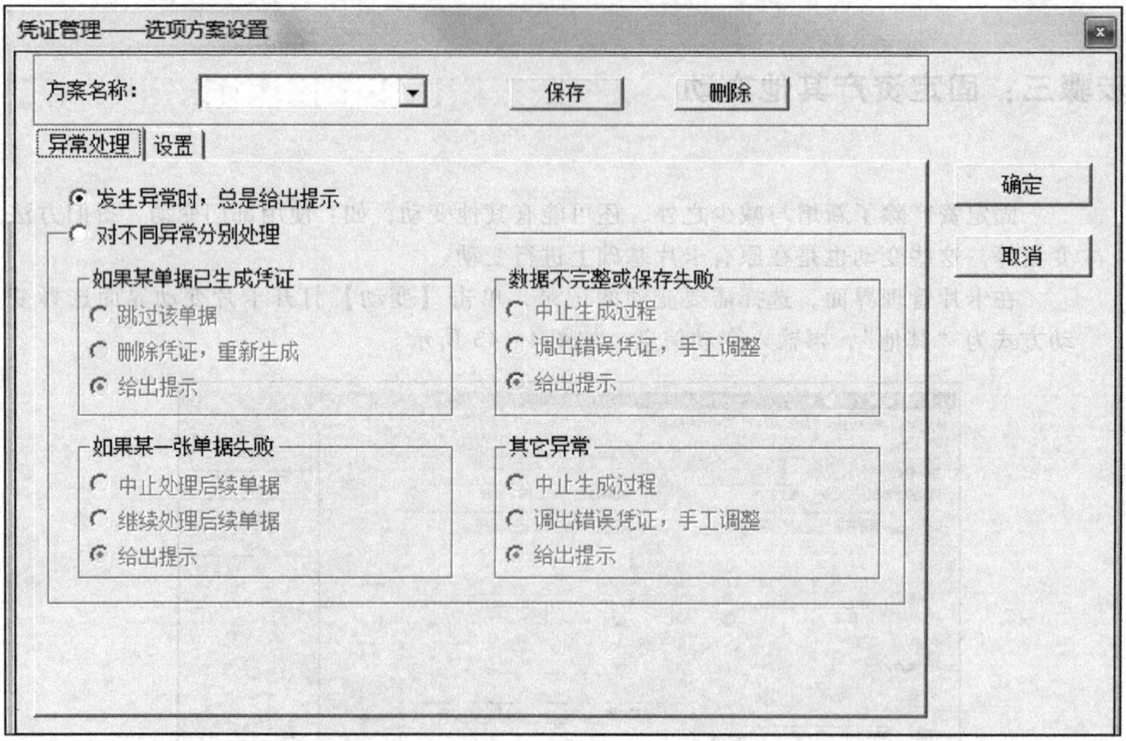

图 4－44　异常处理

在【设置】标签页，可以对残值收入、清理费用、减值准备等对应科目或对方科目进行设置。如图 4－45 所示。

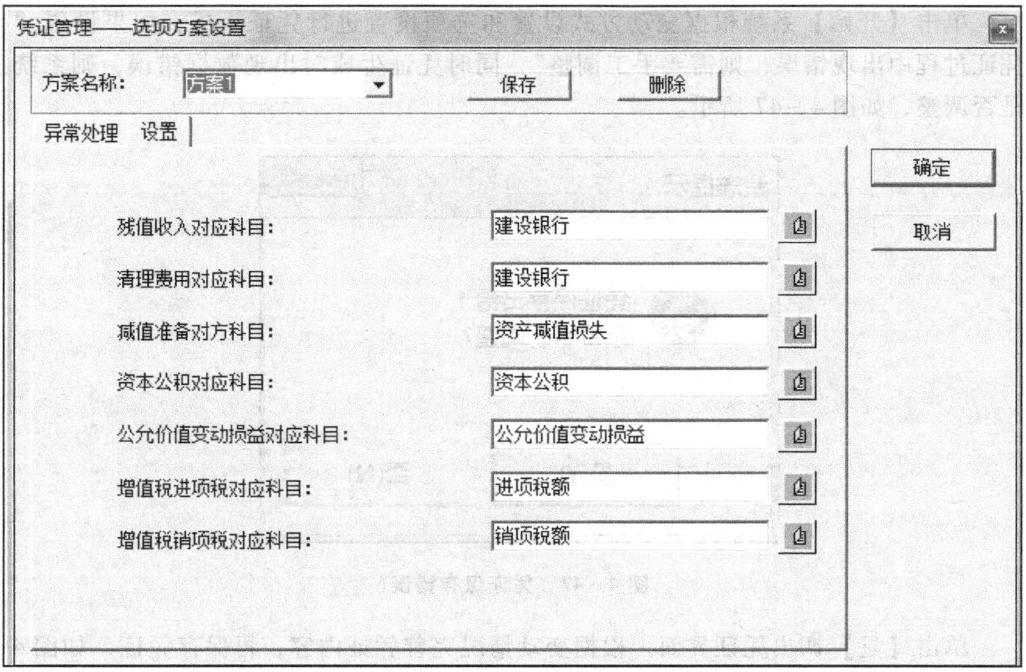
凭证管理——选项方案设置
方案名称：
方案1
保存
删除
异常处理
设置
确定
取消
残值收入对应科目：
建设银行
清理费用对应科目：
建设银行
减值准备对方科目：
资产减值损失
资本公积对应科目：
资本公积
公允价值变动损益对应科目：
公允价值变动损益
增值税进项税对应科目：
进项税额
增值税销项税对应科目：
销项税额

图 4－45　凭证选项设置

选项设置后输入"方案名称"单击【保存】可以将所作的设置保存以供下次使用。

2. 生成凭证

(1) 按单生成。在凭证管理界面，选择相应记录，单击【按单】系统弹出凭证生成向导，如图 4－46 所示。

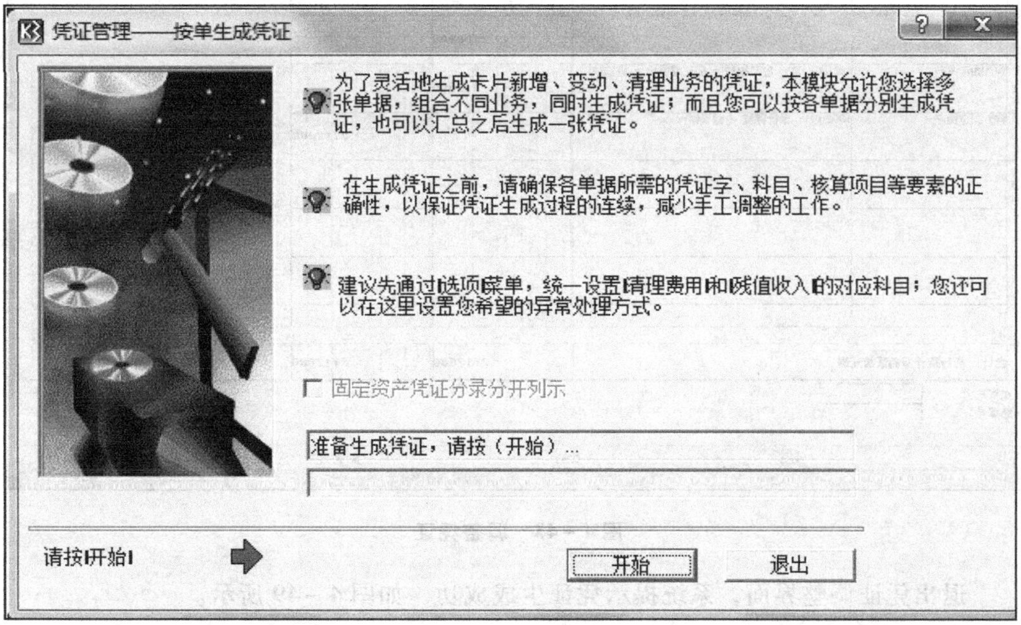
凭证管理——按单生成凭证
为了灵活地生成卡片新增、变动、清理业务的凭证，本模块允许您选择多张单据，组合不同业务，同时生成凭证；而且您可以按各单据分别生成凭证，也可以汇总之后生成一张凭证。
在生成凭证之前，请确保各单据所需的凭证字、科目、核算项目等要素的正确性，以保证凭证生成过程的连续，减少手工调整的工作。
建议先通过选项菜单，统一设置[清理费用]和[残值收入]的对应科目；您还可以在这里设置您希望的异常处理方式。
固定资产凭证分录分开列示
准备生成凭证，请按（开始）...
请按[开始]
开始
退出

图 4－46　生成凭证

单击【开始】系统根据变动方式设置和选项设置进行凭证生成，如果设置“生成凭证过程中出现错误，则需要手工调整”，同时凭证生成时出现数据错误，则系统提示是否调整，如图 4－47 所示。

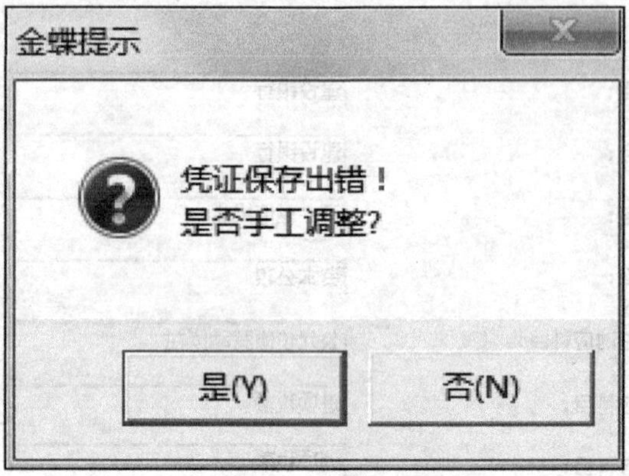

图 4－47　凭证保存错误

单击【是】调出凭证界面，根据变动情况完善凭证内容，再保存凭证，如图 4－48 所示。

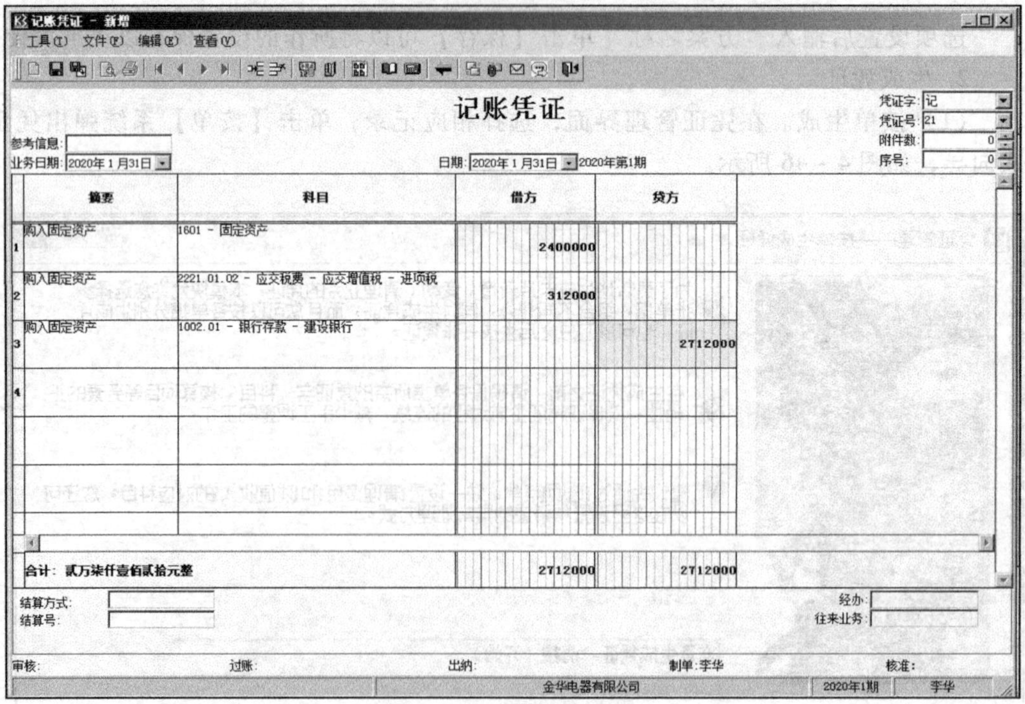

图 4－48　调整凭证

退出凭证调整界面，系统提示凭证生成成功，如图 4－49 所示。

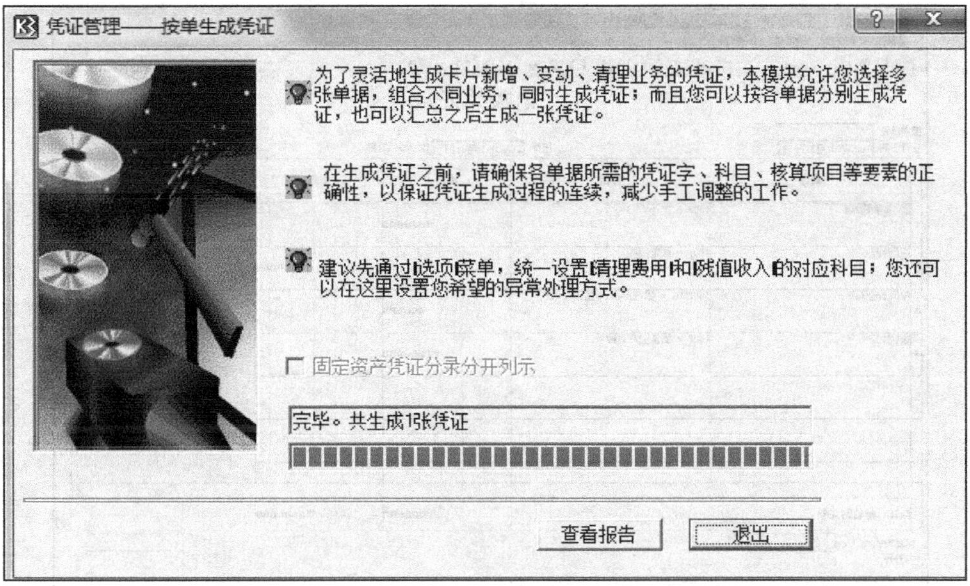
凭证管理——按单生成凭证
为了灵活地生成卡片新增、变动、清理业务的凭证，本模块允许您选择多张单据，组合不同业务，同时生成凭证；而且您可以按各单据分别生成凭证，也可以汇总之后生成一张凭证。
在生成凭证之前，请确保各单据所需的凭证字、科目、核算项目等要素的正确性，以保证凭证生成过程的连续，减少手工调整的工作。
建议先通过[选项]菜单，统一设置[清理费用]和[残值收入]的对应科目；您还可以在这里设置您希望的异常处理方式。
固定资产凭证分录分开列示
完毕。共生成1张凭证
查看报告
退出

图 4-49　凭证生成

可以查看凭证生成报告，如图 4-50 所示。

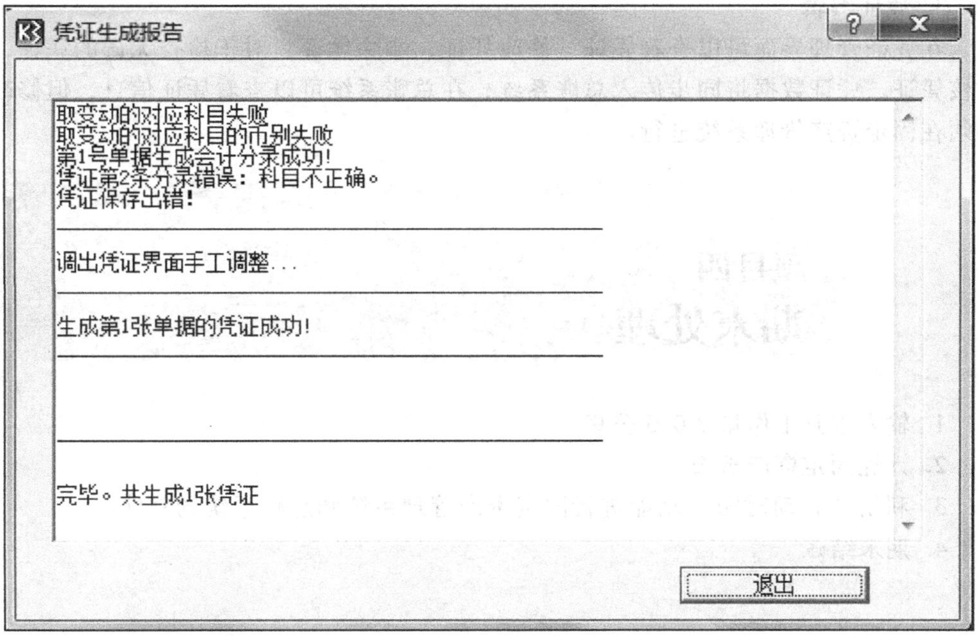
凭证生成报告
取变动的对应科目失败
取变动的对应科目的币别失败
第1号单据生成会计分录成功!
凭证第2条分录错误：科目不正确。
凭证保存出错!
调出凭证界面手工调整...
生成第1张单据的凭证成功!
完毕。共生成1张凭证
退出

图 4-50　查看报告

单击【退出】，返回到凭证管理界面，对于已生成凭证的记录，系统会显示凭证号。

（2）汇总生成凭证。在凭证管理界面，选择多条记录，单击【汇总】系统将汇总生成凭证，如图 4-51 所示。

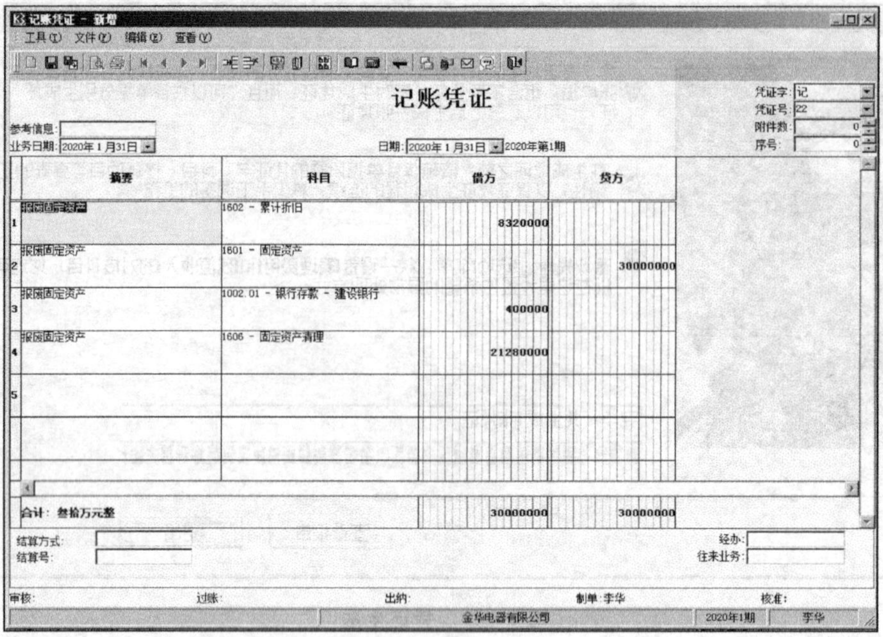

图 4－51　汇总生成凭证

3. 凭证编辑

在凭证管理界面可以查看凭证、修改凭证、删除凭证，对于检查无误的凭证，可以审核凭证。凭证数据将同步传入总账系统，在总账系统可以查看凭证信息，但修改凭证必须在固定资产管理系统进行。

项目四
期末处理

1. 输入本月工作量 2 000 公里
2. 计提固定资产折旧
3. 利用“自动对账”功能进行固定资产管理系统和总账系统的对账
4. 期末结账

步骤一：报表账簿查询

固定资产管理系统提供了完善的业务处理功能，同时也提供丰富的统计报表和管理报表，帮助企业从多角度查询固定资产信息，进行资产统计分析及各种资产折旧费用和成本分析，并为企业进行固定资产投资、修理等处理提供了决策依据。

1. 统计报表

在统计报表中可以查询资产清单、价值变动、数量统计等报表。

操作步骤：在主控台单击【财务会计】—【固定资产管理】—【统计报表】—【资产清单】设置过滤条件，单击【确定】系统显示查询结果，如图 4－52 所示。

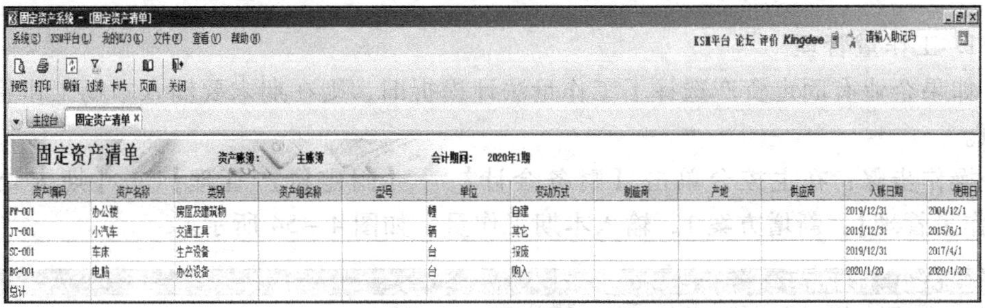

图 4－52　统计报表查询

2. 管理报表

在统计报表中可以查询资产变动信息、折旧费用分配表等报表。

操作步骤：在主控台单击【财务会计】—【固定资产管理】—【管理报表】—【资产变动及结存表】设置过滤条件，单击【确定】系统显示查询结果，如图 4－53 所示。

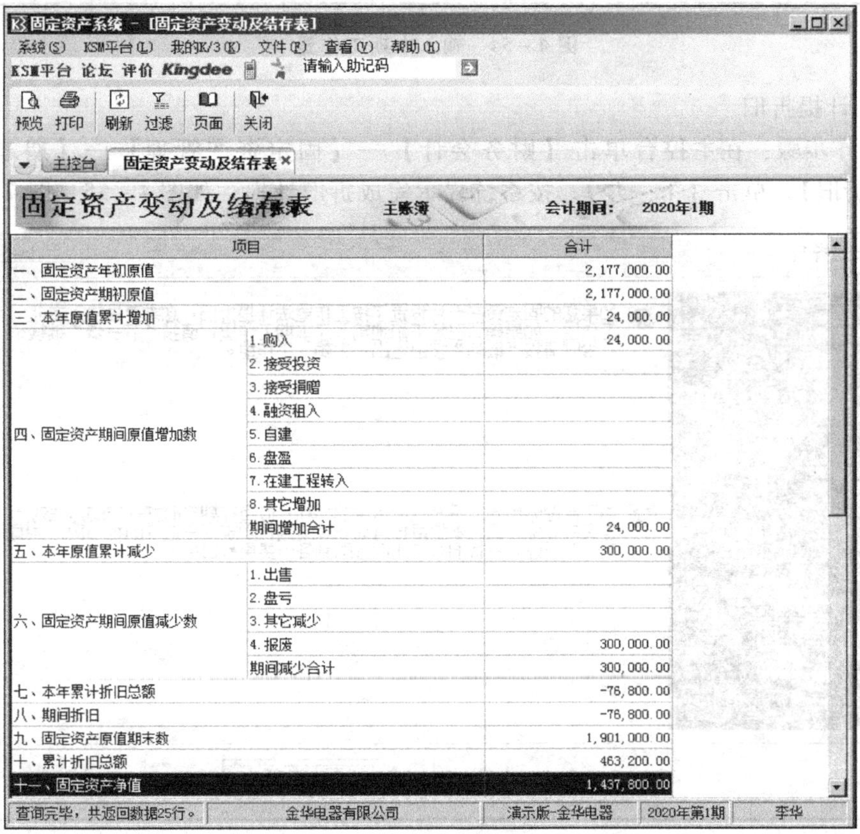

图 4－53　管理报表

步骤二：折旧计提

1. 工作量管理

如果企业有固定资产选择了工作量法计提折旧，则在期末要输入本期工作量以计算折旧。

操作步骤：在主控台单击【财务会计】—【固定资产管理】—【期末处理】—【工作量管理】，新增方案 1，输入本期工作量，如图 4－54 所示。

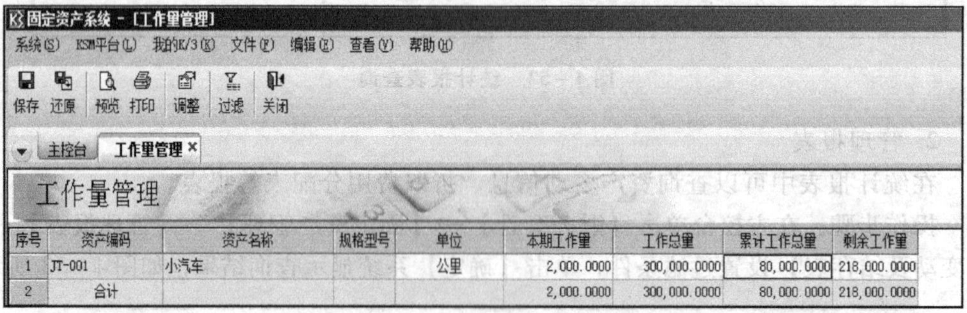

图 4－54 输入本期工作量

2. 计提折旧

操作步骤：在主控台单击【财务会计】—【固定资产管理】—【期末处理】—【计提折旧】，单击【下一步】，按系统提示完成折旧计提，如图 4－55、图 4－56 所示。

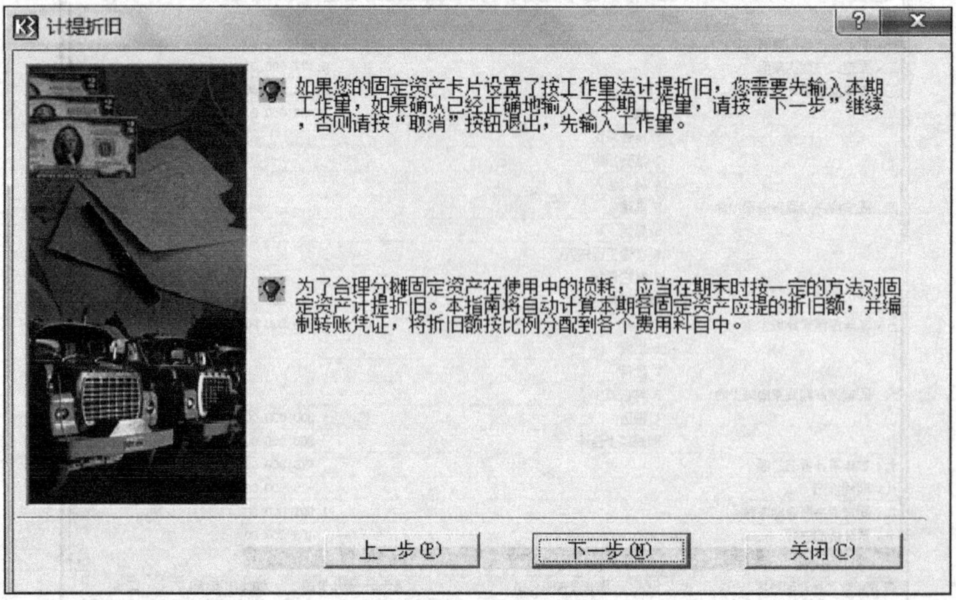

图 4－55 计提折旧提示

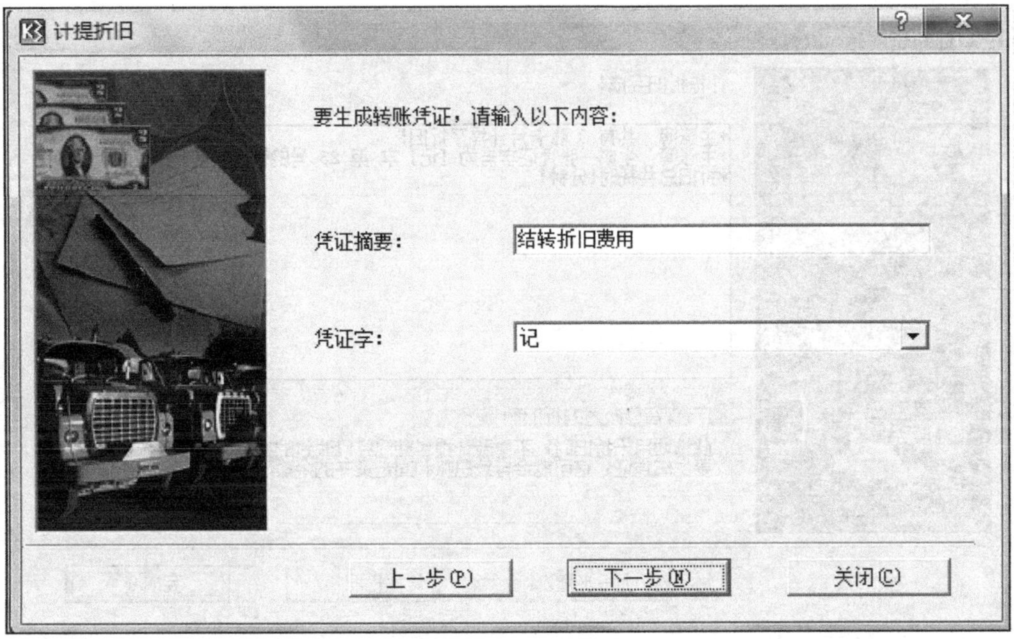
计提折旧
要生成转账凭证，请输入以下内容：
凭证摘要：
结转折旧费用
凭证字：
记
上一步(P)
下一步(N)
关闭(C)

图 4－56　摘要设置

设置凭证选项后，单击【下一步】进行折旧计提，如图 4－57 所示。

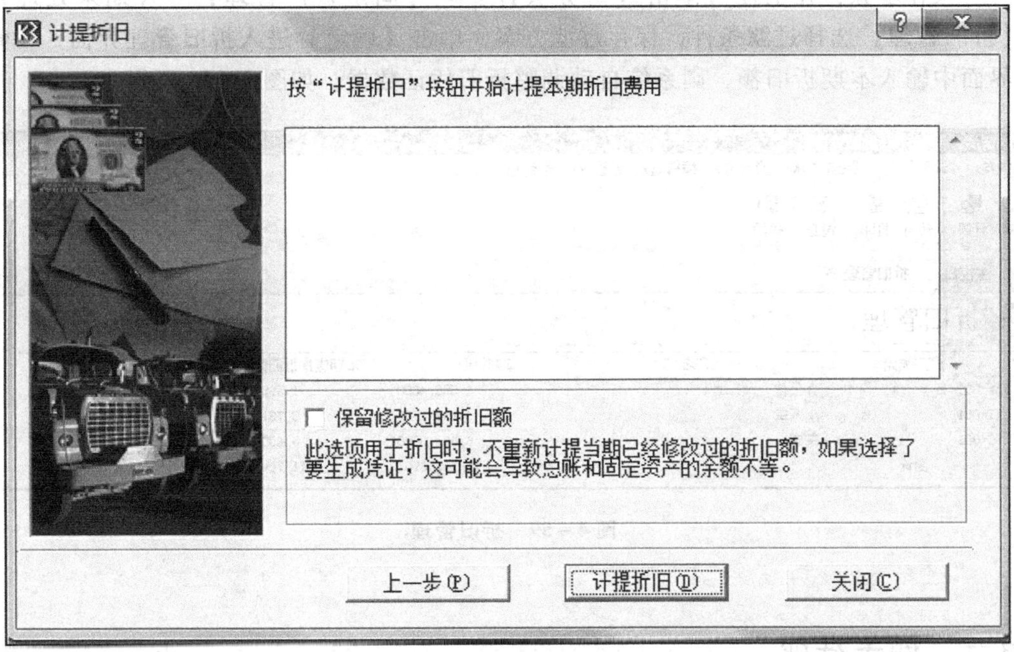
计提折旧
按"计提折旧"按钮开始计提本期折旧费用
保留修改过的折旧额
此选项用于折旧时，不重新计提当期已经修改过的折旧额，如果选择了要生成凭证，这可能会导致总账和固定资产的余额不等。
上一步(P)
计提折旧(D)
关闭(C)

图 4－57　计提折旧

折旧计提完成，单击【完成】退出，如图 4－58 所示。

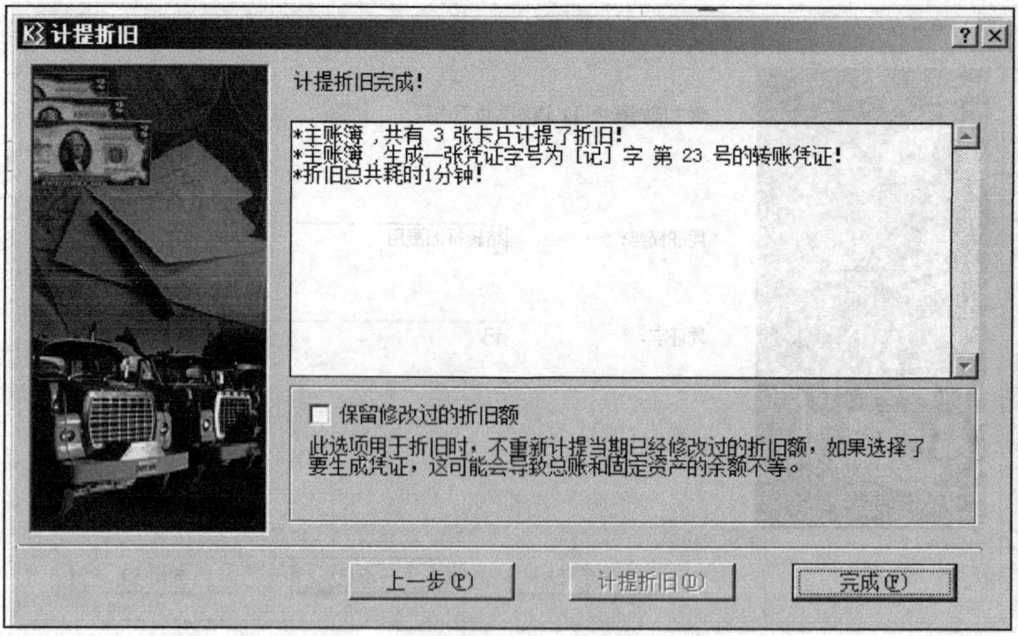
计提折旧
计提折旧完成！
*主账簿，共有 3 张卡片计提了折旧！
*主账簿，生成一张凭证字号为［记］字 第 23 号的转账凭证！
*折旧总共耗时1分钟！
保留修改过的折旧额
此选项用于折旧时，不重新计提当期已经修改过的折旧额，如果选择了要生成凭证，这可能会导致总账和固定资产的余额不等。
上一步(P)
计提折旧(D)
完成(F)

图 4－58　折旧完成

3. 折旧管理

操作步骤：在主控台单击【财务会计】—【固定资产管理】—【期末处理】—【折旧管理】选择过滤条件，保存过滤方案，单击【确定】进入折旧管理界面，在管理界面中输入本期折旧额，则系统自动调整折旧凭证数据，如图 4－59 所示。

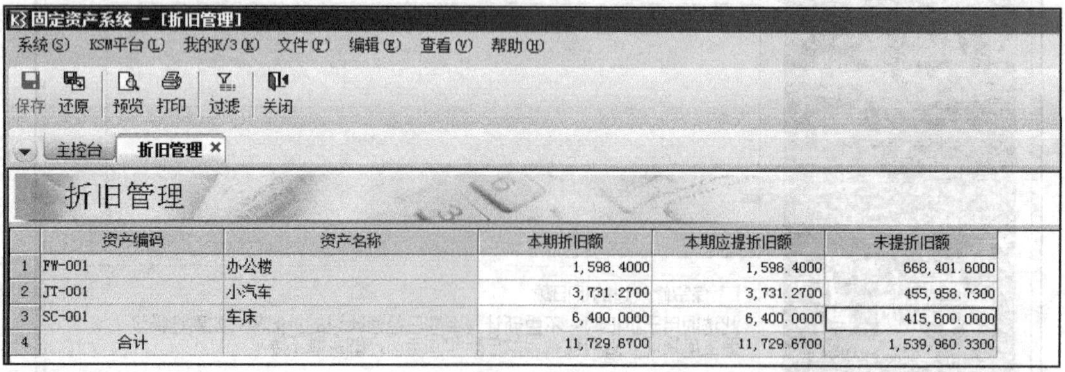
固定资产系统 － [折旧管理]
系统(S) KSM平台(L) 我的K/3(K) 文件(F) 编辑(E) 查看(V) 帮助(H)
保存 还原 预览 打印 过滤 关闭
主控台 折旧管理
折旧管理

	资产编码	资产名称	本期折旧额	本期应提折旧额	未提折旧额
1	FW-001	办公楼	1,598.4000	1,598.4000	668,401.6000
2	JT-001	小汽车	3,731.2700	3,731.2700	455,958.7300
3	SC-001	车床	6,400.0000	6,400.0000	415,600.0000
4	合计		11,729.6700	11,729.6700	1,539,960.3300

图 4－59　折旧管理

步骤三：期末结账

1. 自动对账

在进行期末结账前，为保障总账系统与固定资产管理系统数据的一致性，可以进行自动对账。在系统参数中进行了相关设置则一定需要进行期末对账。

操作步骤：在主控台单击【财务会计】—【固定资产管理】—【期末处理】—【自动对账】，新增对账方案，输入相应科目，如图 4－60 所示。

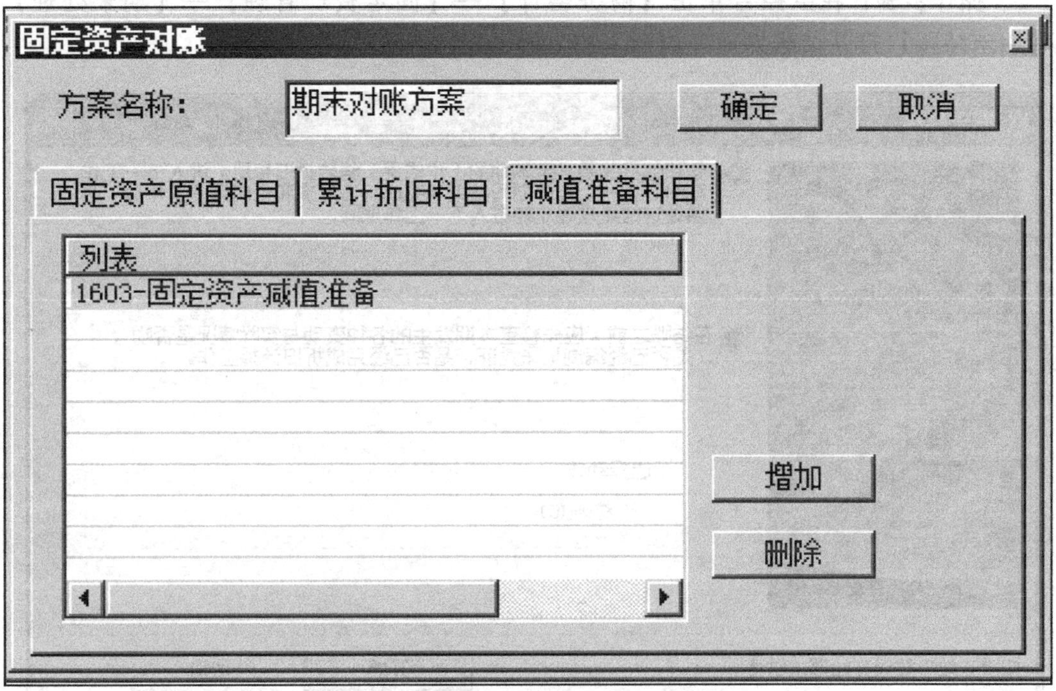

图 4－60　对账方案

设置科目后单击【确定】保存方案，再单击【确定】进行系统对账，检查总账系统与固定资产管理系统是否存在差异，如图 4－61 所示。

如果凭证未过账，对账时需要勾选包括未过账凭证，否则会出现不平衡。

系统参数中设置期末结账前必须对账，则需要设置一个默认对账方案，并且对账差异为 0 才能结账。

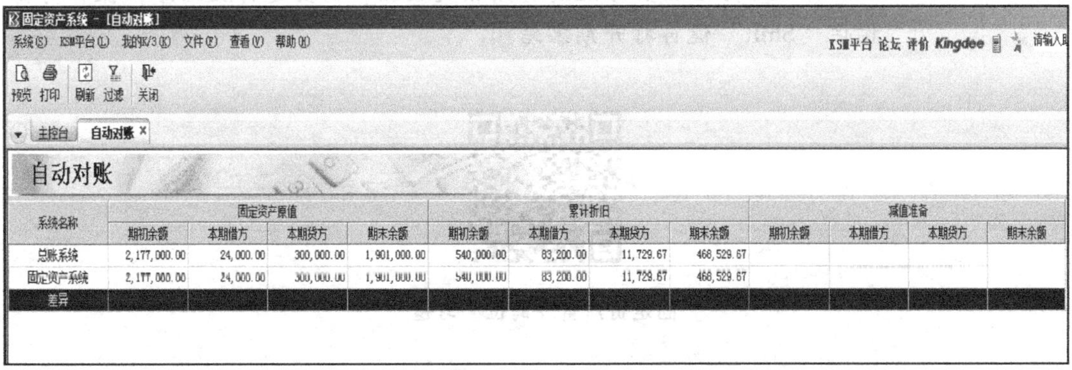

系统名称	固定资产原值				累计折旧				减值准备			
	期初余额	本期借方	本期贷方	期末余额	期初余额	本期借方	本期贷方	期末余额	期初余额	本期借方	本期贷方	期末余额
总账系统	2,177,000.00	24,000.00	300,000.00	1,901,000.00	540,000.00	83,200.00	11,729.67	468,529.67				
固定资产系统	2,177,000.00	24,000.00	300,000.00	1,901,000.00	540,000.00	83,200.00	11,729.67	468,529.67				
差异												

图 4－61　对账结果

2. 期末结账

固定资产本期变动数据都已录入系统，并都已经做了相应处理，则可以结账进入下一会计期间。

操作步骤：在主控台单击【财务会计】—【固定资产管理】—【期末处理】—【期末结账】打开结账界面，如图 4－62 所示。

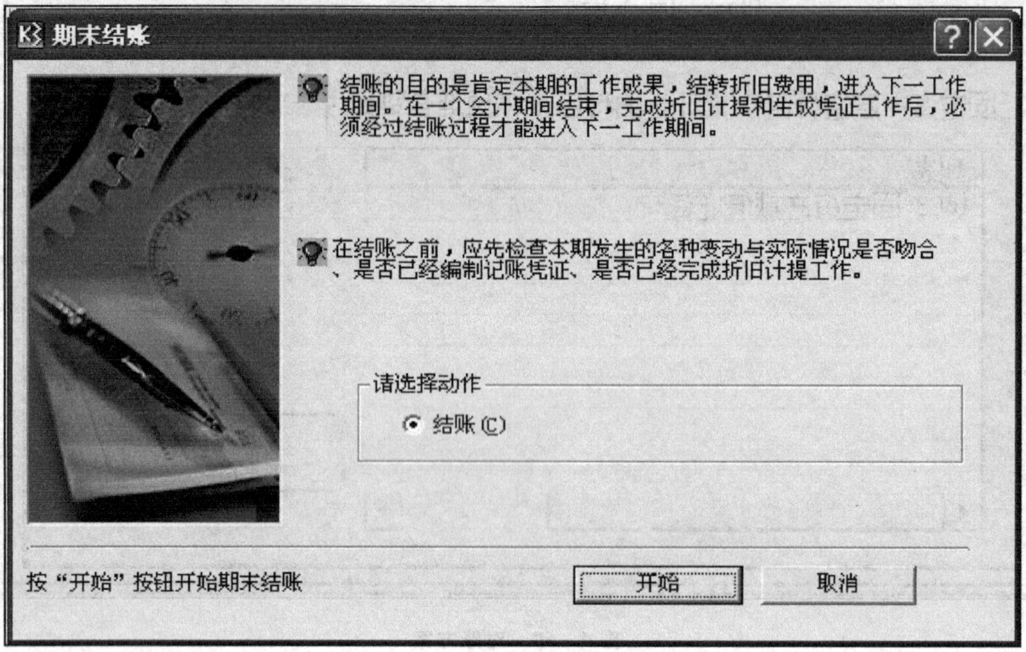
期末结账
结账的目的是肯定本期的工作成果，结转折旧费用，进入下一工作期间。在一个会计期间结束，完成折旧计提和生成凭证工作后，必须经过结账过程才能进入下一工作期间。
在结账之前，应先检查本期发生的各种变动与实际情况是否吻合、是否已经编制记账凭证、是否已经完成折旧计提工作。
请选择动作
结账(C)
按"开始"按钮开始期末结账
开始
取消

图 4－62　期末结账

单击【开始】系统结账到下一会计期间。

实操要点

如果结账后需要修改前一期相关数据，需要进行反结账，操作时需要按住"Shift"键再打开期末结账。

固定资产管理岗位　习题

5 单元五 采购岗位

学习目标

岗位能力目标：

(1) 能够制作采购系统的各种业务单据；
(2) 能够进行采购单据的审核、单据与发票的稽核；
(3) 能够查看各种账表。

岗位知识目标：

(1) 理解采购系统的功能和意义；
(2) 明白采购系统的业务流程和数据流程；
(3) 掌握采购系统日常单据填制和票据钩稽。

工作任务

应完成的工作任务：

(1) 处理一般采购业务单证，录入采购系统单据；
(2) 几种特殊采购业务的单证处理；
(3) 查询采购系统单据及报表。

完成工作任务应提交的标志性成果：采购申请单、采购订单、收料通知单、外购入库单、采购发票及报表

实训要求：

(1) 根据提供的业务资料进行采购系统各种业务单据制作；
(2) 进行采购单据的审核；
(3) 进行采购发票的稽核；
(4) 掌握各种账表的查看技巧。

采购业务基本流程图

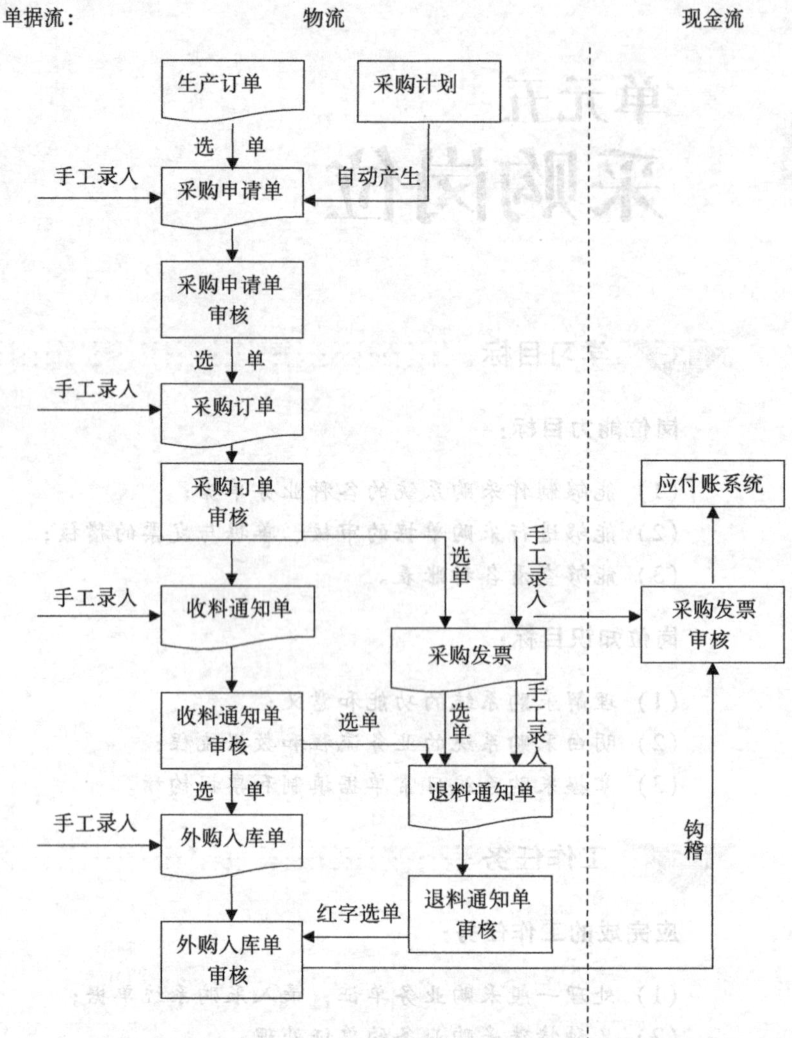

采购业务操作单据流程： 采购申请单—采购订单—采购收料通知单—**外购入库单**—采购发票—采购退货通知单—**红字外购入库单**—红字采购发票

项目一
货到单未到

采购部人员张浩于 2020 年 1 月 3 日向南方公司订购二极管 1 000 个，单价 20 元（不含税价）。2020 年 1 月 10 日货到，当日行政部门通知仓库入库，仓库管理员王欣经检验合格后入库（原材料仓）。2020 年 1 月 12 日南方公司开出增值税发票。

处理流程

【采购申请单】—【采购订单】—【采购收料通知单】—【外购入库单】—【采购发票】。

业务要点

(1) 采购订单或收料通知单是采购系统与仓存系统连接的关键接口，仓存系统的外购入库单就可以根据其引入生成，它是物料入库的依据。

(2) 外购入库单和采购系统有两个接口，一个是从采购订单或收料通知单引入数据生成外购入库单，另一个是外购入库单本身又是采购发票的生成数据来源。外购入库单是与存货核算系统中的外购入库核算接口。

(3) 采购发票是采购系统的关键操作，它涉及付款和确定采购成本，所以是采购系统与本软件中应付账款系统和存货核算系统的接口。

(4) 从供应链系统传递到应付账款子系统中的发票，不能在应付账款系统中生成凭证，只能在存货核算系统中做。

(5) 采购发票审核实际上是采购发票和采购入库单的核对。

操作步骤如下

步骤一：新增采购申请单并审核，单据中的使用部门和申请人选择材料的需求部门，如图 5－1 所示。

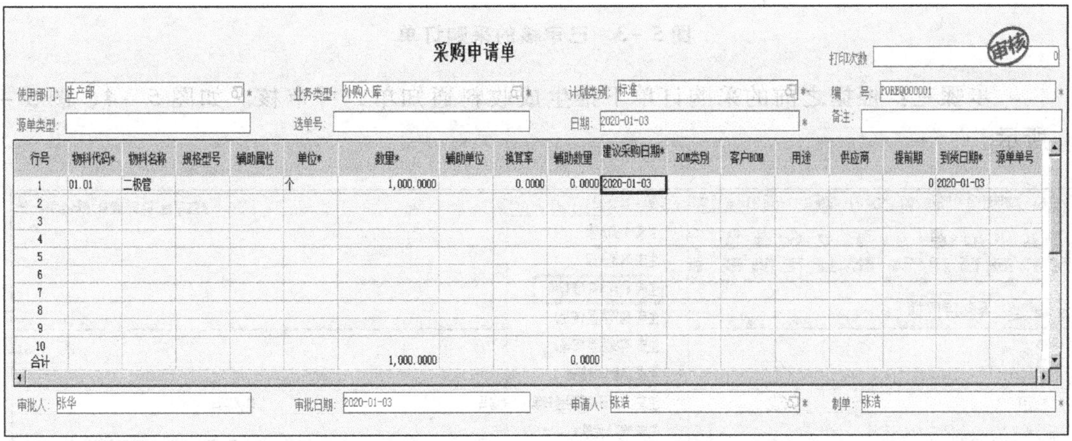

采购申请单

打印次数: 0　审核

使用部门: 生产部　业务类型: 外购入库　计划类别: 标准　编　号: POREQ000001

源单类型:　选单号:　日期: 2020-01-03　备注:

行号	物料代码*	物料名称	规格型号	辅助属性	单位*	数量*	辅助单位	换算率	辅助数量	建议采购日期*	BOM类别	客户BOM	用途	供应商	提前期	到货日期*	源单单号
1	01.01	二极管			个	1,000.0000		0.0000	0.0000	2020-01-03					0	2020-01-03	
2																	
3																	
4																	
5																	
6																	
7																	
8																	
9																	
10																	
合计						1,000.0000			0.0000								

审批人: 张华　审批日期: 2020-01-03　申请人: 张浩　制单: 张浩

图 5－1　已审核的采购申请单

步骤二：点击菜单【下推】—【生成采购订单】，并对采购订单进行审核。如图 5－2、图 5－3 所示。

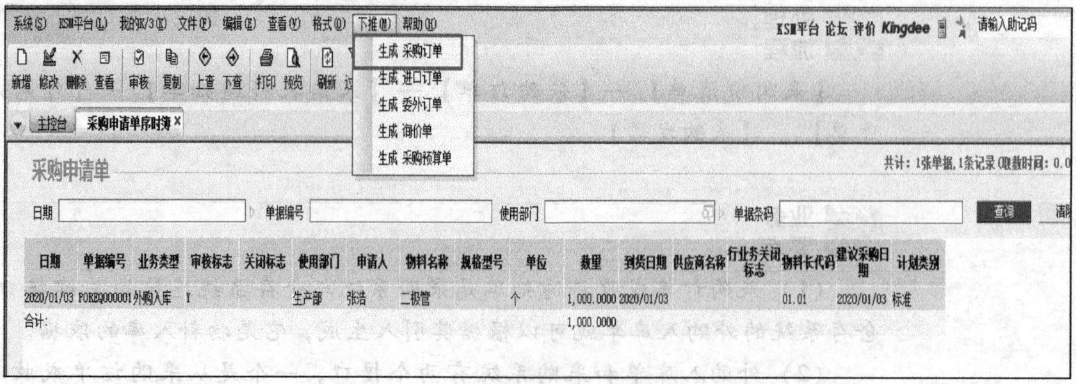

图 5－2　采购申请单维护界面

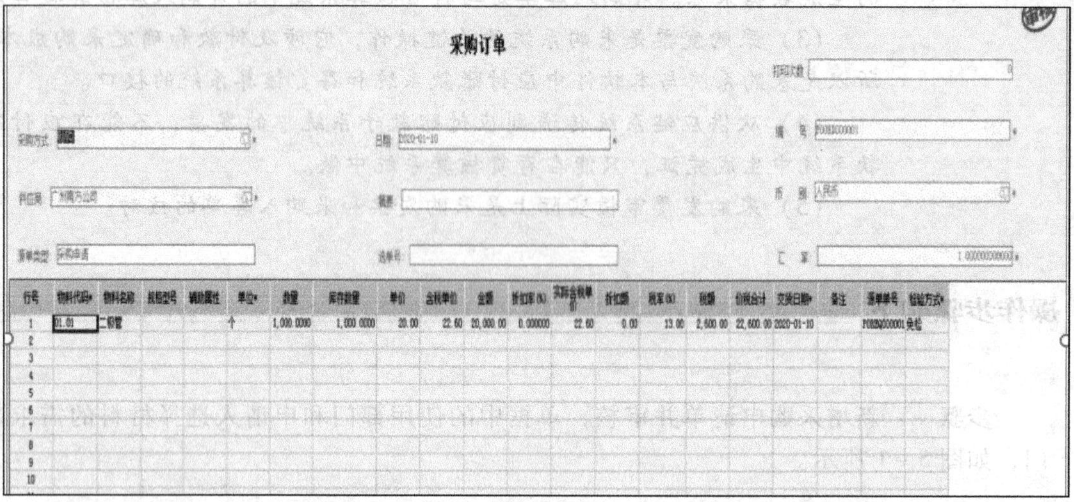

图 5－3　已审核的采购订单

步骤三：根据之前的采购订单下推生成收料通知单，并审核。如图 5－4、图 5－5 所示。

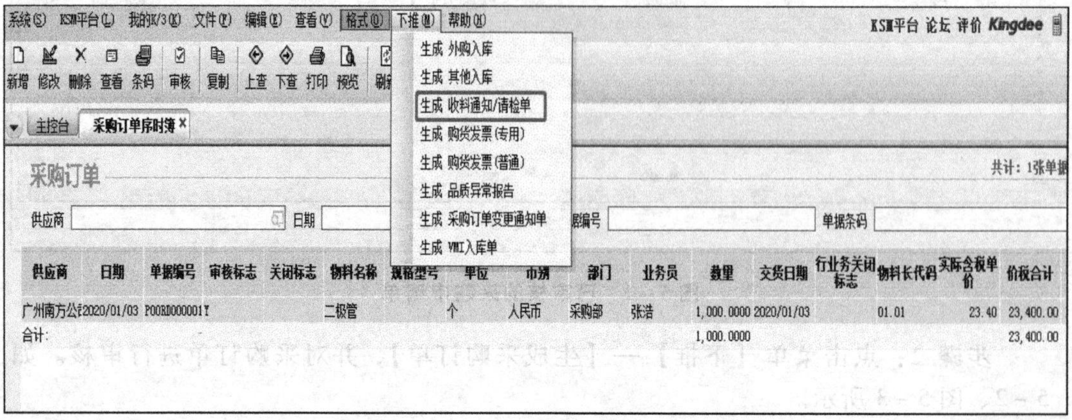

图 5－4　采购订单维护界面

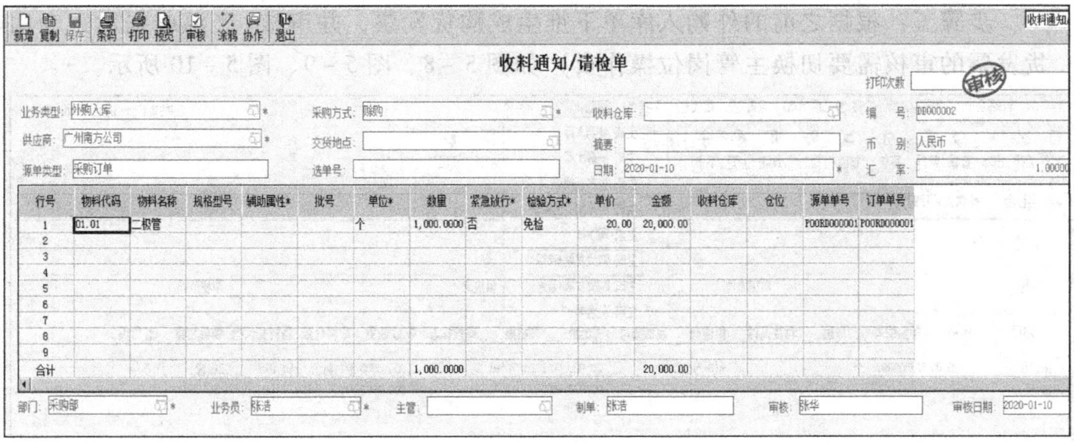

图 5－5　已审核的收料通知单

步骤四：根据之前的收料通知单下推生成外购入库单，并审核。（温馨提示：外购入库单的生成需要切换仓存管理操作员）如图 5－6、图 5－7 所示。

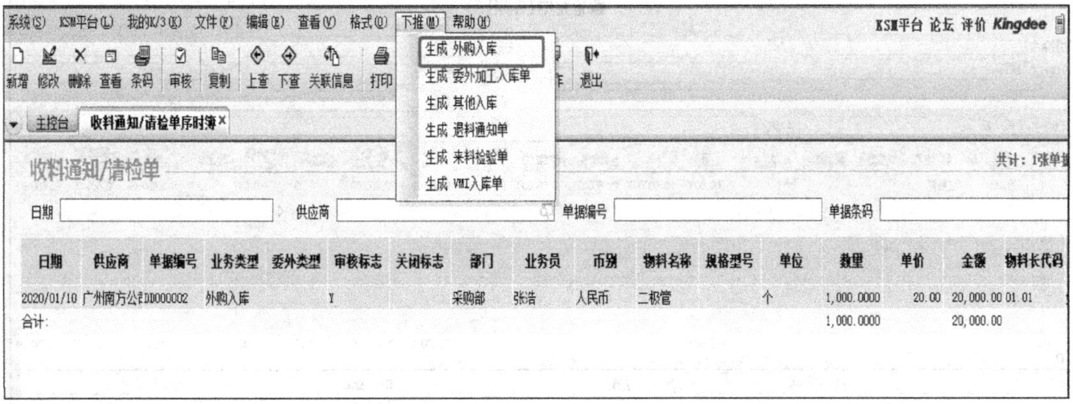

图 5－6　收料通知单的维护界面

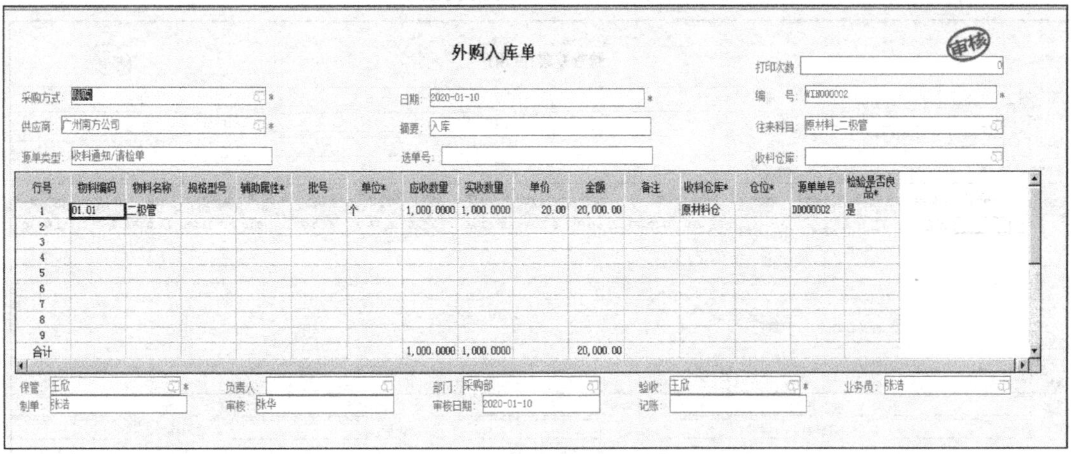

图 5－7　已审核的外购入库单

步骤五：根据之前的外购入库单下推生成购货发票，并审核。（温馨提示：专用购货发票的审核需要切换主管岗位操作员）如图 5－8、图 5－9、图 5－10 所示。

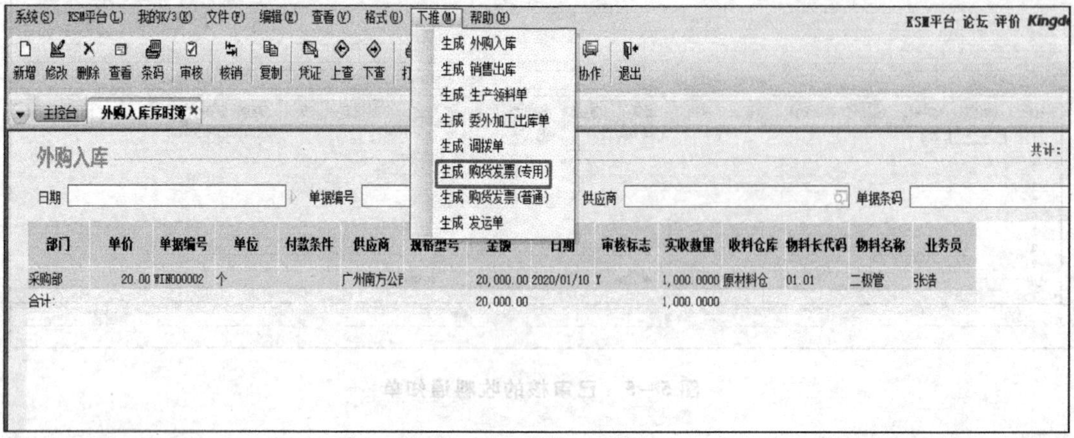

图 5－8　外购入库维护界面

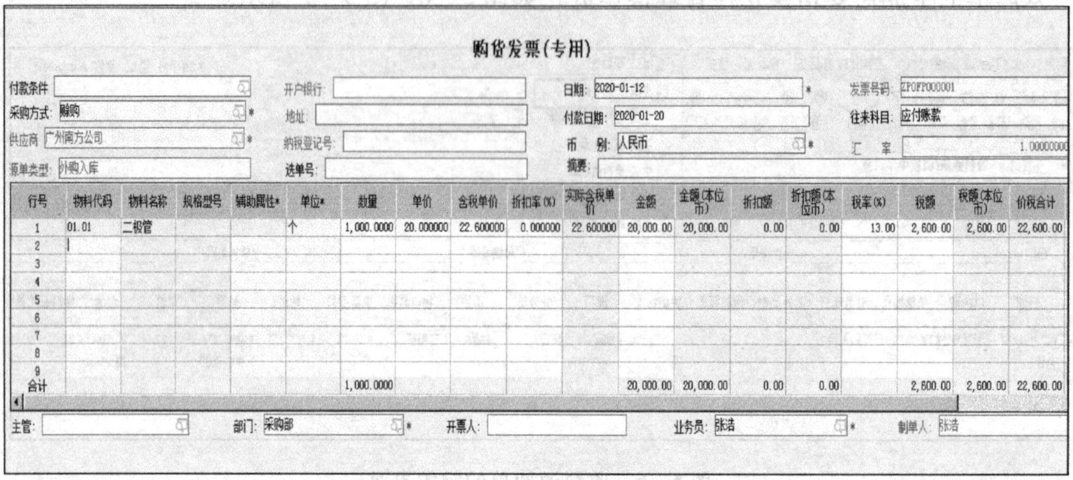

图 5－9　生成购货发票

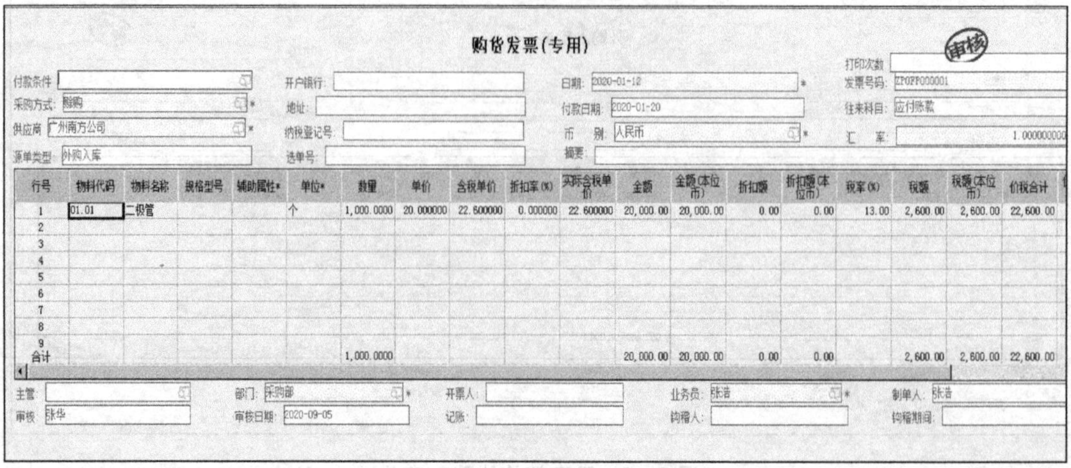

图 5－10　已审核的购货发票

温馨提示

(1) 单据录入时如需“关联”其他单据生成，可通过“××单号”选择所需的单据进行，但要注意“关联”所选择的单据必须经过审核，单据审核均由账套主管完成。

(2) 发票保存后会自动传递到应付系统。(前提是应付款系统在发票制作前已经启用)

(3) 可以利用序时簿中的“折单”选项进行以前期间的外购入库单拆分工作。拆单时，原单称为母单，由原单拆分出来的单据称为子单（例如：原单代码为 SP001，拆分出来的子单代码则为 SP001A、SP001B…），从母单拆分出来的子单是不能再进一步拆分，而母单则要继续拆分。

(4) 拆分后的单据可通过外购入库单序时簿中的“合并单据”选项进行单据合并工作。

(5) 采购申请单可以进行多张单据合并生成一张单据（在序时簿中“编辑”菜单“合并”选项）。

项目二 暂估入库

采购部人员张浩于 2020 年 1 月 10 日向王码公司订购线路板 1 000 片，单价 100 元（不含税价）。2020 年 1 月 11 日货到，当日行政部门通知仓库入库，仓管管理员王欣检验合格后入库（原材料仓）。

处理流程

【采购申请单】—【采购订单】—【采购收料通知单】—【外购入库单】—【采购发票】（下月做）

操作步骤如下

步骤一：新增采购申请单并审核，如图 5 - 11 所示。

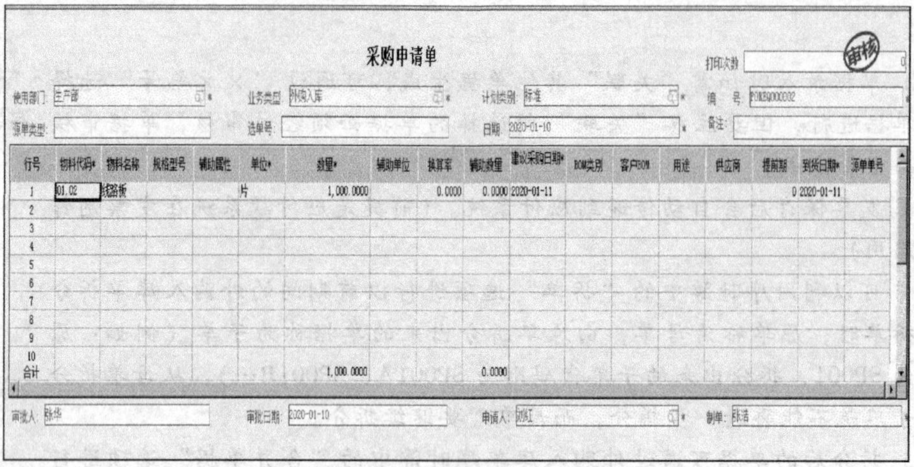

图 5－11　已审核的采购申请单

步骤二：根据之前的采购申请单，点击菜单【下推】—【生成采购订单】，并对采购订单进行审核。如图 5－12、图 5－13 所示。

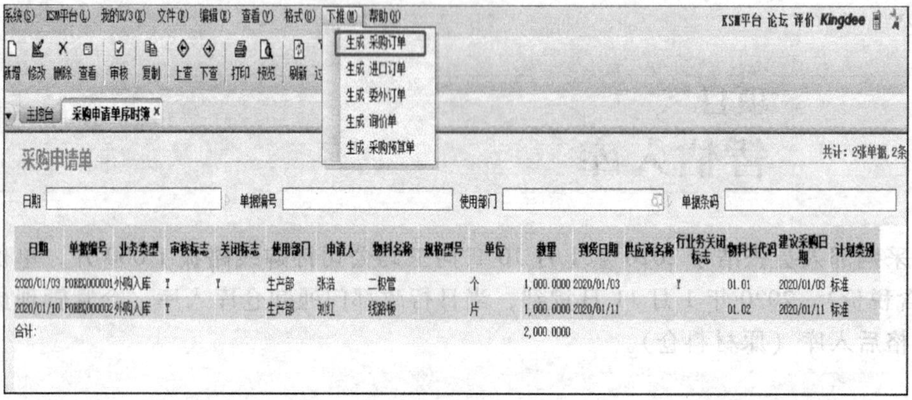

图 5－12　采购申请单维护界面

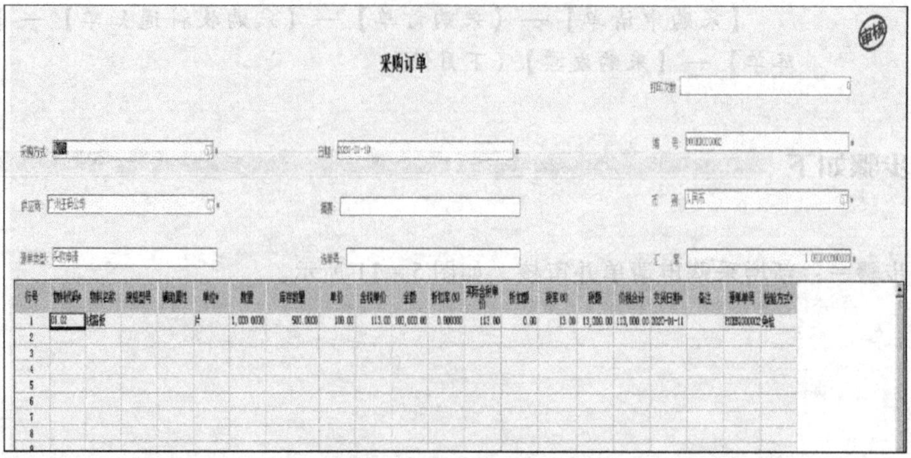

图 5－13　已审核的采购订单

步骤三：根据之前的采购订单下推生成收料通知单，并审核。如图 5－14、图 5－15所示。

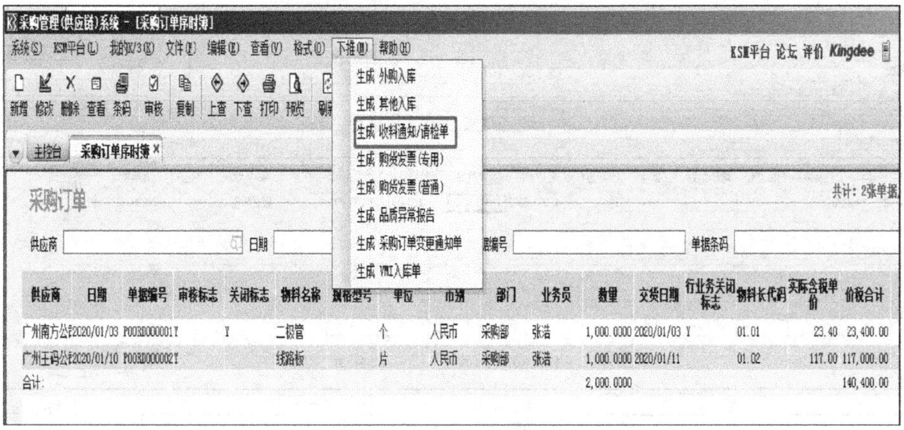

图 5－14　采购订单维护界面

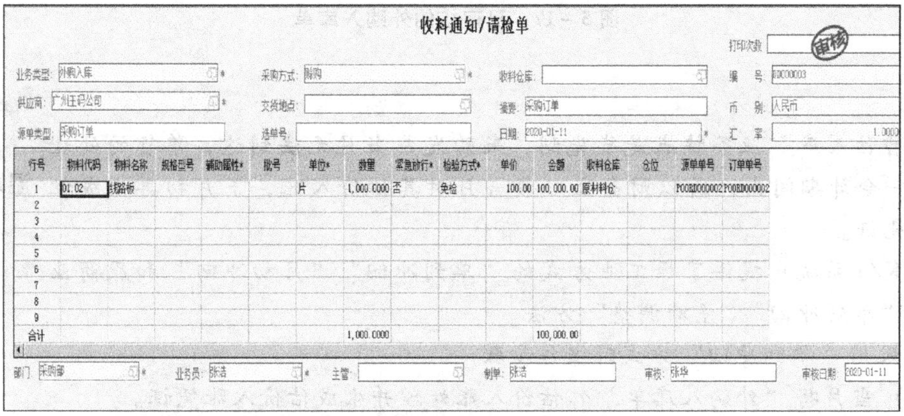

图 5－15　已审核的收料通知单

步骤四：根据之前的收料通知单下推生成外购入库单，并审核。（温馨提示：外购入库单的生成需要切换仓存管理操作员）如图 5－16、图 5－17 所示。

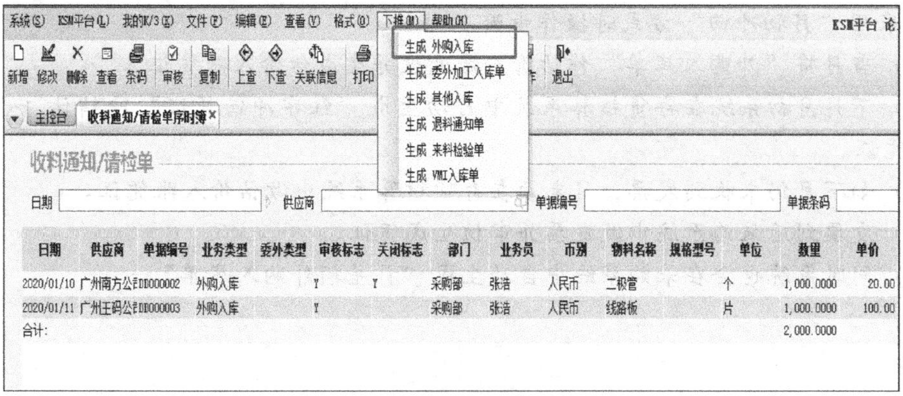

图 5－16　收料通知单维护界面

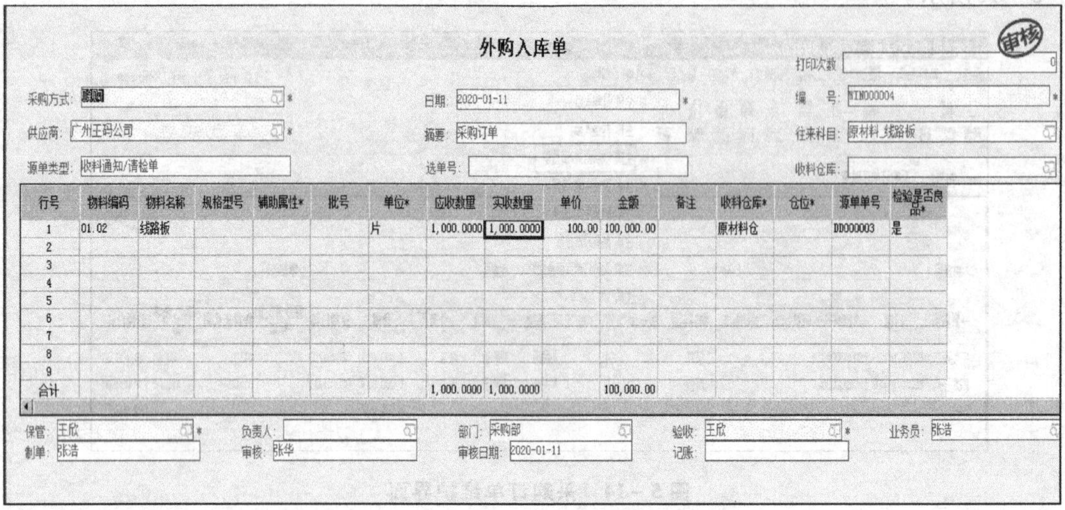

外购入库单

审核

打印次数 0

采购方式：赊购 * 日期：2020-01-11 * 编 号：WIN000004 *

供应商：广州王码公司 * 摘要：采购订单 往来科目：原材料_线路板

源单类型：收料通知/请检单 选单号： 收料仓库：

行号	物料编码	物料名称	规格型号	辅助属性*	批号	单位*	应收数量	实收数量	单价	金额	备注	收料仓库*	仓位*	源单单号	检验是否良品*
1	01.02	线路板				片	1,000.0000	1,000.0000	100.00	100,000.00		原材料仓		DD000003	是
2															
3															
4															
5															
6															
7															
8															
9															
合计							1,000.0000	1,000.0000		100,000.00					

保管：王欣 * 负责人： 部门：采购部 验收：王欣 * 业务员：张洁

制单：张洁 审核：张华 审核日期：2020-01-11 记账：

图 5－17 已审核的外购入库单

温馨提示

“暂估入库”业务特点是货先到，采购发票当月无法到达，单货的处理不在同一会计期间内，所以财务上一般当月对其估价入账，下月初再生成红字冲回凭证。

在 K/3 系统中提供了原工业方式的“单到冲回”“月初冲回”和原商业方式的“单到冲回”“差额调整”方法。

1. 采用“单到冲回”方式时操作步骤

（1）当月将“外购入库单”作估价入账处理并生成估价入账凭证。

（2）下月发票到后在采购系统补发票并审核。

（3）在存货核算系统“生成凭证”中做暂估冲回凭证（红字冲回凭证）。

（4）系统将自动生成“补差额外购入库单”。

（5）在存货核算系统“生成凭证”中做外购入库凭证。

2. 采用“月初冲回”方式时操作步骤

（1）当月将“外购入库单”作估价入账处理并生成估价入账凭证。

（2）下月月初系统在存货核算系统中自动生成“红字冲回凭证”冲销估价入账凭证。

（3）如下月仍未收到发票，月末须在存货核算系统中做估价入账凭证。

（4）发票到后采购系统中做发票并审核生成凭证。

（5）同时系统也会在采购系统中自动生成“补差额外购入库单”。

项目三
单货同到

采购部人员张浩于2020年1月20日向王码公司订购线路板100片，单价110元（不含税价）。2020年1月25日货到，当日采购部人员张浩通知仓库入库，仓管主管王欣入原材料仓。同日收到王码公司开出的增值税发票。

处理流程

【采购订单】—【采购收料通知单】—【外购入库单】—【采购发票】（采购申请单省略）

操作步骤如下

步骤一：新增采购订单并审核，如图5－18所示。

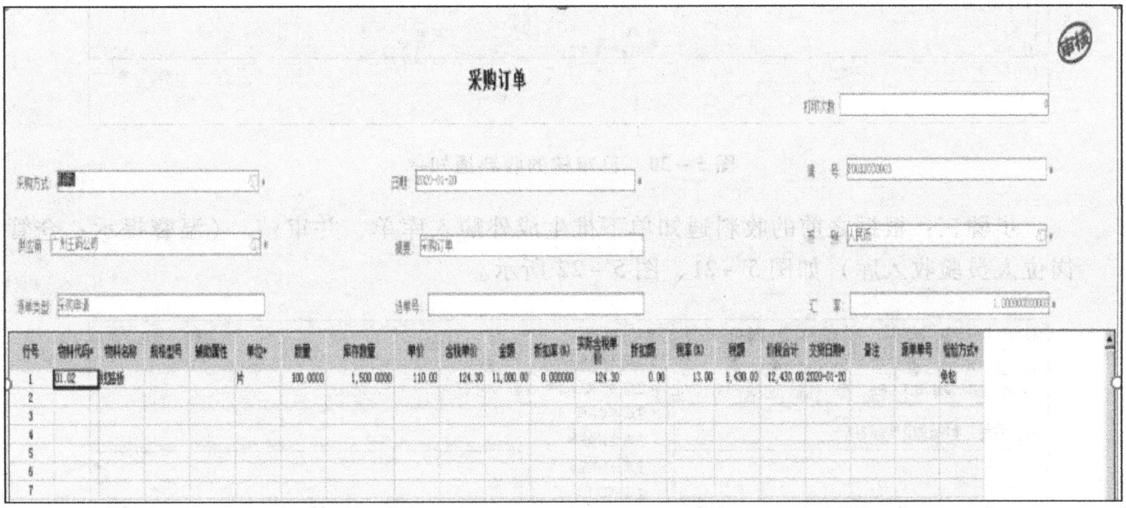

图5－18 已审核的采购订单

步骤二：根据之前的采购订单下推生成收料通知单，并审核。如图5－19、图5－20所示。

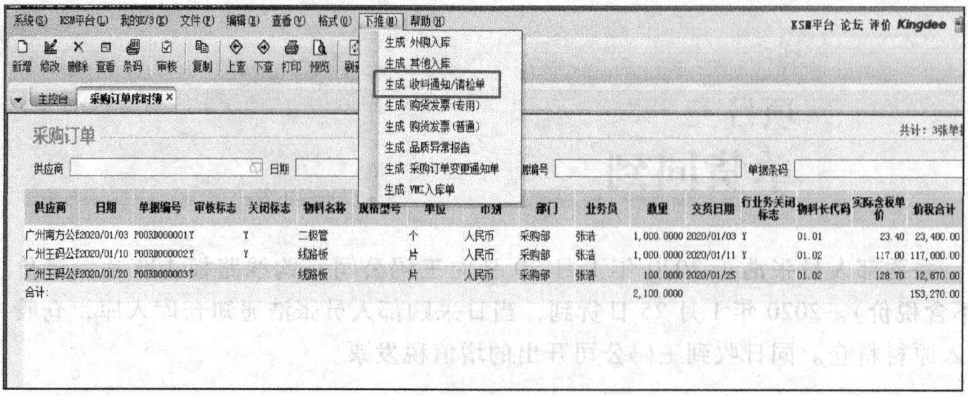

图 5-19 采购订单维护界面

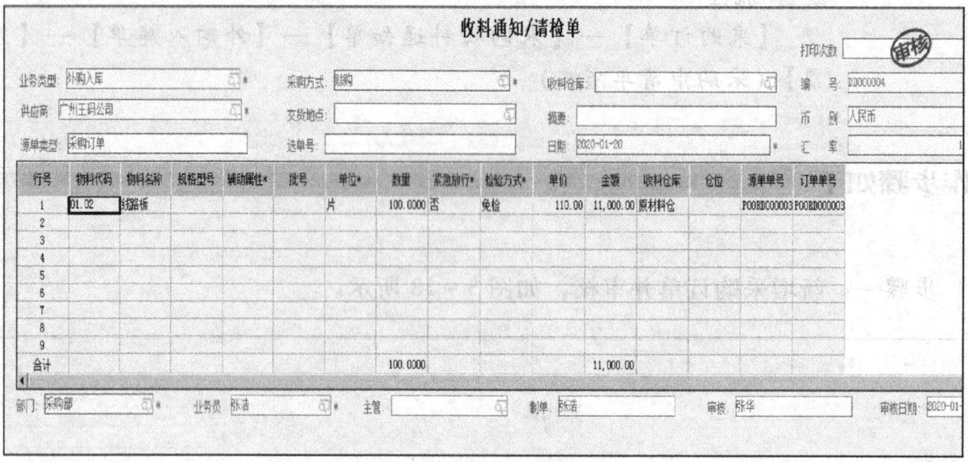

图 5-20 已审核的收料通知单

步骤三：根据之前的收料通知单下推生成外购入库单，并审核。（温馨提示：仓管岗位人员验收入库）如图 5-21、图 5-22 所示。

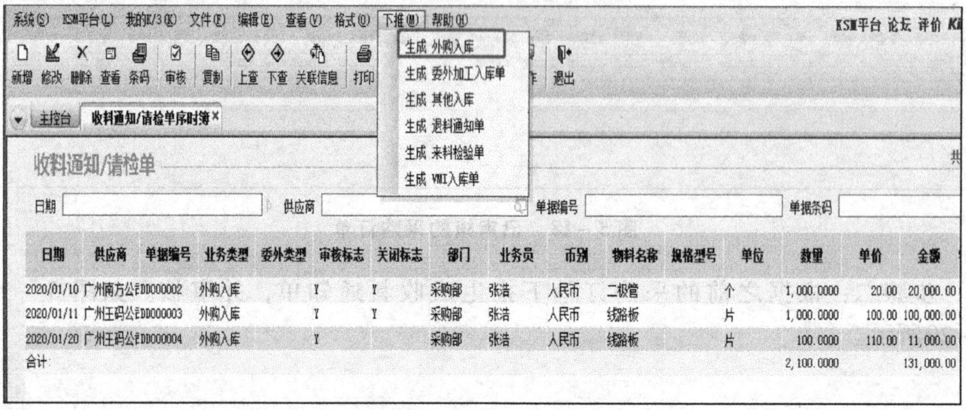

图 5-21 收料通知单维护界面

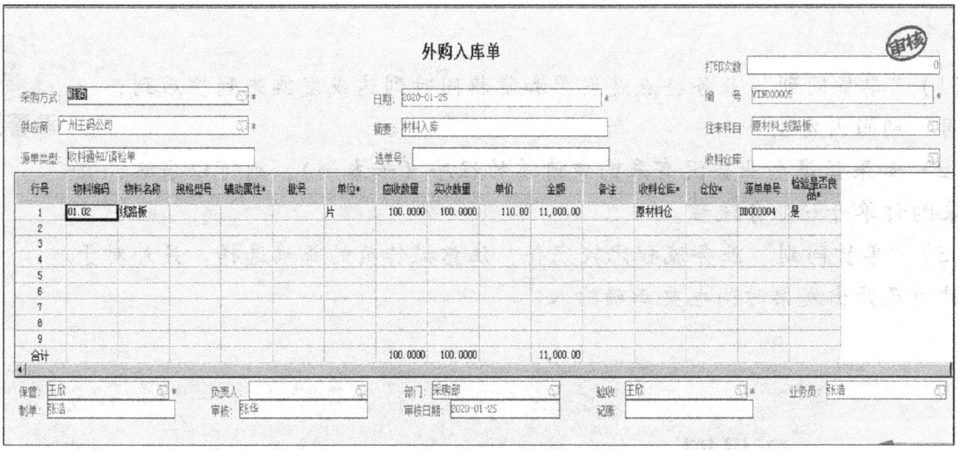

图 5－22　已审核的外购入库单

步骤四：根据之前的外购入库下推生成购货发票，并审核。如图 5－23、图 5－24 所示。

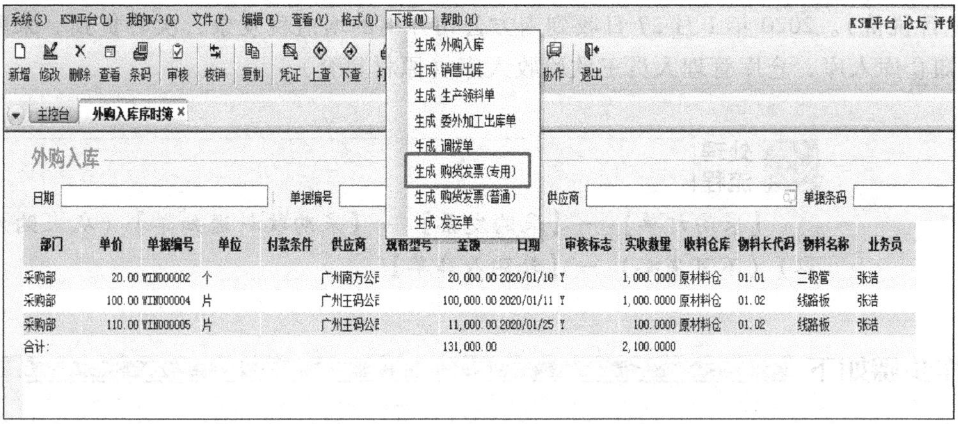

图 5－23　外购入库的维护界面

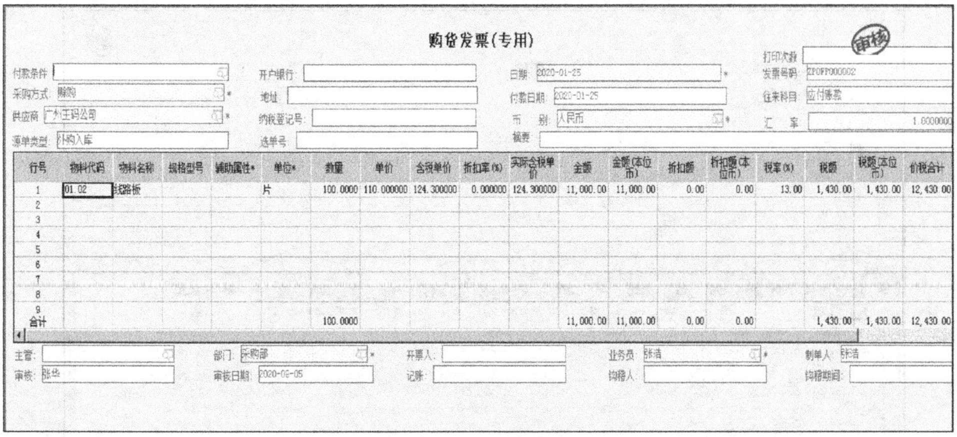

图 5－24　已审核的购货发票

温馨提示

（1）“单货同到”业务特点是发票和货物同时到达或发票先到货后到，一般在同一期间内发生。

（2）如果该类型业务没有采购申请单的程序（如本例），则可以省略，直接从采购订单开始业务流程。

（3）“单货同到”业务流程比较完整，注意操作员的正确选择，另外对于入库时间及开出发票时间也要正确输入。

项目四
单先到货后到

采购部人员张浩于 2020 年 1 月 25 日向南方公司订购二极管 100 个，单价 30 元（不含税价）。2020 年 1 月 27 日收到南方公司开出的增值税发票，次日货到，采购部门通知仓库入库，仓库管理人员王欣验收入库（原材料仓）。

处理流程

【采购订单】—【采购发票】—【采购收料通知单】（从采购发票获取）（不可省略）—【外购入库单】

操作步骤如下

步骤一：新增采购订单并审核，如图 5－25 所示。

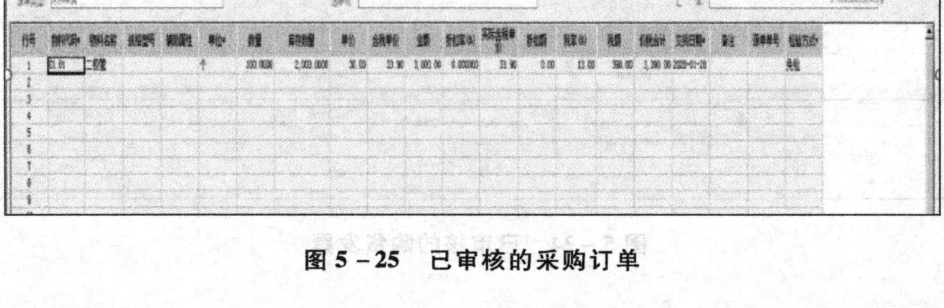

图 5－25　已审核的采购订单

步骤二：根据采购订单，点击【下推】—【生成购货发票】并审核，如图5－26、图5－27所示。

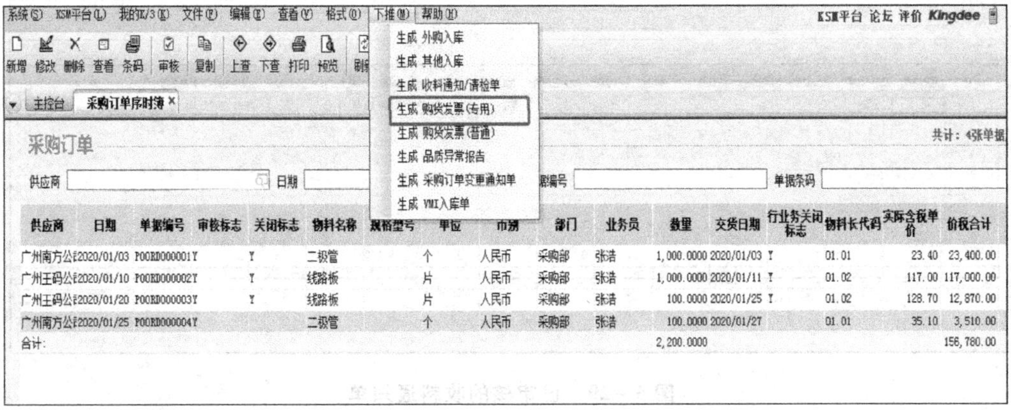

图5－26　采购订单维护界面

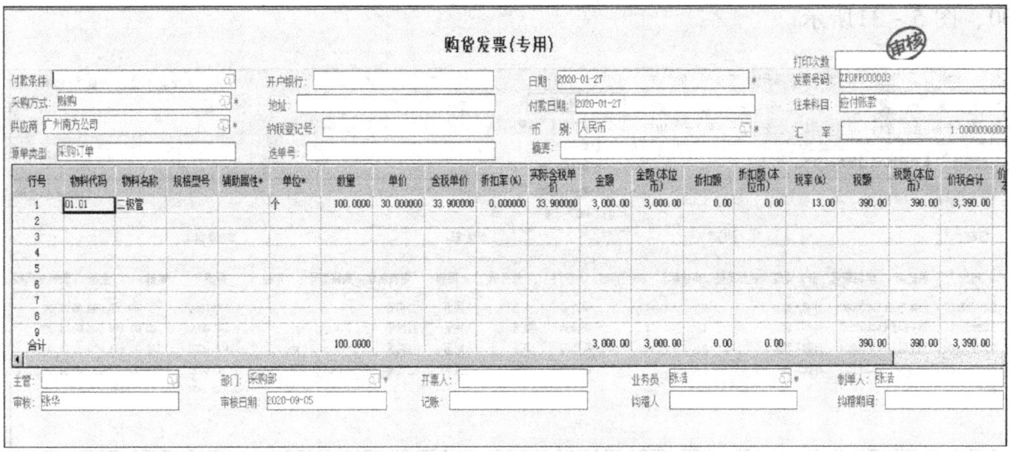

图5－27　已审核的购货发票

步骤三：根据购货发票，点击【下推】—【生成收料通知单】并审核，如图5－28、图5－29所示。

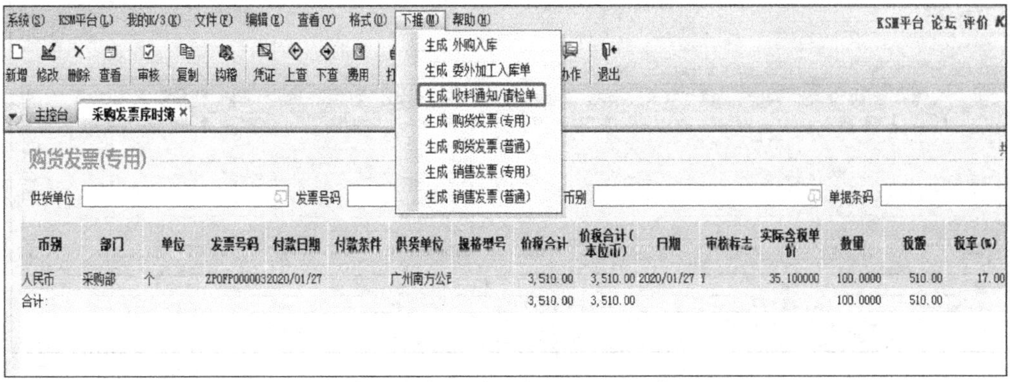

图5－28　购货发票维护界面

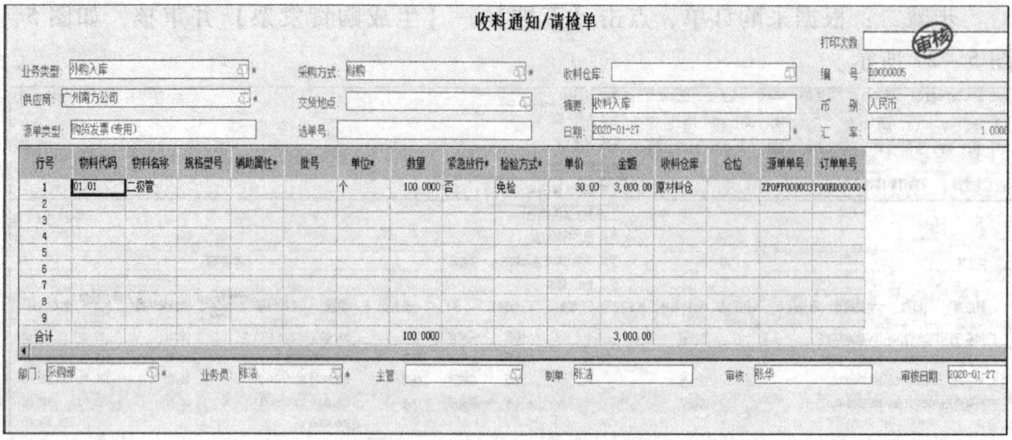

图 5－29　已审核的收料通知单

步骤四：根据收料通知单，点击【下推】—【生成外购入库单】并审核，如图 5－30、图 5－31所示。

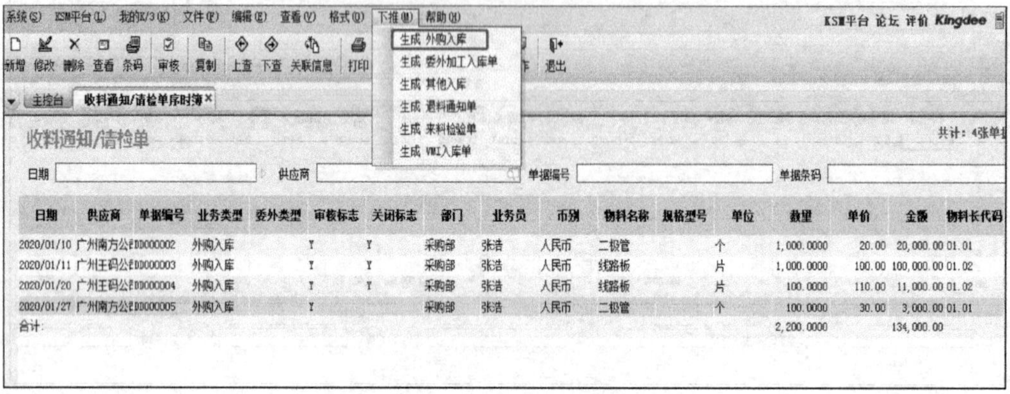

图 5－30　收料通知单维护界面

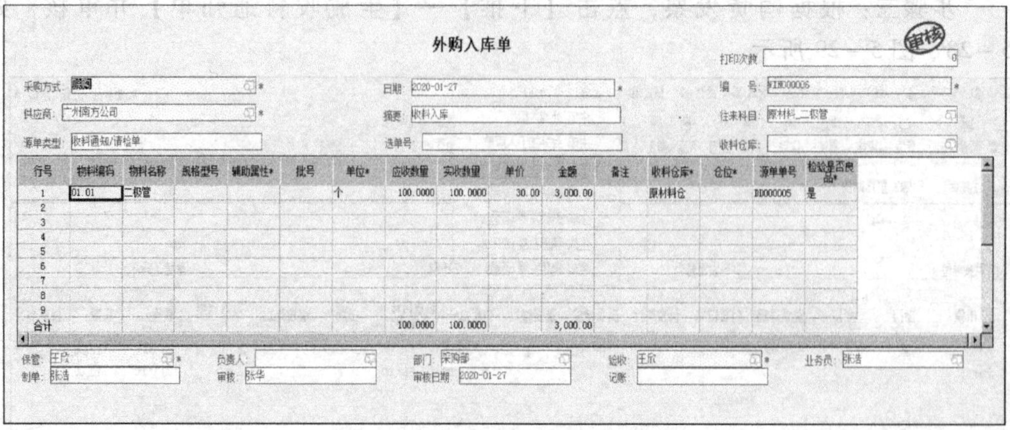

图 5－31　已审核的外购入库单

温馨提示

(1) 单先到货未到时，企业是不付款的，此时可以将该发票暂放，等货到后一起处理。

(2) 在处理“单先到货未到”业务时，等到货到后一定要通过对应的采购发票获取“采购收料通知单”，从而确保后续收货并入库保管。

项目五
退货业务

仓库管理员王欣发现2020年1月20日向王码公司购入的线路板有质量问题，决定并于2020年1月29日从原材料仓退货。2020年1月30日王码公司开出红字增值税发票。

处理流程

【采购退货通知单】—【红字外购入库单】—【红字采购发票】

操作步骤如下

步骤一：根据收料通知单，点击【下推】—【生成退料通知单】并审核，如图5－32、图5－33所示。

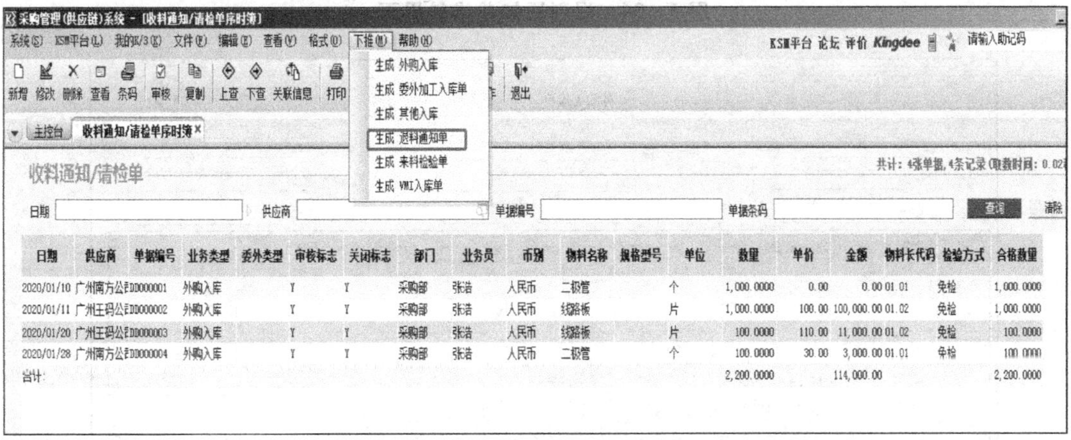

日期	供应商	单据编号	业务类型	委外类型	审核标志	关闭标志	部门	业务员	币别	物料名称	规格型号	单位	数量	单价	金额	物料长代码	检验方式	合格数量
2020/01/10	广州南方公司	DD000001	外购入库		Y	Y	采购部	张浩	人民币	二极管		个	1,000.0000	0.00	0.00	01.01	免检	1,000.0000
2020/01/11	广州王码公司	DD000002	外购入库		Y	Y	采购部	张浩	人民币	线路板		片	1,000.0000	100.00	100,000.00	01.02	免检	1,000.0000
2020/01/20	广州王码公司	DD000003	外购入库		Y	Y	采购部	张浩	人民币	线路板		片	100.0000	110.00	11,000.00	01.02	免检	100.0000
2020/01/28	广州南方公司	DD000004	外购入库		Y	Y	采购部	张浩	人民币	二极管		个	100.0000	30.00	3,000.00	01.01	免检	100.0000
合计:													2,200.0000		114,000.00			2,200.0000

图5－32　收料通知单维护界面

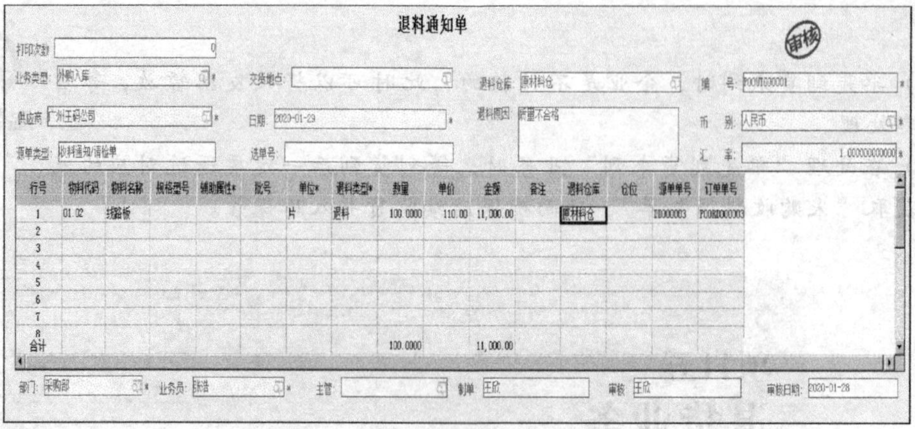

图 5－33　已审核的退料通知单

步骤二：根据退料通知单，点击【下推】—【生成红字外购入库单】并审核，如图 5－34、图 5－35 所示。

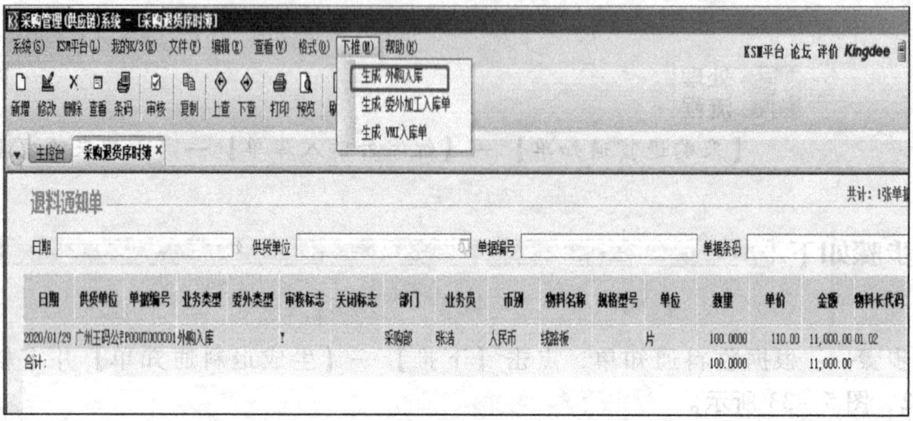

图 5－34　退料通知单维护界面

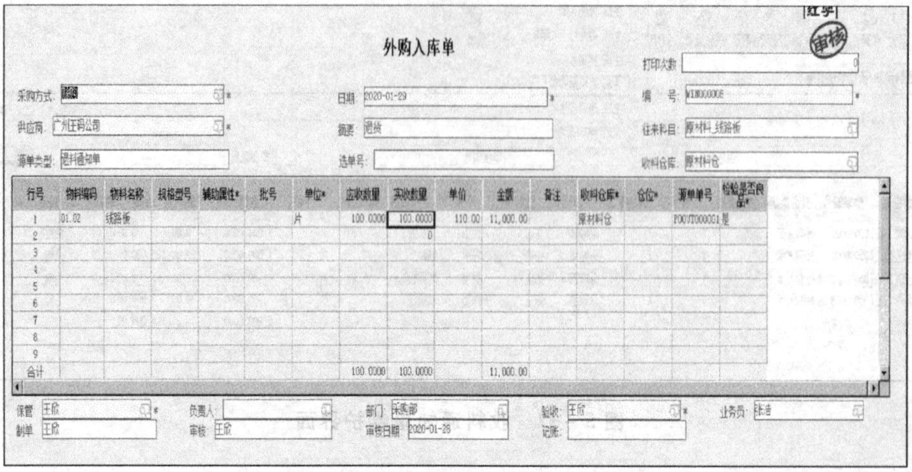

图 5－35　已审核的红字外购入库单

步骤三：根据红字外购入库单，点击【下推】—【生成红字购货发票】并审核，如图5－36、图5－37所示。

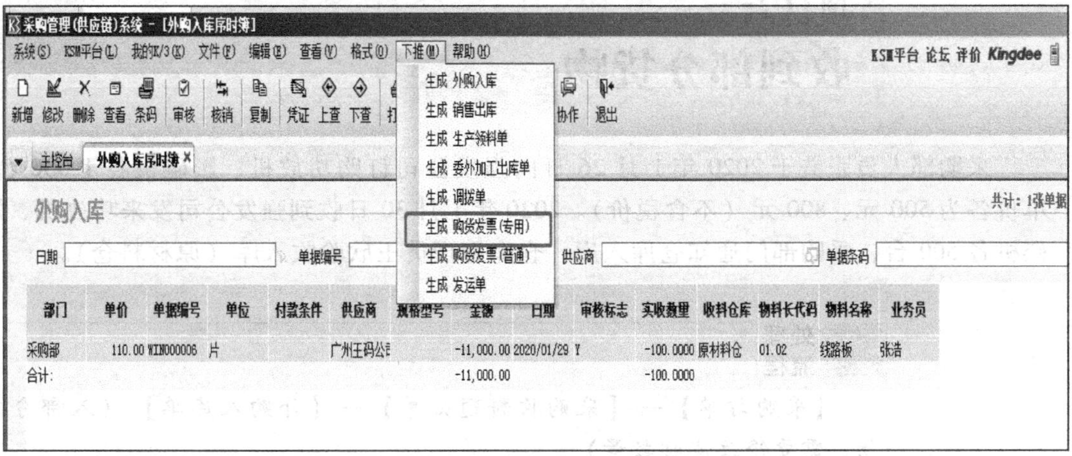

图5－36 红字外购入库单维护界面

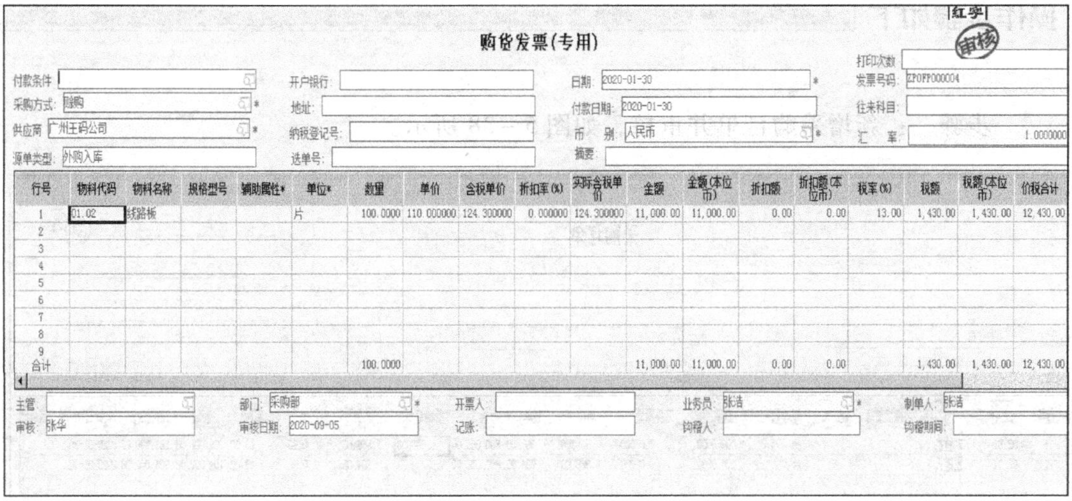

图5－37 已审核的红字购货发票

温馨提示

采购过程中发生的退货有以下几种业务场景：

（1）采购中由于按采购订单不能如期交货而取消订单产生的退货。

（2）采购检验过程中，不合格品的批次退货或部分退货业务。

（3）生产领用过程中发现的质量问题而产生的退货。

（4）有签订材料全生命周期的质量保证协议的终端用户的退货。

（5）未生产使用完或已停止使用的材料的退货业务。

以上几种情况，根据与供应商签订的供货合同或订单的不同而不同。

项目六
收到部分货物

采购部人员张浩于 2020 年 1 月 26 日向强发公司订购功放机、影碟机各 1 000 台，单价各为 500 元、800 元（不含税价）。2020 年 1 月 30 日收到强发公司发来功放机、影碟机各 500 台，采购部门通知仓库入库，仓库管理员王欣验收入库（原材料仓）。

处理流程

【采购订单】—【采购收料通知单】—【外购入库单】（入部分货物，需要修改实收数量）

操作步骤如下

步骤一：新增采购订单并审核，如图 5－38 所示。

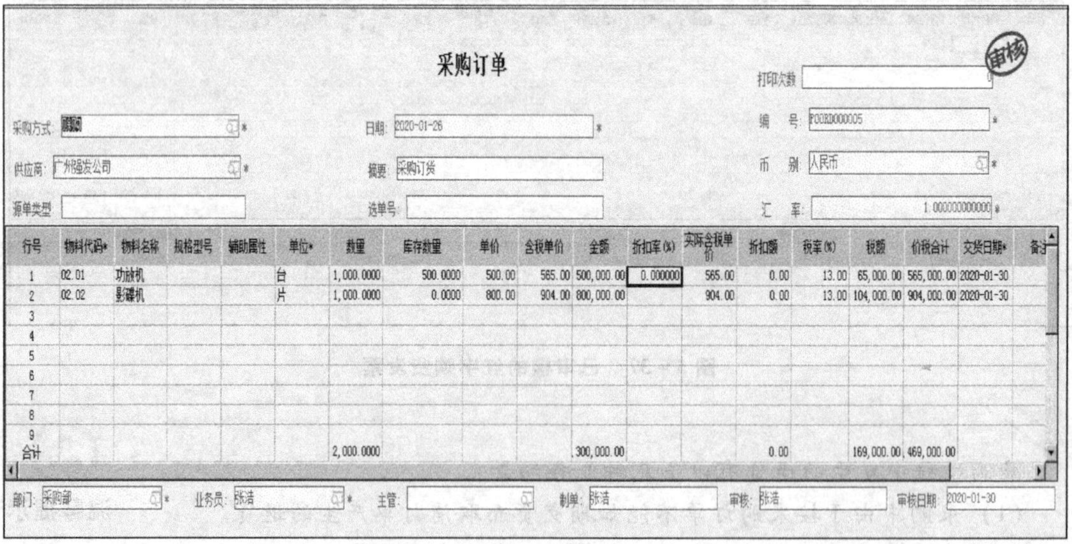

采购订单

打印次数：

采购方式：[illegible]　日期：2020-01-26　编　号：POORD000005

供应商：广州强发公司　摘要：采购订货　币　别：人民币

源单类型：　选单号：　汇　率：1.000000000000

行号	物料代码*	物料名称	规格型号	辅助属性	单位*	数量	库存数量	单价	含税单价	金额	折扣率(%)	实际含税单价	折扣额	税率(%)	税额	价税合计	交货日期*	备注
1	02.01	功放机			台	1,000.0000	500.0000	500.00	565.00	500,000.00	0.000000	565.00	0.00	13.00	65,000.00	565,000.00	2020-01-30	
2	02.02	影碟机			片	1,000.0000	0.0000	800.00	904.00	800,000.00		904.00	0.00	13.00	104,000.00	904,000.00	2020-01-30	
3																		
4																		
5																		
6																		
7																		
8																		
9																		
合计						2,000.0000				300,000.00			0.00		169,000.00	469,000.00		

部门：采购部　业务员：张洁　主管：　制单：张洁　审核：张洁　审核日期：2020-01-30

图 5－38　已审核的采购订单

步骤二：根据之前的采购订单，点击【下推】—【生成收料通知单】，并审核。如图 5－39、图 5－40 所示。

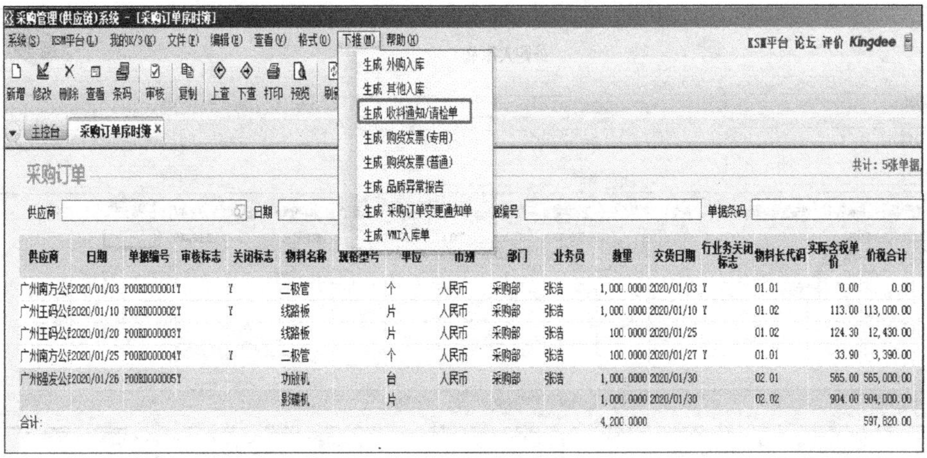

图 5－39　采购订单维护界面

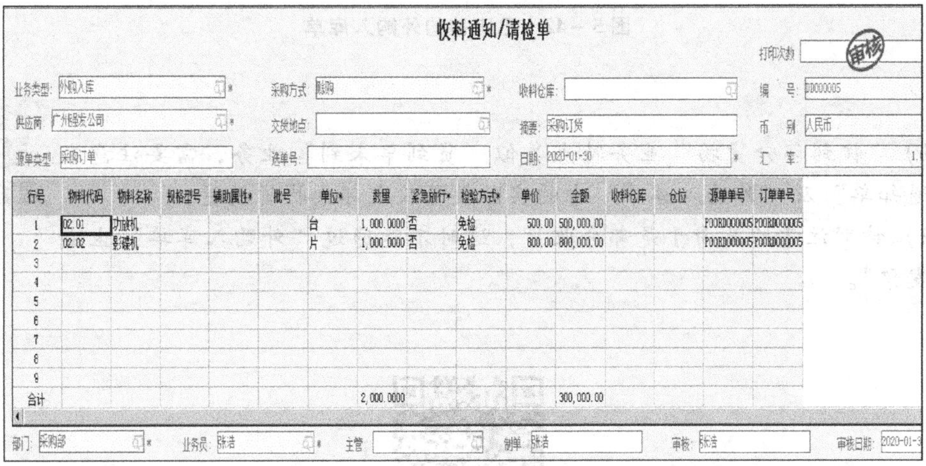

图 5－40　已审核的收料通知单

步骤三：根据之前的收料通知单，点击【下推】—【生成外购入库单】，并审核，如图 5－41、图 5－42 所示。

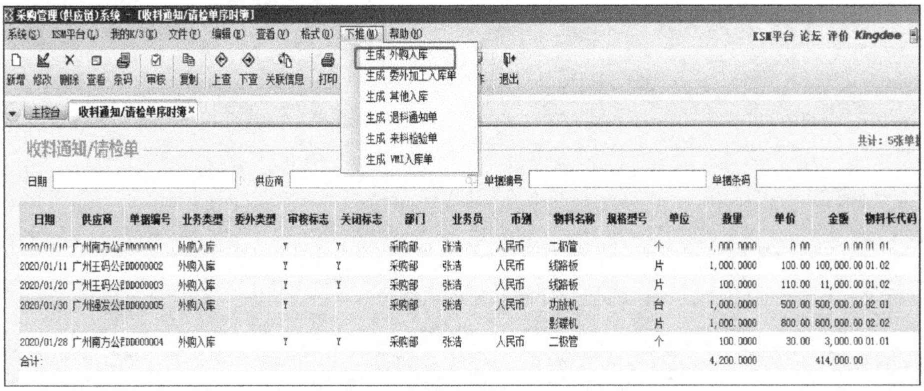

图 5－41　收料通知单维护界面

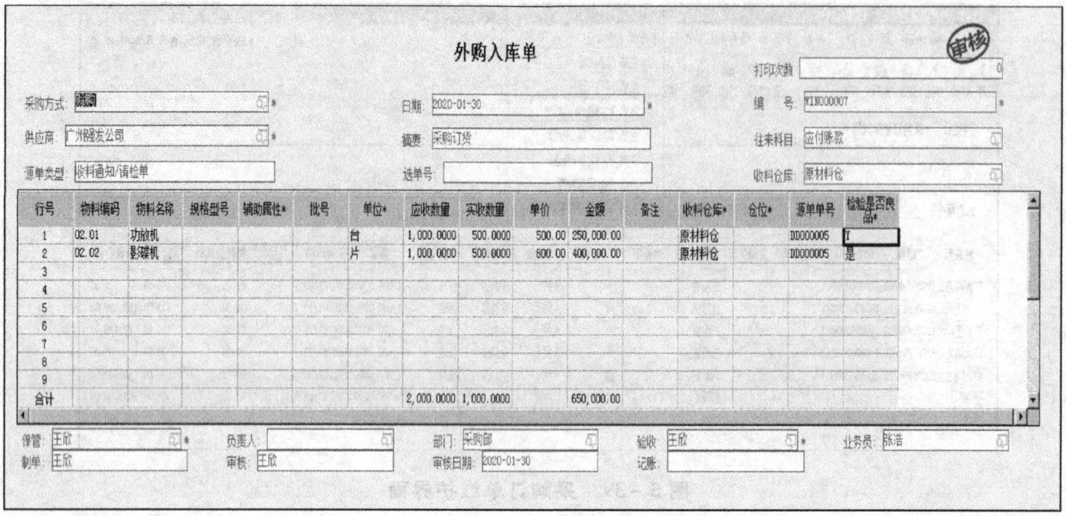

外购入库单

审核

打印次数：0

采购方式：赊购 *　　日期：2020-01-30 *　　编　号：WIN000007 *

供应商：广州强发公司 *　　摘要：采购订货　　往来科目：应付账款

源单类型：收料通知/请检单　　选单号：　　收料仓库：原材料仓

行号	物料编码	物料名称	规格型号	辅助属性*	批号	单位*	应收数量	实收数量	单价	金额	备注	收料仓库*	仓位*	源单单号	检验是否良品*
1	02.01	功放机				台	1,000.0000	500.0000	500.00	250,000.00		原材料仓		DD000005	Y
2	02.02	影碟机				片	1,000.0000	500.0000	800.00	400,000.00		原材料仓		DD000005	是
3															
4															
5															
6															
7															
8															
9															
合计							2,000.0000	1,000.0000		650,000.00					

保管：王欣 *　　负责人：　　部门：采购部　　验收：王欣 *　　业务员：张浩

制单：王欣　　审核：王欣　　审核日期：2020-01-30　　记账：

图 5-42　已审核的外购入库单

温馨提示

（1）“收到部分货物”业务特点类似“货到单未到”业务，需要注意在“收料通知单”及“外购入库单”中的实际数量改成部分收货数量。

（2）特别注意的是由于是部分收货，这时不能通过“外购入库单”生成“采购发票”。

采购岗位　习题

6 单元六 销售岗位

学习目标

岗位能力目标：

(1) 能够制作销售系统的各种业务单据；
(2) 能够进行销售单据的审核、进行单据与发票的稽核；
(3) 能够懂得查看各种账表。

岗位知识目标：

(1) 理解销售系统的功能和意义；
(2) 明白销售系统的业务流程和数据流程；
(3) 掌握销售系统日常单据填制和票据钩稽。

工作任务

应完成的工作任务：

(1) 处理一般销售业务单证，录入销售系统单证；
(2) 几种特殊销售业务的单证处理；
(3) 查询销售系统单证及报表。

完成工作任务应提交的标志性成果：销售订单、销售发货通知单、销售出库单、销售发票及报表。

实训要求：

(1) 根据提供的业务资料进行销售系统各种业务单据制作；
(2) 进行销售单据的审核；
(3) 进行销售发票的稽核；
(4) 掌握各种账表的查看技巧。

销售业务基本流程图

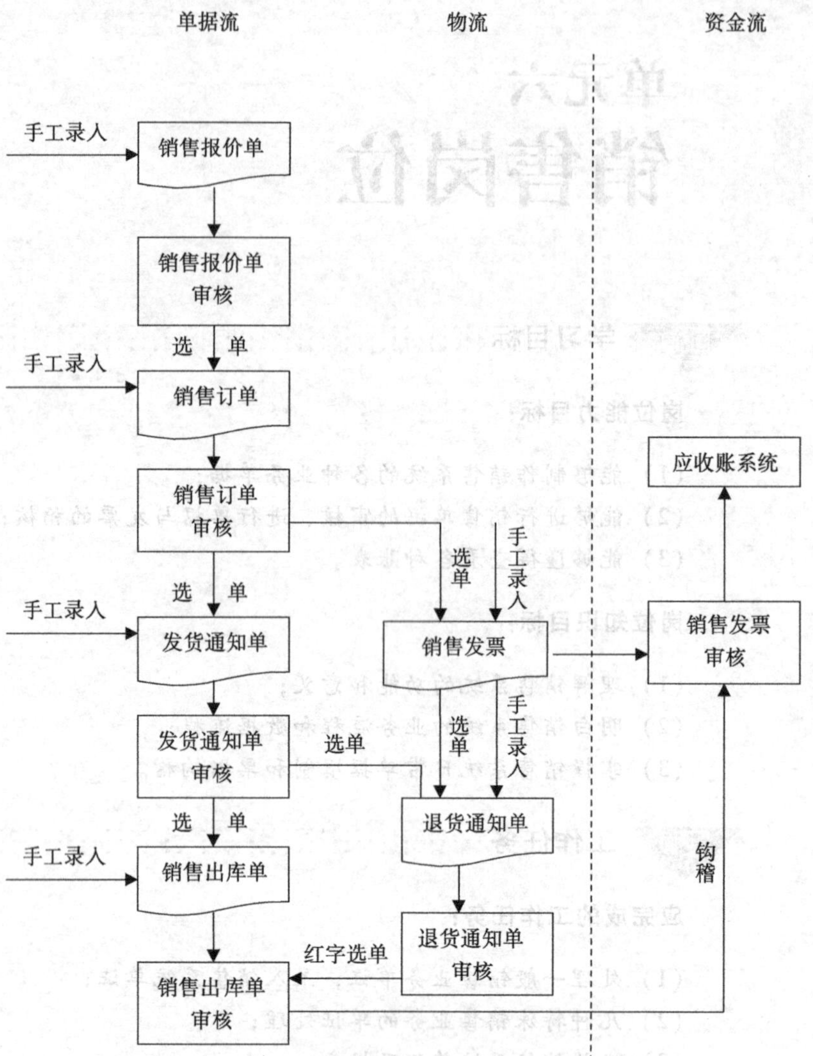

销售业务操作单据流程：

销售报价单—销售订单—销售发货通知单—销售出库单—销售发票—销售退货通知单—红字销售出库单—红字销售发票

项目一
开票与发货同时进行或先发货后开票

天达公司于 2020 年 1 月 10 日向销售二部销售李勇订购功放机 10 台，销售价 700

元（不含税价）。2020 年 1 月 13 日销售部通知仓库王欣发货，同日仓库发货，销售部并开具销售发票。（审核：张华）

处理流程

【销售订单】—【销售发货通知单】（可省略）—【销售出库单】—【销售发票】

业务要点

（1）销售订单、发货通知单是销售系统与仓存系统连接的关键接口，它是产品出库的依据。

（2）销售发票是销售系统的关键操作涉及收款和确定销售成本，所以是销售系统与 K/3 系统中应收账款子系统和存货核算子系统的接口。

（3）从供应链系统传递到应收账款子系统中的发票，不能在应收账款系统中生成凭证，只能在存货核算系统中做。

（销售发货通知单可以不做）

操作步骤如下

步骤一：销售部人员李勇新增销售订单。如图 6－1、图 6－2 所示。其中，销售订单应填写 5 大因素，即客户、产品、数量、价格和交货期。

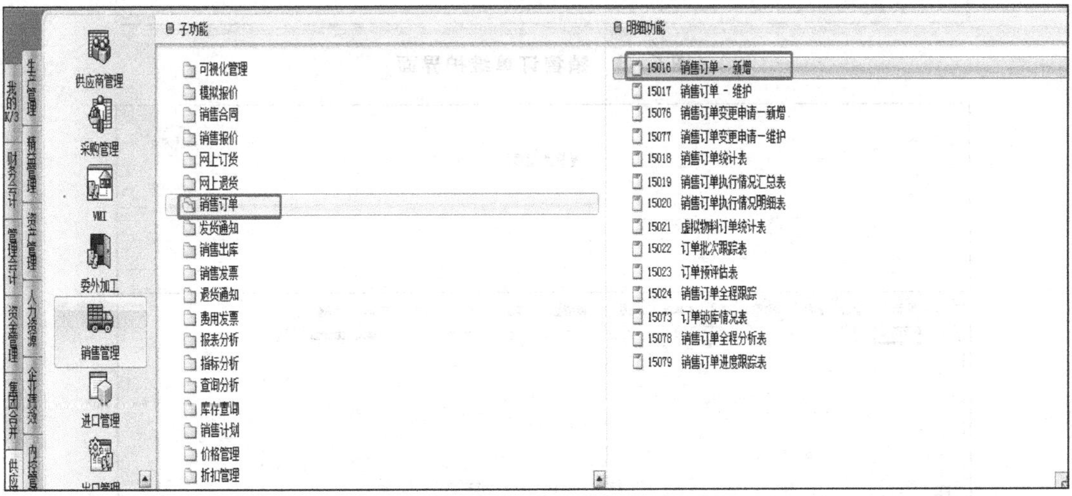

图 6－1 新增销售订单

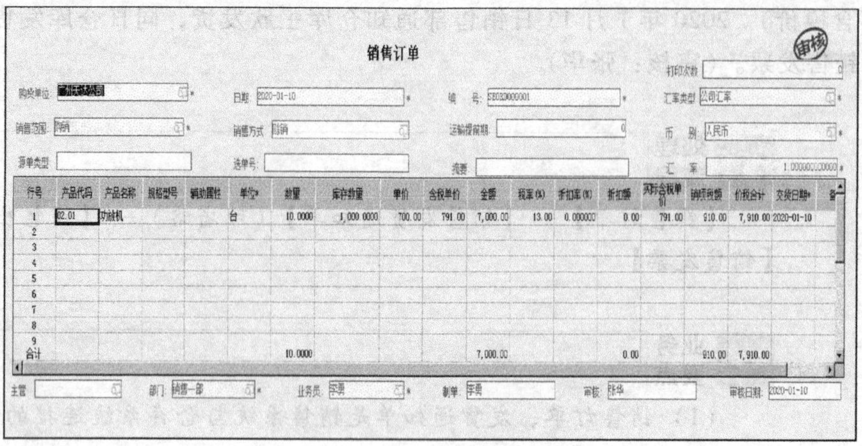

图 6－2　已审核的销售订单

步骤二：通过销售订单下推的方式生成发货通知单，并审核，如图 6－3、图 6－4 所示。

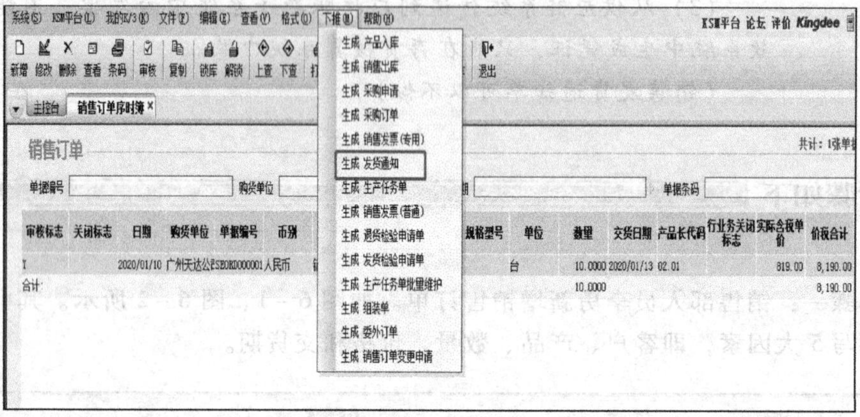

图 6－3　销售订单维护界面

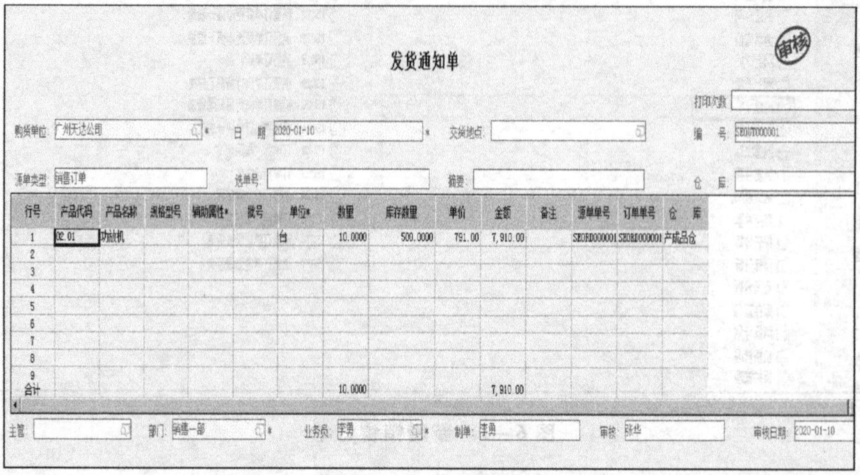

图 6－4　已审核的发货通知单

步骤三：通过发货通知单下推生成销售出库单，并由仓库部门主管王欣进行保管，如图 6－5、图 6－6 所示。

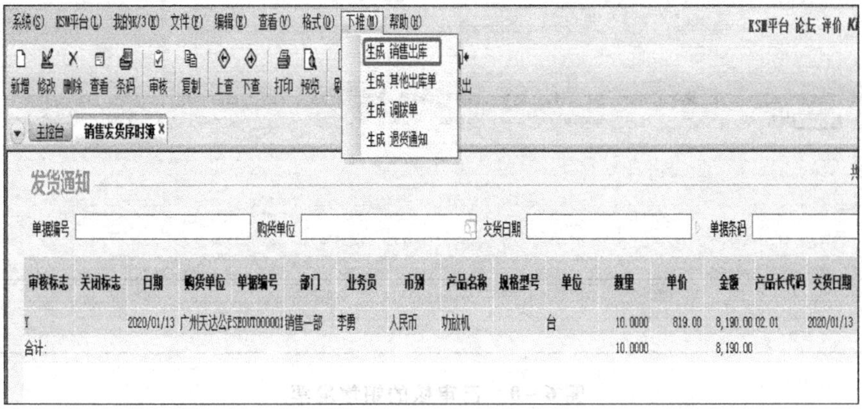

图 6－5 发货通知维护界面

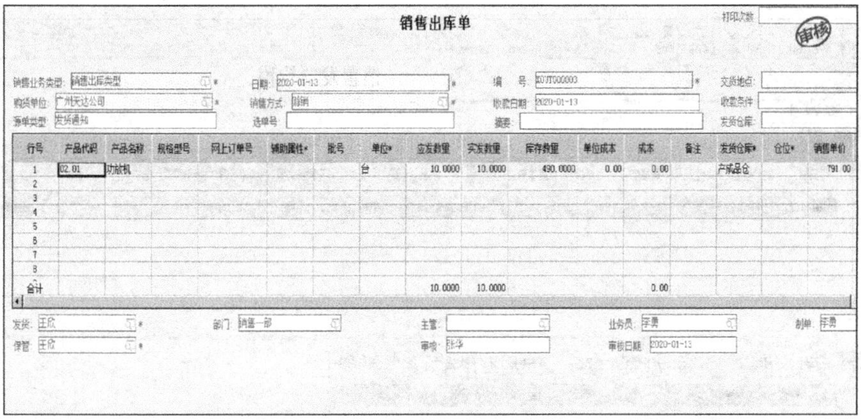

图 6－6 已审核的销售出库单

步骤四：通过销售出库下推生成销售增值税发票，并由账套主管张华进行审核，如图 6－7、图 6－8 所示。

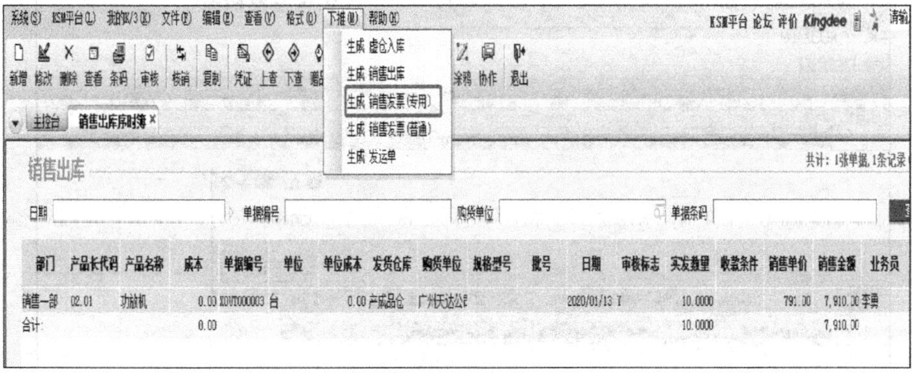

图 6－7 销售出库维护界面

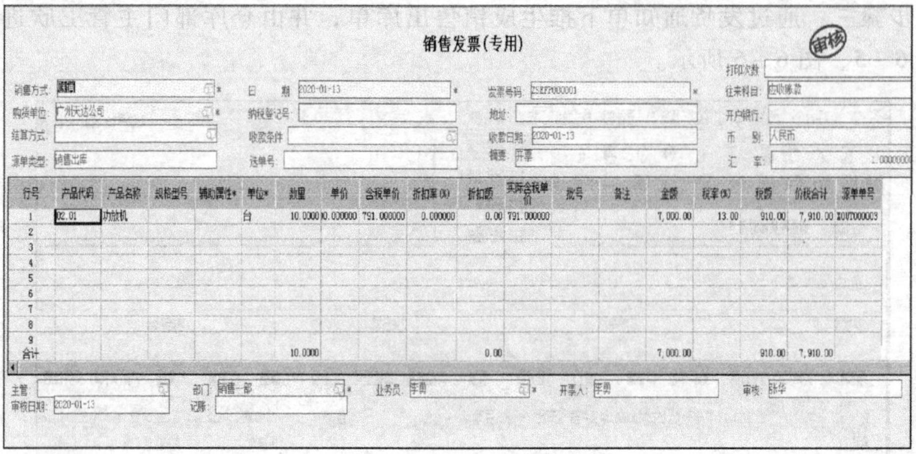

图 6－8　已审核的销售发票

步骤五：销售发票与销售出库单的钩稽，如图 6－9、图 6－10 所示。

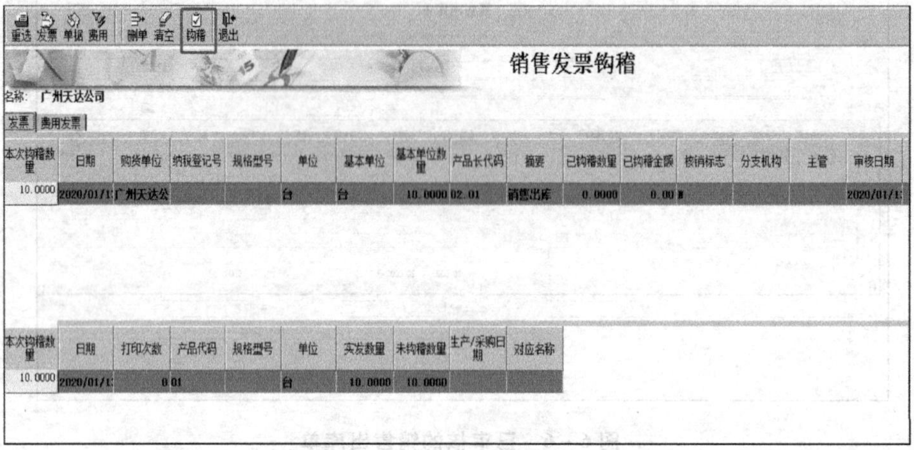

图 6－9　销售发票钩稽界面

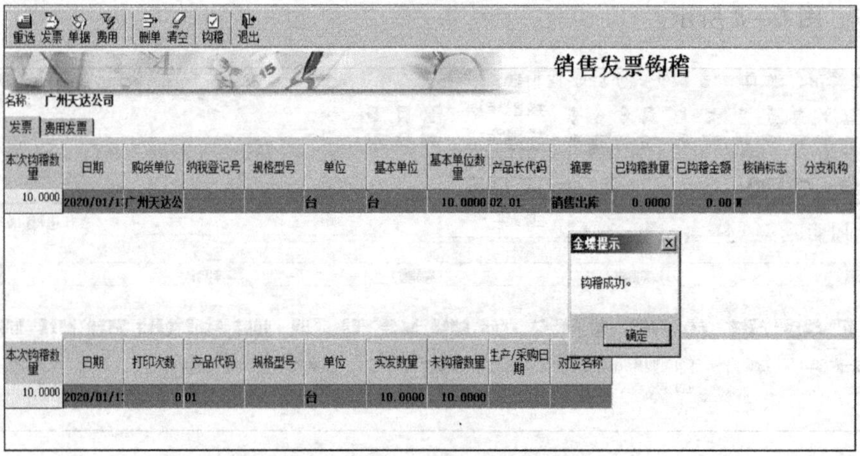

图 6－10　销售发票钩稽成功

项目二
先开票后发货

长城公司于2020年1月15日向销售部销售李勇订购影碟机20台，销售价1 000元（不含税价）。2020年1月17日销售部开具销售发票，2020年1月31日销售部通知仓库发货，同日仓库发货。

处理流程

【销售订单】—【销售发票】—【销售发货通知单】（从销售发票获取）—【销售出库单】

操作步骤如下

步骤一：销售部李勇新增销售订单，账套主管张华进行审核，如图6－11、图6－12所示。

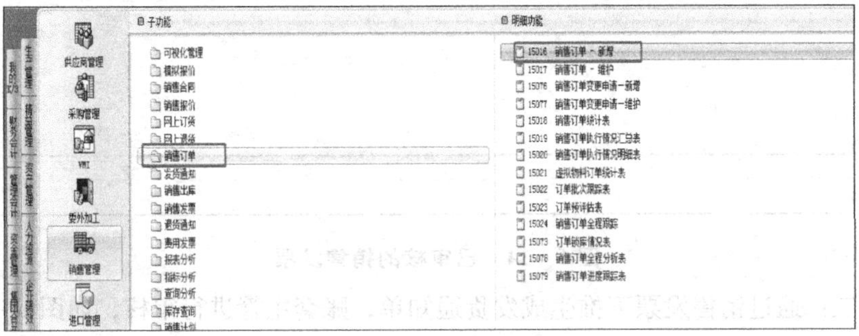

图6－11　新增销售订单

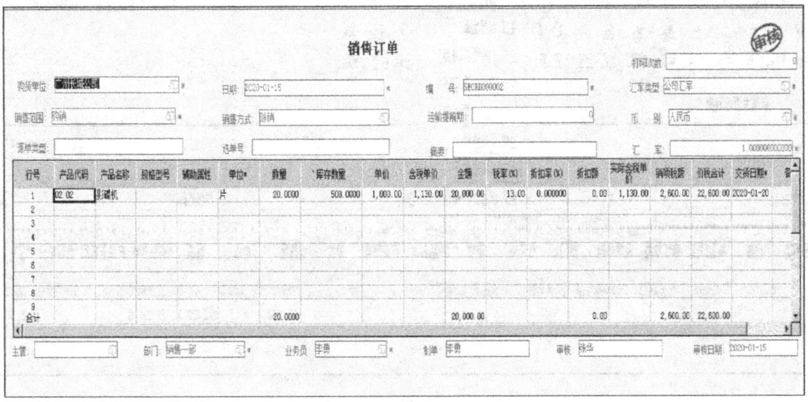

图6－12　已审核的销售订单

步骤二：通过销售订单下推生成销售发票，账套主管张华对其进行的审核，如图 6－13、图 6－14 所示。

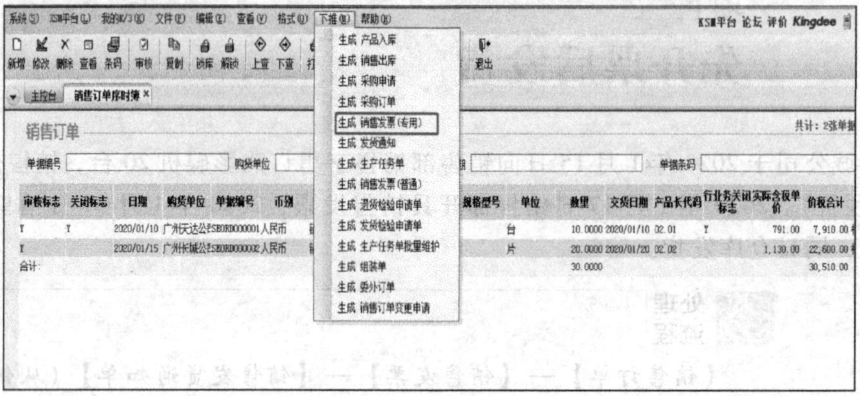

图 6－13　销售订单维护界面

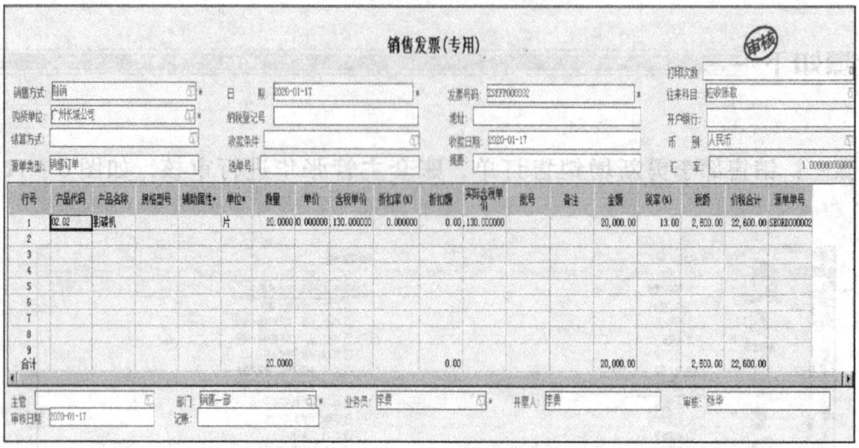

图 6－14　已审核的销售发票

步骤三：通过销售发票下推生成发货通知单，账套主管进行审核，如图 6－15、图6－16 所示。

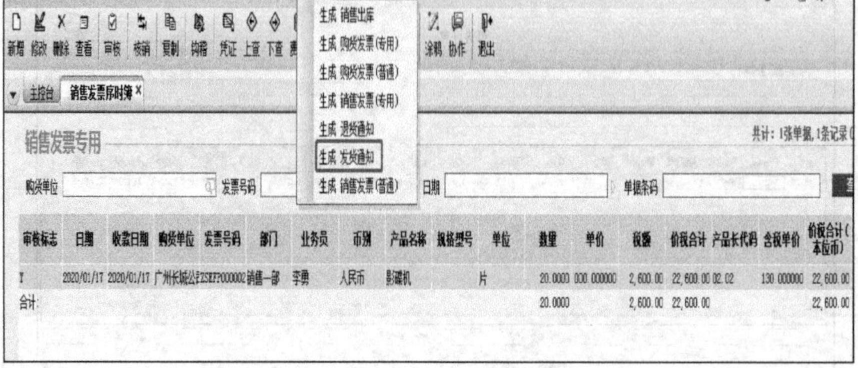

图 6－15　销售发票维护界面

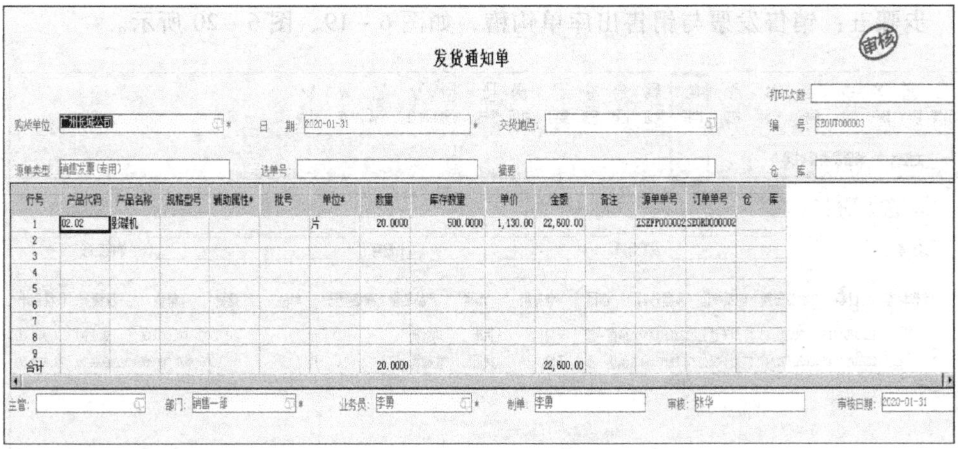

图 6-16 已审核的发货通知

步骤四：通发货通知单下推生成销售出库单，仓管部门进行核查并安排出库，如图6-17、图6-18所示。

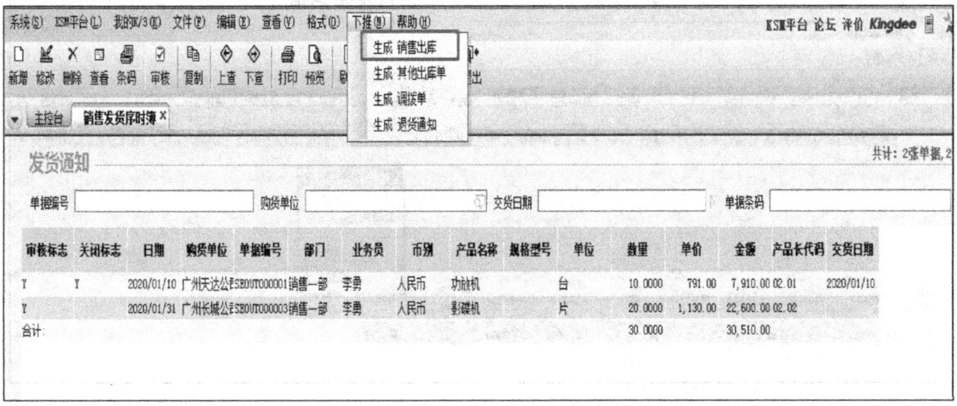

图 6-17 发货通知维护界面

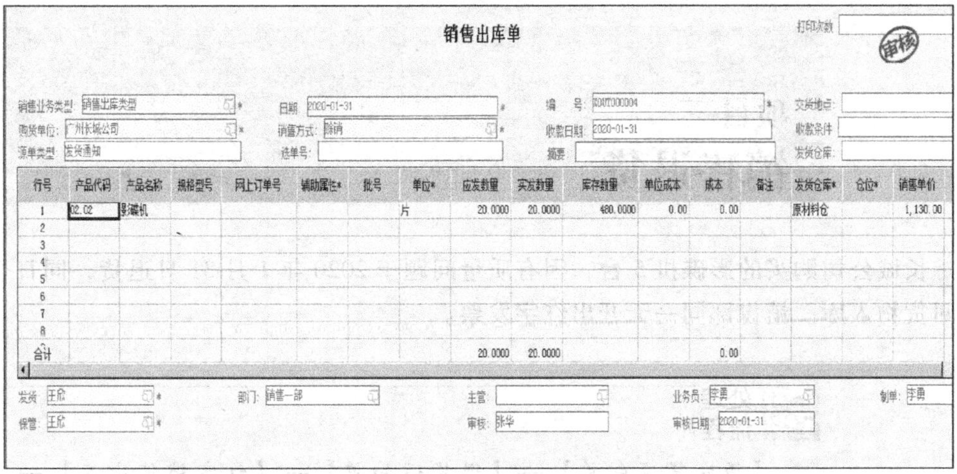

图 6-18 已审核的销售出库单

步骤五：销售发票与销售出库单钩稽，如图 6－19、图 6－20 所示。

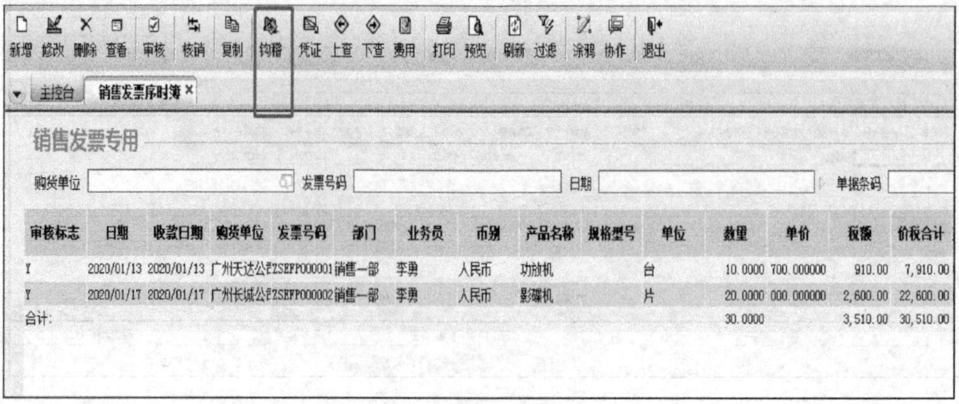

图 6－19 销售发票钩稽

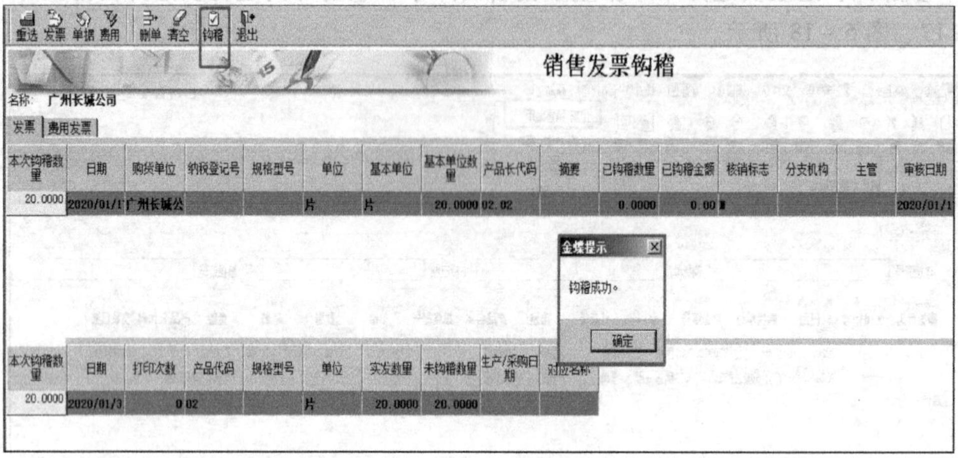

图 6－20 销售发票钩稽成功

项目三
销售退货

长城公司购买的影碟机 5 台，因有质量问题于 2020 年 1 月 31 日退货，同日仓库将退回货物入库。销售部同一天开出红字发票。

处理流程

【原发货通知单】—【退货通知单】—【红字销售出库】—【红字销售发票】—【钩稽】

操作步骤如下

步骤一：从原发货通知单下推生成退货通知，销售主管对退货通知单进行审核，如图 6－21、图 6－22 所示。

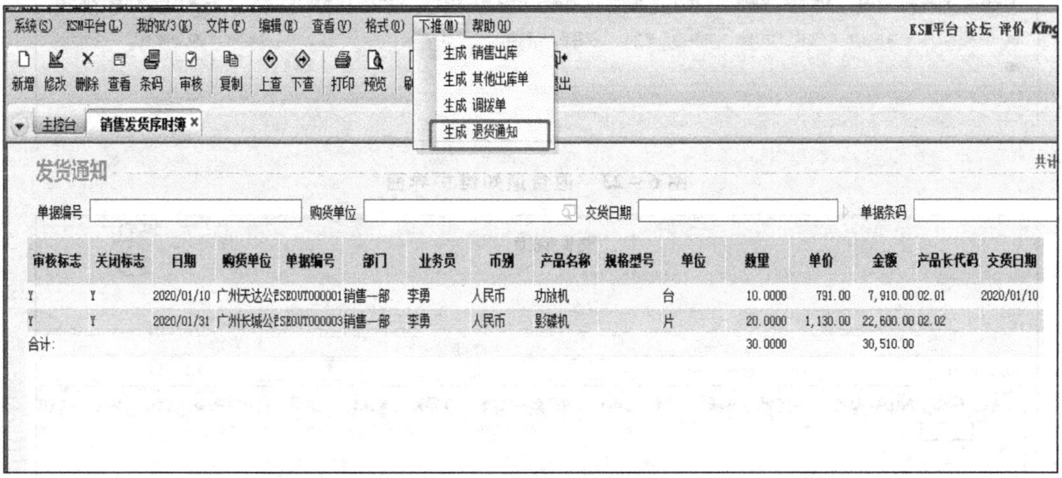

图 6－21 发货通知维护界面

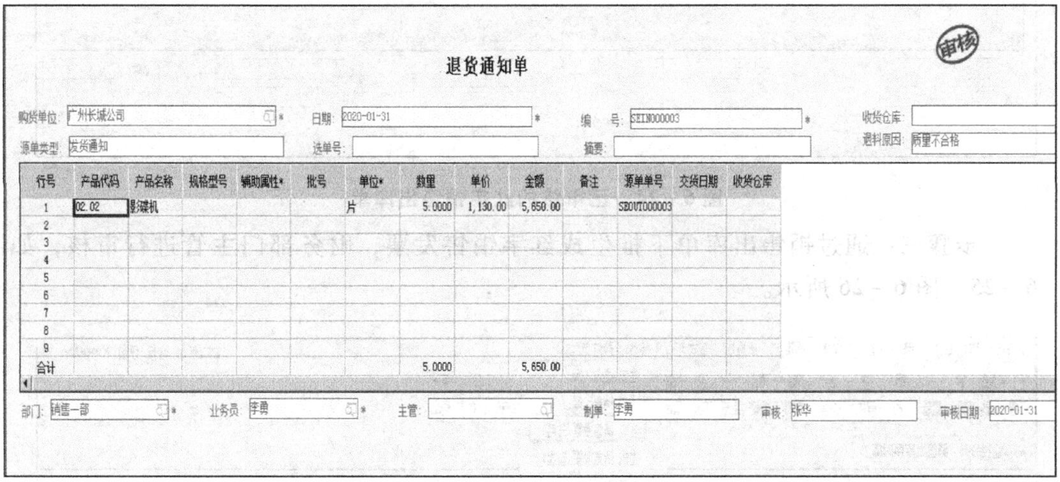

图 6－22 已审核的退货通知单

步骤二：通过退货通知单下推生成红字销售出库单并由仓管部门主管进行审核，如图 6－23、图 6－24 所示。

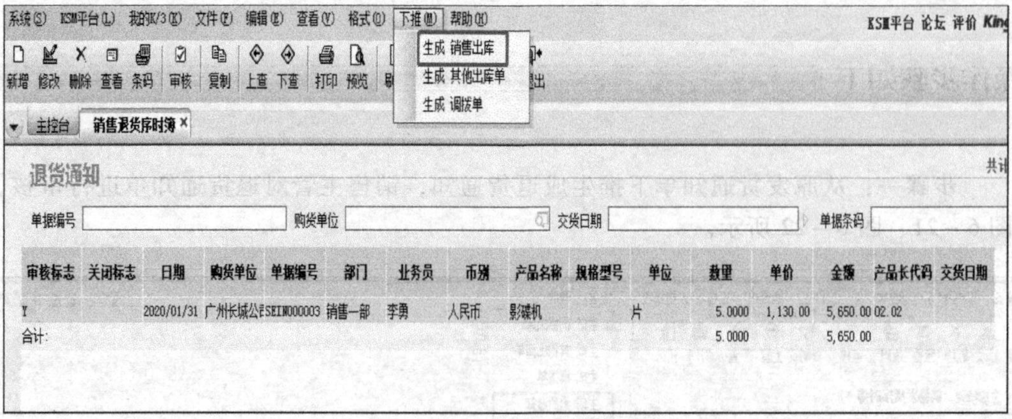

图 6－23　退货通知维护界面

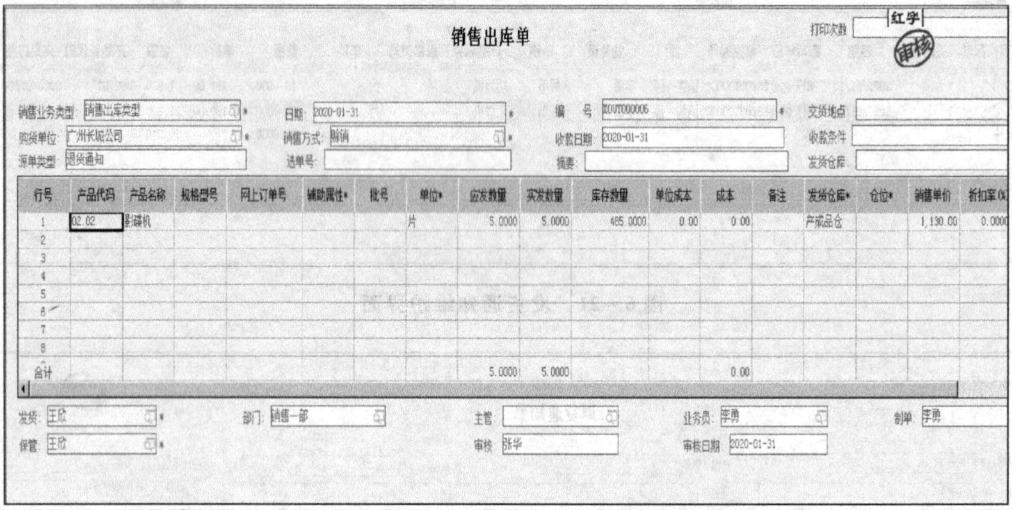

图 6－24　已审核的红字销售出库单

步骤三：通过销售出库单下推生成红字销售发票，财务部门主管进行审核，如图 6－25、图 6－26 所示。

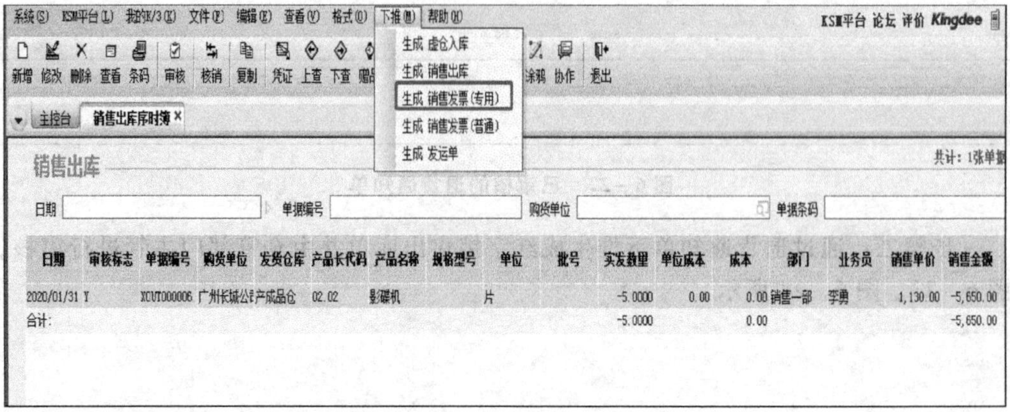

图 6－25　销售出库维护界面

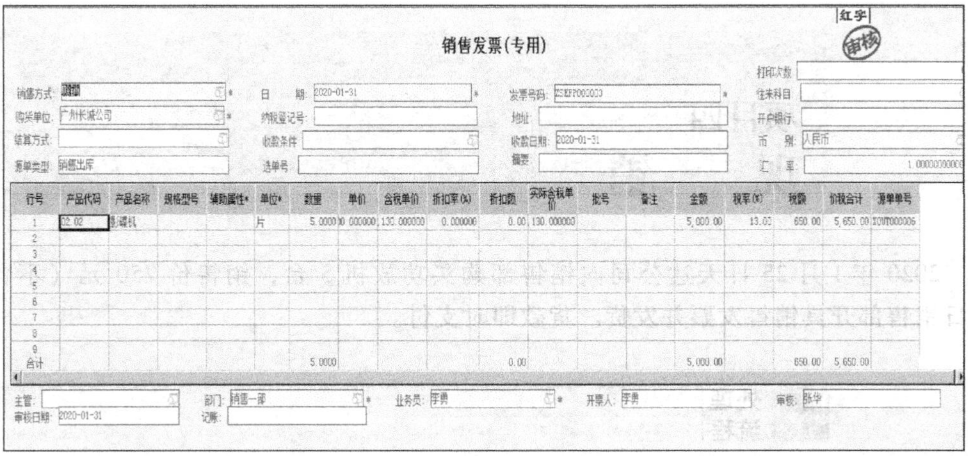

图 6－26　已审核的红字销售发票

步骤四：销售发票与销售出库单进行钩稽，如图 6－27、图 6－28 所示。

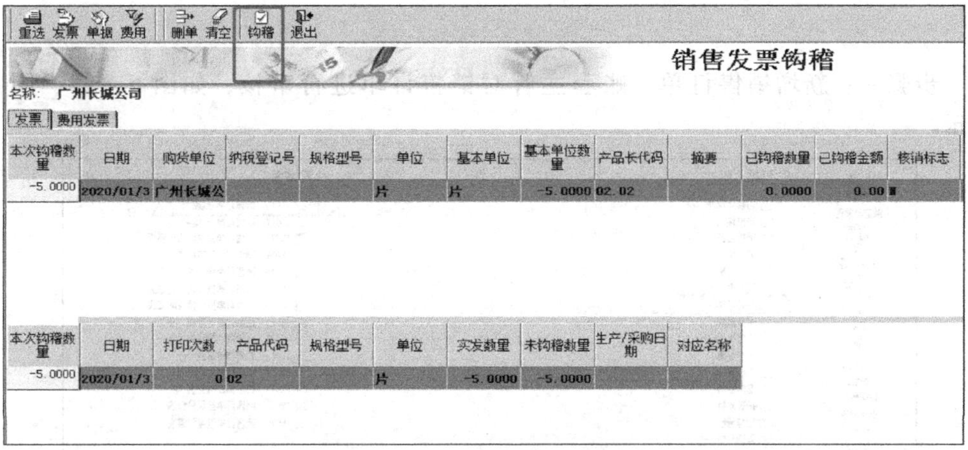

图 6－27　红字销售发票钩稽

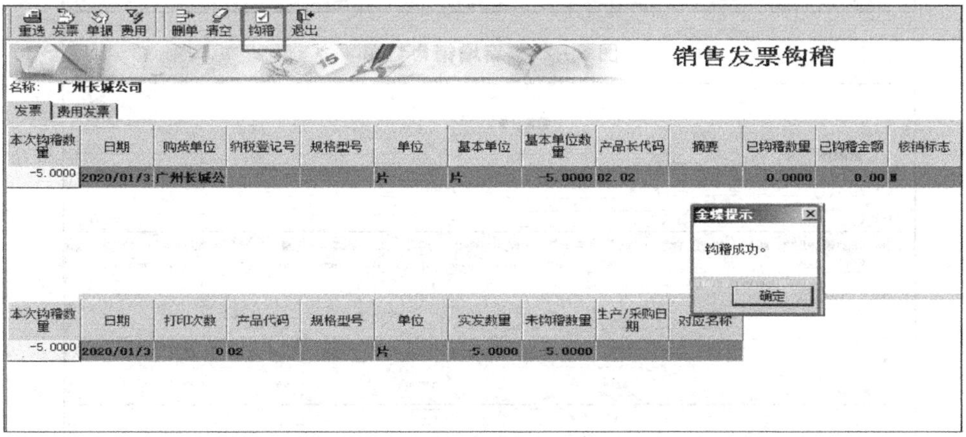

图 6－28　红字销售发票钩稽成功

项目四
现　　销

2020 年 1 月 25 日天达公司向销售部购买功放机 5 台，销售价 750 元（不含税）。同日销售部开具销售发票并发货。货款即时支付。

处理流程

【销售订单】—【销售发票】—【销售出库】

操作步骤如下

步骤一：新增销售订单，账套主管对销售订单进行审核，如图 6 – 29、图 6 – 30 所示。

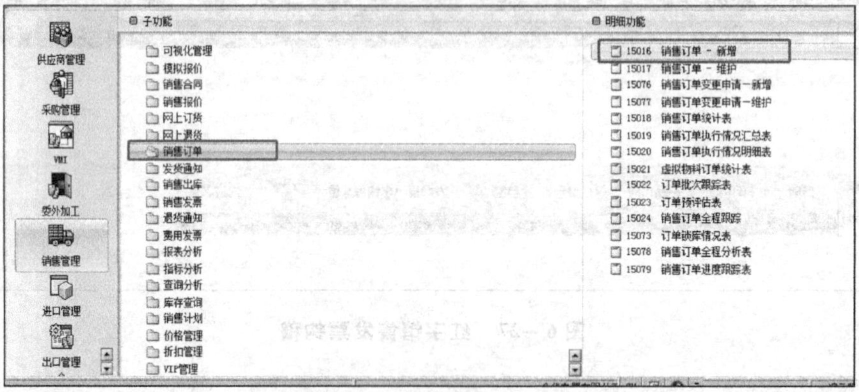

图 6 – 29　新增销售订单

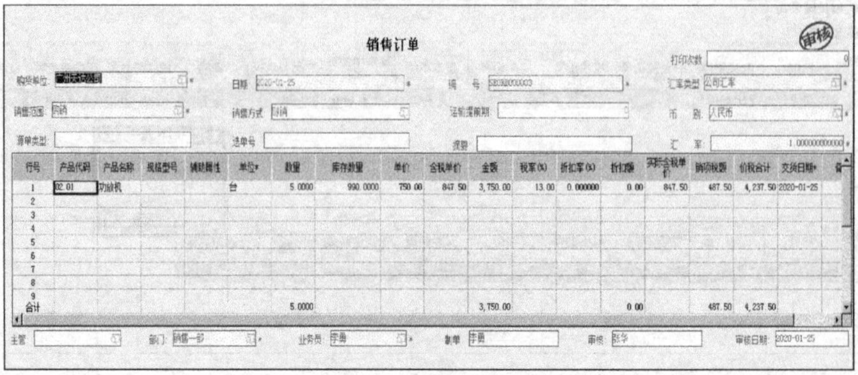

图 6 – 30　已审核的销售订单

步骤二：通过销售订单下推销售发票，账套主管进行发票的审核，如图 6－31、图 6－32所示。

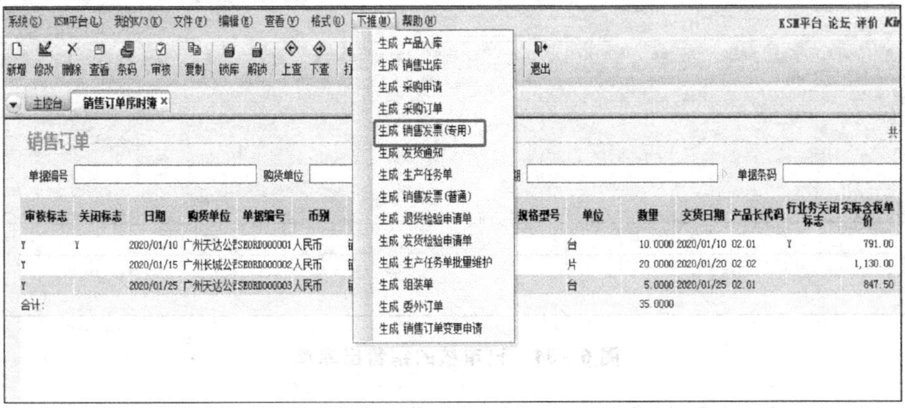

图 6－31 销售订单维护界面

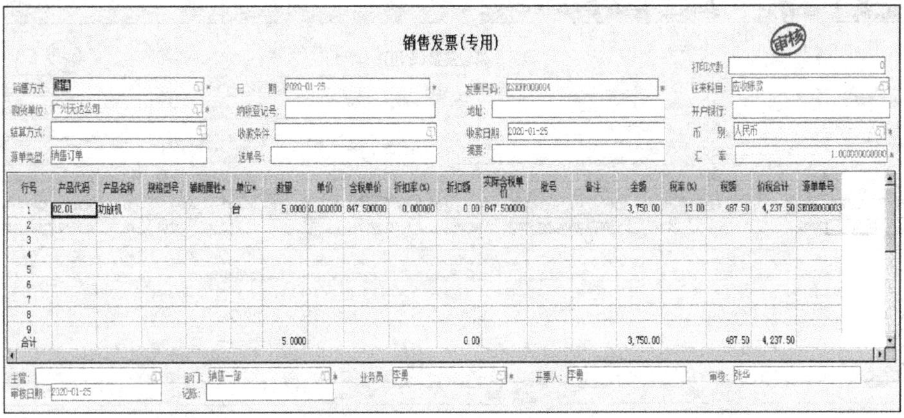

图 6－32 已审核的销售发票

步骤三：通过销售发票下推生成销售出库单，仓管部门主管或账套主管进行出库单的审核，如图 6－33、图 6－34 所示。

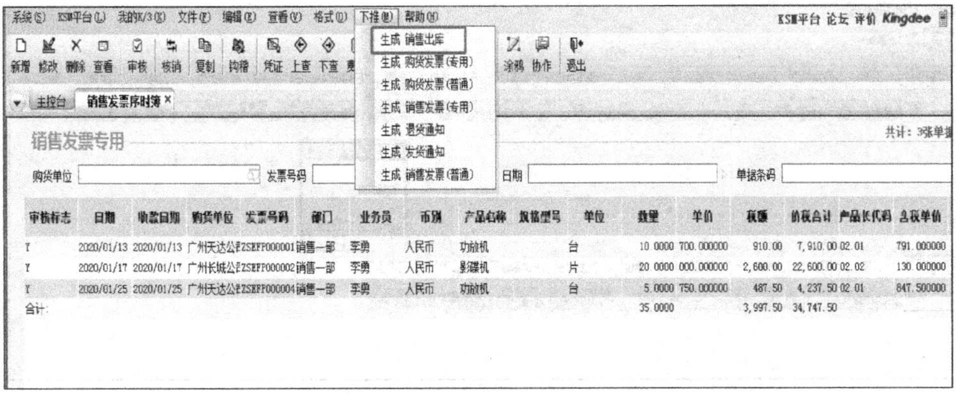

图 6－33 销售发票维护界面

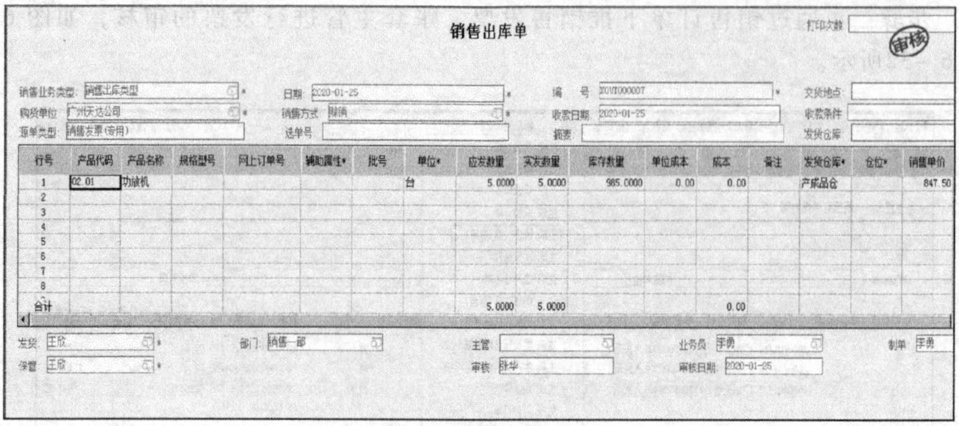

图 6－34　已审核的销售出库单

步骤四：销售发票与销售出库单核对钩稽，如图 6－35、图 6－36 所示。

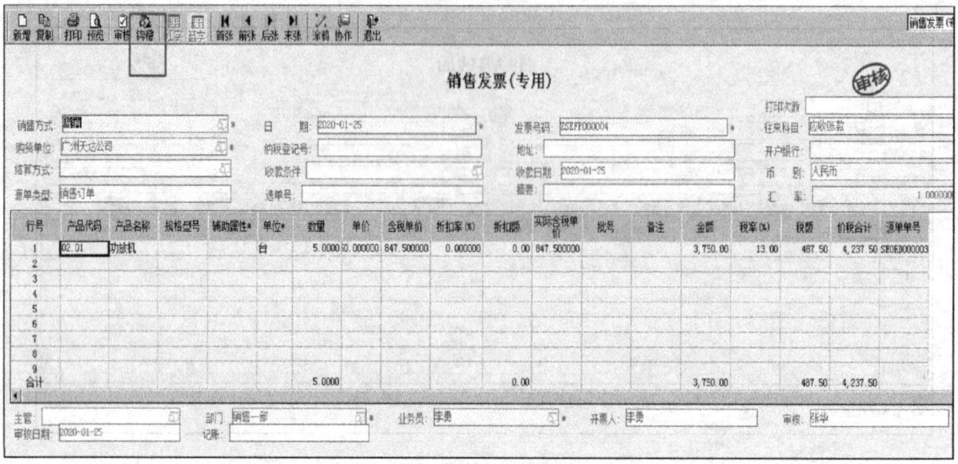

图 6－35　销售发票钩稽

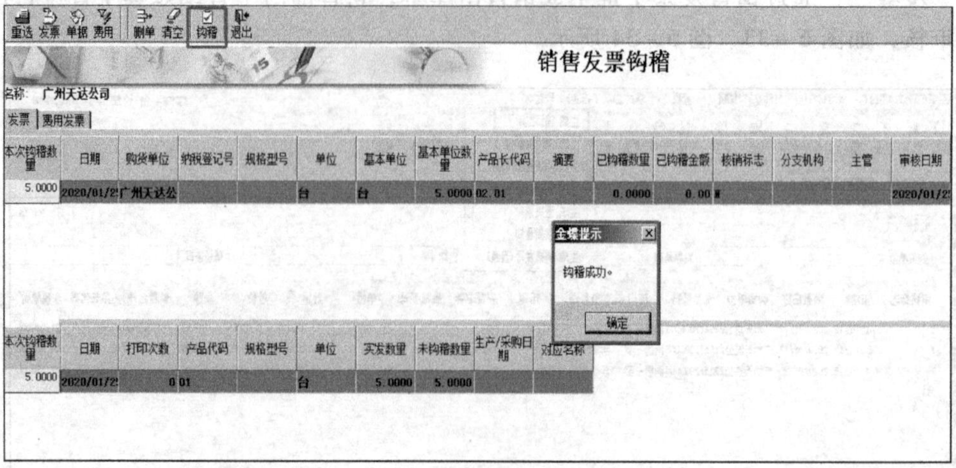

图 6－36　销售发票钩稽成功

项目五
销售分次发货

2020 年 1 月 27 日长城公司向销售部赵立购买功放机 50 台，销售价 650 元（不含税）。货物分别在 1 月 28 日发出 10 台、在 1 月 30 日发出 40 台。月末开出销售发票。

处理流程

【销售订单】—【销售出库单 1】—【销售出库单 2】—【销售发票】

操作步骤如下

步骤一：新增销售订单，账套主管对销售订单进行审核，如图 6－37、图 6－38 所示。

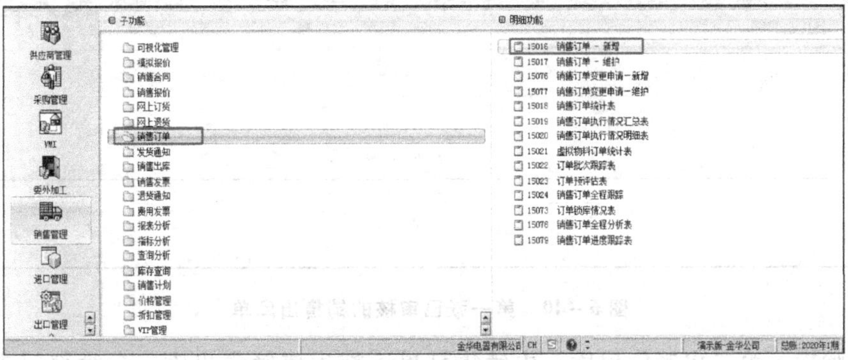

图 6－37　新增销售订单

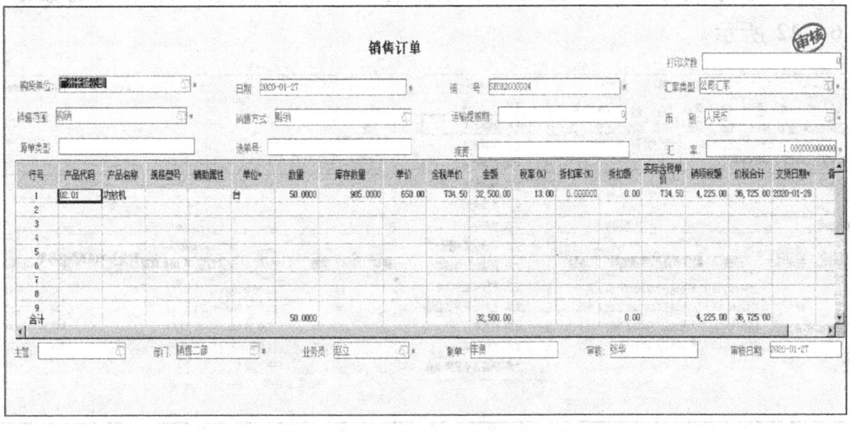

图 6－38　已审核的销售订单

步骤二：第一次销售出库：由销售订单下推生成销售出库，仓管部门主管进行发货，由于是分次业务即部分出库，所以注意要特别留意出库单上的数量，如图 6－39、图 6－40 所示。

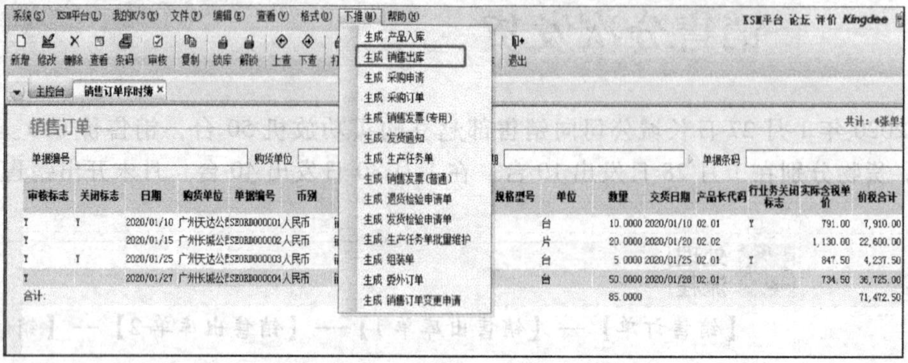

图 6－39　销售订单维护界面

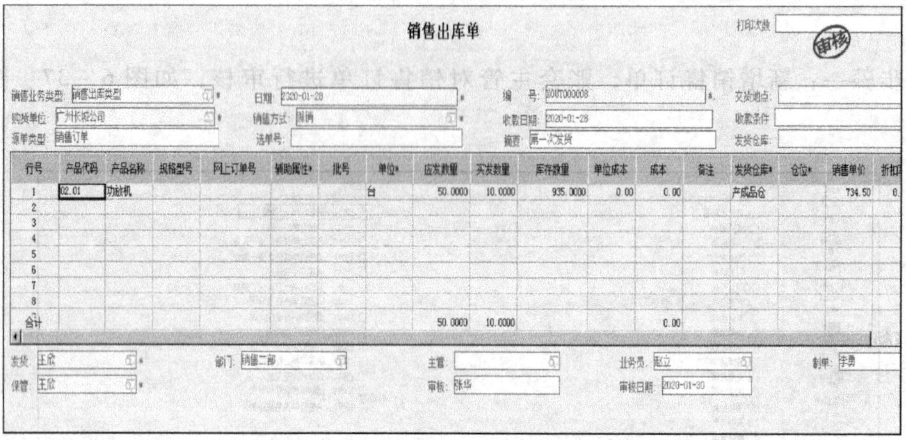

图 6－40　第一张已审核的销售出库单

步骤三：第二次销售出库：由销售订单下推生成销售出库，仓管部门主管进行发货，同样由于是分次业务即部分出库，所以注意要特别留意出库单上的数量，如图 6－41、图 6－42 所示。

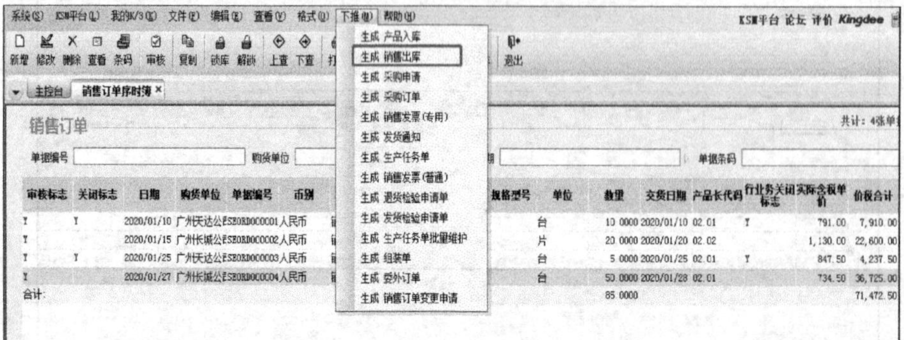

图 6－41　销售订单维护界面

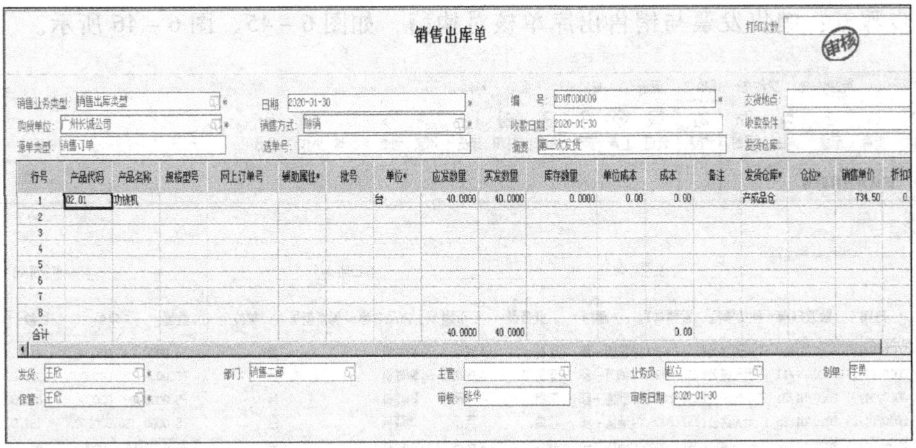

图 6－42　第二张已审核的销售出库单

步骤四：选择两张销售出库单下推生成一张销售发票，财务部门主管（即账套主管张华）并对其进行审核，如图 6－43、图 6－44 所示。

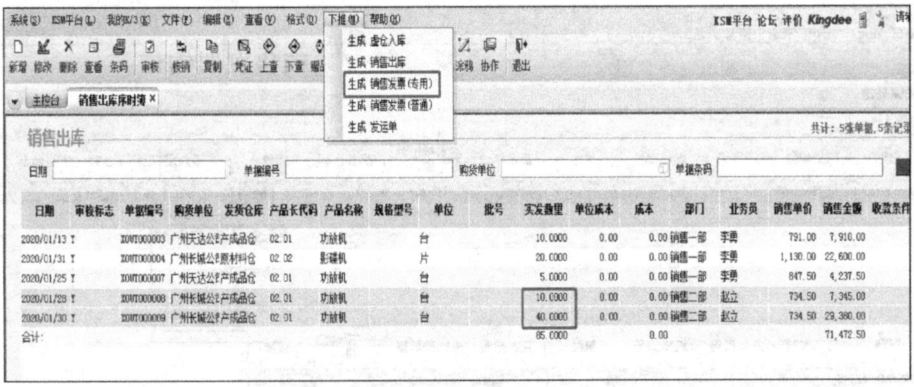

图 6－43　销售出库维护界面

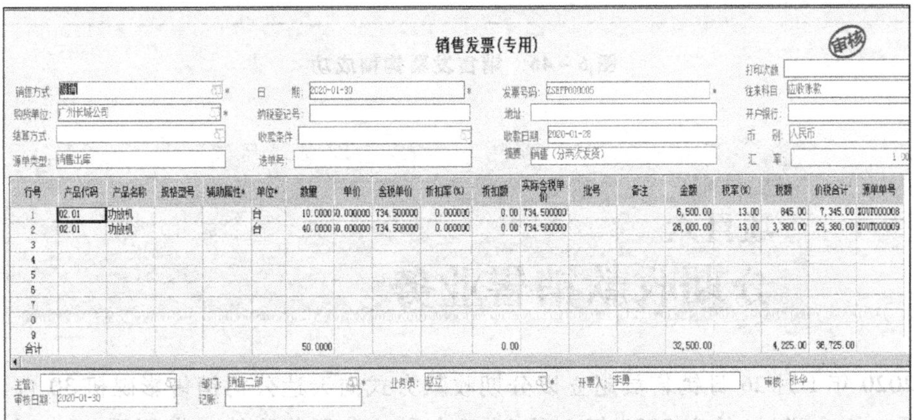

图 6－44　已审核的销售发票

步骤五：销售发票与销售出库单核对钩稽，如图 6－45、图 6－46 所示。

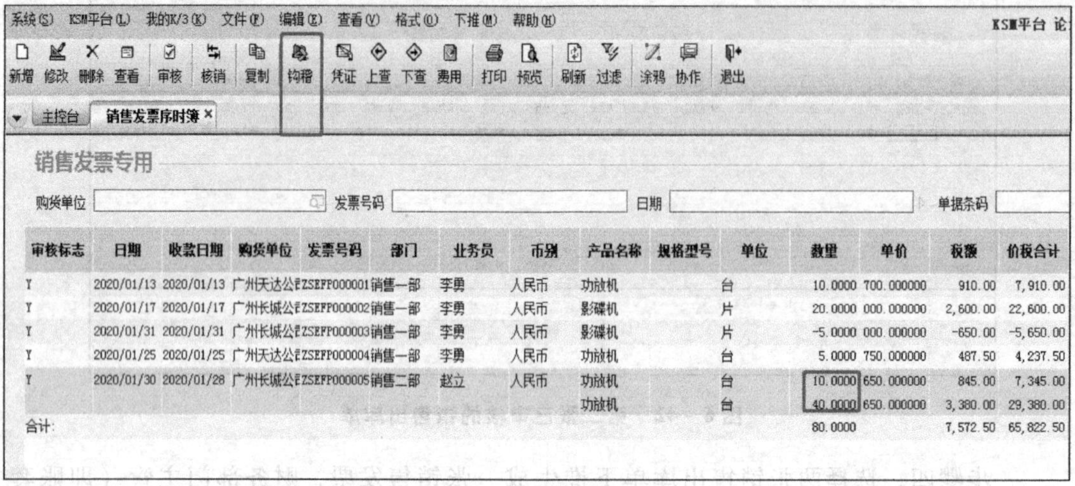

图 6－45　销售发票钩稽

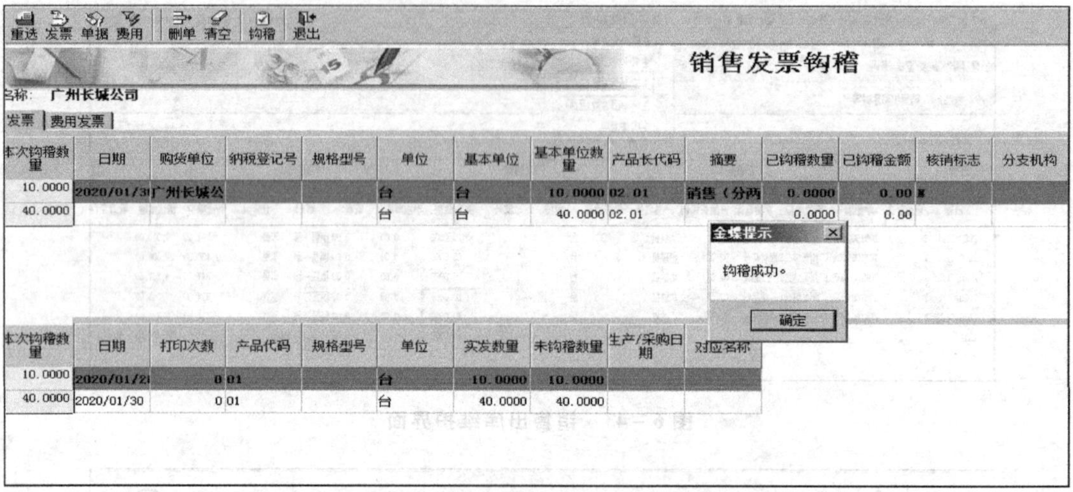

图 6－46　销售发票钩稽成功

项目六
分期收款销售业务

2020 年 1 月 26 日销售员赵立以分期收款方式向天达公司销售影碟机 30 台，销售价 900 元（不含税）。约定 2020 年 1 月 30 日向科达公司收取第一期影碟机 10 台的货款，并开具相应的销售发票。

处理流程

【销售订单】—【销售出库】—【销售发票 1】—【销售发票 2】—【钩稽】

操作步骤如下

步骤一：销售业务员新增销售订单（销售方式选择“分期收款销售”），账套主管进行销售订单的审核，如图 6－47、图 6－48 所示。

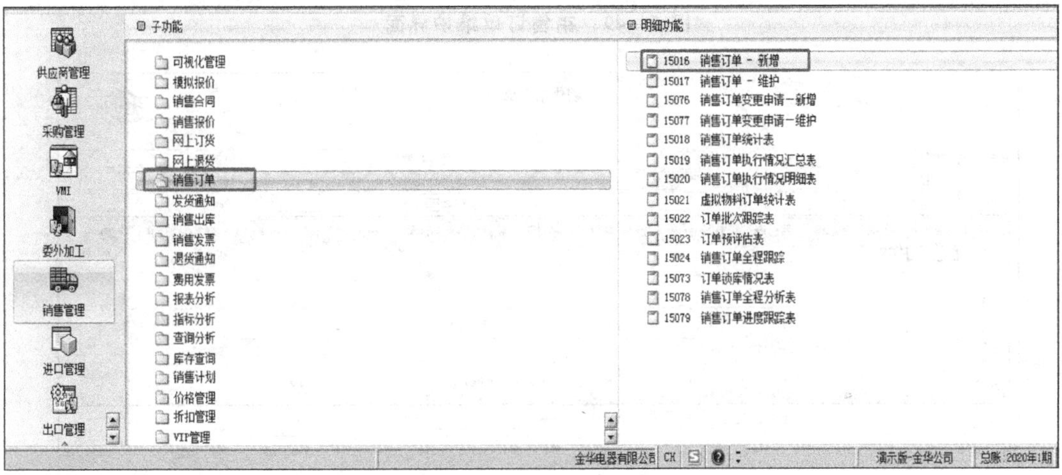

图 6－47　新增销售订单

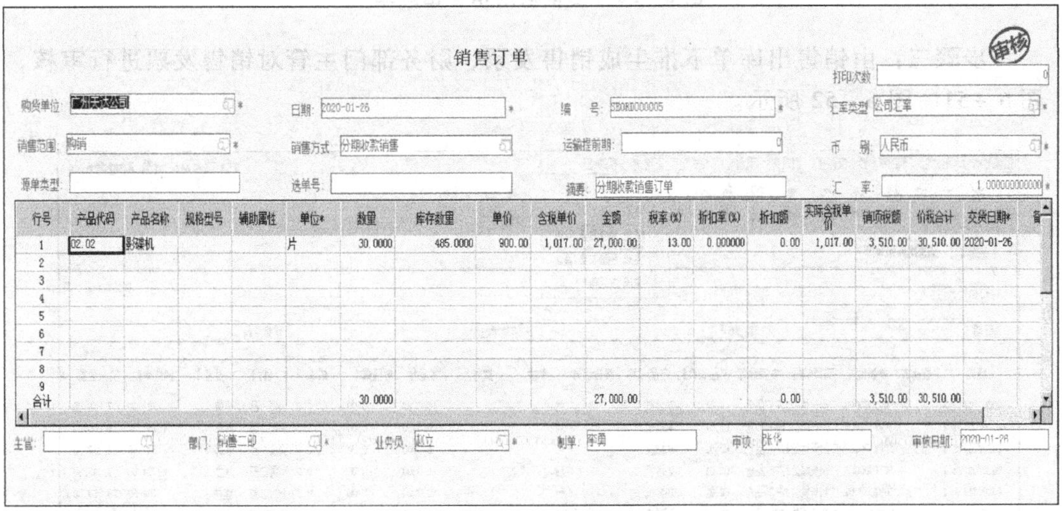

图 6－48　已审核的销售订单

步骤二：由销售订单下推生成销售出库，仓库主管对销售出库单进行发货，如图 6－49、图 6－50 所示。

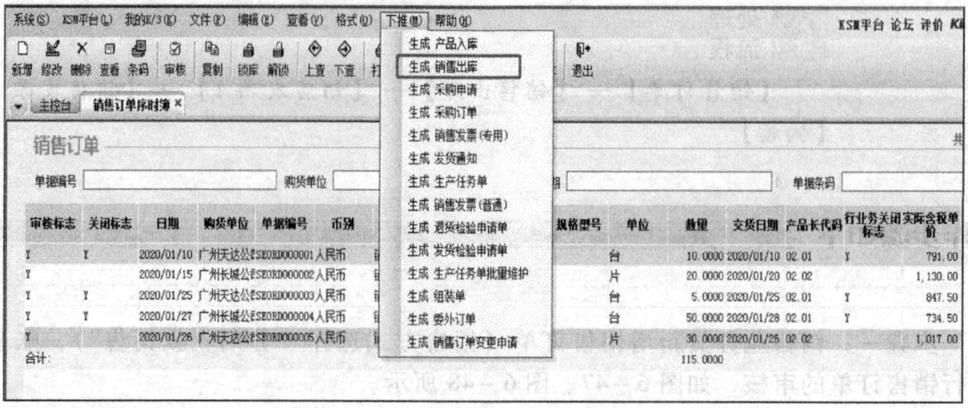

图 6-49　销售订单维护界面

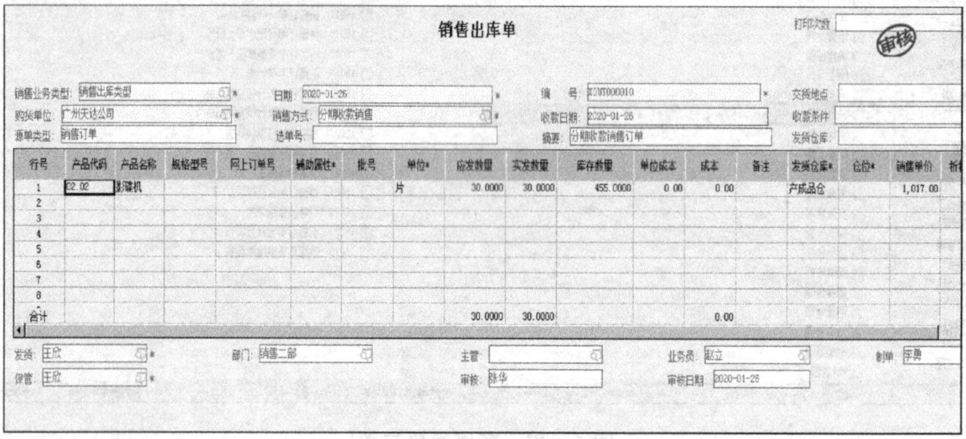

图 6-50　已审核的销售出库单

步骤三：由销售出库单下推生成销售发票，财务部门主管对销售发票进行审核，如图 6-51、图 6-52 所示。

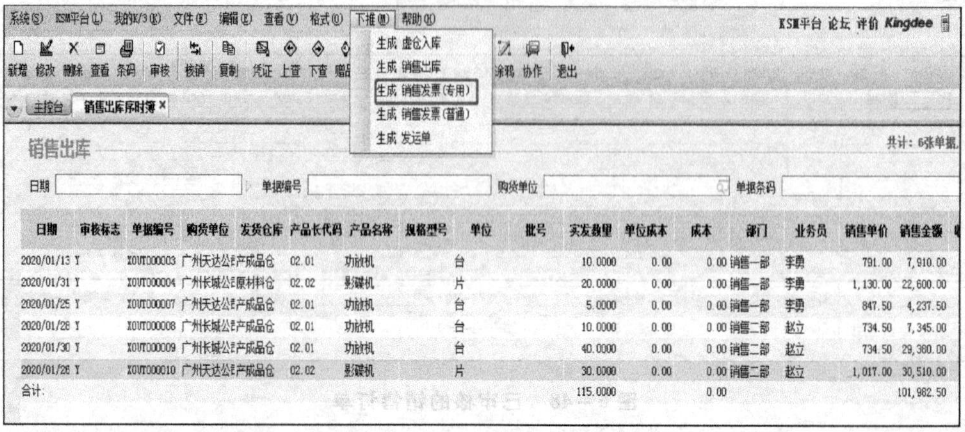

图 6-51　销售出库维护界面

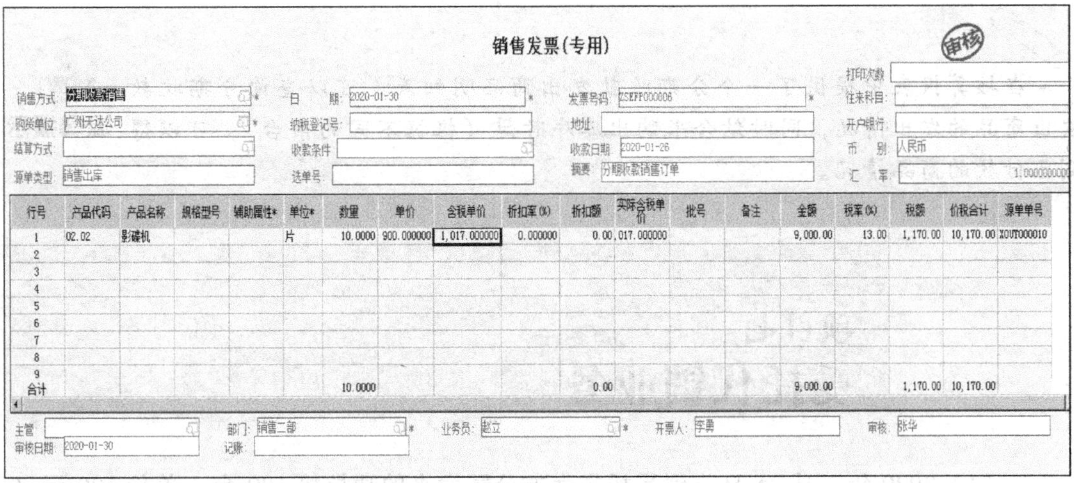

图 6－52　已审核的销售发票

步骤四：销售发票与销售出库单核对钩稽，如图 6－53、图 6－54 所示。

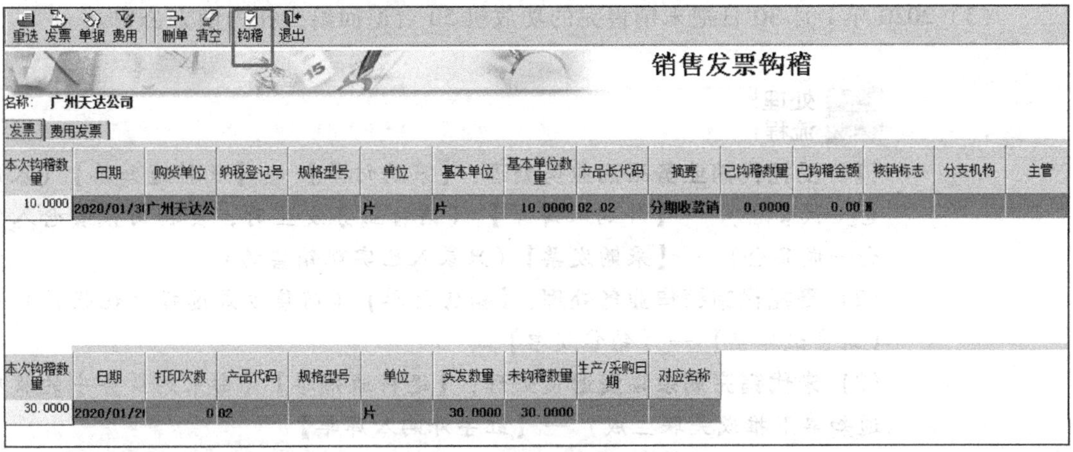

图 6－53　销售发票钩稽

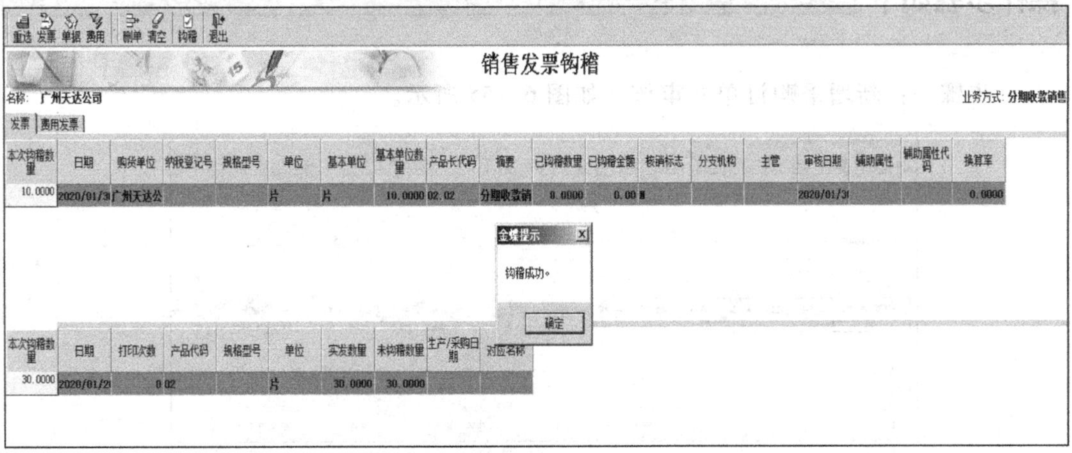

图 6－54　销售发票钩稽成功

温馨提示

在核算报表中提供了一个分期收款发出商品明细表，可以查询分期收款发出商品的发出情况，同时结合采购出库序时簿（根据不同的条台），可以得到已付款的商品情况。

项目七
受托代销业务

（1）2020 年 1 月 25 日收到受托方南方公司发来的功放机 100 台，单价 500 元（不含税）。

（2）2020 年 1 月 28 日代销给天达公司 50 台，单价 700 元。

（3）2020 年 1 月 30 日把未销售完的功放机 50 台退回给受托方南方公司。

处理流程

（1）受托代销业务采购业务处理：【采购订单】—【收料通知单】（入虚仓—代管仓）—【外购入库单】（销售业务发生时，货物由代管仓入实仓—成品仓）—【采购发票】（只录入已实现销售的）

（2）受托代销销售业务处理：【销售订单】（销售方式选择受托代销）—【销售出库单】—【销售发票】

（3）未代销完剩余物资退货处理：【退料通知单】（由采购业务中的收料通知单下推或关联生成）—【红字外购入库单】

操作步骤如下

步骤一：新增采购订单并审核，如图 6－55 所示。

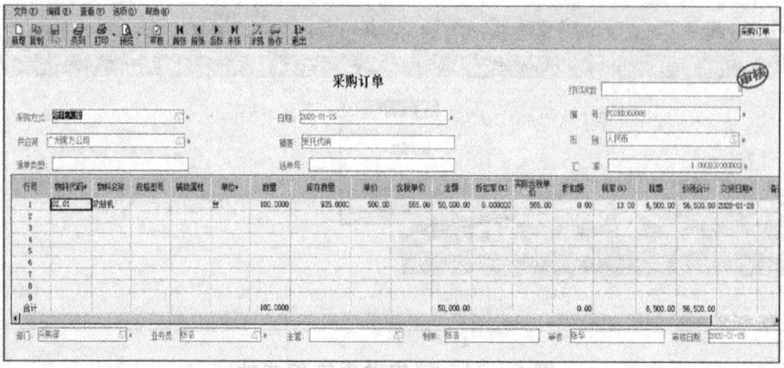

图 6－55　已审核的采购订单

步骤二：由采购订单下推生成收料通知单并审核（入代管仓），操作如图 6－56、图 6－57所示。

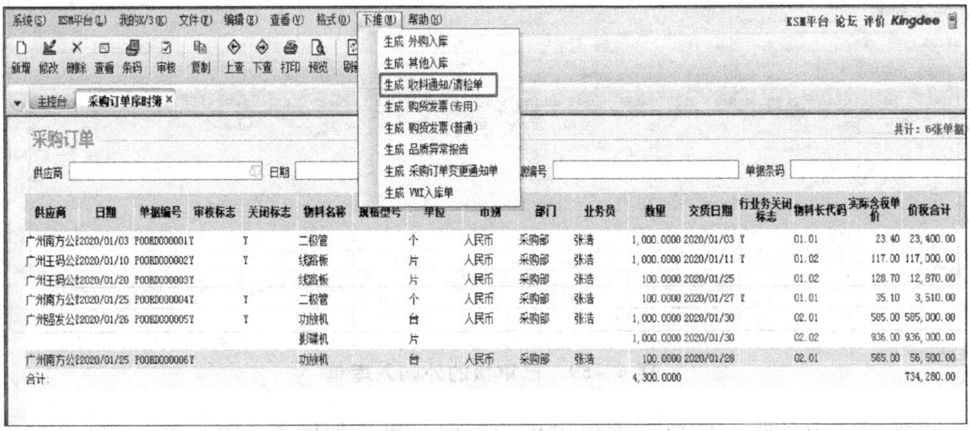

图 6－56　收料通知单生成界面

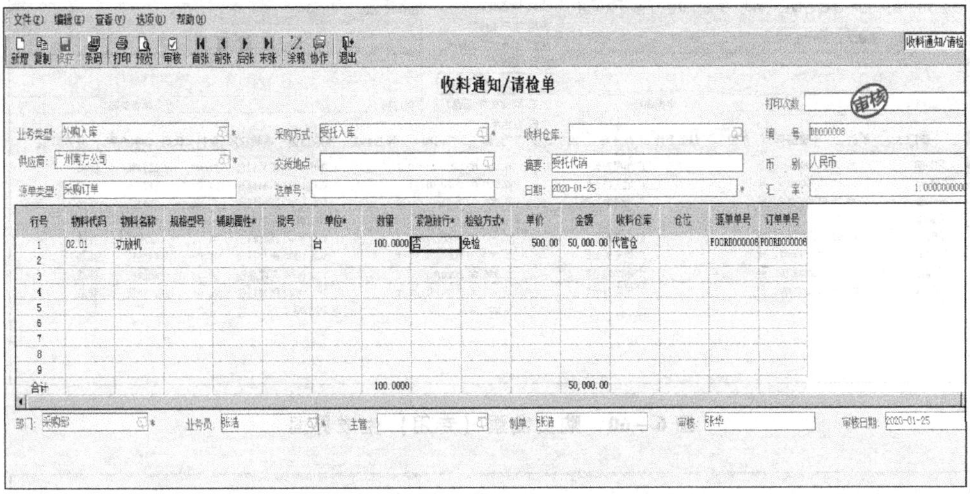

图 6－57　已审核的收料通知单

步骤三：由收了通知单下推生成外购入库单，具体操作如图 6－58、图 6－59 所示。

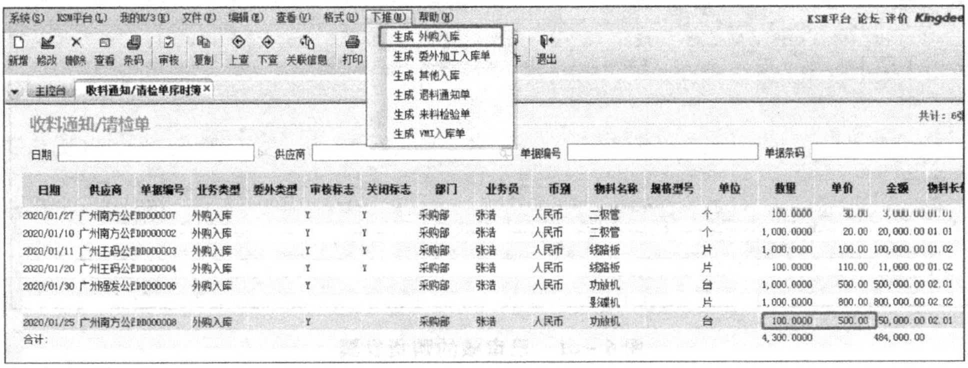

图 6－58　外购入库单生成界面

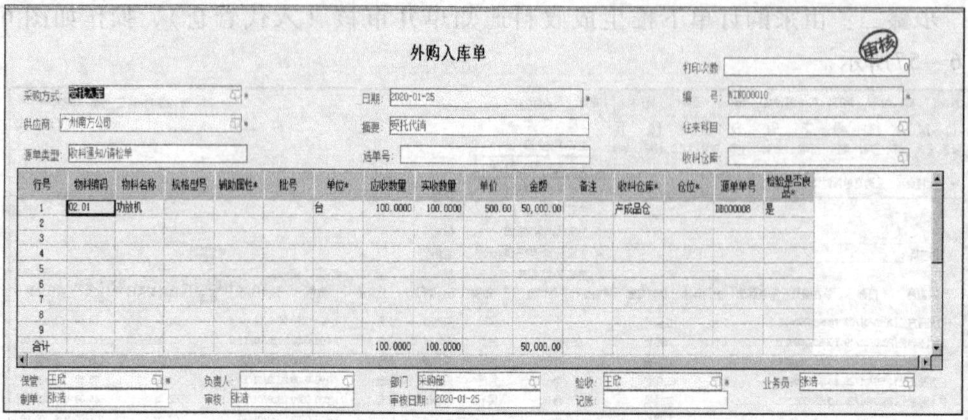

图 6－59　已审核的外购入库单

步骤四：由外购入库单下推生成采购发票，操作如图 6－60、图 6－61 所示。

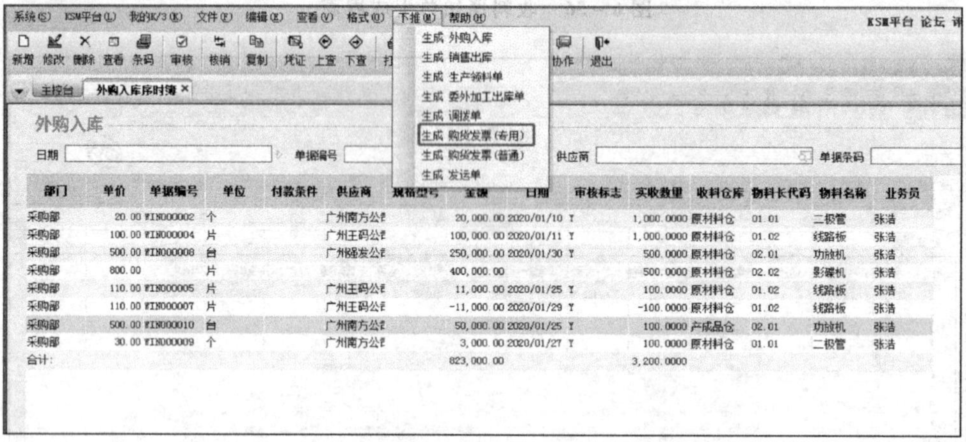

图 6－60　购货发票（专用）生成界面

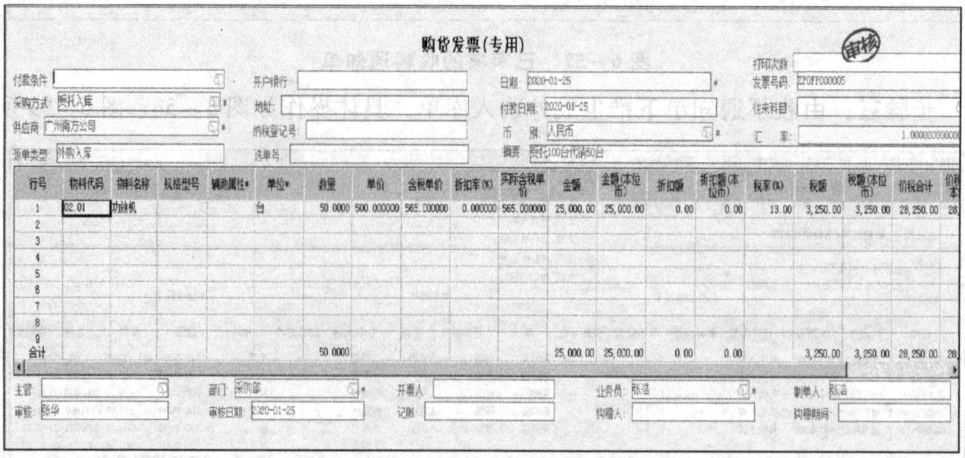

图 6－61　已审核的购货发票

步骤五：新增销售方式为受托代销类的销售订单并审核，操作如图 6－62 所示。

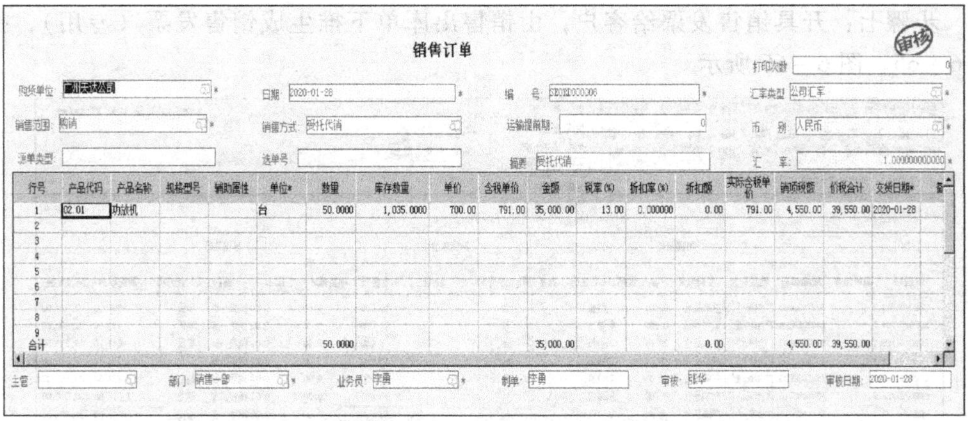

图 6-62 已审核的销售订单

步骤六：销售发货：由销售订单下推生成销售出库单，操作结果如图 6-63、图 6-64 所示。

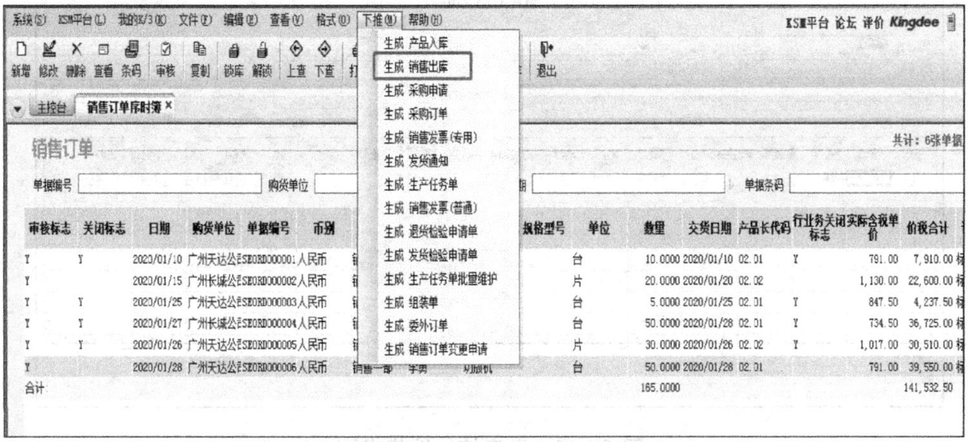

图 6-63 销售出库单生成界面

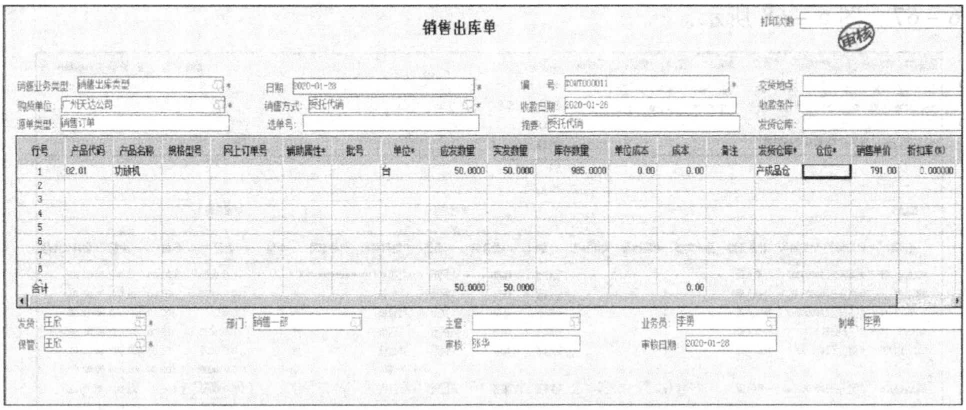

图 6-64 已审核的销售出库单

步骤七：开具销售发票给客户，由销售出库单下推生成销售发票（专用），操作如图 6－65、图 6－66 所示。

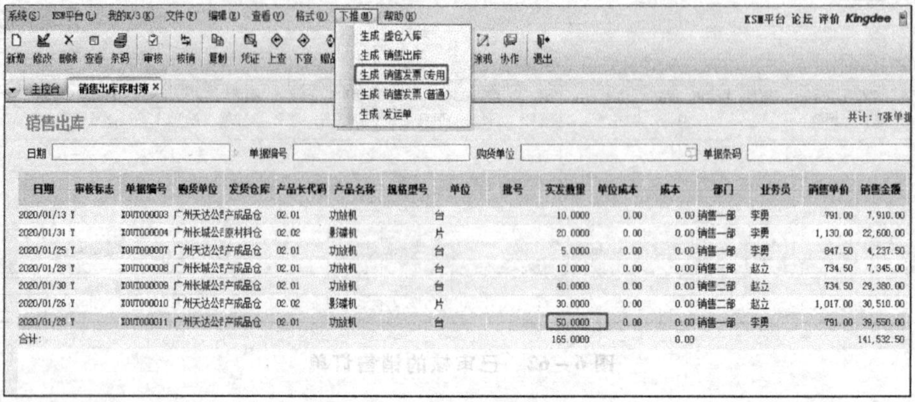

图 6－65　销售发票生成界面

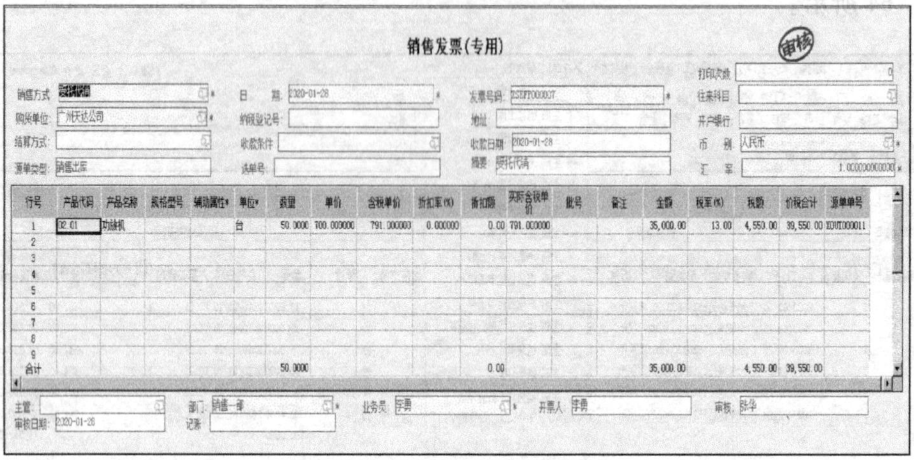

图 6－66　已审核的销售发票

步骤八：未销售完的货物安排退货，由原收料通知单下推生成退料通知单，操作如图 6－67、图 6－68 所示。

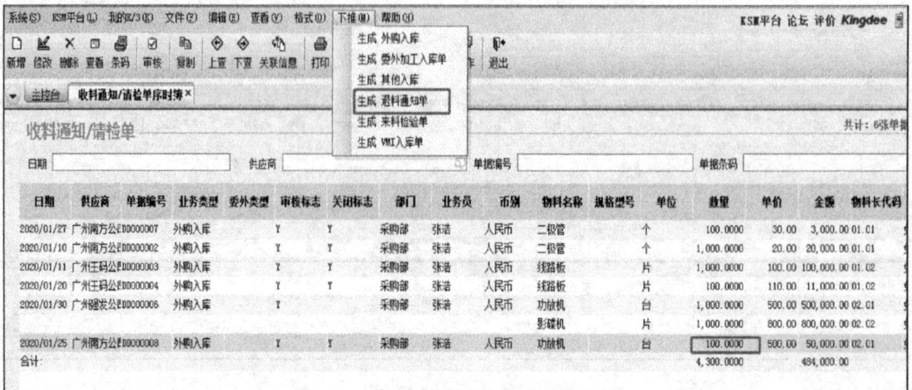

图 6－67　退料通知单生成界面

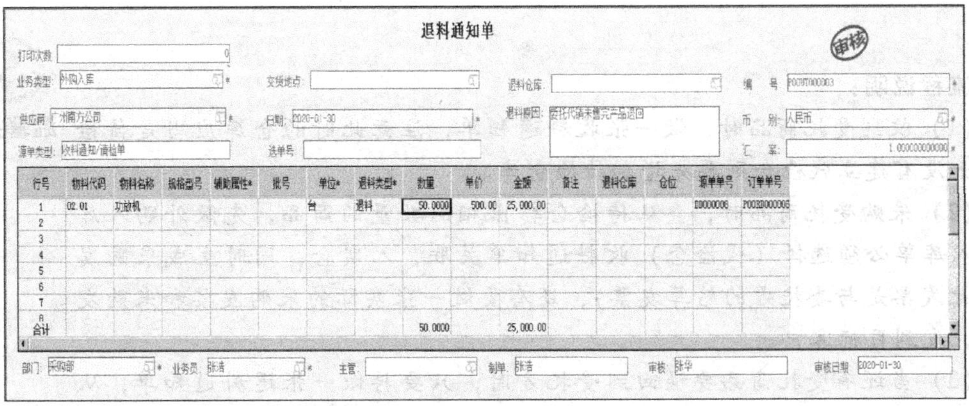

图 6－68　已审核的退料通知单

步骤九：退货货物出库，由退料通知单下推生成外购入库单（红字），操作如图 6－69、图 6－70 所示。

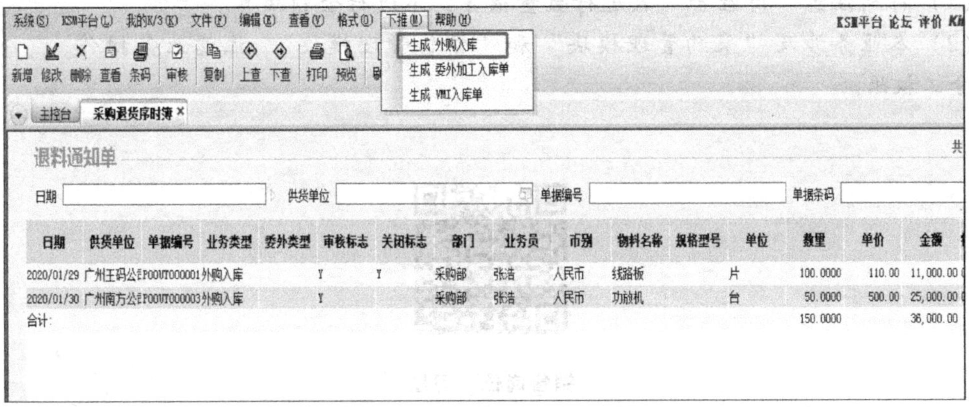

图 6－69　红字外购入库单生成界面

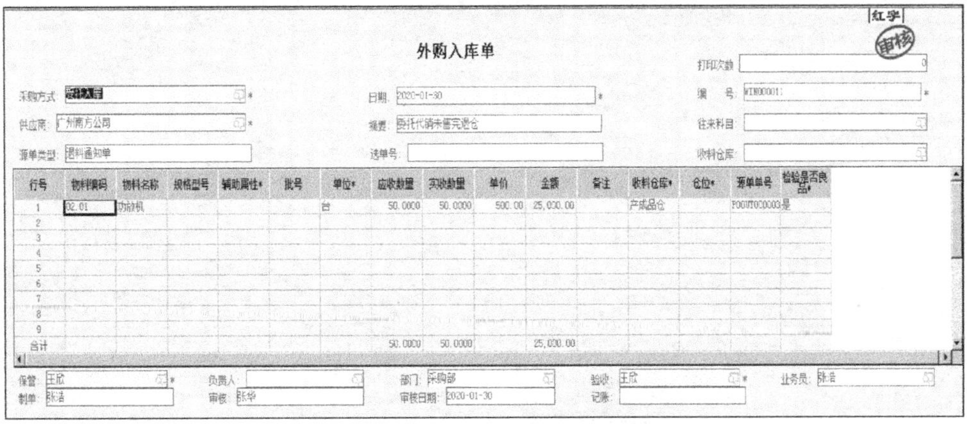

图 6－70　已审核的红字外购入库单

温馨提示

流程说明：

（1）收到受托商品时，做一张收料通知单，注意此时的仓库应当是待检仓，如没有建立代检仓则要先增加待检仓库。

（2）采购受托商品时，要从待检仓转出相同数量的商品，先做外购入库单，入库单必须选择（代检仓）收料通知单关联，入实仓，同时生成采购发票（此发票是与委托方的结算发票），还有要做一张实际的采购发票和采购发出单，发到目标客户。

（3）当还有受托商品要退回到受托方时，只要再做一张退料通知单，从待检仓发回受托方。

（4）在采购业务报表中，查看待检代管物料收发台账可以得到结余的受托商品情况。

操作要点：

（1）特别注意“待检仓”只进行数量核算，不进行金额核算。

（2）本业务涉及“采购管理模块”和“销售管理模块”，注意业务操作员的分工权限。

销售岗位　习题

7 单元七 仓存管理岗位

学习目标

岗位能力目标：

（1）能够制作仓存系统各种出入库业务单据；

（2）能够行仓库进行期末库存盘点，并进行库存数量调整；

（3）能够查看各种账表查看。

岗位知识目标：

（1）理解仓存管理系统的功能和意义；

（2）明白仓存管理系统的业务流程和数据流程；

（3）掌握仓存管理系统日常单据填制、存货盘点及库存数量调整方法。

工作任务

应完成的工作任务：

（1）处理一般出入库业务单证，录入出入库系统单据；

（2）委托加工出入库等特殊业务的单证处理；

（3）制作盘点方案，录入盘点数据，生成盘点报表。

完成工作任务应提交的标志性成果：生产领料单、产品入库单、委托加工出库单、委托加工入库单、调拨单、盘盈单、盘亏单、其他出库单等。

实训要求：

（1）根据提供的资料进行仓存系统各种出入库业务单据制作；

（2）对仓库进行期末库存盘点，并进行库存数量调整；

（3）掌握各种账表的查看技巧。

仓库系统流程图：

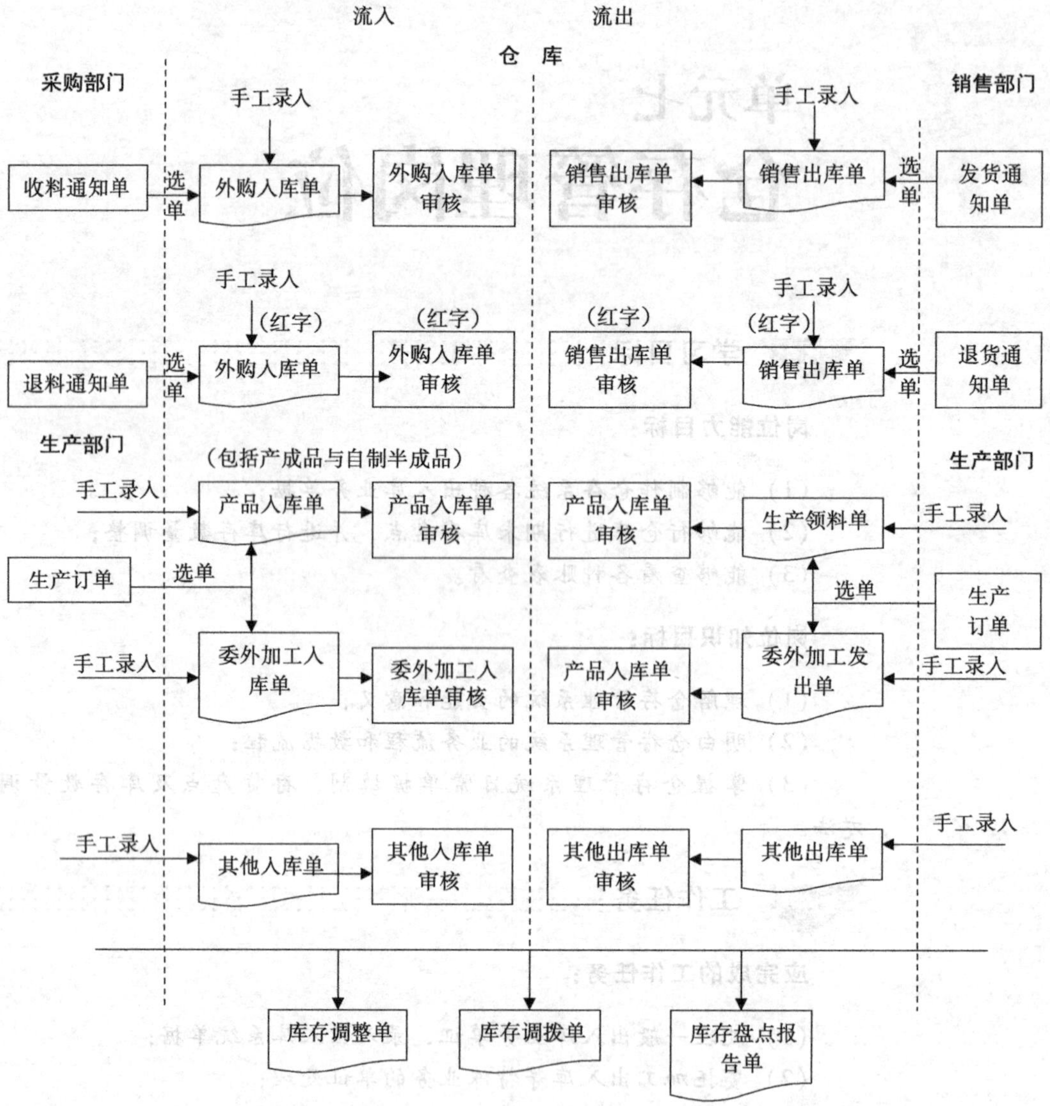

简化为下表

采购系统→采购入库单→	→仓存系统→	存货核算
销售系统→销售出库单→		

项目一
生产领料

生产部刘红于 2020 年 1 月 10 日向仓库领用二极管 100 个。

处理流程

【供应链】—【仓存管理】—【领料发货】—【生产领料】

操作步骤如下

步骤一：新增生产领料单，如图 7－1、图 7－2 所示。

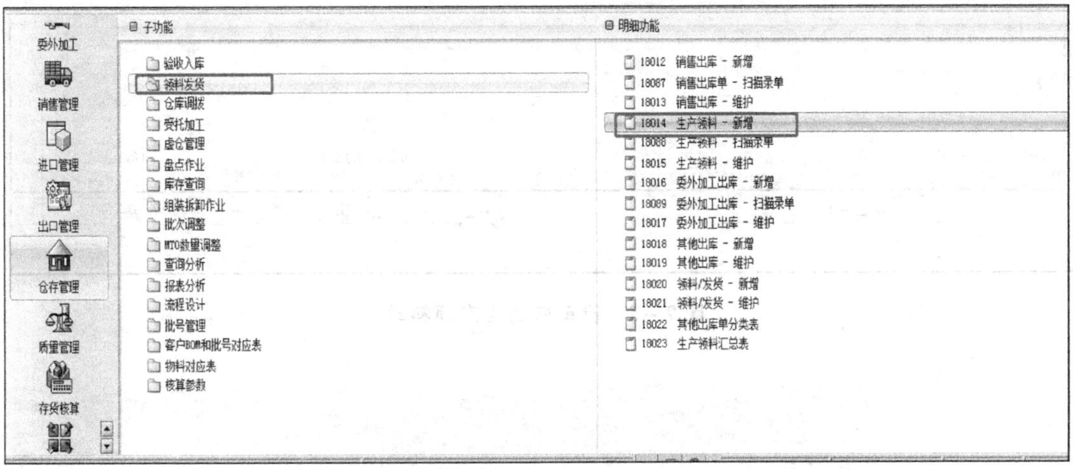

图 7－1　新增生产领料单

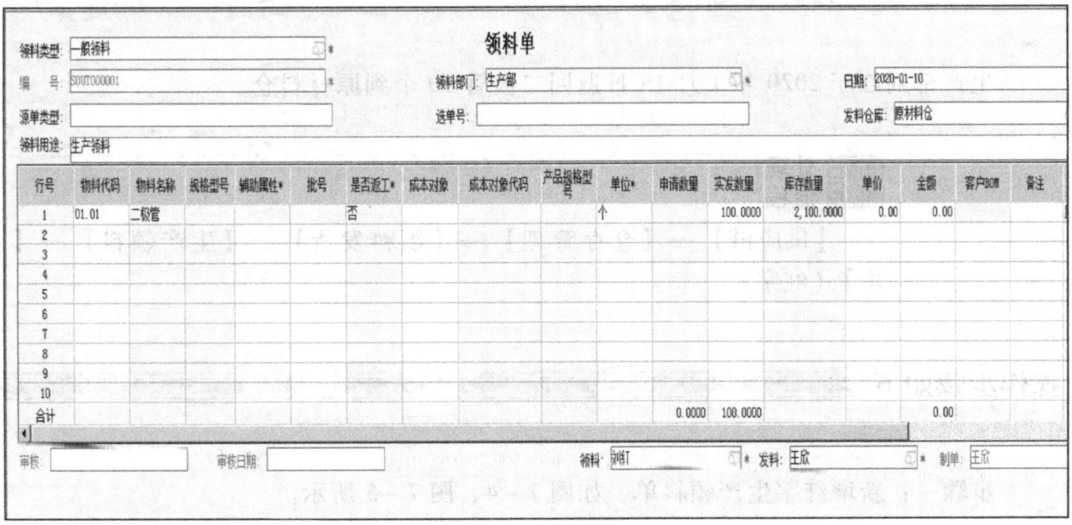

图 7－2　生产领料单

步骤二：对新增的生产领料单进行审核，如图 7－3 所示。

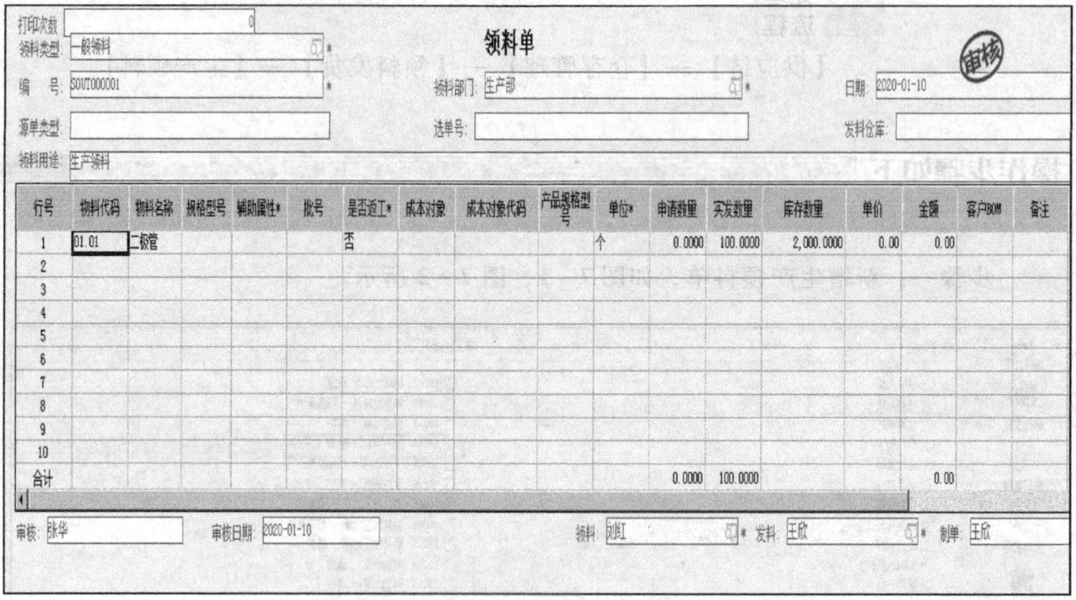

领料单

审核

打印次数 0

领料类型：一般领料 *

编　号：SOUT000001 *　　领料部门：生产部 *　　日期：2020-01-10

源单类型：　　选单号：　　发料仓库：

领料用途：生产领料

行号	物料代码	物料名称	规格型号	辅助属性*	批号	是否返工*	成本对象	成本对象代码	产品规格型号	单位*	申请数量	实发数量	库存数量	单价	金额	客户BOM	备注
1	01.01	二极管				否				个	0.0000	100.0000	2,000.0000	0.00	0.00		
2																	
3																	
4																	
5																	
6																	
7																	
8																	
9																	
10																	
合计											0.0000	100.0000			0.00		

审核：张华　　审核日期：2020-01-10　　领料：刘红 *　　发料：王欣 *　　制单：王欣

图 7－3　已审核的生产领料单

项目二
生产退料

生产部刘红于 2020 年 1 月 15 日退回二极管 10 个到原材料仓。

处理流程

【供应链】—【仓存管理】—【领料发货】—【生产领料】—【新增】（红字）

操作步骤如下

步骤一：新增红字生产领料单，如图 7－4、图 7－5 所示。

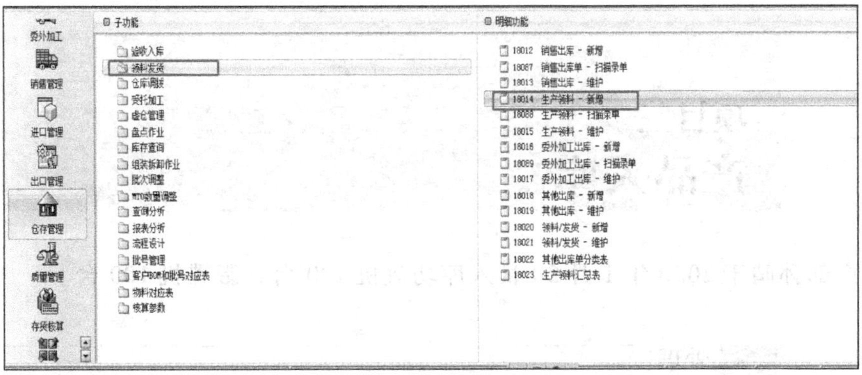

图 7－4　新增红字生产领料单

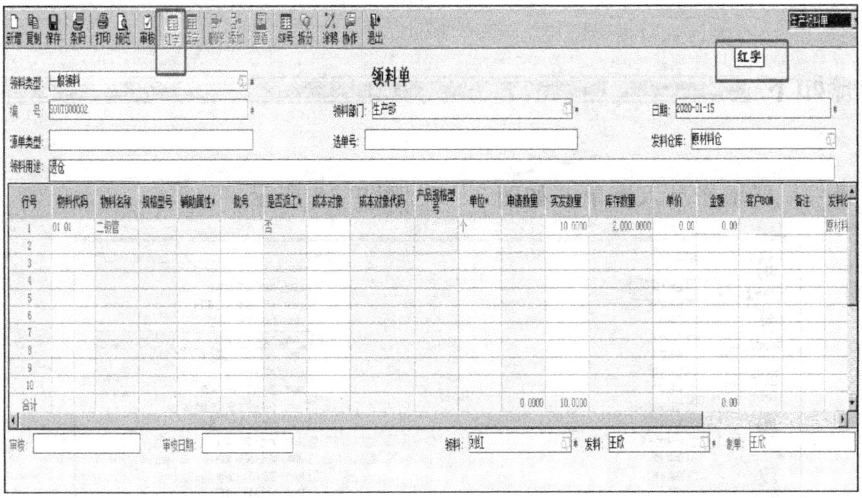

图 7－5　红字领料单

步骤二：对新增的红字领料单进行审核，如图 7－6 所示。

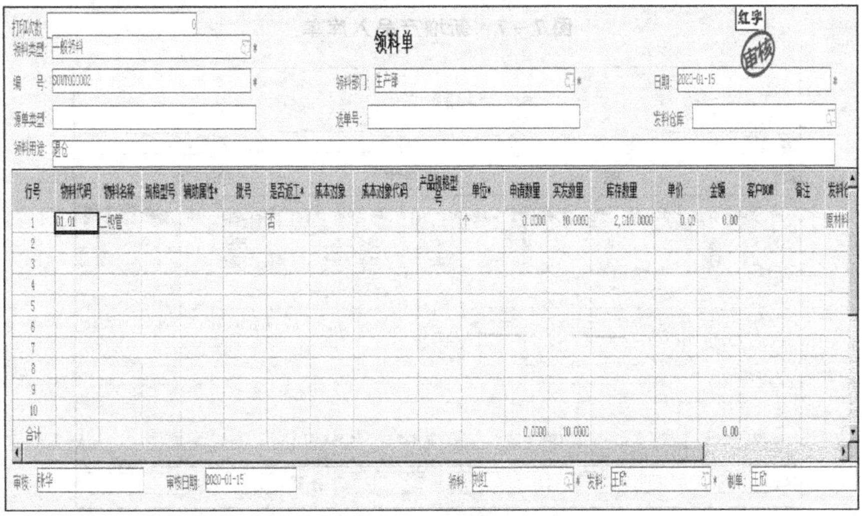

图 7－6　已审核的红字领料单

项目三
产品入库

生产部孙晴于 2020 年 1 月 20 日入库功放机 100 台，影碟机 100 台。

处理流程

【供应链】—【仓存管理】—【验收入库】—【产品入库】

操作步骤如下

步骤一：新增产品入库单，如图 7－7、图 7－8 所示。

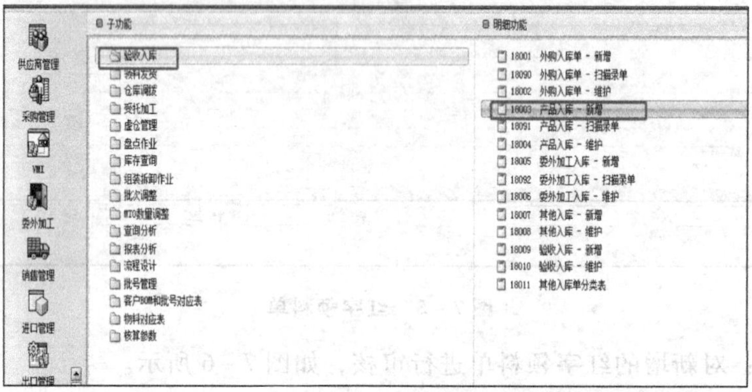

图 7－7　新增产品入库单

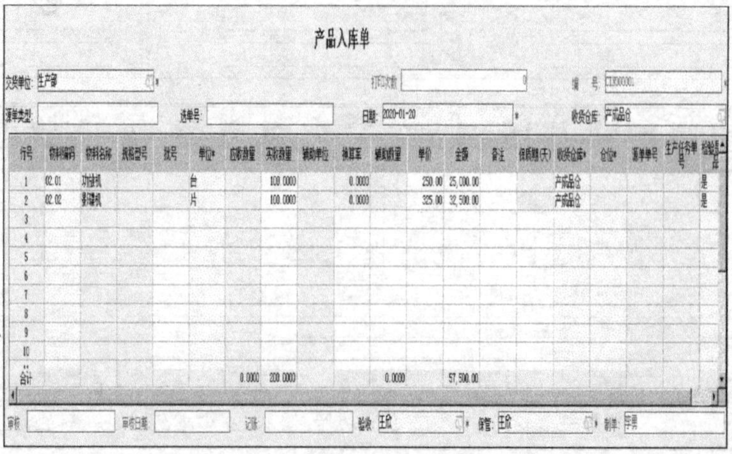

图 7－8　产品入库单

步骤二：对新增的产品入库单进行审核，如图 7－9 所示。

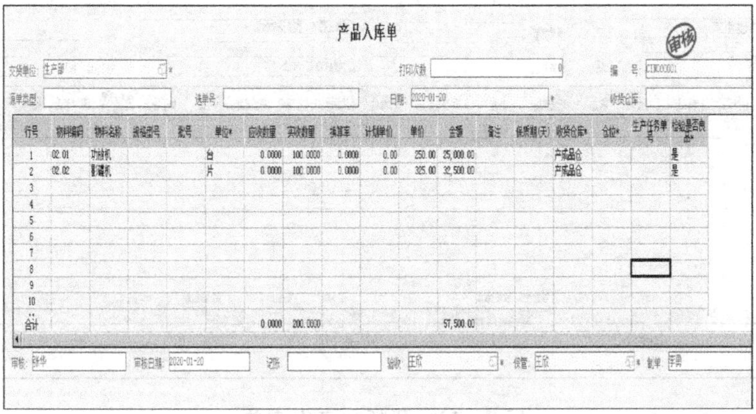

图 7－9　已审核的产品入库单

项目四
委外加工出库

2020 年 1 月 20 日刘红领用二极管 500 个，发送到强发公司加工。

处理流程

【供应链】—【仓存管理】—【领料发货】—【委托加工出库】

操作步骤如下

步骤一：新增委外加工出库单，如图 7－10、图 7－11 所示。

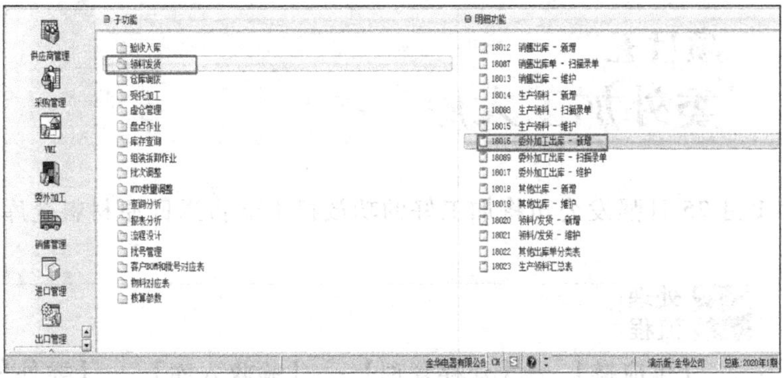

图 7－10　新增委托加工出库单

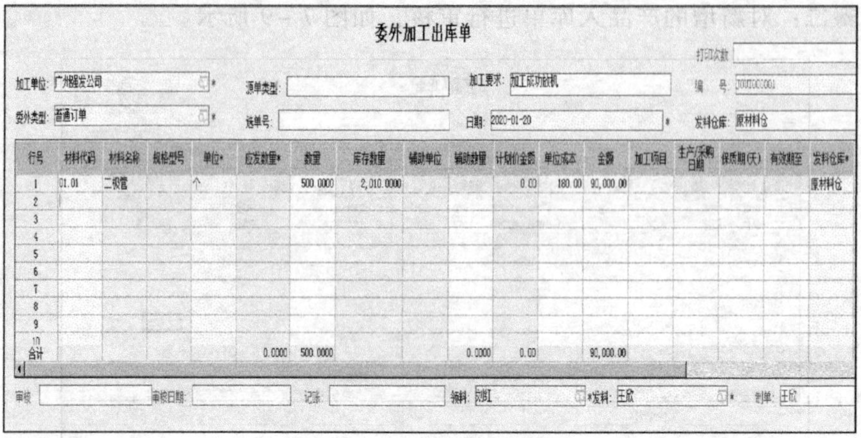

委外加工出库单

打印次数：

加工单位：广州强发公司 * 源单类型： 加工要求：加工成功放机 编 号：JOUT000001

委外类型：普通订单 * 选单号： 日期：2020-01-20 * 发料仓库：原材料仓

行号	材料代码	材料名称	规格型号	单位*	应发数量*	数量	库存数量	辅助单位	辅助数量	计划价金额	单位成本	金额	加工项目	生产/采购日期	保质期(天)	有效期至	发料仓库*
1	01.01	二极管		个		500.0000	2,010.0000			0.00	180.00	90,000.00					原材料仓
2																	
3																	
4																	
5																	
6																	
7																	
8																	
9																	
10																	
合计					0.0000	500.0000			0.0000	0.00		90,000.00					

审核： 审核日期： 记账： 领料：刘红 *发料：王欣 * 制单：王欣

图 7-11　委托加工出库单

步骤二：对新增的委托加工出库单进行审核，如图 7-12 所示。

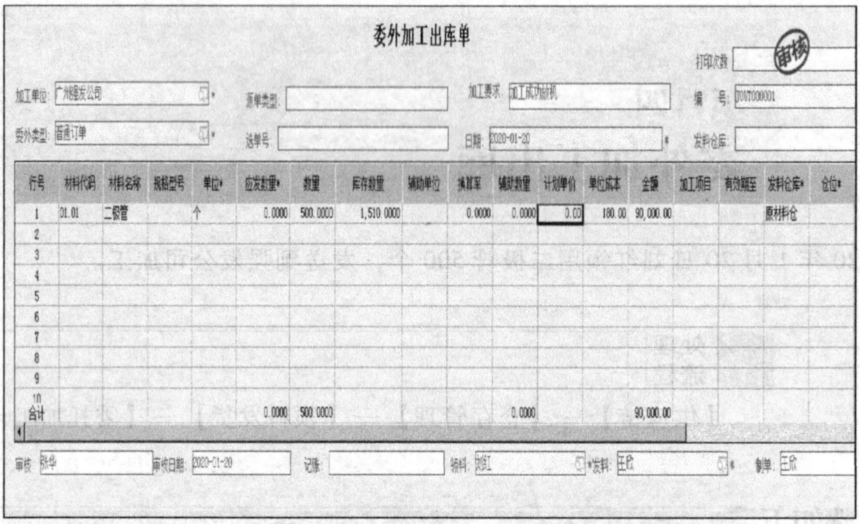

委外加工出库单

审核

打印次数：

加工单位：广州强发公司 * 源单类型： 加工要求：加工成功放机 编 号：JOUT000001

委外类型：普通订单 * 选单号： 日期：2020-01-20 * 发料仓库：

行号	材料代码	材料名称	规格型号	单位*	应发数量*	数量	库存数量	辅助单位	换算率	辅助数量	计划单价	单位成本	金额	加工项目	有效期至	发料仓库*	仓位*
1	01.01	二极管		个	0.0000	500.0000	1,510.0000		0.0000	0.0000	0.00	180.00	90,000.00			原材料仓	
2																	
3																	
4																	
5																	
6																	
7																	
8																	
9																	
10																	
合计					0.0000	500.0000				0.0000			90,000.00				

审核：张华 审核日期：2020-01-20 记账： 领料：刘红 *发料：王欣 * 制单：王欣

图 7-12　已审核的委外加工出库单

项目五
委外加工入库

2020 年 1 月 25 日强发公司将加工好的功放机 100 台送回原材料仓库。

处理流程

【供应链】—【仓存管理】—【验收入库】—【委外加工入库】

操作步骤如下

步骤一：新增委外加工入库单，如图 7－13、图 7－14 所示。

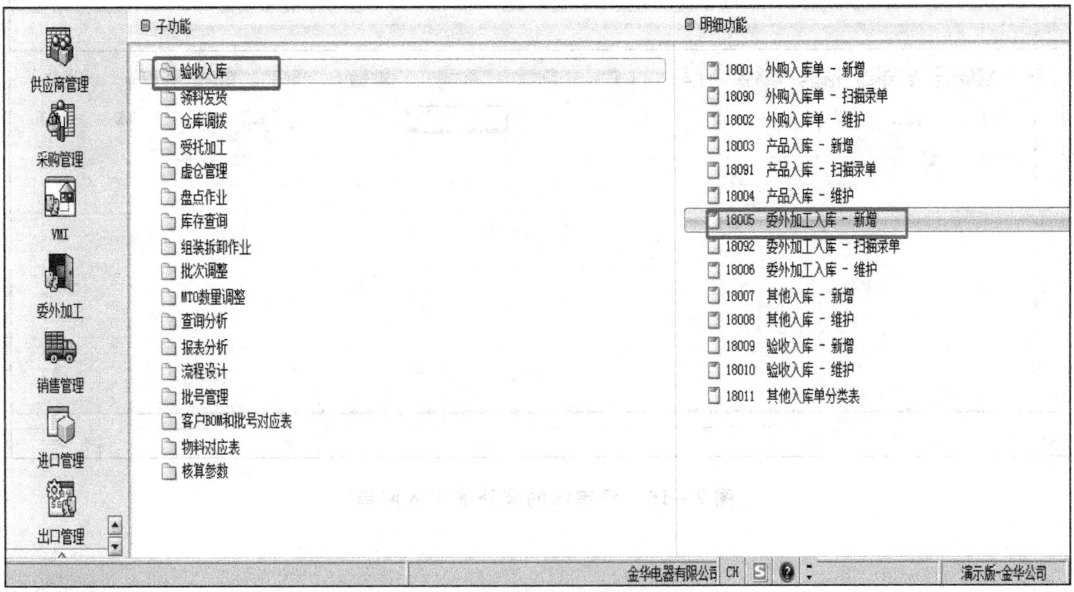

图 7－13　新增委外加工入库单

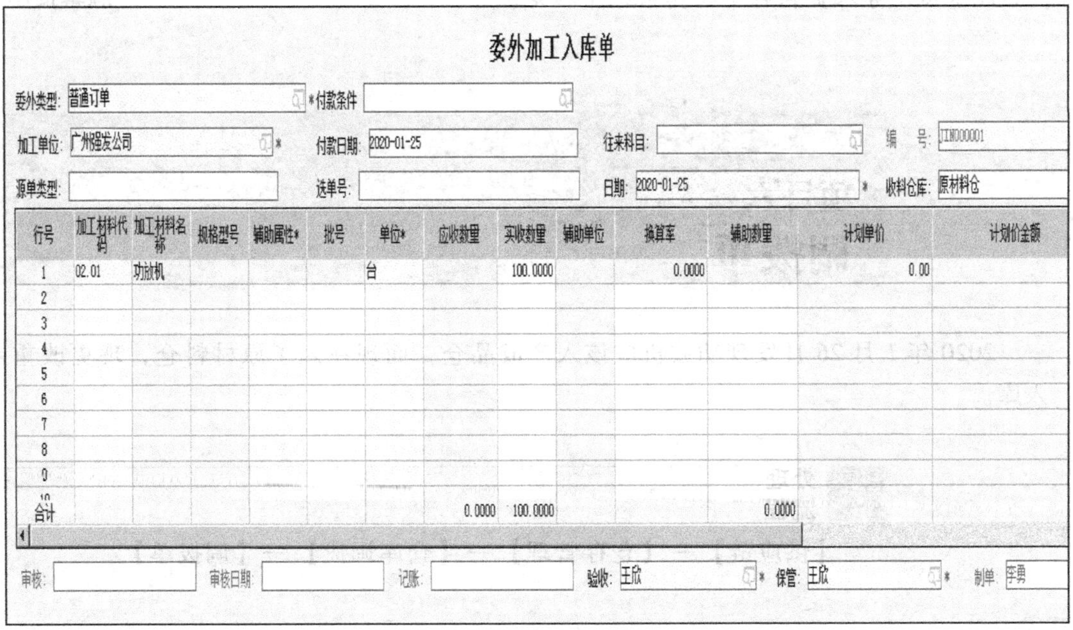

图 7－14　委外加工入库单

步骤二：对新增的委托加工入库单进行审核，如图 7－15 所示。

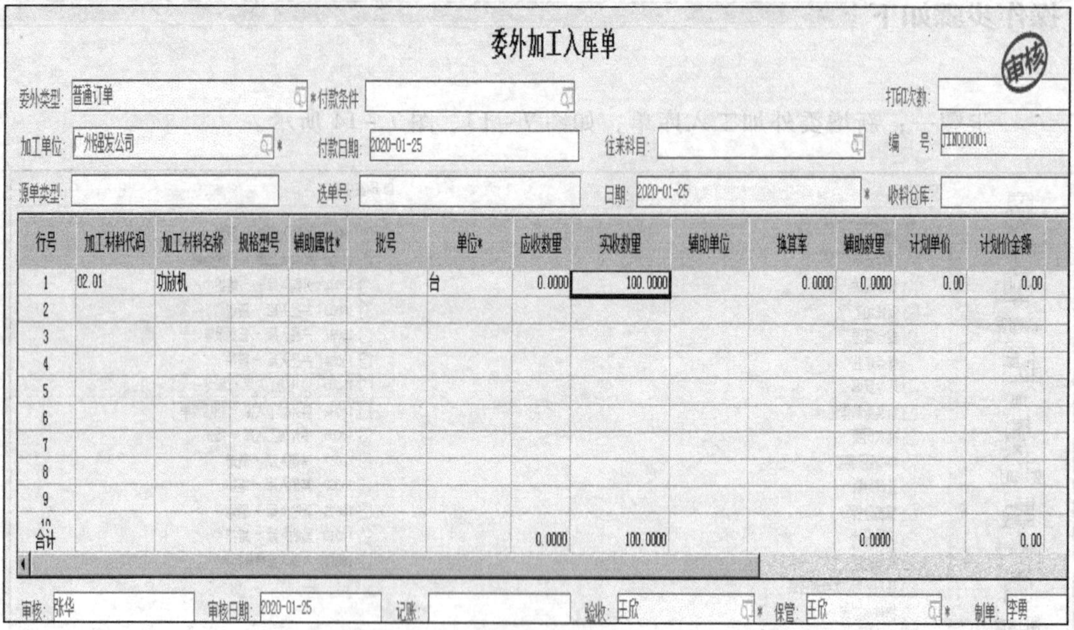

委外加工入库单

审核

委外类型：普通订单 *付款条件： 打印次数：

加工单位：广州强发公司 * 付款日期：2020-01-25 往来科目： 编 号：JIN000001

源单类型： 选单号： 日期：2020-01-25 * 收料仓库：

行号	加工材料代码	加工材料名称	规格型号	辅助属性*	批号	单位*	应收数量	实收数量	辅助单位	换算率	辅助数量	计划单价	计划价金额
1	02.01	功放机				台	0.0000	100.0000		0.0000	0.0000	0.00	0.00
2													
3													
4													
5													
6													
7													
8													
9													
合计							0.0000	100.0000			0.0000		0.00

审核：张华 审核日期：2020-01-25 记账： 验收：王欣 * 保管：王欣 * 制单：李勇

图 7－15 已审核的委外加工入库单

温馨提示

委外加工的收入和发出物料的成本不由仓存人员来定，所以不要录入单价，其成本由财务人员在存货核算系统中核定。

项目六 调拨单

2020 年 1 月 26 日发现功放机应该入产成品仓，而现在入了原材料仓，现更改重新入库。

处理流程

【供应链】—【仓存管理】—【仓库调拨】—【调拨单】

操作步骤如下

步骤一：新增调拨单，如图 7－16、图 7－17 所示。

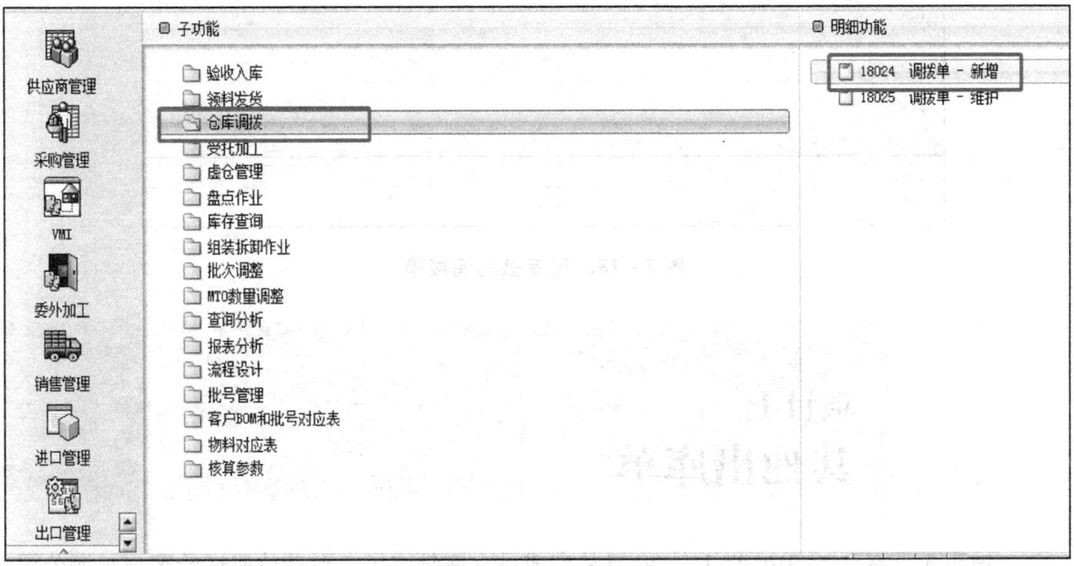

图 7－16　新增调拨单

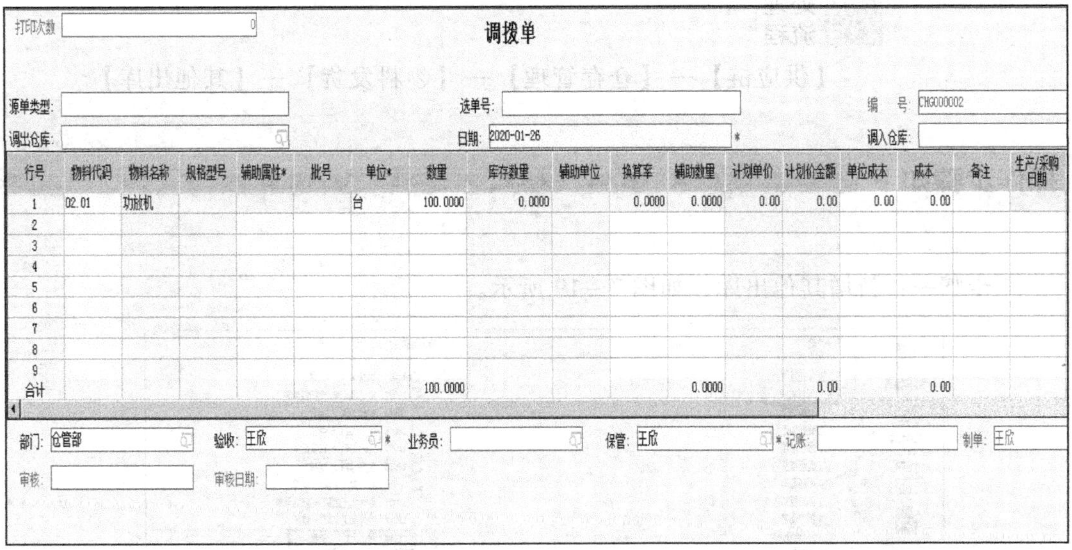

调拨单

打印次数：0

源单类型：　　选单号：　　编号：CHG000002

调出仓库：　　日期：2020-01-26 *　　调入仓库：

行号	物料代码	物料名称	规格型号	辅助属性*	批号	单位*	数量	库存数量	辅助单位	换算率	辅助数量	计划单价	计划价金额	单位成本	成本	备注	生产/采购日期
1	02.01	功放机				台	100.0000	0.0000		0.0000	0.0000	0.00	0.00	0.00	0.00		
2																	
3																	
4																	
5																	
6																	
7																	
8																	
9																	
合计							100.0000				0.0000		0.00		0.00		

部门：仓管部　验收：王欣 *　业务员：　保管：王欣 *　记账：　制单：王欣

审核：　审核日期：

图 7－17　调拨单

步骤二：对新增的调拨单进行审核，如图 7－18 所示。

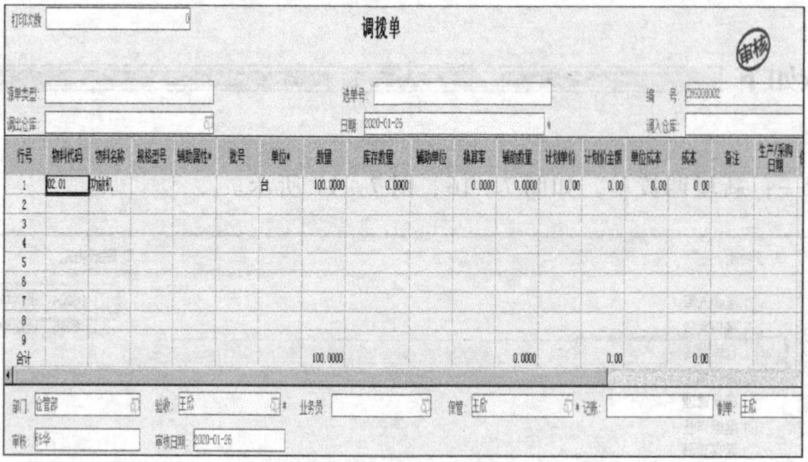

图 7－18　已审核的调拨单

项目七
其他出库单

销售人员赵立于 2020 年 1 月 30 日从产成品仓库领取了 3 台功放机送给客户长海公司。

处理流程

【供应链】—【仓存管理】—【领料发货】—【其他出库】

操作步骤如下

步骤一：新增其他出库，如图 7－19 所示。

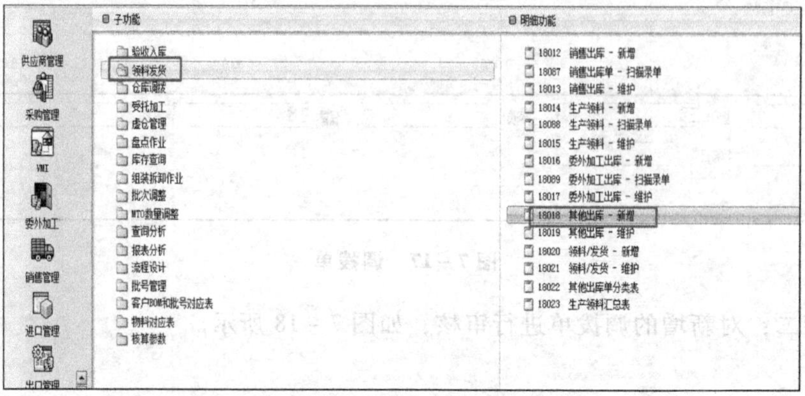

图 7－19　新增其他出库单

步骤二：对新增的其他出库单进行审核，如图 7－20 所示。

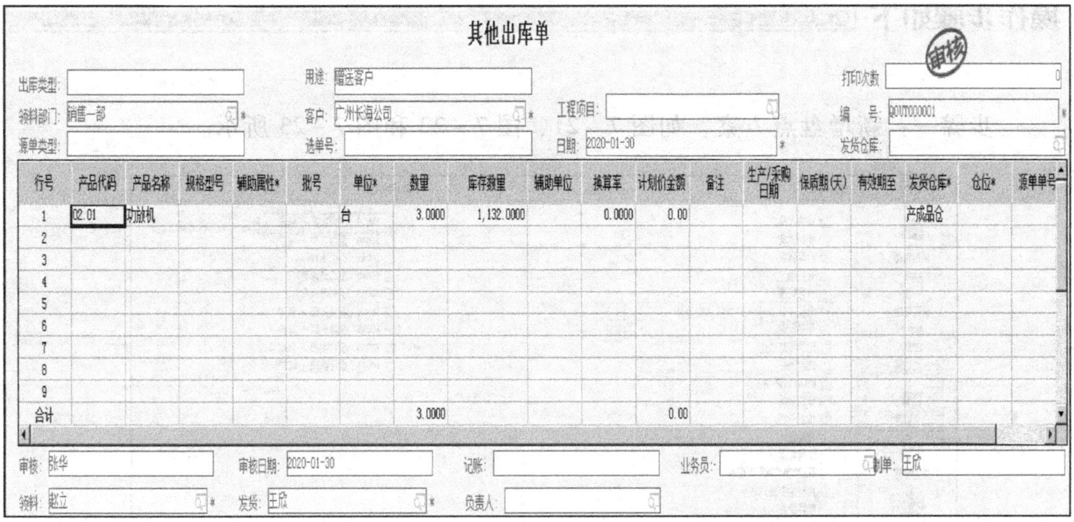
其他出库单

审核

出库类型：　用途：赠送客户　打印次数：0

领料部门：销售一部　客户：广州长海公司　工程项目：　编号：QOUT000001

源单类型：　选单号：　日期：2020-01-30　发货仓库：

行号	产品代码	产品名称	规格型号	辅助属性*	批号	单位*	数量	库存数量	辅助单位	换算率	计划价金额	备注	生产/采购日期	保质期(天)	有效期至	发货仓库*	仓位*	源单单号
1	02.01	功放机				台	3.0000	1,132.0000		0.0000	0.00					产成品仓		
2																		
3																		
4																		
5																		
6																		
7																		
8																		
9																		
合计							3.0000				0.00							

审核：张华　审核日期：2020-01-30　记账：　业务员：　制单：王欣

领料：赵立　发货：王欣　负责人：

图 7－20　已审核的其他出库单

项目八
盘盈、盘亏单

企业于 2020 年 1 月 31 日进行仓库盘点，发现实际库存二极管比账面多 50 个，功放机比账面少 80 台，做盘盈、盘亏处理。

处理流程

【供应链】—【仓存管理】—【盘点作业】—【盘点方案】—【盘点数据录入】—【编制盘点报告】

业务要点

（1）当企业一旦确定了一个固定的盘点日期，从此盘点日期开始到盘点结束时的仓存进出要从盘点结果中调整出去，调整后数据才能与财务账对比。

（2）企业盘点经常会遇到仓库不能停止收发物料的情况，而盘点期间发生的物料收发业务会影响盘点数据的正确性，查看菜单中［选单］的功能就是对盘点期间发生的业务单据进行选择，来调整实存数量。

（3）通常，企业将盘点日期设定在每月月末。

操作步骤如下

步骤一：新增盘点方案，如图 7－21、图 7－22 和图 7－23 所示。

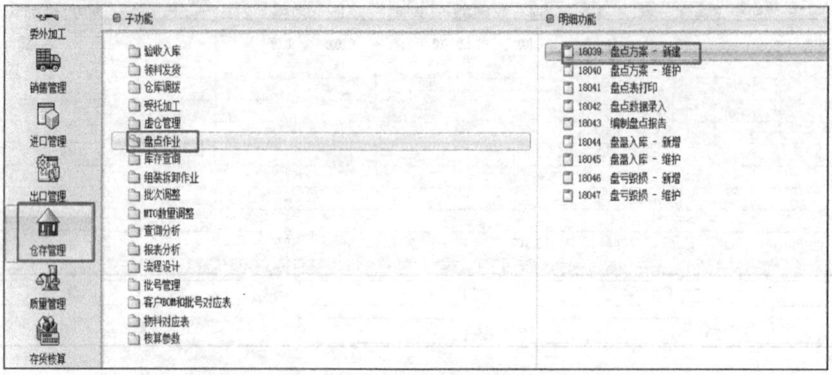

图 7－21　新增盘点方案

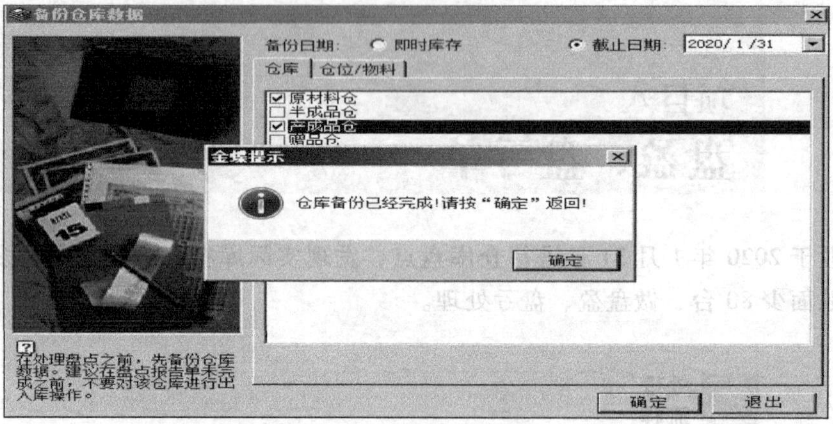

图 7－22　备份仓库数据

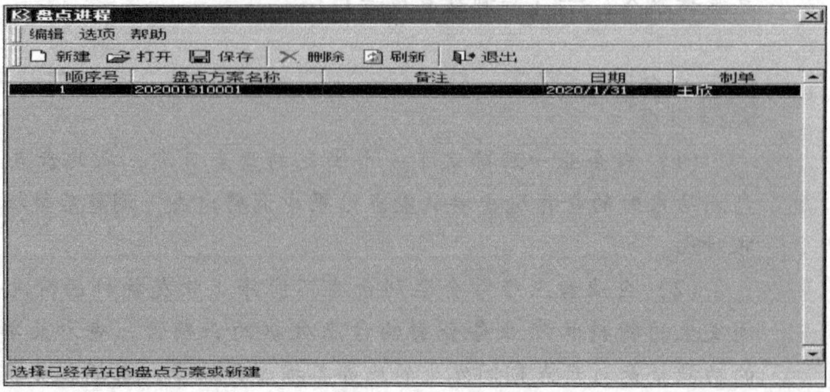

图 7－23　新的盘点方案（202001310001）产生

步骤二：分别对盘点数据录入，如图 7 - 24、图 7 - 25 所示。其中原材料仓二极管实际库存为 1 560 个，产成品仓功放机实际库存为 1 052 台，而账面上二极管库存为 1510 个，功放机库存为 1 132 台。

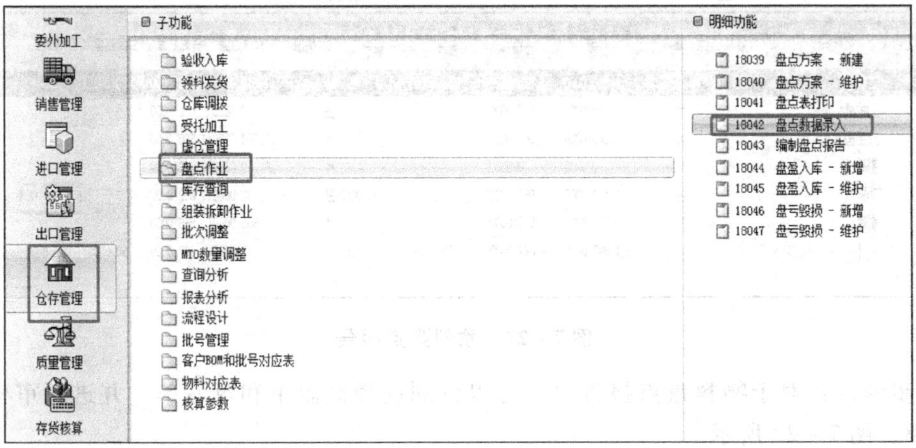

图 7 - 24　盘点数据录入

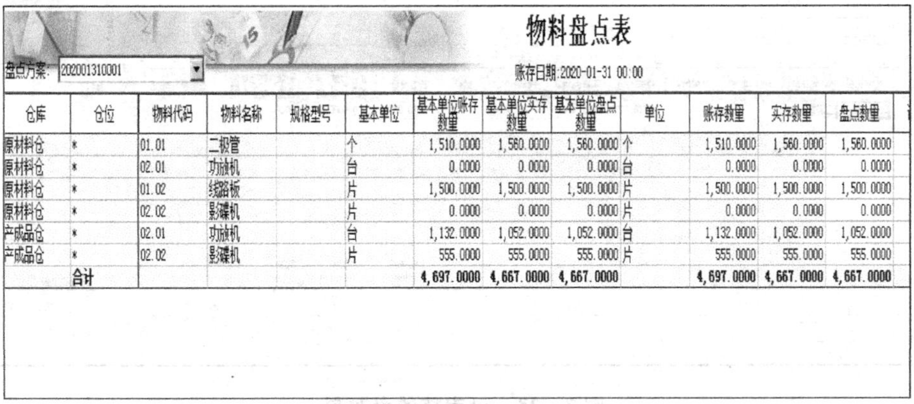

物料盘点表

盘点方案：202001310001　　账存日期：2020-01-31 00:00

仓库	仓位	物料代码	物料名称	规格型号	基本单位	基本单位账存数量	基本单位实存数量	基本单位盘点数量	单位	账存数量	实存数量	盘点数量
原材料仓	*	01.01	二极管		个	1,510.0000	1,560.0000	1,560.0000	个	1,510.0000	1,560.0000	1,560.0000
原材料仓	*	02.01	功放机		台	0.0000	0.0000	0.0000	台	0.0000	0.0000	0.0000
原材料仓	*	01.02	线路板		片	1,500.0000	1,500.0000	1,500.0000	片	1,500.0000	1,500.0000	1,500.0000
原材料仓	*	02.02	影碟机		片	0.0000	0.0000	0.0000	片	0.0000	0.0000	0.0000
产成品仓	*	02.01	功放机		台	1,132.0000	1,052.0000	1,052.0000	台	1,132.0000	1,052.0000	1,052.0000
产成品仓	*	02.02	影碟机		片	555.0000	555.0000	555.0000	片	555.0000	555.0000	555.0000
	合计					4,697.0000	4,667.0000	4,667.0000		4,697.0000	4,667.0000	4,667.0000

图 7 - 25　物料盘点数据

步骤三：编制盘点报告，如图 7 - 26、图 7 - 27 所示。

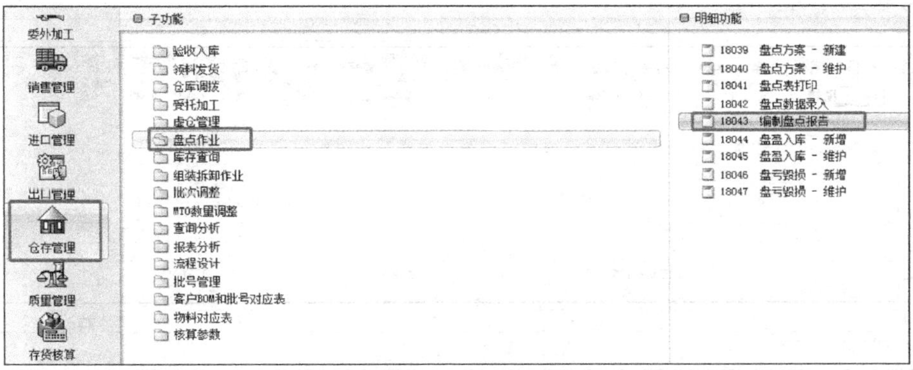

图 7 - 26　编制盘点报告

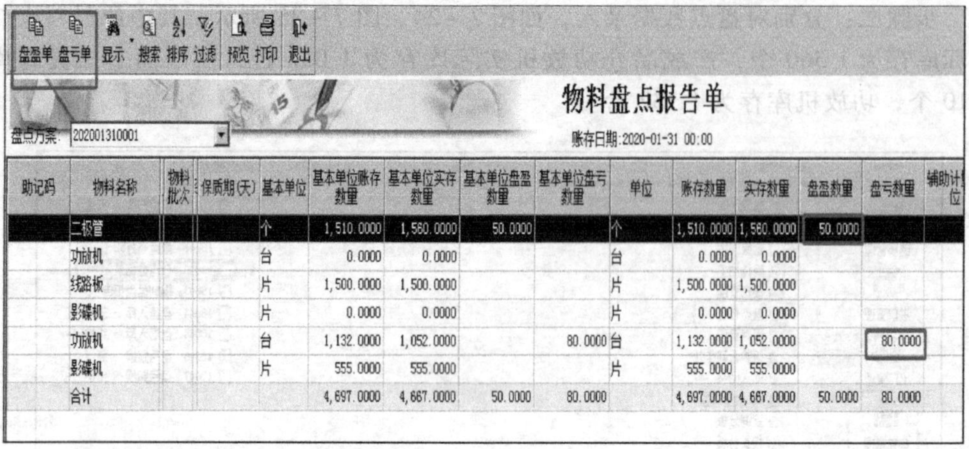

盘盈单 盘亏单 显示 搜索 排序 过滤 预览 打印 退出

物料盘点报告单

盘点方案: 202001310001

账存日期:2020-01-31 00:00

助记码	物料名称	物料批次	保质期(天)	基本单位	基本单位账存数量	基本单位实存数量	基本单位盘盈数量	基本单位盘亏数量	单位	账存数量	实存数量	盘盈数量	盘亏数量	辅助计量单位
	二极管			个	1,510.0000	1,560.0000	50.0000		个	1,510.0000	1,560.0000	50.0000		
	功放机			台	0.0000	0.0000			台	0.0000	0.0000			
	线路板			片	1,500.0000	1,500.0000			片	1,500.0000	1,500.0000			
	影碟机			片	0.0000	0.0000			片	0.0000	0.0000			
	功放机			台	1,132.0000	1,052.0000		80.0000	台	1,132.0000	1,052.0000		80.0000	
	影碟机			片	555.0000	555.0000			片	555.0000	555.0000			
	合计				4,697.0000	4,667.0000	50.0000	80.0000		4,697.0000	4,667.0000	50.0000	80.0000	

图 7－27　物料盘点报告

步骤四：对于物料盘点报告单，可以分别选择盘盈单和盘亏单，并进行审核。如图 7－28、图 7－29 所示。

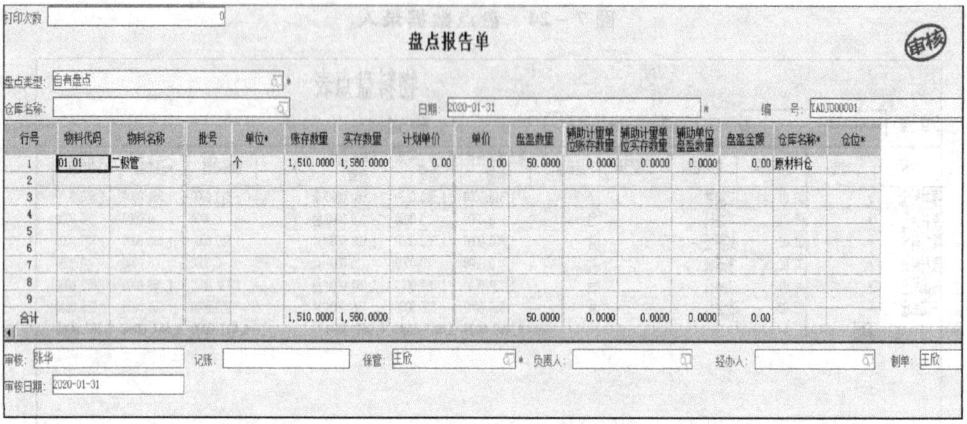

打印次数 0

盘点报告单

审核

盘点类型: 自有盘点

仓库名称:

日期 2020-01-31　编号: XADJ000001

行号	物料代码	物料名称	批号	单位*	账存数量	实存数量	计划单价	单价	盘盈数量	辅助计量单位账存数量	辅助计量单位实存数量	辅助单位盘盈数量	盘盈金额	仓库名称*	仓位*
1	01.01	二极管		个	1,510.0000	1,560.0000	0.00	0.00	50.0000	0.0000	0.0000	0.0000	0.00	原材料仓	
2															
3															
4															
5															
6															
7															
8															
9															
合计					1,510.0000	1,560.0000			50.0000	0.0000	0.0000	0.0000	0.00		

审核: 张华　记账:　保管: 王欣　负责人:　经办人:　制单: 王欣

审核日期: 2020-01-31

图 7－28　已审核的盘盈单

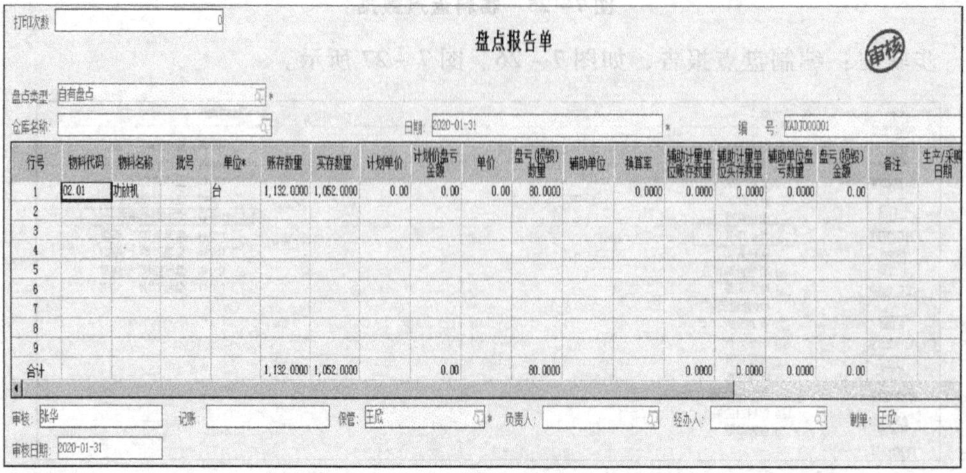

打印次数 0

盘点报告单

审核

盘点类型: 自有盘点

仓库名称:

日期 2020-01-31　编号: XADJ000001

行号	物料代码	物料名称	批号	单位*	账存数量	实存数量	计划单价	计划价盘亏金额	单价	盘亏(毁损)数量	辅助单位	换算率	辅助计量单位账存数量	辅助计量单位实存数量	辅助单位盘亏数量	盘亏(毁损)金额	备注	生产/采购日期
1	02.01	功放机		台	1,132.0000	1,052.0000	0.00	0.00	0.00	80.0000		0.0000	0.0000	0.0000	0.0000	0.00		
2																		
3																		
4																		
5																		
6																		
7																		
8																		
9																		
合计					1,132.0000	1,052.0000		0.00		80.0000			0.0000	0.0000	0.0000	0.00		

审核: 张华　记账:　保管: 王欣　负责人:　经办人:　制单: 王欣

审核日期: 2020-01-31

图 7－29　已审核的盘亏单

8 单元八 成本核算岗位

学习目标

岗位能力目标：

（1）能够制作存货成本核算系统各种出入库业务单据；
（2）能够行仓库物料业务成本结转；
（3）能够查看各种账表查看；
（4）能够借助各业务单据生成凭证。

岗位知识目标：

（1）理解成本核算系统的功能和意义；
（2）明白成本核算系统的业务流程和数据流程；
（3）掌握存货成本核算的日常单据填制、出入库核算、凭证制作及期末结账处理方法。

工作任务

（1）物料入库核算的处理；
（2）物料出库核算的处理；
（3）其他特殊业务的处理。

（一）存货核算流程图

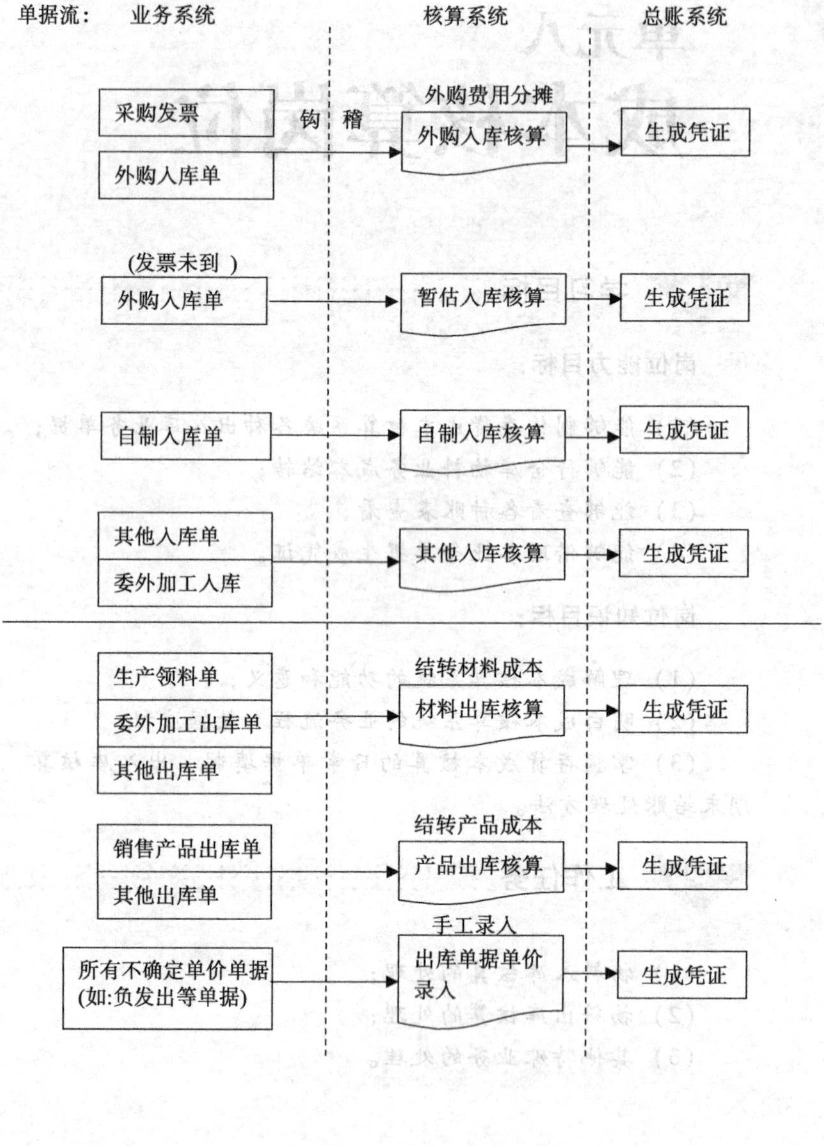

（二）存货核算的步骤

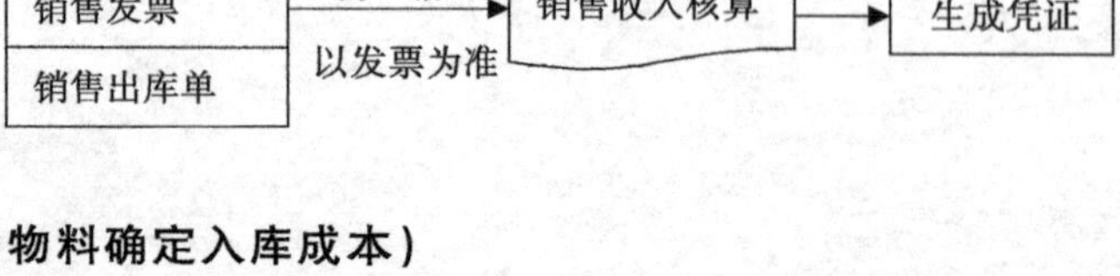

1. 入库核算（为物料确定入库成本）

（1）外购入库核算。

处理流程

【分配采购费用】—【核算外购物料的入库成本】

进入核算系统后，单击【入库核算】，进入入库核算模块，在该模块中单击【外购入库核算】进入该处理过程。外购入库核算主要用来核算外购入库实际成本，包括买价和采购费用两部分。买价由与外购入库单相钩稽的发票决定，采购费用通过采购费用发票完成，可按数量、按金额或手工先分配到发票上每一条物料的金额栏，再通过核算功能，将买价与采购费用之和根据钩稽关系分配到对应的入库单上，作为外购入库的实际成本。

本模块只处理本期发票已到并已钩稽的外购入库单，发票未到的外购入库单须在估价入账模块处理。

本模块主要由采购发票的钩稽、采购费用分配、入库实际成本核算几部分组成。可按以下顺序进行操作。见表 8－1：

表 8－1

描　述	说　明
采购发票的钩稽、补充钩稽	即采购发票与外购入库单、费用发票的钩稽关系确认，可能存在多对多钩稽的钩稽关系，如 A 发票与 B1、B2 外购入库单存在钩稽关系，C 发票与 B1、B2 外购入库单也存在钩稽关系。
费用分配	采购费用的分配。
外购入库核算	核算外购入库单的实际单位成本和金额。

★在外购入库核算时分配的费用必须是能够摊入物料成本的采购费用

（2）暂估入库核算（确定暂估入库物料成本，直接录入成本）。进入核算系统后，单击【入库核算】，进入入库核算模块，在该模块中单击【存货估价入账】进入该处理过程。该模块主要用来对本期发票未到的入库单进行估价。

暂估方式有两种，一种是手工在单据上录入，另一种方式是在“无单价单据维护”模块中进行单价更新。

①手工录入。进入存货估价入账模块后，录入过滤条件，选择需估价的单据（本期、已审核、本期未钩稽为固定条件），单击【确定】，显示“暂估入库单序时簿”，双击某一行，弹出该行所对应的单据，用户可录入单价，系统计算出金额，或录入金额，由系统倒算出单价。

存货系统中与一般系统控制不同，进入存货系统中的单据一般都是已经审核确认的单据，但是如果需要进行存货估价入账，审核后的单据依然可以进行单价、金额的修改，以达到入账的目的；

②无单价单据更新。进入存货核算模块后，选择【无单价单据维护】，用户可见到多种无单价单据更新方式，可选择一种更新方式过滤出“暂估入库”单据进行单价更新操作，对于更新成功的单据系统会给予数量上的提示，比如“3 条记录被更新”。

（3）自制入库核算（确定自制产成品和自制半成品的成本，直接手工录入成本）。

进入核算系统后，单击【入库核算】，进入入库核算模块，在该模块中单击【自制入库核算】进入该处理过程。该模块主要用来录入或引入产品入库成本、盘盈入库成本。

在未使用成本系统的情况下，需手工录入自制入库成本，当物料采用计划成本和实际成本时，录入方式不同。若成本系统已启用，则可自动引入成本系统的产品成本计算结果，用户不需进行该核算工作；另外用户还可以通过“无单价单据维护”模块直接进行单价更新。

自制入库核算的准备工作：①审核当期的产品入库单；②审核当期的盘盈入库单。

自制入库核算包括：

①产品入库核算。进入自制入账核算模块后，显示过滤框，选择事务类型，根据产品所采用的计价方法，选择“产品入库（实际成本部分）”或“产品入库（计划成本部分）”，按产品或按部门、产品汇总显示数量，若产品采用分批认定法，批号也是汇总依据。选择计划成本部分比实际成本部分多计划成本单价、金额、材料成本差异等几列内容，均只有常用计量单位和实际成本中的单价、金额列可编辑。

②盘盈入库核算。在“过滤”界面，选择“盘盈入库（实际成本部分）”或“盘盈入库（计划成本部分）”事务类型，可进行盘盈入库核算，系统按物料（分批认定法的物料还需按批号）汇总显示，具体操作请参考产品入库的处理。

注意：

对于商业升级账套，由于默认情况下商业企业不存在自制业务，所以默认将此功能屏蔽掉，但是如果客户有此需要，比如需要录入产品入库单，相关类型的盘盈入库单，需要月末进行核算业务，则可以在主控台编辑器中将自制入库核算功能开放出来，月末可以直接进行产品入库核算。

（4）委外加工入库核算（确定委外加工物料存货的实际成本，直接手工录入成本）。进入核算系统后，单击【入库核算】，进入入库核算模块，在该模块中单击【委外加工入库核算】进入该处理过程。该模块主要用来核算委外加工入库实际成本，它由材料费和加工费两部分组成。见表 8－2：

表 8－2

步骤	描述	说明
第一步	加工费用录入	录入委外加工的加工费发票，即委外加工入库类型的采购发票。
第二步	发票钩稽、补充钩稽	建立费用发票、采购发票、委外加工入库单之间的多对多钩稽关系。
第三步	材料费用核销	建立委外加工入库单与委外加工出库单之间的核销关系。
第四步	费用分配	委外加工过程中其他费用的分配，如运输费等。
第五步	委外加工入库核算	核算委外加工入库单的单价、金额。

2. 出库核算（为物料确定出库成本）

业务流程：【材料出库核算】—【产成品出库核算】

（1）材料出库核算（计算本月发出材料成本）。

注意事项：

①进行出库成本核算前必须先确认入库单是否已记账

②采用实际成本法时，自动按选取定的存货计价方法计算出每一张出库单上各物料的发出单价。采用计划成本法时，系统首先计算材料成本差异率，然后在出库单上自动填入计划单价并计算发出金额，最后计算发出材料应分摊的材料成本差异。

(2) 产品出库核算（计算本月发出产品的成本）。

(3) 红字出库核算（一般指车间退料或销售退货，必手工直接录入确定成本）。

(4) 不确定单价核算（盘盈单据、红字出库单、负结存产生的出库单据，必手工直接录入确定成本）。

注意：

不能确定单价不能随便录入，一般同一种物料的出库和入库价格悬殊不可太大，正常情况是出库价格在入库价格的两倍之内。因为在使用负结存时，如果入库价格太小而出库价格过大，系统计算时，可能会碰到“数量为正，而单价为负”的情况，单价出负是核算不允许的错误。

(5) 生成凭证（生成本期发生的物料业务的凭证）。

注意：

生成凭证是存货核算最终的目的，是将物流与账务相结合的过程，是物流业务系统与总账系统的接口，在存货核算系统中生成的凭证，可以立刻传输到总账系统中去。

处理流程

【制作凭证模板】—【生成凭证】—【修改凭证】—【审核凭证】

操作要点

在制作产品入库凭证前必须说明一点，当所有生产的费用归集到生产成本后，财务人员要在总账做一张将所有的生产成本转入成本汇总中的凭证。因为在制作产品入库凭证模板时，无法在单据上将生产成本分成明细科目数据取数，只能从产品入库单据上取总数。

补充说明：

在制作产品入库凭证前必须说明一点，当所有生产的费用归集到生产成本后，财务人需手工在总账中做一张凭证：

借：生产成本——成本汇总（下挂物料核算项目）

　　贷：生产成本——直接材料

　　　　生产成本——直接人工

　　　　生产成本——制造费用

将所有的生产成本转入成本汇总。因为在制作产品入库凭证模板时，无法在单据上将生产成本分成明细科目取数，只能从产品入库单据上取总数。

设定产品入库单凭证模板时分录为：

借：产成品

　　贷：生产成本——成本汇总（下挂物料核算项目）

注意：

生产成本—成本汇总有下挂核算项目“物料”，所以要选择“核算项目”，取单据上有的物料项目。

3. 其他特殊业务处理

（1）金额调整的处理（补充说明：物料金额调整是指仓库物料的数量正确但金额有误，只调整金额不调整数量的业务处理）。

（2）存货跌价准备的处理。

（3）计划价调整的处理。

（4）暂估冲回的处理。

4. 期末结账（指将本期的所有数据加计发生额并结转到下一期，包括结存数量、结存金额）

注意：

（1）期末结账是不可逆操作；

（2）本期还有未处理的出入库单据，不能过账。

（三）仿真实训项目（存货核算）

（1）企业本月共发生了 800 元采购运输费，按采购物料的金额分摊入物料的入库成本，并确定本月发生的外购物料的入库成本（外购入库核算）。

（2）确定企业自制产品的入库成本，经过核算确定：功放机 500 元，影碟机 800 元（自制入库核算）。

（3）企业 2020 年 1 月 25 日委外加工后物料入库，确定其成本 510 元（委外加工入库核算）。

（4）计算本月红字出库产品的成本，根据产品入库计算所得成本，影碟机销售退回单位成本为 800 元（红字出库核算）。

（5）财务人员根据二极管的入库成本确定其盘盈成本 20 元/个。

（6）计算本月发出材料的成本（材料出库核算）。

（7）计算本月发出产品的成本（产品出库核算）。

（8）生成本期发生的业务凭证（记账凭证管理）。

（9）金额调整单（在存货核算系统中期末处理）。

企业于 2020 年 1 月 31 日发现财务账中二极管的金额比实际少了 300 元，而数量正确。

补充说明：

①在制作产品入库凭证前必须说明一点，当所有生产的费用归集到生产成本后，财务人员先手工在总账中做一张凭证：

借：生产成本——成本汇总

　　贷：生产成本——直接材料

　　　　生产成本——工资及福利费

　　　　生产成本——制造费用

其次，设定产品入库单凭证模板时分录为：

借：产成品

　　贷：生产成本——成本汇总

②在设定模板时，以采购发票为例进行操作。

分录为：

借：材料采购

　　应交税金——应交增值税——进项税（发票税金）

　　应交税金——应交增值税——进项税（运费税金）

　　贷：应付账款

　　　　银行存款

采购发票模板设定见表 8-3：

表 8-3

科目来源	科目	借贷方向	金额来源	摘要	核算项目
单据上物料的存货科目		借	采购发票不含税金额	外购材料	
凭证模板	应交税金——进项税	借	采购发票税金		
凭证模板	应交税金——进项税	借	采购发票运费税金		
凭证模板	应付账款	贷	采购发票价税合计		供应商
凭证模板	银行存款	贷	采购费用		

仿真实训案例

一、案例背景

广州摩托有限公司是一家自主生产销售摩托车产品的公司。

二、案例参数及相关初始资料及初始数据

（一）参数
账套建立期间：2020 年 1 月
机构名称：广州摩托有限公司
小数点位数：2
记账前是否审核：是
会计期间：2020 年 1 月
公司地址：广州天河区

（二）基础资料及初始数据

1. 基础数据

（1）科目维护。从会计科目模板中导入新会计准则科目，然后增加以下明细科目。

科目代码	科目名称	币别
1002.01	工行	人民币
1002.02	农行	人民币
1002.03	建行	人民币
1002.04	中行	人民币
2221.01	应交增值税	人民币
2221.01.01	进项	人民币
2221.01.02	销项	人民币
2221.02	个人所得税	人民币
5101.01	工资	人民币
5101.02	折旧	人民币
5101.03	水电费	人民币
5101.04	其他	人民币
5001.01	基本生产成本	人民币
5001.02	辅助生产成本	人民币

续表

科目代码	科目名称	币别
6601.01	工资	人民币
6601.02	广告费	人民币
6602.01	工资	人民币
6602.02	水电费	人民币
6602.03	折旧	人民币
6602.04	办公费	人民币
6602.05	招待费	人民币
6602.06	坏账损失	人民币
6711.01	出售资产	人民币

（2）计量单位，新增：

单位组	单位	代码
产品组	辆	101
材料组	吨（默认）	201
	套	202
半成品组	台（默认）	301
	个	302
维修车间	工时	401
运输车间	吨公里	501

（3）科目属性维护。

科目编码及名称	日记账	受控应收应付系统	核算项目	数量金额式	单位组/默认单位
1001 现金	✓				
1002 银行存款	✓				
1121 应收票据			客户		
1122 应收账款		✓	客户		
1123 预付账款		✓	供应商		
1221 其他应收款		✓	职员		
1401 材料采购				✓	材料组/吨
1231 坏账准备		✓			
1403 原材料			物料	✓	材料组/吨
1405 库存商品			物料	✓	产品组/辆
2201 应付票据			供应商		
2202 应付账款		✓	供应商		
2203 预收账款		✓	客户		

续表

科目编码及名称	日记账	受控应收应付系统	核算项目	数量金额式	单位组/默认单位
2241 其他应付款		✓	职员		
5001.01 基本生产成本			物料		
5001.02 辅助生产成本			部门		
5101.01 工资			部门		
5101.03 水电费			部门		
6601.01 工资			部门		
6601.02 广告费			部门		
6602.01 工资			部门		
6602.02 水电费			部门		
6602.04 办公费			部门		
6602.05 招待费			部门		

（4）客户。

编码	名称
001	华阳公司
002	风华公司
003	光明公司
004	嘉华公司
005	顺发公司
006	渝汇公司
007	三江实业公司

（5）部门。

编码	部门名称	部门属性	成本核算类型
001	总经办	非车间	期间费用部门
002	采购部	非车间	期间费用部门
003	销售部	非车间	期间费用部门
004	财务部	非车间	期间费用部门
005	总装车间	车间	基本生产车间
006	发动机车间	车间	基本生产车间
007	轮胎车间	车间	基本生产车间
008	运输车间	车间	辅助生产车间
009	维修车间	车间	辅助生产车间
010	行政部	非车间	期间费用部门

（6）职员。

编码	姓名	性别	所属部门
ZG001	张勇	男	财务部
ZG002	李鹏	男	财务部
ZG003	王梅	女	销售部
ZG004	孙启	男	总装车间
ZG005	钱晶	女	销售部
ZG006	汪洋	男	总经办
ZG007	张力	男	采购部
ZG008	邓强	男	发动机车间
ZG009	徐兵	男	总装车间
ZG010	熊彪	男	运输车间
ZG011	康华	男	维修车间
ZG012	权仁	男	轮胎车间

（7）物料，新增以下物料。

代码	名称	计量单位组	计价方式	存货科目	销售收入科目	销售成本科目
01	铜材	材料组/吨	加权平均法	1403	6051	6402
02	铝材	材料组/吨	加权平均法	1403	6051	6402
03	方钢	材料组/吨	加权平均法	1403	6051	6402
04	生胶	材料组/吨	加权平均法	1403	6051	6402
05	120 摩托车配件	材料组/套	加权平均法	1403	6051	6402
06	150 摩托车配件	材料组/套	加权平均法	1403	6051	6402
07	普通配件	材料组/套	加权平均法	1403	6051	6402
08	120 发动机	半成品组/台	加权平均法	1405	6001	6401
09	150 发动机	半成品组/台	加权平均法	1405	6001	6401
10	120 轮胎	半成品组/个	加权平均法	1405	6001	6401
11	150 轮胎	半成品组/个	加权平均法	1405	6001	6401
12	120 摩托	产成品组/辆	加权平均法	1405	6001	6401
13	150 摩托	产成品组/辆	加权平均法	1405	6001	6401
14	其他材料	材料组/吨	加权平均法	1403	6051	6402

（8）供应商，增加以下供应商。

编码	供应商名称
001	精华公司
002	山特公司

续表

编码	供应商名称
003	广电集团
004	广通公司

（9）新增结算方式—“JF06 - 支票”。

（10）添加银行账号。

代码	名称	全名	银行接口类型	银行账号	账户名称	开户行
01	工行	工行	工商银行	23568199	工商银行	工行
02	农行	农行	农业银行	23562222	农业银行	农业银行
03	建行	建行	建设银行	23568888	建设银行	建设银行
04	中行	中行	中国银行（全国）	1234578	中国银行	中国银行

2. 初始化数据

科目期初数据

科目代码	科目名称	方向	期初余额
1001	库存现金	借	2 562 000.00
1002	银行存款	借	32 896 000.00
1002.01	工行	借	20 000 000.00
1002.02	农行	借	8 700 000.00
1002.03	建行	借	3 800 000.00
1002.04	中行	借	396 000.00
1121	应收票据	借	650 000.00
1122	应收账款	借	8，600 000.00
1123	预付账款	借	500 000.00
1221	其他应收款	借	20 000.00
1231	坏账准备	贷	40 000.00
1403	原材料	借	3 115 000.00
1405	库存商品	借	6 155 000.00
1601	固定资产	借	25 550 000.00
1602	累计折旧	贷	4 711 000.00
2001	短期借款	贷	15 599 000.00
2202	应付账款	贷	900 000.00
2203	预收账款	贷	250 000.00
2211	应付职工薪酬	贷	300 000.00
2221	应交税费	贷	500 000.00
2221.01	应交增值税	贷	500 000.00

续表

科目代码	科目名称	方向	期初余额
2221.01.01	进项	贷	500 000.00
4001	实收资本	贷	33 248 000.00
4002	资本公积	贷	10 000 000.00
4101	盈余公积	贷	12 600 000.00
4104	利润分配	贷	1 900 000.00

应收票据

单位名称	金额	账户号	开户银行	票据号	合同号	签发日期	财务日期	到期时间
华阳公司	250 000.00	23568199	工商银行天河支行	100023	2019001	2019.11.01	2019.11.14	2020.3.1
风华公司	300 000.00	23562222	工商银行越秀支行	200025	2019010	2019.10.05	2019.11.15	2019.12.20
光明公司	100 000.00	23568888	工商银行天河支行	100088	2019050	2019.11.01	2019.11.20	2020.4.1
合计	650 000.00							

应收账款

单位名称	金额	单据日期	财务日期	应收款日期
嘉华公司	600 000.00	2019.11.30	2019.11.30	2019.12.20
顺发公司	400 000.00	2007.11.28	2019.11.30	2019.3.8
渝汇商贸	7 600 000.00	2007.11.28	2019.11.30	2019.12.8
合计	8 600 000.00			

预收账款：三江工业公司 250 000 元，单据日期与财务日期均为 2019 年 11 月 30 日。

其他应收款

单位/个人	金额	单据日期	财务日期	应收日期
汪洋	10 000.00	2019.11.01	2019.11.01	2019.12.31
张勇	6 000.00	2019.12.21	2019.12.21	2019.12.31
钱晶	4 000.00	2019.11.25	2019.11.25	2019.12.31
合计	20 000.00			2019.12.31

应付账款

单位名称	金额	单据日期	财务日期	到期时间
精华公司	200 000.00	2019.08.01	2019.08.01	2019.9.3
山特公司	400 000.00	2019.08.08	2019.08.08	2019.10.8
广电集团	300 000.00	2019.09.01	2019.09.01	2019.11.9
合计	900 000.00			

预付账款：广通公司 500 000 元，账号 37669999，合同号 2019092。

原材料明细

品名	数量	单位	金额
方钢	30	吨	105 000.00
铝材	6	吨	90 000.00
铜材	4	吨	80 000.00
生胶	10	吨	120 000.00
120 摩托配件	2 000	套	700 000.00
150 摩托配件	1800	套	720 000.00
普通配件	10 000	套	1 000 000.00
其他材料	30 000	套	300 000.00
合计	43 850		3 115 000.00

库存商品及半成品明细

品名	数量	单位	销售单价	金额
120 摩托	2 500	辆	2 900	3 125 000.00
150 摩托	500	辆	3 300	750 000.00
120 发动机	2 000	台	350	600 000.00
150 发动机	1 800	台	430	630 000.00
120 摩托轮胎	3 000	个	180	450 000.00
150 摩托轮胎	3 000	个	250	600 000.00
合计				6 155 000.00

固定资产

类别	编号	名称	使用部门/折旧科目	原值	净残值	年限	折旧方法	累计折旧	购建年限
厂房	C001	发动机车间厂房	发动机车间/制造费用－折旧	10 000 000.00	50 0000.00	40	平均年限法	950 000.00	2004.11.01
生产设备	S001	总装流水线	总装车间/制造费用－折旧	2 000 000.00	240 000.00	20	平均年限法	2 352 000.00	2004.11.01
办公设备	B001	行政办公设备	行政部/管理费用－折旧	2 500 000.00	10 0000.00	8	平均年限法	1 200 000.00	2004.11.01
车辆	L001	现代轿车	行政部/管理费用－折旧	250 000.00	5 000.00	10	平均年限法	49 000.00	2006.11.01
	L002	大宇客车	行政部/管理费用－折旧	800 000.00	16 000.00	10	工作量法（20 万公里）	160 000.00	2006.11.10
合计				25 550 000.00				4 711 000.00	

三、业务数据如下

(1) 1月1日，行政部用现金购买办公用品500元。

借：管理费用——办公费　500

　贷：现金　500

(2) 1月2日，广电集团发来钢材20吨，单价3 500元，铝材20吨，单价15 000元，铜材5吨，单价20 000元；增值税税率13%，货款暂欠。

借：原材料——钢材　70 000

　　　　　　铝材　300 000

　　　　　　铜材　100 000

　应交税金——增值税——进项　61 100

　贷：应付账款——广电集团　531 100

(3) 1月3日，精华公司发来生胶18吨，单价12 000，增值税税率13%；款项暂欠。

借：原材料——生胶　216 000

　应交税金——增值税——进项　28 080

　贷：应付账款——精华公司　244 080

(4) 1月10日，开出工行天河支行转账支票支付销售部业务招待费用10 000元。支票号202001

借：管理费用——招待费　10 000

　贷：银行存款——工行天河　10 000

(5) 1月11日，通过工商银行天河支行转账支付水电费185 000元，其中行政25 000元，总装车间50 000元，发动车间40 000元，轮胎车间30 000元，修理25 000元，运输车间15 000元。结算号为2020010101。

借：管理费用——水电费　25 000

　生产成本——辅助生产成本——总装车间　50 000

　　　　　　　　　　　　　——发动车间　40 000

　　　　　　　　　　　　　——轮胎车间　30 000

　　　　　　　　　　　　　——修理车间　25 000

　　　　　　　　　　　　　——运输车间　15 000

　贷：银行存款——工行天河支行　185 000

(6) 1月17日，收到嘉华公司所欠货款600 000元，存于工行天河支行。

借：银行存款——工行天河支行　600 000

　贷：应收账款——嘉华　600 000

(7) 1月18日，收到渝汇公司所欠货款7 600 000元，存于工行天河支行。

借：银行存款——工行天河支行　7 600 000

　贷：应收账款——渝汇　7 600 000

(8) 1月19日，向光明公司销售120摩托500辆，单价2 900元，增值税税率13%，货款暂欠。

借：应收账款——光明公司　　1 638 500

贷：主营业务收入　　1 450 000

应交税金——增值税——销项　　188 500

（9）1 月 20 日，光明公司 11 日所购 500 辆摩托，规格不符，全部退货。

借：应收账款——光明公司　　-1 696 500

贷：主营业务收入　　-1 450 000

应交税金——增值税——销项　　-246 500

（10）1 月 22 日，向三江实业公司发出 150 摩托 80 辆，单价 3 000 元，增值税税率 13%，不足部分三江公司转账付讫，结算号为 20200233。

借：预收账款——三江　　250 000

银行存款——工行天河支行　　21 200

贷：主营业务收入　　240 000

应交税金——增值税——销项　　31 200

（11）1 月 25 日，顺发公司发生严重财务困难，预计发生 400 000 元的坏账。

借：应收账款——顺发公司　　400 000

贷：坏账准备——顺发公司　　400 000

（12）1 月 26 日，购买计算机 10 台用于总装车间、发动机车间及轮胎车间。其中总装车间 5 台，发动机车间 3 台，轮胎车间 2 台。计算机单价为 5 000（含税），款项通过工行天河支行支付。该批计算机预计使用 5 年，残值率 2%。折旧时采用双倍余额递减法。

借：固定资产　　50 000

贷：银行存款——工行天河支行　　50 000

（13）1 月 27 日，将现代轿车出售，价格 100 000 元，支付税金 5 000 元。款项通过工行天河支行结算。

借：固定资产清理　　98 958.33

银行存款——工行天河支行　　100 000

累计折旧　　51 041.67

贷：固定资产　　250 000

借：固定资产清理　　5 000

贷：应交税金——应交增值税　　5 000

借：应交税金——应交增值税　　5 000

贷：银行存款——工行天河支行　　5 000

借：营业外支出　　103 958.33

贷：固定资产清理　　103 958.33

（14）1 月 28 日，购入奔驰轿车一辆，价值 600 000 元，残值率 10%，采用工作量法进行折旧，预计行驶 1 000 000 公里。

借：固定资产　　600 000

贷：银行存款——工行天河支行　　600 000

（15）1 月 31 日，大宇客车本月行驶 2 000 公里。

四、期末数据

（1）制造费用自动转账：将制造费用按 2∶2∶2∶2∶1∶1 结转为 120 辆摩托、150 辆摩托、120 个发动机、150 个发动机、120 个轮胎、150 个轮胎。

（2）完成 1 月应收应付款的业务处理，并生成凭证，进行期末对账。

（3）计提 1 月固定资产折旧及完成对账工作。

（4）完成 1 月出纳现金、银行日记账处理及银行对账单对账处理。

（5）完成 2 月员工工资计算。

（6）出具 1 月份资产负债表及利润表。并在系统中出具相关的管理报表。

物料结构案例

前面我们已经学过，企业可以有很多的物料，我们可以在系统设置中，为每一个物料新建一个物料进行属性设置。其实，每个物料之间可以建立起丰富的联系。这种丰富的物料联系被称为物料结构。

在 ERP 系统中，物料结构被称为 BOM（Bill of Material）。具体而已，物料清单可以是描述企业产品组成的技术文件。在加工资本式行业，它表明了产品的总装件、分装件、组件、部件、零件、直到原材料之间的结构关系，以及所需的数量。在化工、制药和食品行业产品组成则对主要原料、中间体、辅助材料及其配方和所需数量的说明。BOM 是将用图表示的产品组成改用数据表格的形式表示出来。

以本书例子为例：

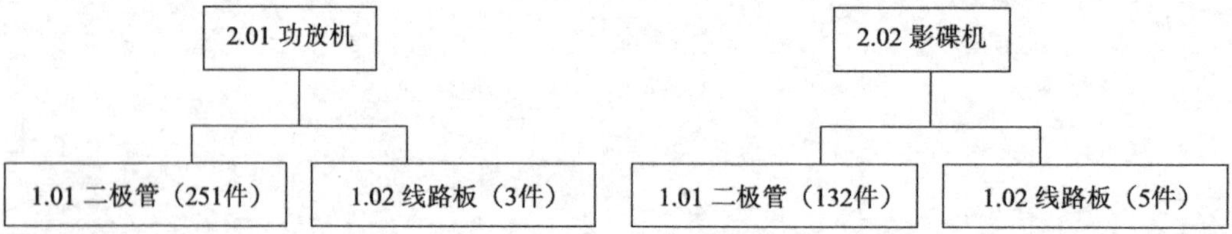

代码	名称	属性	自身计划提前期（天）
01. 01	二极管	外购	2
01. 02	线路板	外购	3
02. 01	功放机	自制	1
02. 02	影碟机	自制	2

在本例中，一台 2. 01 功放机，需要 251 件 1. 01 二极管和 3 件 1. 02 线路板构成；而一台 2. 02 影碟机，由 132 件 1. 01 二极管和 5 件 1. 02 线路板构成。这就是一个典型的 BOM 结构。

在 K/3 系统中，它是这样实现的：

1. 首先，在物料属性设置的【计划资料】页，在固定提前期处，键入自身计划提前期。

2. 在系统中设置 BOM，路径为：【计划管理】——【生产数据管理】——【BOM 维护】——【BOM 新增】。

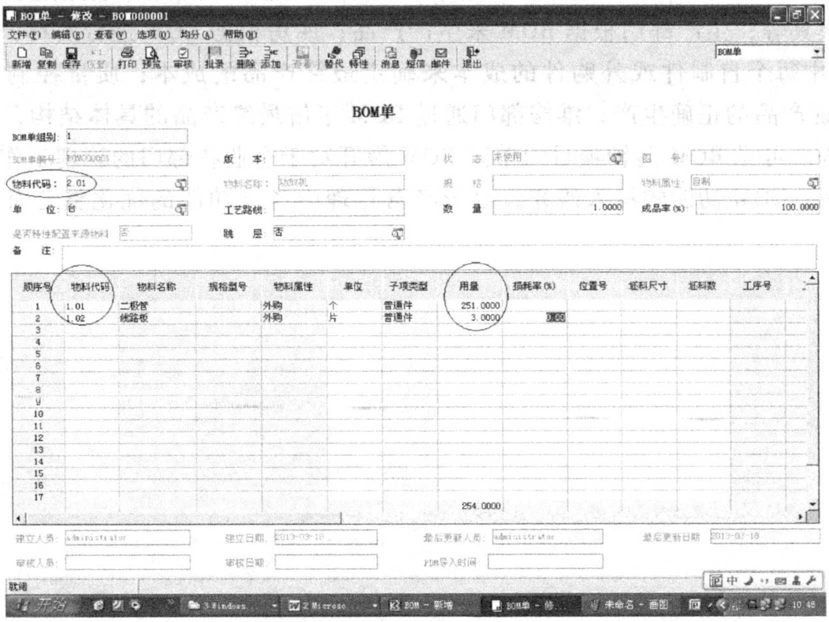

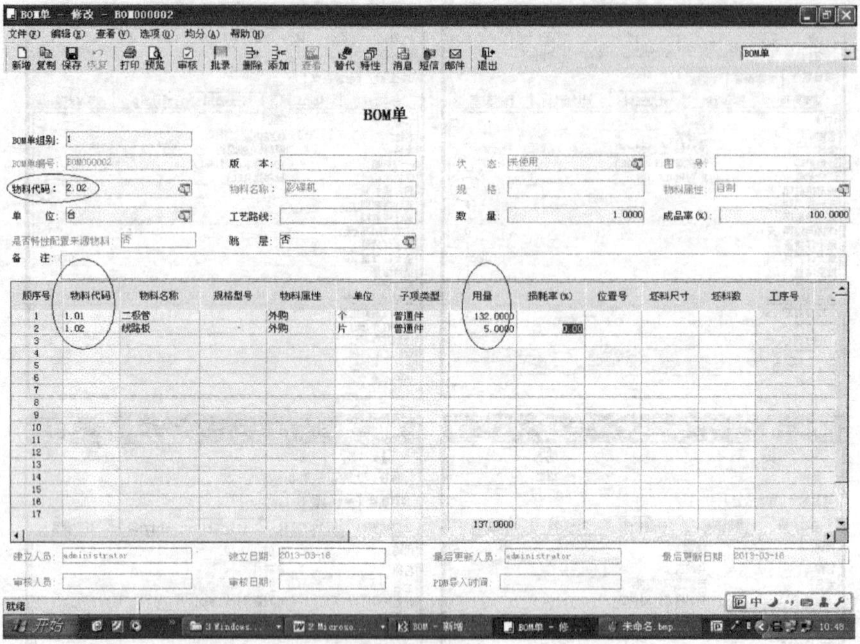

这样系统就可以清晰地知道，每生产一台 2.01 功放机或一台 2.02 影碟机，需要多少件 1.01 二极管和 1.02 线路板了。

物料清单是产品结构的技术性描述文件，它不仅列出最终产品的所有构成项目，同时还表明这些项目之间的结构关系，即从原材料到零件、组件，直到最终产品的层次隶属关系，以及它们之间的数量关系。BOM 是制造企业的核心文件，各个不同的部门和系统都要用到 BOM，从 BOM 中获取特定的数据。设计部门是 BOM 的设计者，也是 BOM 的使用者，需要从 BOM 中获取所有零件的信息以及相互间的结构信息；工艺部门根据 BOM 建立各零件的制造工艺和装配件的装配工艺，以及加工制造过程中应使用的工装、模具等；生产部门根据 BOM 来生产产品；库房根据 BOM 进行发料；财务部门根据 BOM 中每个自制件或外购件的成本来确定最终产品的成本；质量控制部门要根据 BOM 保证产品的正确生产；维修部门通过 BOM 了解最终产品的具体结构，了解需要哪些备件等。可见 BOM 前轴项目的单阶 BOM 展开对于企业各部门的管理工作有着十分重要的作用；BOM 功能的深入研究，对于经营管理中各项功能的优化整合有着十分重要的意义。